역락 국어교육학 총서 8

[개정판]

독서 교육론

역락 국어교육학 총서 8

2022 개정 국어과 교육과정에 따라 새롭게 집필한

개정판 **독서 교육론**

천경록·김혜정·류보라

역락

[개정판] 머리말

이 책이 출판된 후 독자들의 따뜻한 사랑을 받았다. 어떤 독자는 꼼꼼히 읽어주시고 몇 가지 오류에 대해 저자들에게 친히 알려 주었다. 책의 반향을 느끼는 것은 저자들에게 큰 감동으로 다가왔다. 또한, 그간에 교육부는 국가수준의 교육과정을 개정하였다. 이런 이유로 이번에 책을 개정하게 되었다.

이 책에서는 2022 개정 국어과 교육과정을 토대로 독서교육을 설명하였다. 최근에 기초문식성에 대한 사회적 요구가 높아져 이에 대한 이해와 지도 방법도 추가하였다. 본문 서술에서는 날개 부분을 활용하여 연관 자료나 보충 설명을 강화하였다. 장의 말미에 제시한 <더 생각해 보기> 활동도 실제성을 높였다.

독서가 국민적 관심사로 떠오르고 있다. 윤택하고 풍요로운 사회가 되기 위해서는 여러 가지 조건이 갖추어져야 하겠지만, 시민들의 독서량이나 독서 수준도 향상되어야 할 것이다. 또한, 과학 기술 발달로 사회의 변동성과 불확실성은 증가하고 있다. 이런 사회를 살아가기 위해서는 독서 능력이 요구될 것이다. 이 책이 그에 대한 답을 찾는 데 조금이라도 도움이 되기를 기대한다.

2023. 9.

저자 씀

머리말

이 책은 사범대학과 교육대학과 같은 교사양성 기관에서 예비교사들에게 독서교육론 강좌의 교재로 사용하기 위해 집필하였다. 한 학기 15주에 맞추어 사용할 목적으로 3부 13장으로 집필하였다. 한 주에 한 장 정도씩 다루되, 정보량이 많은 2장의 독서 변인이나 4장의 독서 이론 전개는 두 주에 다루어도 된다.

책은 크게 독서론, 독서교육론, 독서 교사교육론으로 나누어 접근하였다. 1부 독서론에서는 독서의 개념, 독서의 변인(독자, 텍스트, 맥락), 독서의 발달을 다루었다. 2부 독서교육론에서는 독서교육의 이론, 내용(교육과정), 교재, 교수·학습원리, 지도 방법, 평가 방법, 프로그램 개발과 운영, 학습독서와 교과독서 등을 다루었다. 3부 독서 교사교육론에서는 독서교사의 전문성 신장을 위한 교사교육 방향을 다루었다.

이러한 주제는 독서교육에 입문하는 사람들이 기본적으로 알아두어야 할 주제라고 생각하여 선정하였다. 집필 관점은 현재까지 학계에서 탐구된 내용을 균형 있게 설명하여, 책의 독자들이 쉽게 독서교육에 입문할 수 있기를 의도하였다. 아울러 최근에 진행된 연구 결과를 반영하였기 때문에 중등 국어교사, 초등교사, 사회교육기관 교사, 교육정책 수립자의 재교육과 전문성 발달에도 도움이 되리라 생각한다.

각 장 처음에는 장의 개요에 해당하는 도입문을 제시하였다. 장의 말미에는 연습 활동으로 내용 탐구 활동, 모둠 탐구 활동, 더 읽을거리를 제시하였다. 내용 탐구 활동은 장의 내용을 확인하기 위한 활동으로 간단한 퀴즈, 회상, 재구성 등을 제시하였다. 모둠 탐구 활동은 모둠별로 심화된 학습을 할 수 있도록 장의 내용과 관련된 임용고사 문제 분석, 이론의 실태 분석 등과 같은 PBL(Problem based learning, Project based learning, Place based learning, Practice based learning) 활동을 제시하였다. 모둠 탐구 활동은 교수가 과제로 제시하고, 학습결과를 발표 수업으로 진행하면 좋을 것이다. 그 밖에 더 읽을거리는 장의 내용과 관련된 논문이나 책을 제시하여 독자 개인별로 더 깊은 공부를 해 볼 수 있도록 안내하였다.

이 책은 20년 2월에 기획하였다. 당시 코로나19라는 보건위기가 시작되었고, 탈고하는 지금까지도 위기는 계속되고 있다. 집필이 녹록치 않은 상황이었음에도 불구하고 원고를 마무리할 수 있게 되어 기쁘다. 그러나 어려운 여건에서 집필을 서두르다 보니 부족한 부분도 더러 있다. 가까운 시일에 고치도록 하겠다. 아울러 어려운 출판 여건에서도 책의 출판을 지원해 준 역락출판사에도 감사를 드린다.

2021. 11. 26.

저자 씀

차례

제1부 독서론

제5장 독서교육의 내용과 교육과정 · 173

제6장 독서 제재와 독서 교재 · 227

제1부 독서론

제1장 독서의 개념과 특성

독서를 잘 할 수 있고, 독서를 잘 가르칠 수 있기 위해서는 독서가 무엇인지, 독서가 어떻게 진행되는지 등에 대한 기본적 지식을 필요로 한다. 독서라는 용어에 대해서도 전문가나 교육자 사이에서 맥락에 따라 달리 사용하는 경우도 있다. 독서 연구가 전개되면서 독서를 바라보는 관점도 변화하여 왔다. 독서의 과정 모형은 여러 가지로 제안되었는데, 이 중에 독서 과정에 대한 인지적 관점에서는 상향식 모형, 하향식 모형, 상호작용 과정 모형, 교섭 모형 등이 제안되어 있다. 이 밖에 독서 목적과 독서 자세(stance), 독서의 유형과 종류에 대해서도 점검해 보도록 한다.

1. 독서의 개념

가. 독서와 의미 구성

독서(讀書 : reading)는 독자가 책을 읽는 것이다. 이는 독서에 대한 가장 간단한 정의하고 할 수 있다. 여기에서 책은 꼭 서책(書冊)만을 의미하지는 않고 글도 포함된다. 글은 텍스트(text)에 해당한다. 그러므로 이 정의는 다시 독서는 독자가 텍스트를 읽는 것이라고 바꾸어 말해도 된다.[1]

---

[1] 텍스트는 전통적인 인쇄 텍스트뿐만 아니라 각종 자료, 기호, 문학 작품, 영화, 디지털 매체 등도 포함된다. 과학 기술의 발달에 의해 매체가 발달하면서 텍스트 유형도 다양하게 확장 및 융합되고 있다. 이에 대해서는 2장과 9장에서 다시 설명될 것이다.

독서가 글을 읽는 것이라고 하더라도 아무 생각도 없이, 그냥 글자만 보고 페이지를 넘겨서는 올바른 독서라고 할 수 없다. 읽기는 하였으나 머릿속에 남는 내용이 없고 아무런 반응을 하지 못하였다면 독서하였다고 말할 수 없다. 그러므로 앞에서 한 정의를 독서는 '독자가 텍스트를 읽고 의미를 구성하는 능동적인 사고 활동'이라고 좀 더 제한해 볼 수 있다.

여기서 주의해야 할 단어가 '의미 구성'과 '사고 활동'이다. 먼저 의미 구성 (meaning construction)에 대해 살펴보자.

의미 구성은 글을 읽는 독자의 머릿속에서 일어난다. 그 이유는 독자의 배경지식 때문이다. 보통의 독자라면 글을 읽고 난 후에 다음과 같은 내용들이 머릿속에(혹은 마음속에) 남게 될 것이다.

[표 1-1] 텍스트에 대한 독자의 반응의 사례

- 글에 있는 특정 단어나 어구가 기억이 난다.
- 무엇에 대한 글인지 알겠다.
- 글의 특정 장면이 떠오른다.
- 글의 짜임을 알겠다.
- 글에서 생략된 내용이 짐작된다.
- 어떤 인물이 나오는지 알겠다.
- 중심인물이 무엇을 하려는지 알겠다.
- 작가가 말하려는 것이 무엇인지 알겠다.
- 작가가 숨겨 놓은 의도를 알겠다.
- 새로운 깨달음을 얻었다.
- 글에서 잘못된 부분을 찾아낸다.
- 글에서 맞춤법이 잘못되거나 부적절한 어휘가 무엇인지 알겠다.
- 이 책을 읽었더니 다른 책을 더 읽고 싶다.
  ....

이 외에도 실로 많은 반응이 텍스트를 읽는 독자의 머릿속에 일어난다. 이처럼 텍스트 처리와 관련하여 독자의 머릿속에 형성되는 반응을 크게 '의미 구성'이라고 할 수 있다. 심리학자들은 이를 텍스트 내용에 대한 독자의 심리적 표상(mental representation)이라고 하기도 한다. 따라서 의미구성은 독자 입장에서 글에 대한 반응이라고 이해해도 무방하다. 이러한 반응을 분류해 보면 인지적 반응뿐만 아니라 정의적 반응, 사회적 반응 등도 관찰된다.

다음으로 독자의 능동적 '사고 활동'에 주목할 필요가 있다. 글을 읽는 독자의 머릿속에 표상되는 다양한 의미는 저절로, 거의 자동적으로 일어나는 것도 있지만 어떤 내용들은 독자가 의도적으로, 능동적으로 노력하지 않으면 일어나지 않는 것도 있다. 예를 들어 위의 [표 1-1]에서 '글의 장면이 떠오른다.'라는 반응은 대부분의 독자들에게서 일어난다. 그러나 '작가가 숨겨 놓은 의도를 알겠다.'라는 반응은 모든 독자들에게 자동적으로 일어나지는 않을 수 있다. 따라서 독서를 잘 하기 위해서는 저절로 떠오르는 반응뿐만 아니라 독자 입장에서 능동적으로 사고 활동을 전개하여 의미를 구성할 필요가 있다. 독서교육에서 교육 내용으로 선정하여 가르치는 것들은 대부분 독자가 능동적으로 사고해야 하는 것들이다.

정리하면, 독서는 독자가 텍스트 내용에 대한 의미를 구성하기 위해 능동적으로 사고하는 활동이라고 할 수 있겠다. 의미 구성을 위해서는 독자는 텍스트의 내용을 심리적으로 표상해야 하는데, 이는 텍스트에 대한 반응 형성에 해당한다.

그런데, 여기서 생각해보아야 할 일은 위의 [표 1-1]에 나타나는 반응 중에서 어떤 반응이 꼭 필요한가? 어떤 반응을 보여야 잘 읽었다고 할 수 있는가?[2] 반응 중에 더 빨리 일어나는 것과 그 다음에 일어나는 반응이 있는가? 어떤 반응이 의미 구성에 꼭 필요하며 중요한가? 등과 같은 생각을 할 수 있다.

따라서 독서교육을 연구하는 사람들은 독자들의 의미 구성이 어떤 양상으로 나타나는지? 잘 읽는 독자들의 의미 구성 양상은 그렇지 못한 독자들에 비해 어떻게

---

2) 예를 들어, 같은 글을 읽고서 텍스트의 단어 한두 개를 기억하는 사람과 텍스트의 중심 내용을 분명히 파악하는 사람을 두고 똑 같이 글을 독서하였다고는 할 수 없는 일이 된다.

다른지? 독자들의 의미 구성 양상은 어떻게, 어떤 순서로 발달하는지 등에 많은 관심을 기울인다.

나. 독서 개념의 역사적 발전

독서를 텍스트에 대한 독자의 의미 구성이라고 정의하였지만 이러한 정의는 하루아침에 형성되지는 않았다. 독서 개념은 역사적으로 변천해 왔다. 독서는 화법, 작문과 마찬가지로 의사소통의 하나로 인식되어 왔다. 독서에서도 의사소통의 구성 요인인 발신자, 수신자, 매체, 메시지, 맥락 등의 요인을 확인할 수 있다. 독서에서 의사소통의 발신자는 저자(필자)가 되고, 수신자는 독자, 매체는 책이나 글, 메시지는 글의 내용, 맥락은 독서의 환경이나 상황에 해당된다.

Straw와 Sadowy(1990 : 22)는 의사소통으로서 독서의 개념이 지난 200년 동안 크게 세 단계로 발전해 왔다고 설명하고 있다. 1800년부터 1890년까지는 전달(transmission)로 인식되었고, 1890년대부터 1970년대 후반까지는 번역(translation)으로 인식되었으며, 1980년대부터 1990년대까지는 상호작용(interaction)으로 인식되었다.[3] 독서 개념에서 강조점은 저자 → 텍스트 → 독자로 이동했다. 여기서는 독서 개념의 역사적 변천에 대한 이해를 돕기 위해서 Straw와 Sadowy(1990)의 연구를 토대로, 1800년대 이후 북미(北美) 지역 쪽에서 역사적으로 발전해 온 독서 개념을 설명하면 다음과 같다.

---

3) 윤준채(2006)에서는 전달, 번역, 상호작용의 세 개념을 각각 항아리, 보물찾기, 흥정에 비유하여 설명하고 있다.

1) '전달'로서 독서(1800-1890) : 절대적인 저자의 목소리

'전달(transmission)'로서 독서는 저자가 텍스트에 메시지를 구현하면 독자는 그 메시지를 변형 없이 그대로 수용하는 것을 말한다. 마치 하나의 컵(A)에 있는 물을 다른 컵(B)으로 옮기는 것에 비유할 수 있다. 컵(A)는 텍스트이고 컵에 담긴 물은 저자의 메시지다. 컵(B)는 독자의 머릿속이다. 옮겨 담는 물은 화학적으로는 물론 물리적으로도 아무런 변화가 없이(이를 테면, 질량 변화나 증발 없이) 옮겨지는 것이 이상적이다.

전달로서 독서의 개념에서 의사소통의 발신자, 곧 저자는 절대적 권위를 지닌다. 이런 독서의 예로 중세 시대 종교 기관의 경전 독서를 들 수 있다. 경전 독서에서 경전은 신자들에게는 신성시 되는 텍스트이다. 경전 텍스트 저 너머에서 말하는 신은 절대적으로 우월한 위치에 있게 된다.

전달로서 독서 개념이 보편적이던 시기는 독서를 할 수 있거나 텍스트에 접근할 수 있었던 사람들이 소수의 귀족이나 종교적 지도자로 제한되었다. 물론 교육의 기회도 이들에게만 허락되었고 대부분의 사람들은 교육을 받을 기회를 부여받지 못하였다. 종교기관에서 성직자가 '소리 내어' 읽어주던(곧, 음독(音讀)) 경전을 대부분의 사람들은 들음으로써 읽기[독서]에 참여하였다. 이렇게 읽더라도 사람들의 생활은 별로 불편하지 않았다.

2) '번역'으로서 독서(1890-1970년대 말) : 퍼즐과 같은 텍스트

산업혁명은 사회를 변화시켰고, 사람들의 일상도 달라졌다. 농업 중심 사회에서 공업과 제조업 중심의 대량 생산 사회로 변화하였다. 사람들은 새로운 일자리를 찾아 농촌을 떠나 도시로 향했다. 이전의 농업 활동에서는 경험만으로도 경작 활동이 가능하였었다. 경작을 위해(다시 말해, 직업을 위해) 따로 읽을 필요가 없었다. 그러나 도시에서 새롭게 얻은 직업에서는 직무 수행을 위해 최소한의 읽기 능력을 필요로 하였다.

뿐만 아니라 도시 생활을 하는 사람들의 삶은 더욱 분화되었다. 일하는 시간과 종교 활동을 하는 시간 외에 여가 시간이 생기게 되었다. 따라서 교회에서 '거룩함'을 주는 종교 경전 읽기(실제로는 듣기에 가까운) 활동뿐만 아니라 이제 여가 시간에는 '즐거움'을 위해서도 책을 읽기 시작하였다. 이는 독서 목적의 확장을 의미한다. 이 시기에는 대중적 잡지(magazines)가 제작되기 시작하였다. 뿐만 아니라 근대적 국민국가에서는 국민 모두에게 기초교육의 기회를 제공하기 시작하였다. 학교가 만들어지고, 학교에서 언어 교과가 생기고, 언어 교과에서 독서를 가르치기 시작하였다.

이 시기에 독서의 개념은 '전달'에서 '번역(translation)'으로 대체되었다. 심리학자들이 독서를 연구의 대상으로 삼기 시작하였다. 독서 연구를 주도한 그룹은 행동주의 심리학자들이었다. 발신자(저자) 주도의 독서 개념은 텍스트 주도 독서 개념으로 바뀌었다. 의미는 저자에게 있는 것이 아니라 텍스트에 내재한다고 생각하였다.

저자 우위의 시기에서 텍스트의 메시지는 명료하였고, 저자의 메시지는 별 이견(異見) 없이 독자에게 수용되었다. 그러나 텍스트가 중심이 되면서, 특히 문학 작품과 같이 암시적(implicit) 텍스트의 의미를 파악하기(meaning making) 위해서는 다양한 '독해 기능(reading skill)'을 갖출 필요가 있었다. 이 시기 독자는 '번역가(translator)'와 같았다. 마치 외국어로 된 글을 번역가가 자구에 주목하여 번역을 하듯이 독자는 일련의 독서 기능(reading skills)을 사용하여 텍스트에 적용함으로써 '의미를 만들어야(figuring out)' 하였다.

그러나 독자에게 의미는 거저 주어지지 않았다. 적절한 독서 기능을 갖추지 못한 독자는 의미 파악에 어려움을 겪었다. 의미는 텍스트의 구조나 문체 속에 내재해 있으며, 독자는 그것을 '찾아내는' 존재로 인식되었다. 텍스트는 퍼즐 판에 비유되었고, 독서는 퍼즐 맞추기처럼 생각되었다. 아동이 인접하는 퍼즐 조각의 겹쳐지는 단서를 이용하여 퍼즐을 정확하게 맞추어 나가야 하듯이 독자는 텍스트에 있는 여러 단서들을 이용하여 글의 의미를 정확하게 파악해야 한다고 생각되었다. 독서에서 텍스트가 중시되던 시기에 해당된다.

3) '상호작용'으로서 독서(1980-1990) : 독자의 스키마

1980년대에 들어오면서 심리학의 새로운 흐름으로 인지심리학(cognitive psychology)이 등장하였다. 이들은 텍스트라는 자극(stimulus)에 수동적으로 반응(response)하는 존재로 독자를 바라보는 행동주의 심리학(behaviour psychology)에 반기를 들었다. 그리고 같은 텍스트를 읽더라도 독자에 따라 서로 반응을 다르게 보이는 것에 주목하였다. 인지심리학자들은 그 원인을 독자의 머릿속에 저장된 지식과 경험에서 그 답을 찾았다. 독자의 머릿속은 텅 빈 컵이 아니라 무엇인가 들어있는데, 그것은 바로 독자의 지식과 경험이다. 이를 인지심리학자들은 '스키마(schema)'라고 하였다. 스키마는 구조화되고 일화적(逸話的 : episodic)으로 연결된 독자의 지식과 경험의 총체라고 할 수 있다.

이제 독자는 수동적으로 저자의 메시지를 단순히 받아들이거나('전달' 관점) 텍스트에 내재해 있는 의미를 발견하는('번역' 관점) 데서 나아가, 의미를 능동적으로 적극적으로 '구성(construction)'하는 존재로 부각되었다. 텍스트와 독자의 배경지식이 연합될(association) 때 의미 구성이 일어난다. 따라서 독서 개념도 '번역' 관점에서 독자와 텍스트의 '상호작용(interaction)' 관점으로 변화하였다.

이를 앞의 '전달' 관점에서 사용한 컵의 비유를 사용해서 설명해 보자. '전달' 관점에서는 컵A에 담긴 물을 컵B로 옮겨 담을 때, 물(메시지, 내용)이 되도록 변화 없이 옮겨 담게 되지만, '상호작용' 관점에서는 컵에 따라서(다시 말해, 독자의 스키마에 따라서) 물(메시지, 내용)은 서로 다른 모습과 형태를 띠게 된다. 전달 관점에서는 메시지 내용의 정확한 기억이 중시되었지만, 상호작용 관점에서는 텍스트 내용에서 생략된 내용의 재구성, 텍스트 내용에는 없던 내용의 창안, 텍스트에 내용에 대한 비판과 종합과 같은 반응을 권장하게 되었다. 독서에서 독자의 역할이 중시된 것이다.

전달 관점과 번역의 관점이 독서를 정보(메시지)의 '이송(transfer)'으로 파악했다면, '상호작용' 관점은 독서를 '탐구(inquiry)'와 '구성(construction)'으로 파악하였다. 이에 따라 '잘 읽는 독자'의 개념도 바뀌었다. 전자는 저자가 구현한 메시지를 왜곡 없이 그대로 받아들이고 잘 회상하는 사람을 '잘 읽는 독자'로 파악했는데 비해, 후자는 배경지식과 경험을 활용하여 텍스트의 내용을 적극적으로 탐구하고 예측하는 사람을 '잘 읽는 독자'로 파악하였다.

여기서 Straw와 Sadowy의 연구가 나온 것이 1990년 이란 점을 고려할 필요가 있다. 1990년 이후부터는 독서 개념은 상호작용 관점에서 더 나아가 사회적 상호작용이나 교섭(transaction)을 중시하는 개념, 사회문화적(혹은, 사회 구성적) 독서 개념들이 나타나게 된다.[4] 독자를 고립된 존재로 바라보는 것이 아니라 특정 맥락 속에 등장하는 '사회적' 존재로 인식하게 되었고, 독서는 그러한 '독자들' 사이에 이루어지는 의미의 협상, 절충, 중재라고 생각하게 되었다.

정리하면, 의사소통으로서 독서의 개념은 저자를 중시한 전달 관점, 텍스트를 중시한 번역 관점, 독자를 중시한 상호작용 관점, 사회문화적 관점을 중시하는 교섭 관점으로 발전해 왔다고 할 수 있다.[5]

다. '독서'와 '읽기' 용어의 관계

한자어 '독서'에 상당하는 순우리말로 '읽기'가 있다. 둘 다 영문 용어로는 'reading'으로 번역된다. 그러나 우리나라에서는 독서와 읽기를 동의관계로 사용하는 사람도 있고, 달리 사용하는 사람도 있다. 사용자가 이 두 용어를 맥락에 따라

---

4) 이에 대해서는 4장에서 자세히 설명하게 된다.
5) 이에 대해서는 다음 '2. 독서의 과정 모형'의 설명을 함께 살펴보기 바란다.

달리 사용하기도 하는데, 대략 다음과 같이 구분될 수 있다(천경록, 2008 : 241-246). 학술 논문을 보면 필자에 따라 자기의 의도를 분명히 하기 위해, 독서(혹은, 읽기)를 조작적으로 정의하고 논문을 서술하는 경우를 볼 수 있다.

• 독서 = 읽기

독서와 읽기를 동의 관계로 사용하는 경우이다. 이 관점을 사용하는 연구자들은 읽기와 독서를 서로 넘나들면서 사용하고 있다. '읽기'와 '독서' 두 용어가 문화적으로 경쟁하고 있는 셈이다. 이런 관점에서 두 용어를 바라본다면, 앞으로 시간이 흐르면 어느 한 용어가 지배적으로 사용되게 될 수 있다.

• 독서 ≠ 읽기*

읽기와 독서는 서로 다른 현상을 지칭하기 때문에 구별해야 한다는 관점이다. 읽기와 독서는 교육 행위의 '목적, 장소, 근거, 내용, 주체, 발달 관계, 관점, 텍스트' 등에서 서로 다르다고 보는 견해이다. 다음과 같이 구별할 수 있다.

읽기는 국어과의 하위 영역의 하나로서 자격을 갖춘 전문가인 교사의 도움을 받아 주로 초·중등학교 교실에서 국민공통교육기간에 국어교과서를 가지고 지도하는 국어과 내용 영역의 하나를 지칭할 때 사용한다. 그 내용은 국가수준의 국어과 교육과정에 제시되어 있다. 이를테면 2022년에 개정된 국어과 교육과정에는 '듣기·말하기, 읽기, 쓰기, 문법, 문학, 매체'의 여섯 영역으로 되어 있다.[6] 또한, 읽기는 2007 교육과정 시기까지 초등학교 국어과에서 사용되는 교과서의 명칭이기도 하였다. 요컨대 읽기는 국어과 교육과정에 근거하여 진행되는 교육 내용의 영역 명칭이며 그에 따라

* 이 관점과 함께, 읽기와 독서는 구별되지만 아주 다른 것이 아니라 서로 겹치는 부분이 있다는 새로운 관점을 더할 수 있다. '읽기∩독서=독해'라고 생각할 수 있다. 겹쳐지는 부분이 바로 독해(讀解 : reading comprehension)이다. 독해는 텍스트의 의미를 구성하는 과정을 강조한 용어이다. 독해는 읽기나 독서의 하위 과정으로 보고 있다. '읽기'나 '독서'를 하였지만 독해가 되지 않으면 진정으로 '읽기'나 '독서'를 하였다고 할 수 없다. 독해가 되지 않으면 읽기나 독서는 실패한 것이다. 읽기이든 독서이든 모두 의미를 구성하는 독해가 핵심적인 과제이다. 이 관점은 위의 독서≠읽기 관점에서 '독해'라는 공통점을 부각시켰다.

---

6) 이때의 '읽기'는 대상의 측면에서 '논픽션(non-fiction) 텍스트' 혹은 '정보 텍스트(informational text)'를 다룬다. 이에 비해 '픽션(fiction) 텍스트'를 다루는 영역은 '문학'으로 되어 있다.

의도적으로 개발된 교과서를 사용한다.[7]

이에 비해 독서는 가정, 학교, 사회 등 여러 장소에서 특정한 내용이나 목적의 제한을 가지지 않은 채, 다른 사람의 도움을 받거나 자기주도적으로 다양한 종류의 책을 읽는 현상을 지칭한다. 예를 들어, 학교에서 책을 읽더라도 국어과 읽기 시간이 아니라 창의체험 활동에서 교양서적을 읽으면 이것은 '읽기'가 아니라 '독서'라고 부르고 있다.

• 읽기 ⊂ 독서

읽기는 독서의 부분이기에 읽기는 독서에 포함된다는 관점이다. 읽기는 글이나 책을 이루는 문자 체계를 소리내어 읽는 것으로 독서의 하위 과정 중에 하나인 기초기능 단계를 지칭하며, 이러한 기초기능이 습득되어 독서로 발달한다는 견해를 취한다. 이 견해에서는 읽기를 독서의 기초 단계로 바라본다.

이 관점에서는 국어과 시간에 교사가 국어과 교육의 한 하위 영역으로 가르치는 '읽기 교육'은 국어과 시간 이외에 학교, 가정, 사회, 학교에서 배우는 '독서 교육'의 한 부분이라고 생각한다. 학교에서 국어과 시간 이외에도 방과 후 독서 지도, 특별 활동의 독서 지도, 도서관에서 진행하는 독서 지도, 학교 자체의 독서 프로그램 등 모두 학교에서 진행되지만 이를 읽기 교육이라고는 하지 않고 독서 교육이라고 한다. 그리고 독서 교육은 학교뿐만 아니라 가정, 사회에서도 진행된다. 이러한 관점은 읽기를 독서에 포함시키는 관점으로 보는 견해라 할 수 있다. 대체로 국어 시간에 교사의 도움을 받아 먼저 '읽기'를 학습한 후에, 국어과 시간 이외에서 여러 가지 목적으로 자율적으로 책을 읽는 '독서'로 발달한다는 가정을 취하고 있다.

사고기능의 수준의 측면에서 읽기와 독서를 구별하기도 한다. 이때의 '읽기'란

---

7) 참고로 2022 개정 교육과정에서는 고등학교 선택 과목의 명칭을 <독서와 작문>으로 하였다. 의무교육이 아닌 선택교육과정이 적용되는 고등학교 교육에서는 '독서'를 사용하였다.

문자를 소리 내어 읽는 해독(解讀 : decoding)과 기초기능의 측면에 초점을 맞추어 음독(音讀 : oral reading) 중심으로 글을 읽는 것을 뜻한다. 이에 비해, '독서'는 기초기능이 숙달된 사람이 다른 사람의 도움을 받거나 자기주도적 학습 방법으로 교양, 직무, 학문을 위해 고등사고기능을 발휘하여 글의 의미를 중심으로 묵독(黙讀 : silent reading)하며 책을 읽는 현상을 지칭한다.

· 읽기 ⊃ 독서

독서를 읽기에 포함시키고, 읽기를 광범위하게 바라보는 관점이다. 읽기란 모든 기호나 상징체계를 통해 소통되는 문화적 상징의 코드(code)를 이해하는 행위이다. 그러한 문화적 코드 중에 하나가 책이나 텍스트이다. 책 이외에도 영화, 연극, 텔레비전, 컴퓨터, 정치, 시대, 상황, 기호, 음악, 미술, 신문, 등 모든 문화적 매체나 형식을 이해하는 것은 '읽기'이다. 책 읽기, 영화 읽기, 신문 읽기, 연극 읽기, 시대의 징조 읽기 등이 이러한 읽기 현상인데, 그 중에 하나가 '책 읽기'이며 책 읽기를 특히 '독서(讀書)'라고 한다. 따라서 독서는 읽기에 포함된다.

이러한 특성을 반영할 때, 영어권에서는 'reading'보다는 'literacy'를 사용하기도 한다. 'literacy'는 문식성(文識性)에 상응하는 말이다. 어떤 분야나 매체에 대한 읽기 능력을 갖춘 사람은 그 분야나 매체에 대한 식견(識見)을 갖추었다는 뜻이 된다.

2. 독서의 과정 모형

앞절에서는 독서를 독자가 텍스트에 대해 의미를 구성하는 과정이라고 정의하였다. 그렇다면, 이 과정은 어떻게 되는가? 연구자들은 독자가 의미를 구성하는 과정을 탐구하여 과정 모형(process model)을 개발하여 왔다. 제2부에서 살펴볼 독서 교육을 위해서는 독서 과정 모형에 대한 이해가 필요하다.[8]

독서 과정 모형에 대한 논의는 1960년대 심리학의 발전과 긴밀하게 연결되어 있다. Ruddell과 Unrau(2004 : 1118-1122)는 독서 과정 모형이 정립되는 것을 대양(大洋)에 부침하는 파도에 비유하여 설명하고 있다. 그들은 독서 과정 모형의 발달 배경에는 여러 가지 독서 이론들이 놓여 있다고 하였다.

독서 과정 모형에 영향을 준 제1파(波)는 철자와 단어의 해독을 강조하고 미시적 수준의 감각적 재현에 관한 Gough(1972)의 연구였다. 제2파는 텍스트의 회상을 증가시킨 텍스트 구조 이론이었으며, 제3파는 배경 지식의 영향을 강조한 스키마 이론이었다. 제4파는 상향식과 하향식 모형의 절충이었다. 제5파는 기억 표상에 관한 연구였으며, 제6파는 사회문화적 맥락에 관한 연구였다고 설명하고 있다.

독자가 의미를 구성하는 과정에 대한 해명은 심리학의 주 관심 분야이다.[9] 국제독서학회(International Reading Association)에서는 이 분야의 연구 성과를 반영하기 위해 7~8년을 주기로 독서의 모형과 과정(Theoretical Models and Processes of Reading)을 다루는 책을 출간하여 왔다.

이 책은 1970년에 초판이 나온 후에 2004년에는 제5판이 나왔다. Ruddell과 Unrau(2004)가 편집한 제5판에는 독서 과정 모형을 크게 다섯 분야로 나누어 접근하고 있다. 인지 과정 모형(cognitive processing models), 이중 부호 모형(dual coding

---

8) 비유가 적절할지는 모르겠으나 비유해 보면 다음과 같다. 자동차 수리기사가 고장 난 자동차를 고치기 위해서는 자동차가 구동되는 과정에 대한 모형이 필요하다. 수리 기사는 자동차 구동 모형에 따라 자동차를 점검하면서 고장 난 부분을 찾아내고 문제를 해결하게 된다. 마찬가지로 발달 단계에 있는 독자에게 독서를 교육하기 위해서는 독자가 어떻게 텍스트의 내용에 대해 의미를 구성하게 되는지 그 모형을 정립할 필요가 있다. 독서교육의 역사를 보면 실제로 모형에 근거하여 교육 내용이 결정되고, 교재가 개발되었고, 교사의 교육 활동과 평가 활동이 수행되었다. 독서를 지도하는 모든 교사들은 분명하게 이론적으로 인식하건(이론적 지식) 막연하게 경험적으로 인식하건(실천적 지식) 간에 자기 나름대로 독자가 독서하는 과정 모형을 가지고 있다. 교사의 교육 활동은 이에 근거하여 이루어지고 있다. 교사의 이론적 지식과 실천적 지식에 대해서는 이 책의 13장에서 다루게 된다.
9) 독서 과정의 신비함에 대해서 100여 년 전인 1908년에 Huey라는 심리학자는 '독서 과정의 완전한 해명은 독서연구자들에게는 꿈의 성취와 같은 일이다(Harris & Hodges, 1995 : 206)'라고 말하였다고 한다.

model), 교섭 모형(transactional model), 태도 영향 모형(attitude influence model), 사회인지 모형(sociocognitive model) 등이 그것들이다. 이 중에 인지적 관점의 독서 과정 모형의 기본은 다음과 같이 발전되어 왔다(Reutzel & Cooter, 2004; 천경록, 2008 : 246-258).

가. 상향적 과정 모형

독서는 글을 읽고 의미를 구성하는 것이다. 그런데 글은 여러 가지 언어 단위로 구성된 형식과 내용의 결정체이다. 독서 연구의 초기에 연구자들은 글을 이해하기 위해서는 글의 형식을 이루는 작은 언어 단위부터 최종적으로 글 수준까지 차례차례로 언어 단위의 내용, 곧 그 뜻을 잘 파악하여야 제대로 이해할 수 있다고 생각하였다. 이는 마치 퍼즐 맞추기에서 작은 퍼즐 조각을 하나씩 모아나가 궁극적으로 전체적으로 퍼즐을 완성하는 것과 같다. 글의 단위는 낱자의 자소(字素 : grapheme), 음절, 단어, 어구(語句 : phrase), 문장, 문단, 글(text) 등이다. 만약에 작은 언어 단위의 뜻을 제대로 파악하지 못하면 더 큰 단위의 뜻 파악은 실패할 것으로 생각하였다.

'상향식 과정 모형(bottom up process model)'은 이처럼 글과 글을 구성하는 각각의 단위에 주목하였기 때문에 '글 중심의 독서'라고 할 수 있다. 그리고 각각의 언어 단위를 처리하는 것을 기능(skill)으로 인식하였기 때문에 '기능 중심의 독서'라 할 수 있다.

이 관점에서는 하위 단위의 언어 처리가 제대로 되지 않으면 상위 단위의 언어 처리가 어렵다는 가정을 취하였다. 따라서 언어 처리의 하위기능(sub-skills)을 강조한다. 하위기능의 예로는 글자를 소리로 해독할 수 있어야 한다(해독 기능),* 단어를 재인할 수 있어야 한다(단어 재인 기능), 문장을 어구에 따라 적절히 의미 단위로 끊어 읽을 수 있어야 한다(어구 나누기 기능), 문장을 유창하게 소리 내어 읽을 수 있어야 한다(유창성 기능), 생략된 내용

* 해독의 과정에 필요한 것이 정음법(phonics)이다. 국어는 모음의 자소와 음소가 일대 일로 대응하기 때문에 한글 해독이 쉽다. 하지만 영어는 같은 음소 문자이지만 모음의 자소와 음소가 일대 일로 대응하지 않기 때문에 해독이 쉽지 않다. 따라서 영어 교육에서는 다양한 정음법이 연구되었다.

을 추론할 수 있어야 한다(추론 기능) 등을 들 수 있다. 이러한 기능들은 다른 기능과 독립적으로 분리해서 가르치는 것이 효과적이며, 기능의 학습에는 순서가 있으며, 학생들에게 이런 기능들을 '차례로' 습득시켜 주면 글 전체의 의미는 '저절로' 이해될 것으로 가정하였다. 이를 그림으로 나타내면 다음과 같다.

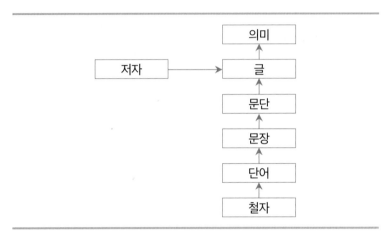

[그림 1-1] 상향식 과정 모형

상향식 과정 모형은 독서란 글의 의미를 파악하는 것이고, 의미는 '글'에 있다고 생각하였다. 이때의 의미는 주로 저자가 '의도한 의미'를 뜻하며, 그것은 글 속에 구현되어 있다. 독서 지도 모형은 독서의 기능에 대한 '직접교수법'을 선호하고 있다. 상향식 모형의 이론가로 P. V. Gough를 들 수 있다. 그는 독서 지도에서 글자를 소리 내어 읽을 수 있는 '정음법(phonics)'을 강조하고 있다.

상향식 과정 모형에서는 글자를 소리 내어 독서만 하면 뜻은 자동적으로 이해된다고 가정하였다. 이들은 '독해(reading comprehension) = 해독(decoding) × 듣기(listening comprehension)'라고 생각하였다. 작문은 소리를 문자(code)로 부호화하는(encoding) 것이고, 반대로 독서는 문자를 소리로 해독(decoding)하는 과정으로 인식하였다. 글을 이루는 작은 단위들에게 대해 해독하기만 하면, 이미 습득된 음성 언어의 능력과 결합하여 자연스레 글의 뜻은 파악되리라 가정하였다.

상향식 모형에서는 독서지도에서 매우 통제된 텍스트(controlled text)를 사용한다. 아이들이 글자를 소리 내어 읽을 수 있도록, 때로는 지나치다 싶을 정도로 의도적으로 통제된 텍스트를 사용한다. 비판가들은 이런 텍스트는 아동의 독서 지도를 위한 책에서나 볼 수 있지 실제 세상에서 아동이 대할 수 있는 글은 아니라고 비판한다.

상향식 모형에서는 독서 기능은 발달의 순서가 있으며, 그 순서는 '해독 → 단어 이해 → 글의 의미 이해'로 진행된다고 가정하고 있다. 상향식 이론가들은 사람의 인지 능력은 제한되어 있고, 만약 해독 기능이 충분히 자동화되어 있지 않다면 제한된 인지 능력으로 글을 처리할 때 보다 많은 인지 능력을 해독 과정에 집중해야 되기 때문에 단어나 독해에는 충분한 인지를 배당할 수 없게 되고 결국 독해는 실패하리라 가정한다. 따라서 상향식 모형에서는 해독 기능의 습득을 독서 지도에서 우선적으로 강조하였다.

나. 하향적 과정 모형

상향식 과정 모형을 주장하는 연구자를 난처하게 했던 것은 다음과 같은 글이다.[10] 상향식 과정 모형에 요구되는 하위기능들을 모두 습득한 독자들이 글을 소리 내어 읽을 수는 있으나 그렇다고 의미가 구성되지는 않기 때문이었다.

절차는 매우 간단하다. 먼저 항목들을 몇 종류로 분류한다. 물론 해야 할 양이 얼마나 되느냐에 따라서 때로 한 묶음으로도 충분할 수 있다. 시설이 모자라

---

10) 이 글은 Bransford와 Johnson(1972)의 연구에 사용된 글이다. 노명완 등(2000 : 209)에서 재인용하였다.

다른 곳으로 옮겨야 한다면 그렇게 한다. 그렇지 않다면 이제 준비는 다 된 셈이다. 중요한 것은 한 번에 너무 많은 양을 하지 말아야 한다는 점이다. 아예 한 번에 조금씩 하는 것이 한 번에 너무 많은 양을 한 번에 하는 것보다 차라리 낫다. 이 점은 언뜻 보기에는 별로 중요한 것 같지는 않으나 일이 복잡하게 되면 곧 그 이유를 안다. 한 번의 실수는 그 대가가 비쌀 수도 있기 때문이다. 이 모든 절차는 처음에는 꽤 복잡하게 보일지 모르나 곧 이 일이 생의 또 다른 한 면임을 알게 된다. 가까운 장래에 이 일을 하지 않아도 되리라고는 생각되지 않는다. 그러나 아무도 알 수 없다. 일단 이 일이 끝난 다음에는 항목들을 다시 분류한다. 그리고 적당한 장소에 다시 넣어 둔다. 이 항목들은 나중에 다시 사용하게 될 것이다. 그 다음부터는 지금까지의 모든 절차가 반복될 것이다. 결국 이것은 생의 한 부분이다.

위의 글이 잘 이해되지 않은 것은 글의 내용과 독자의 배경지식과의 연결을 통제하였기 때문이다. 이 텍스트는 독서 과정에서 '독자'의 중요성을 보여주고 있다. 이처럼 의미 구성에서 독자에게 중요한 지위를 부여하고 접근한 모형이 '하향식 과정 모형(top down process model)'이다.

하향식 과정 모형은 '독자 중심의 독서'라 할 수 있다. 독서는 글의 의미를 구성하는 행위인데, 의미는 '글'에 있지 않고 독자의 '머리'에 있다고 보았다. 비유적으로 말하면, 글은 마치 사진의 필름과 같다. 필름은 사진이 될 수는 있지만 필름만으로는 사진이 될 수 없다. 필름에 담긴 풍경은 무엇인지 잘 알 수 없고 알아보기도 힘들다. 필름은 현상(現像)되어야만 필름 속에 담긴 풍경이 비로소 생생한 '사진'으로 드러난다. 필름을 현상하려면 현상액(現像液)이 필요하다. 이 때 현상액과 같은 역할을 하는 것이 독자의 배경지식이다. 그러므로 하향식 과정 모형을 지지하는 연구자들은 의미는 '글'이 아니라 '독자'에게 있다고 보았다. 글은 의미를 전달하는 단초(端初)나 자극에 불과하지 의미 그 자체는 아니란 뜻이다.

하향식 과정 모형에 의하면 독서를 통해 의미를 구성하기 위해서는 독자가 적극적으로 자신의 배경지식을 활성화하여 글의 내용과 연결해야만 한다. 독자는 자신의 배경 지식을 활성화하고, 글의 내용과 관련이 있는 배경지식을 선택해야 하며, 배경지식을 인출하여야 한다. 배경지식을 이용하여 글의 내용을 예측하고, 생략된 내용을 추론하고, 새로 알게 된 내용을 자신의 배경지식에 통합하여 기억하게 된다. 이런 과정은 매우 목적 지향적이며 여러 가지 대안 중에서 최적의 방법을 선택하고 유연하게 진행되는 사고의 과정으로 '전략(strategy)'이라고 명명하였다.[11] 하향식 과정 모형을 그림으로 표현해 보면 다음과 같이 그려 볼 수 있다.

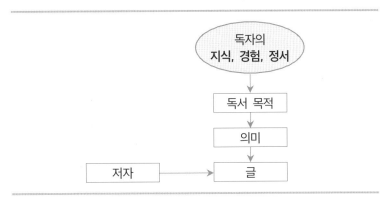

[그림 1-2] 하향식 과정 모형

다. 상호작용적 과정 모형

상향식과 하향식 두 모형을 지지하는 연구자들은 '독서 전쟁(reading war)'이라고 할 정도의 격렬한 논쟁을 전개하였다. 예를 들어, 음독 오류(miscues)에 대하여 상향식 모형 지지자들은 매우 부정적으로 해석했고, 하향식 모형 지지자들은 매우 긍정

---

11) 전략(strategy)은 앞의 상향식 과정 모형에서 설명한 '기능(skill)'과 대비된다. 기능과 전략은 독서 과정에서 일어나는 사고 작용을 관점을 달리하여 지칭한 것으로 이해할 수 있다.

적으로 해석했다. 상향식 이론가들은 잘 읽는 독자는 오독(誤讀)할 필요가 없다고 본 반면에, 하향식 이론가들은 오독은 배경지식을 활용한 예측과 텍스트의 정보가 불일치할 때 생기는 것으로 독자의 능동적으로 읽고 있다는 증거로 간주하였다.

그러다가 절충이 일어났다. 글의 의미를 구성하는 것은 상향식 과정에서 주장하는 것처럼 글의 작은 단위를 모아서 큰 단위의 뜻을 완성하는 것도 아니고, 하향식 과정에서 주장하는 것처럼 독자에게만 있는 것도 아니다. 만약 하향식으로만 글을 처리한다면 굳이 독자들이 글을 대할 필요가 없게 된다. 글을 읽지 않아도 글의 의미를 알게 된다는 모순에 빠지게 된다. 실제의 대부분의 독서는 글과 독자의 상호작용에 있다. 독서는 의미를 구성하는 것인데, 그 의미는 글에도 있고, 독자 머릿속에도 있다. 이 둘을 잘 조절하고 연결하여 의미가 구성되는 것이다. 이를 상호작용 과정 모형이라고 한다. 그림으로 그리면 다음 [그림 1-3]과 같다.

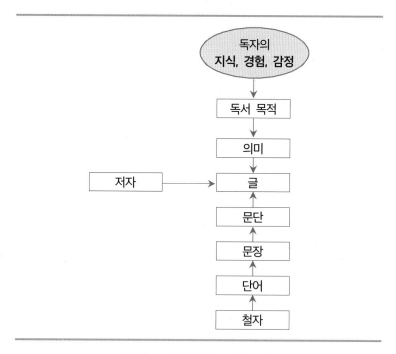

[그림 1-3] 상호작용 과정 모형

상호작용 모형은 D. E. Rumelhart에 의해 이론화되었다. 상호작용 모형은 상향식과 하향식의 절충(折衷)으로 이해하면 된다. 독자는 자신의 독서 목적을 고려하여 배경지식을 활성화한 후에 글의 내용에 대하여 예측한다. 그리고 글의 내용에서 이를 확인하면서 의미를 구성해 나간다. 예측과 내용이 일치하지 않으면 글을 다시 읽거나, 다시 생각한다. 이러한 과정은 독서 과정에서 끊임없이 계속된다. 독자는 이러한 과정을 통해 글의 의미를 구성하고, 새롭게 구성된 의미는 자신의 배경지식에 다시 통합된다(Watson, Burke, & Goodman, 1996 : 34-36).

상호작용 모형에 의거한 독서 지도 모형은 '균형적 지도법(balanced instruction)'을 들 수 있다. 균형적 지도법은 음독, 해독, 정음법 등을 강조한 상향식 모형과 예측, 통합, 전체 언어(whole language) 등을 강조한 하향식 모형을 절충하여 균형적으로 지도하는 방법이다.

상호작용 모형은 독서의 하위 과정을 크게 '해독, 어휘, 독해'의 셋으로 구분한다. 이 때 어휘는 독자의 배경 지식과 관련된다. 다양한 어휘를 알고 있는 독자는 다양한 배경 지식을 갖춘 것을 뜻한다. 그런데 이 셋의 지도 순서에 대하여 무엇을 먼저 지도해야 한다고 가정하지 않는다는 점이다. 이 점이 앞의 두 모형과 크게 다른 점이다. 세 하위 과정의 중요성을 인정하되 어느 하나가 다른 과정에 앞서서 반드시 미리 습득되어야 한다고 주장하지는 않는다. 이들은 세 과정을 병렬적으로 가르치도록 독서 교육 내용을 설계하고 있다. 이렇게 가르치면 독자에 의해서 그 세 내용이 '통합'되리라고 가정하고 있다. 교사는 아동이 자신의 배경 지식에 의해 다양하게 글의 의미를 구성하더라도 적절한 중재를 통해 저자가 의도한 의미를 구성하도록 안내한다.

라. 교섭 과정 모형

그렇다면 상호작용 과정 모형으로 실제의 독서 현상을 충분히 설명할 수 있을까? 다른 변인이 추가될 필요는 없을까? 이에 대한 대답으로 주목 받는 것이 교섭 과정 모형(transaction process model)이다.

상호작용 과정 모형은 독서를 설명하는 중요한 모형으로 독서 교육에 많이 사용되고 있다. 그러나 상호작용 과정 모형에서 말하는 독자의 배경지식은 어디까지나 개별 독자의 배경지식이다. 즉 독자는 개별적으로 자신의 배경지식을 활성화하여 글 속에 저자가 글에 구현해 놓은 의도된 의미를 구성한다는 것에 초점이 맞추어져 있다. 그러나 실제의 독서를 관찰해 보면 독자는 고립되어 독서하는 것이 아니라 특정 맥락 속에서 사회적 존재로 독서하고 있는 모습을 확인할 수 있다.

독자가 글을 앞에 놓고 그것을 읽는다면 여기에는 글과 독자뿐만 아니라 맥락이 개입된다. 맥락에는 저자, 독자의 친구들, 선생님, 부모 등과 같은 인적 상황, 독서의 시간적 배경 공간적 배경, 조명 등과 같은 물리적 환경, 모둠이나 짝 등과 같은 관계적 상황, 계층, 이념, 직업, 언어, 종교, 지역 등과 같은 사회적문화적 맥락 등이 개입된다.[12)]

독자는 개인적 경험만으로 글을 읽는 것이 아니라 자신을 둘러싸고 있는 사회적 문화적 요인의 영향을 받아 의미를 구성한다. 이러한 맥락의 차이에 따라 실제로 구성되는 의미는 달라진다. 독서의 이러한 과정을 잘 드러내기 위해 사용한 용어가 Rosenblatt(2004)이 사용한 '교섭(transaction)' 개념이다. 'transaction'은 '교섭, 거래, 타협, 협상, 흥정, 중재' 등으로 번역되기도 한다.

독자가 글을 읽고 구성하는 의미는 독자와 글과의 교섭의 결과이다. 이러한 교섭 과정에는 '독자, 글, 저자, 맥락' 등의 요인이 작용한다. 독서 결과로 구성되는 의미 에는 이러한 것들이 모두 반영된다. 그러므로 의미는 상향식 과정에서 말하듯이 '글'에만 있다고도 할 수 없고, 하향식 과정에서 말하듯이 '독자'에게 있다고도 말 할 수 없다. 독서의 결과로 구성되는 의미는 '독자, 다른 독자, 글, 저자, 맥락'에

---

12) 상황적 맥락과 사회문화적 맥락에 대해서는 이 책의 2장에서 다시 설명이 될 것이다.

'편재(偏在)되어(distributed)' 있다. 독자는 이를 종합하여 의미를 구성하는 것이다. 이때의 의미는 저자가 의도한 의미뿐만 아니라 그 이상의 의미도 포함된다. 저자가 의도하지 않은 의미, 저자의 의도를 넘어서는 의미도 포함된다. 이러한 독서 현상을 비판적 독서(critical reading)와 창조적 독서(creative reading)라고 할 수 있다.

　교섭은 독자와 글 사이뿐만 아니라 독자에 영향을 주는 다른 독자, 교사, 상황, 맥락, 과제 사이에 교섭도 일어난다. 예를 들어, 어떤 글을 읽을 때, 다른 사람의 의견을 참조하여 해석하는 것을 볼 수 있다. 이는 독자와 다른 독자 간의 교섭에 해당한다. 교실에서는 독자와 다른 독자, 교사가 독자의 의미 구성에 영향을 주게 된다.

　따라서 상호작용 과정 모형에서 맥락 변인을 추가한 교섭 과정 모형을 만들 수 있다(다음 [그림 1-4] 참조). 교섭 과정 모형은 '맥락 중심의 독서'라고 할 수 있다. 독서의 의미 구성은 독자 개인의 경험을 넘어서서 맥락(context) 속에서 다른 독자나 교사와의 교섭 속에서 진행된다.

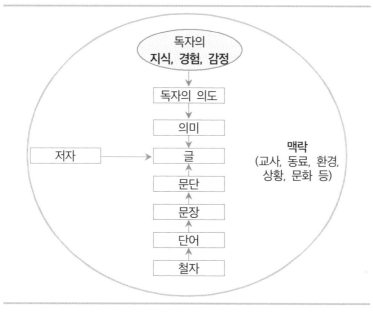

[그림 1-4] 교섭 과정 모형

교섭 과정 모형의 이론가는 로젠블랫(Rosenblatt, 2004)을 들 수 있다. 그는 독자가 글의 의미를 구성하는 것은 사회적 상황에서 저자가 의도한 의미와 자신이 구성한 의미, 자신이 형성한 의미 등이 여러 사회적, 문화적 상황에 영향을 받아 중재된 결과로 보았다. 이는 심리학적 배경으로 비고츠키를 중심으로 한 사회구성주의 심리학과 통하고 있다.

독서 현상을 분석할 때에 위의 네 가지 모형을 대입시켜 보면서 어떤 모형이 분석 대상이 되는 독서 현상의 독서 과정을 잘 설명할 수 있는지 생각할 필요가 있다. 예를 들어, 기초기능이 부진한 느린 학습자(slow learner)의 경우 상향식 과정 모형이 적합할 수 있다.

지금까지 설명한 내용을 정리하면 다음 [표 1-2]와 같다.

[표 1-2] 독서 과정에 대한 세 모형의 비교

기준	상향식 과정 모형	하향식 과정 모형	상호작용 과정 모형	교섭 과정 모형
의미의 위치	글	독자	독자, 글	독자, 글, 저자, 맥락
의미의 의미	저자가 의도한 의미	독자가 구성한 의미	독자가 구성한 의미	저자와 독자가 협상한 의미
독서 유형	글 중심의 독서	독자 중심의 독서	글, 독자의 상호작용 중심의 독서	맥락 중심의 읽기
독서 지도 관점	분절, 기능, 독해=해독×듣기	전체(whole), 전략	균형(balance), 절충	거래, 맥락, 상황
강조점	해독, 정음법	스키마, 예측	구성, 독해	대화, 협상
주요 독서 형태	음독, 유창한 읽기 (fluent reading)	묵독	발췌독, 재독, 확인, 통합	비판적 독서, 심미적 독서, 창의적 독서
배경 심리학	행동주의심리학	형태심리학	인지심리학	사회구성주의 심리학
주요 이론가	P. Gough, J. Samuels	K. Goodman	D. Rumelhart	L. Rosenblatt
독서 제재	통제된 글	자연스러운 이야기	통제된 글과 자연스러운 이야기	문학 작품, 다양한 책

3. 독서의 목적과 유형

가. 독서의 목적과 자세

앞 절에서 살펴본 독서 개념의 역사적 발달과 독서 과정 모형에 대한 이해를 통해서 우리는 독서에서 독자의 중요함을 알게 되었다. 독서에서 독자는 배경지식이나 경험을 활성화 하여 텍스트에 대한 의미 구성을 진행하지만 이러한 독서 활동은 목적 없이 이루어지는 활동이 아니다. 독서는 인간의 많은 다른 활동과 마찬가지로 목적 지향적인 사고 활동이다. 그러므로 독서에서 독서 목적을 어떻게 설정하고 분류할 것인가를 정리할 필요가 있다.

학교교육에서 진행되는 독서 교육과정에서도 독서의 목적을 분류하여 설명하고 있다. 그러나 이에 대해서는 별도의 장에서(제5장) 따로 살펴보도록 하고, 여기서는 독서 이론적 측면에서 독서의 목적을 어떻게 구분하는지를 점검하도록 한다.

독서 목적과 관련하여 로젠블랫(Rosenblatt, 2004)은 독서를 정보수집적 독서(efferent reading)와 심미적 독서(aesthetic reading)로 구별하였다.[13] 정보수집적 독서는 글에서 사실적 정보나 주장을 파악하는 독서를 말하고, 주제나 미적 내용을 파악하는 것을 심미적 독서로 보았다. 그림으로 표현하면 다음과 같다.

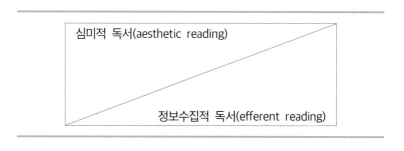

[그림 1-5] 독서의 목적

---

13) 사용자에 따라 이들을 기능적 독서와 심미적 독서, 구심적 독서와 원심적 독서로 명명하기도 한다.

[그림 1-5]는 정보수집적 독서와 심미적 독서의 극단을 보여주고 있다. 그러나 네모를 가로지르는 사선(斜線)에서도 볼 수 있듯이 실제로 일어나는 대부분의 독서에서는 순수하게 정보수집적 독서만 진행되거나 순수하게 심미적 독서만 진행되지는 경우는 드물다.

예를 들어, 설명문을 읽을 때에는 텍스트의 정보에 집중하면서 정보수집적 목적의 독서가 주로 일어나지만, 동시에 필자의 어휘 선택에 대해 감탄을 하는 경우도 더러 본다. 이는 정보수집적 독서가 중심되지만 반대로 심미적 반응도 함께 진행됨을 뜻한다. 반대로, 소설《홍길동전》을 읽으면서 독자는 심미적 반응만을 형성하는 것이 아니라 부수적으로 당대 사회에 대한 정보를 부수적으로 얻기도 한다.

독서의 목적은 독서의 자세(stance)와 연관된다. 독서의 자세는 교섭 이론이나 독자 반응 이론에서 독자가 텍스트를 대하는 기본적인 태도를 말한다. 문예적인 글을 읽을 때는 심미적 독서가 주로 일어나는 자세를 취하고, 정보텍스트를 읽을 때에는 정보수집적 독서가 주로 일어나는 자세를 취한다. 독자는 동일한 텍스트를 대하지만 텍스트에 대한 자신의 반응을 정보수집에 맞출 수도 있고, 심미적 감상에 맞출 수도 있다. 최근에는 이 두 관점이 모두 개인적 목적에 국한된다는 점에 주목하고 이를 극복하기 위해 '비판적 자세(critical stance)'라는 사회적 목적이 필요하다는 주장도 제기되고 있다(천경록, 2014).

나. 독서의 유형과 종류

• 공간과 환경에 따른 독서의 유형

독서 현상을 관찰해 보면, 사용자가 독서의 상황이나 방법에 따라 독서의 종류를 구체화하여 사용하는 경우가 있다. 수많은 독서의 종류를 구분하여 독서의 유형을 생각할 수 있다.

이 중에 이성영(2018)은 독서 공간에 주목하여 독서 유형을 분류하고 있다. 그는 독서 공간을 크게 실제와 가상의 공간으로 크게 구분한 후에, 실제의 독서 공간을 물리적 공간과 인식적 공간으로 구분하고, 그에 따라 일어나는 독서의 유형을 다음 [표 1-2]와 같이 분류하였다.

[표 1-3] 독서 공간의 유형과 의미

	물리적 독서 공간		인식적 독서 공간	
	본원	전유	목적·행위	분야·장르
실제	서재 도서관 교실 연구실 독서실	침실, 거실 서점 카페 버스, 전철 공원 여행지 병영, 교도소	학업독서 직업독서 치료독서 휴식독서 교양독서 독서 동아리 독서운동	인문독서 과학독서 고전독서 소설독서 수필독서
가상	인터넷, 전자서적			

— 출처 : 이성영(2018 : 19)

[표 1-2]에서 물리적 독서 공간은 본원적 독서 공간과 전유된 독서 공간으로 구분하고 있는데, 본원적 공간이란 원래부터 독서를 위해 존재하는 공간을 말하고 '전유' 공간이란 독서를 위해 전용된 공간을 말한다. 예를 들어, 서재는 본원적 독서 공간에 해당하며, 전철은 이동 수단이지만 경우에 따라 독서 공간으로 전유될 수 있다.

인식적 독서 공간은 어떤 의미나 기능이 소통되고 작동되는 사회적 현상을 하나의 공간으로 인식한 것이다. 인식적 독서 공간은 독서 주체의 목적이나 행위에 초점을 둔 경우와 독서 자료의 분야나 장르에 초점을 두는 경우로 구분할 수 있다.

독서 환경은 독서 공간보다 개념 범위가 넓다. 독서 환경은 사회의 독서 운동

차원에서 주로 사용되는 용어로 독서가 일어나는 물적 공간을 포함하여 독서와 관련되는 행정·제도 및 문화·문화·의식 등을 아우르는 말이다(이성영, 2018 : 14). 독서문화진흥위원회에서는 독서정책의 협력체계를 제안하고 있는데(문화체육관광부, 2019), 학교독서, 교정독서, 병영독서, 직장독서, 지역독서, 가정독서 등 독서 환경에 따라 독서 유형을 분류하고 있다(다음 [그림 1-6] 참조).

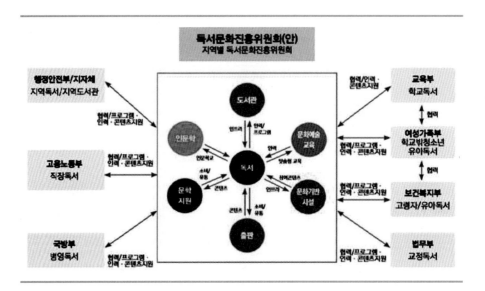

[그림 1-6] 독서 환경에 따른 독서 유형

우리가 전통적으로 중시해 오던 학교에서 진행되는 학교독서 뿐만 아니라 학교 밖(out of school)의 다양한 사회 시설이나 공간에서 독서가 일어나고 있음을 알 수 있다. 정책을 담당하는 소관 부처도 교육부, 문화체육관광부, 행정안전부, 여성가족부, 보건복지부 등으로 다양하다.

• 독서의 종류

실제의 독서 현상이도 독서교육 현장에서는 독서의 특성이나 방법에 따라 여러 가지 독서의 종류가 사용되고 있다. 여기서는 그 중에 40여 가지만 간추려 제시하고자 한다(천경록 등, 2006 : 269-271).

1. 강독(講讀)은 책이나 글을 읽고 그 뜻을 밝히는 것을 말한다.
2. 경독(耕讀)은 농사를 지으면서도 책이나 글을 보는 것을 말한다.
3. 경독(經讀)은 경문을 읽는 것을 말한다.
4. 교독(交讀)은 예배를 볼 때 목사와 신도가 십계명 등을 번갈아 읽는 것을 말한다.
5. 구독(購讀)은 책, 신문, 잡지 등을 사서 읽는 것을 말한다.
6. 남독(濫讀)은 서적을 닥치는 대로 마구 읽는 것을 말한다.
7. 낭독(朗讀)은 책이나 글을 맑은 소리로 읽는 것을 말한다.
8. 다독(多讀)은 책이나 글을 많이 읽는 것을 말한다.
9. 대독(代讀)은 축사나 식사 등을 대신 읽어 주는 것을 말한다.
10. 도독(盜讀)은 남의 것을 몰래 훔쳐 읽는 것을 말한다.
11. 묵독(黙讀)은 소리를 내지 않고 책이나 글을 읽는 것을 말한다.
12. 미독(味讀)은 내용을 충분히 음미하면서 책이나 글을 읽는 것을 말한다.
13. 배독(拜讀)은 남의 글을 공손히 읽는 것을 말한다.
14. 범독(泛讀)은 책이나 글을 읽을 때 정신을 기울이지 않고 데면데면하게 읽거나 이것저것 여러 가지를 읽는 것을 말한다.
15. 복독(復讀)은 책이나 글을 되풀이 하여 읽는 것을 말한다.
16. 봉독(奉讀)은 남의 글을 받들어 읽는 것을 말한다.
17. 비독(飛讀)은 책이나 글을 띄엄띄엄 읽거나 여기저기 빼놓고 넘어가면서 읽는 것을 말한다.
18. 세독(細讀)은 책이나 글을 자세히 읽는 것을 말한다.
19. 속독(速讀)은 책이나 글을 빨리 읽는 것을 말한다.
20. 심독(心讀)은 책이나 글을 마음속으로 읽는 것을 말한다.
21. 애독(愛讀)은 책이나 글을 즐겨 읽는 것을 말한다.
22. 역독(譯讀)은 책이나 글을 번역하여 읽은 것을 말한다.
23. 숙독(熟讀)은 책이나 글을 익숙하도록 읽거나 뜻을 생각하여 자세히 읽는 것을 말한다.
24. 열독(閱讀)은 책이나 글 따위를 쭉 훑어 읽는 것을 말한다.
25. 염독(念讀)은 책이나 글을 정신 차려 읽는 것을 말한다.
26. 오독(誤讀)은 책이나 글을 잘못 읽는 것을 말한다.
27. 음독(音讀)은 책이나 글을 소리 내어 읽는 것을 말한다.

28. 일독(一讀)은 책이나 글을 한 번 읽는 것을 말한다.

29. 재독(再讀)은 한 번 읽은 책이나 글을 다시 읽는 것을 말한다.

30. 정독(精讀)은 책이나 글을 자세히 살피어 정밀히 읽는 것을 말한다.

31. 주독(走讀)은 책이나 글을 빨리빨리 건성으로 읽는 것을 말한다.

32. 탐독(眈讀)은 다른 일을 잊어버릴 정도로 어떤 책이나 글을 열중하여 읽는 것을 말한다.

33. 통독(通讀)은 책이나 글을 처음부터 끝까지 내리 읽는 것을 말한다.

34. 판독(判讀)은 어려운 문장이나 암호나 고문서의 따위의 뜻을 헤아려 읽는 것을 말한다.

35. 편독(遍讀)은 한 방면에만 치우치게 책이나 글을 읽는 것을 말한다.

36. 풍독(諷讀)은 책이나 글을 외어 읽는 것을 말한다.

37. 해독(解讀)은 책이나 글의 뜻을 풀어 읽거나 읽어서 그 뜻을 알아내는 것을 말한다. 글의 자구를 소리 내어 읽고, 축자적 읽기(literal reading)에 주력한다.

38. 회독(回讀)은 책이나 글 등을 여러 사람이 차례로 돌려가면서 읽는 것을 말한다.

39. 회독(會讀)은 여럿이 모여 책을 읽고, 연구하거나 토론하는 일을 말한다.

40. 훈독 (訓讀)은 한자의 뜻을 새겨 읽는 것을 말한다.

더 생각해 보기

⊙ 내용 탐구 활동

1. 읽기 과정 모형의 발달과 관련하여 다음 단계에 해당하는 모형을 적고 그 모형의 특성을 간단히 설명하시오.

> 상향식 과정 모형 → (　　　　　　　) → 상호작용 과정 모형

예시 답안 : 하향식 과정 모형. 하향식 과정 모형은 독자의 역할을 중시하는 모형이다. 독자의 배경지식(스키마)와 연결되지 않으면 텍스트의 의미가 구성되지 않는다고 가정한다. 따라서 하향식 모형에서는 의미 구성을 위해서는 적극적으로 독자의 배경 지식을 활성화해야 한다.

2. 독서의 목적에 대한 김 교사의 설명 중 ㉠, ㉡에 적절한 용어가 무엇인지 쓰시오. 그리고 임의의 책이나 작품을 사례로 하여, ㉢에 대해 간단히 설명하시오.

> 김교사 : 로젠블렛은 독서의 목적에 따라 독자의 자세가 달라지게 된다고 설명하고 있습니다. (㉠)은 글에서 사실적 정보나 주장을 파악하는 독서이고, (㉡)은 주제나 미적 내용을 파악하는 독서입니다. 그리고 이러한 독서의 목적은 텍스트에 따라 적용되기도 하지만, ㉢동일한 텍스트를 읽을 때에도 독서 목적이 달라지면 상이한 독서 결과를 가져오게 됩니다.

예시 답안 : ㉠ 정보수집적 독서 ㉡ 심미적 독서 ㉢ 《홍길동전》을 읽으면서 정보수집적 독서를 하게 되면 배경이 되는 조선 시대 사회의 관직, 사회 분위기 등과 같은 역사적 정보를 얻을 수 있다. 그러나 심미적 독서를 하게 되면 적서차별에 저항하는 주인공 홍길동의 행동에 공감하게 되고, 모든 종류의 차별에 저항해야 한다는 깨달음을 얻을 수 있다.

⊙ 모둠 탐구 활동

1. 독서에 관한 다양한 정의들을 모아보고, 어떠한 관점이 내포되어 있는지를 조사해서 발표해 보자.

2. 4차 산업혁명 시대에 독서는 어떻게 변화하게 될 것인지에 대해 조사해서 발표해 보자.

⊙ 더 읽을거리

- 노명완(2012). 독서와 작문 : 그 개념의 변천과 지도 방법에의 시사점. 독서연구. 28, 9-51.

  이 논문은 매체 발달 면에서 독서의 개념을 탐구하고 있다. 인류가 출현한 이래 사용해 온 음성 매체, 5천여 년 전부터 사용하기 시작한 문자 매체, 그리고 최근 20년 년 전부터 본격적으로 사용하기 시작한 전자매체의 사용과 함께 독서 개념이 어떻게 발전해 왔는지를 설명하고 있다.

- 정옥년(1998). 책 읽기와 사람됨 : 독서(讀書)와 청소년(靑少年) 지도(指導). 독서연구 3, 183-220.

  이 논문은 중등학교에 다니는 청소년 독자들을 지도하기 위해 청소년의 발달 특성을 살펴본 후에 사고과정으로서의 독서, 심리요법으로서의 독서를 설명하고 있다. 그리고 청소년 문제를 해결할 수 있는 독서 프로그램을 제안하고 있다. 학교교육에서 독서가 담당하는 다양한 역할을 이해할 수 있다.

제2장 독서의 변인

'독서'라는 행위가 이루어지기 위해서는 최소한의 요건들이 마련되어야 한다. 제일 먼저 읽기의 대상인 '글(text)'이 있어야 하고, 다음으로는 글을 읽는 사람, 즉 '독자(reader)'가 있어야 하며, 끝으로 글과 독자를 둘러싼 '맥락(context)'이 있어야 한다. 이렇듯 텍스트, 독자, 맥락은 독서의 기본적인 요건이다.

예컨대, 독자의 읽기 행위는 어떤 '텍스트'를 읽느냐에 따라 다르다. 소설을 읽을 때는 편안한 마음으로 감상하며 읽게 되지만, 신문 기사를 읽을 때는 꼼꼼히 비판적으로 읽는 경향이 있다. 또한 독자가 지닌 배경지식(schema)이 얼마나 풍부한지에 따라 텍스트로부터 훨씬 많은 내용을 이끌어 내기도 하고, 그 반대의 경우에는 텍스트를 이해하는 데 어려움을 겪기도 한다. 뿐만 아니라, 독서의 목적이나 독서 환경 혹은 사회문화적 배경이나 신념 등 독서 맥락에 따라 텍스트를 바라보는 관점이 달라지고 그것 때문에 텍스트의 의미를 다르게 해석하기도 한다.

따라서 이와 같은 3가지 요건을 '독서의 변인(變因)'이라고 할 수 있다. 여기서는 독서의 다양한 변인들에 대해 점검해 보도록 한다.

1. 텍스트

가. 텍스트의 개념

텍스트(text)란 읽기 행위의 대상이 되는 매체를 뜻한다. 텍스트의 뜻은 씨줄과 날줄로 잘 짜인 직조물을 뜻하는 'texture'에서 나왔는데, 구성 요소들 간 유기적으로 연결된 조직을 뜻한다. 따라서 텍스트도 어떤 주제를 드러내기 위해 그 내용이 통일성(coherence) 있게 짜여 있고 문법적으로 응집성(cohesion) 있게 연결된 기호물로 규정할 수 있다.

전통적인 문법에서 텍스트란 '문장' 이상의 단위, 즉 문장의 연속체를 의미하는데, 흔히 문단 또는 글을 뜻한다. 한때 구어와 문어를 구분하기 위해, discourse는 구어(口語)를, text는 문어(文語)를 지칭하는 것으로 쓰이기도 했다. 그러나 현재는 '영화 텍스트, 회화 텍스트, 시가 텍스트, 동영상 텍스트' 등의 사용에서 알 수 있듯이, 읽기(reading) 혹은 보기(viewing)처럼 이해와 표현의 대상이 되는 매체를 지칭하는 넓은 의미로 사용되고 있다.

먼저 그렇다면 왜 읽기의 단위가 '텍스트'가 되어야 할까? 글을 읽거나 쓸 때 문법에 대한 지식은 중요한 역할을 한다. 철자법을 알고 어휘력도 있으면서 통사 규칙을 통달하고 있어야 글을 읽을 수 있을 뿐 아니라 자신의 생각을 표현할 수 있다. 그렇지만 글자, 단어, 문장을 읽는다고 해서 내용을 파악할 수 있을까? 소위 문맥이라는 것을 파악해야 글 내용을 온전히 이해할 수 있는데, 이 '문맥' 혹은 맥락이라는 것은 텍스트 단위에서 드러나기 때문이다.

예컨대 '너 참 잘 했다'라는 문장이 있다고 하자. 이 말의 의미를 알려면 이 문장이 어떤 맥락에서 사용된 발화[14]인지를 파악해야 한다. 만약 귀한 화병을 깬 상황에서 쓰인 말이라면 꾸짖고 비난하는 의미를 표현한 것일 것이다. 이렇듯 어떤 특정 맥락에서 사용된 발화는 언어 표현에 수반되는 숨은 의미[15]를 지니고 있는데, 이것을 이해하지 못한다면 읽기가 제대로 이루어지지 않는다.

이와 같이 언어는 문장의 표면적인 의미 외에도 그 말을 하게 된 의도나 목적을 전달하며, 때로는 그 언어로 인해 특정 행위가 유도되거나 발생되기도 한다. 이렇듯 언어가 본래 어떤 목적과 의도로 사용되었는지를 파악하여 그 발화된 언어의 진정한 의미를 이해하기 위해서는 언어 사용 맥락을 필연적으로 고려해야 한다.

그렇다면 맥락을 어떻게 언어마다 기술할 수 있을 것인가? 문장 앞에다 괄호를 열고 맥락을 설명할 수 없지 않은가? 맥락이라는 것이 발화상황마다 다르고 정해

---

14) 구체적인 맥락에서 사용된 문장을 발화(utterance)라고 한다.

15) 이것을 화행이론에서는 발화 의미가 아닌, 발화수반 의미(illocutionary meaning)라고 하고 둘을 구분했다.

져 있는 것도 아니다보니, 기존의 언어학에서는 맥락을 기술할 수 없다고 보고, 맥락을 파악하는 것을 언어사용자의 내성(內省)이나 직관에 맡겼다. 그러나 언어가 무슨 뜻을 전달하려는지 알기 위해서는 전후 맥락을 알아야 하므로, 맥락을 전제하는 개념으로서, 맥락을 포함하고 있는 언어 단위를 설정할 필요성이 제기되었다. 이에 구조주의 언어학 이후 화용론*, 텍스트학과 같은 언어 연구에서는 '텍스트(discourse)' 혹은 텍스트를 설정함으로써 맥락의 중요성을 강조하고, 언어의 맥락적 의미를 드러내거나 분석하고자 하였다.

> * 화용론에서는 음운, 단어, 문장 등 언어 단위 자체만을 연구하는 것이 아니라, 언어가 의사소통 상황에서 어떻게 의미를 전달하는 기능을 하는지를 연구한다. 즉 말하는 이·듣는 이·시간·장소 등으로 구성되는 맥락 속에서의 언어 사용을 다룬다. 마찬가지로 텍스트언어학도 의사소통 맥락을 전제로 텍스트(텍스트)의 의미를 파악해야 한다고 주장한다.

그 결과, 텍스트는 문장의 연속체로서 문단을 지칭하기도 하고, 경우에 따라서는 한 편의 '글'을 가리킨다. 나아가 의사소통 상황에서 하나의 완결된 의미로 해석되고 전달될 수 있다면 표현 형식과 관계없이 '텍스트'라고 할 수 있다. 예를 들어, 엄지손가락을 치켜세우는 표시만으로도 만족한 결과를 뜻하는 텍스트로 쓰일 수 있으며, 영화와 같은 동영상이나 그림과 같은 이미지도 하나의 주제를 전달하는 텍스트라고 할 수 있다. 다시 말해, 텍스트는 하나의 완결된 의미를 전달하는 의사소통 발화체(communicative occurrence)이다.

따라서 글을 읽는다는 것은 구체적인 의사소통 맥락에서 언어 사용자가 어떤 의도나 목적을 가지고 생산한 텍스트를 그 언어공동체의 텍스트 관습과 발화의 맥락을 고려하여 해석한다는 뜻이므로, 읽기의 대상은 텍스트가 될 수밖에 없다.

나. 텍스트의 특성

텍스트(글)를 텍스트(글)답게 만드는 성질을 텍스트성(textuality)이라고 하는데, 텍스트언어학자 Beaugrande & Dressler(1981 : 8-38)에 의하면, 텍스트는 의미적으로 하나의 주제를 드러내도록 일관되게 연결되어 있어야 하고(통일성 coherence), 표면적으로도 문장들이 문법 장치들을 적절히 사용하여 연결되어 있어야 하며(응집성

cohesion), 텍스트는 어떤 의사소통 목적을 지녀야 하며(의도성 intentionality), 도무지 무슨 말인지 알 수 없는 것이 아니라, 독자에게 어떤 의미를 가진 기호로서 인식될 수 있어야 하며(용인성 acceptability), 반드시 어떤 전달 내용(정보)을 지니고 있어야 하며(정보성 informativity), 특정 상황이나 맥락 속에서 실현되며(상황성 situationality), 텍스트는 필연적으로 내용이나 형식 면에서 그 이전의 어떤 텍스트와 관계를 맺고 있는(상호텍스트성 intertextuality) 성질을 지니고 있다. 그 외 많은 학자들(Halliday & Hasan, 1976; Bloor and Bloor, 1995)이 텍스트성에 대해 언급했으나, 여기서는 가장 중요한 2가지 텍스트성을 설명하고자 한다.

1) 통일성(coherence)

통일성이란 글의 하위 내용들이 하나의 주제를 향하여 의미적으로 긴밀하게 연결되어 있는 성질을 말한다. 이는 글을 글답게 만드는 텍스트의 가장 기본적인 특성(feature) 중 하나로서, 흔히 주제 일관성 혹은 의미적 결속성이라고도 하며, 텍스트 언어학에서는 응집성이라고도 한다.

독자는 글을 읽을 때 글이 하나의 일관된 메시지를 갖고 있다는 전제 하에, 맥락이나 배경지식, 글에 드러난 단서들을 종합적으로 관련지어 의미를 구성하는데, 이를 통해 통일성을 인식하게 된다. 반면, 필자가 글을 쓸 때도 하위 내용들이 주제에 벗어나지 않도록 논리적으로 조직하면서 통일성 있는 글을 쓰려고 한다. 흔히 대화에서 '삼천포로 빠진다'는 표현은 이야기의 흐름이 처음과 달리 엉뚱한 방향으로 진행되어 주제나 요지가 애매모호해지는 것을 가리키는데, 글도 마찬가지다. 예컨대, 다음은 [A]에서 [B]로 이어질 때 내용(주제)이 달라지므로, 통일성 있는 글이 되지 못한다.

[A]심장은 스스로 전기 신호를 만들고, 이 전기 자극을 심장근육세포에 전달

하여 수축을 일으키게 된다. 그러나 이 과정에 문제가 생기는 경우를 '부정맥'이라고 한다. [B]최근 국민건강 보험제도가 개선되면서 의료 사각지대에 있던 사람들이 많은 혜택을 보고 있다. 그간 개인이 부담했던 진단 검사 항목이 의료 보험에 포함되는 것이 많아졌기 때문이다.

통일성은 글이 지니는 기본적인 특성이기 때문에, 독자는 글이 전달하고자 하는 메시지가 무엇인가 있을 것이라고 가정한다. 그래서 처음에 잘 이해가 되지 않더라도, 주어진 글의 정보를 단서로 하여 자신의 배경지식이나 상황 맥락을 결합하면서 의미를 파악해야 한다. 예를 들어 다음과 같은 문구가 있다고 하자.

> <u>모두 살색입니다.</u>
> 외국인 근로자도 피부색만 다른 소중한 사람입니다.
> 돌아가서 우리나라를 세계에 알릴 귀한 손님입니다.
>
> <공익광고협의회>

여기서 밑줄 친 문장이 처음에는 통일성을 저해하는 문장처럼 낯설게 느껴지지만, 문맥은 물론, 이 글이 공익광고라는 점(맥락), '살색'이라는 용어에 '인종 편견' 의식이 들어있다는 점(배경지식) 등을 떠올려 주제를 파악할 수 있다. 따라서 독자가 글의 통일성을 보다 적극적으로 파악하기 위해서는 글에 나타난 단서, 맥락, 배경지식 등을 활용해야 한다.

2) 응집성(cohesion)

응집성이란 글의 하위 요소들이 하나의 주제를 향하여 표면적으로 긴밀하게 연결되어 있는 성질을 말한다. 이는 글을 글답게 만드는 텍스트의 가장 기본적인 특성(feature) 중 하나로서, 흔히 문법적 결속성이라고 하며, 텍스트언어학에서는 결속구조, 응결성이라도 한다.

응집성을 높이기 위해 쓰인 문법적인 요소를 응집 장치(cohesive ties)라고 하는데, Halliday and Hasan(1976)은 응집성의 5가지 유형으로, 지시(reference), 대용(substitution), 생략(ellipsis), 접속(conjunction), 어휘적 결속(lexical cohesion)을 제시했다. 여기서는 교육과정에서 제시하고 있는, '지시, 접속, 대용, 텍스트 구조 표지' 등을 소개하고 자 한다. 이러한 응집 장치들로 인해 응집성은 통일성과 달리 겉으로 드러나기 때문에 독해를 할 때 활용하여 의미를 구성할 수 있다.

첫째, 지시(reference)란 이미 알고 있는 대상이나 앞에 나왔던 내용을 가리키는 장치이다. 보통 지시대명사(이것, 저것, 그것)나 지시관형사(이, 그, 저), 지시부사(여기, 거기, 저기), 지시형용사(이러하다, 그러하다, 저러하다) 등을 사용하여 앞에 나온 말(내용) 을 지시한다. 예를 들어, '곱슬머리 학생이 손을 들었다', '곱슬머리 학생이 문제를 제기했다'라는 두 개의 문장이 있다면, 이를 '곱슬머리 학생이 손을 들었다. 그는 문제를 제기했다'로 지시어를 사용하면 두 문장이 연결되어 응집성이 높아진다.

둘째, 접속(conjunction)이란 접속어를 사용하여 두 개 이상의 내용을 연결하는 장치이 다. 접속은 연결어미를 사용할 수도 있지만, 접속부사를 사용하여 '나열(그리고, 다음으 로), 첨가(게다가, 또한), 대립(하지만, 그러나), 인과(따라서, 그래서), 전환(그런데, 한편)' 등으 로 문장을 연결할 수 있다. 예를 들어, '아버지는 사과를 좋아한다.', '어머니는 배를 좋아한다.'라는 두 개의 문장이 있다면, 이를 '아버지는 사과를 좋아한다. 그러나 어머니 는 배를 좋아한다.'로 접속사를 사이에 넣으면 두 문장이 연결되어 응집성이 높아진다.

셋째, 대용(substitute)이란 앞에 나온 내용의 반복을 피하기 위해 다른 말로 대체 하는 장치이다. 예를 들어, '나는 트럭을 사고 싶다. … 차를 사려니 돈이 좀 모자란 다.'라는 문장이 이어진다면, '차'는 앞서 나온 '트럭'이라는 단어를 지시(refer)하는 데, 이는 앞에 나온 내용과 연결되어 있음을 보여주기 때문에 응집성을 높이는 기제로서 작동한다. 특히 대용은 앞의 내용을 다른 어휘나 구 등 다른 표현으로 바꿔 쓰는 것이기 때문에 글을 풍부하고 다채롭게 하는 효과가 있다.

넷째, 텍스트 구조 표지(text structure marker)란 텍스트의 의미 구조, 즉 문단의 내용 구조, 논지 전개의 흐름 등을 파악할 수 있도록 해주는 문법적 표지이다. 교육과정에서는 '담화 표지(discourse marker)'라는 보다 넓은 의미를 뜻하는 용어로 사용되고 있는데, 주로 어휘 단위가 많으므로 '구조 표지어'라고 '-어'를 붙인 뒤, 줄여서 부르기도 한다. 대표적으로 Raymond(1993)는 Meyer(1975)를 참고하여, 텍스트의 구조에 따라 이를 알려주는 텍스트 구조 표지어를 다음과 같이 예를 제시하였다.

수집 유형	그리고, 또한, 역시, 덧붙여, 더구나, 첫째로/우선/동시에/먼저/전에, ~ 둘째로/다음에/나중에/마지막으로/끝으로
기술 유형	예를 들면, 그 중의 하나는, 특히, 예컨대, 일례로, ~처럼, ~와 같이, 즉, 다음과 같다.
인과 유형	왜냐하면, ~기 때문에, ~을 위해, ~하기 위한 목적으로, 결과적으로, 결국, 그러므로, 그래서, 만약, 그러니까, ~을 이유로 등
문제 해결 유형	문제는, 질문은, 궁금하다, 문제가 된다, 문제를 일으킨다, 해결책은, 예방법은 등
비교 유형	그러나, 반면, 이와 대조적으로, 다는 아니지만, 대신에, 비교적, 반면, 한편, ~ 와는 달리 등

이와 같이 지시, 접속, 대용, 담화 표지 외에도, 생략, 어휘 반복 등도 응집성을 높이는 장치들이다. 다양한 문법적 응집 장치들을 적절히 사용하면 응집성이 높아지는 것은 물론, 글의 내용이나 흐름이 명확해지기 때문에 통일성도 높아진다. 따라서 독자는 문법적 응집 장치들을 이해함으로써 글의 내용들이 어떤 관계로 연결되어 있는지를 잘 이해할 수 있게 된다.

다. 텍스트의 유형 : 유형과 종류

텍스트 유형이란 기능이나 형식 등 텍스트의 특성에 따라 텍스트의 종류들을 일정한 기준에 따라 분류하는 것을 뜻한다. 텍스트 유형은 학자와 이론적 전통에 따라 다르게 분류되는데, 대개 2분법, 4분법, 경우에 따라서는 3분법으로 나뉜다.

예컨대, 텍스트를 양대 구분하면, 설명적 글(expository text)과 서사적 글(narrative text)로 구분하거나(Weaver & Kintsch, 1991), 미국의 영어과 핵심공통 기준 선정(Common Core State Standards)에서도 드러나듯이, 정보적 텍스트(informative text)와 문학적 텍스트(literary text)로 구분하기도 한다. 이와 같이 명칭을 달리하기도 하지만, 지시내용이 유사하다.

한편 언어사용 목적(purpose of language use)에 따라 '정보 전달 목적의 글/말, 설득 목적의 글/말, 친교 목적의 글/말, 정서 표현 목적의 글/말' 등 4가지로 나누기도 한다. 이러한 구분은 6차 교육과정기부터 '정보전달·설득·친교·정서표현 목적의 글/말'로 반영되었으며, 2015 개정 교육과정에는 '친교 및 정서 표현 목적의 글'로 합쳐져서 총 3가지 텍스트 유형으로 제시되었다.

한편, 텍스트 유형(text-type)은 하위에 여러 가지 텍스트 종류(text-token), 일명 '문종(文種)'을 포함한다. 예를 들어, 설득을 목적으로 하는 텍스트 '유형'에는 논설문, 만평, 평론, 정론, 사설, 광고, 건의문, 상소문 등의 텍스트 '종류'가 포함된다.

이러한 텍스트의 종류는 담화공동체 내에서 오랫동안 형성된 담화의 관습이다. 즉 특정 의사소통 상황에서 말하기나 쓰기가 반복된다면, 사용하는 텍스트 혹은 담화의 형식이 말하기나 쓰기의 관습에 의해 그 형태가 굳어지게 되는데 이것이 텍스트의 종류가 된다. 청자 또는 독자도 반복적으로 유사한 담화의 형식을 접하게 되면서 이를 장르의 특성으로 인식하게 된다. 그 결과 텍스트의 종류는 의사소통 상황에서 말하기와 쓰기의 도구가 되므로, 필자가 특정 의사소통 맥락에서 글을 쓸 때는 텍스트의 종류를 선정하여 쓸 수밖에 없고, 독자가 글을 읽을 때도 텍스트의 종류에 따른 형식을 고려하여 읽게 된다.

그래서 텍스트 종류는 그 고유한 텍스트 형식을 띤다.[16) 예를 들어, 기사문은 '표제(title 또는 headline)와 부제(subtitle), 전문(lead), 본문(body), 사진' 등으로 구성되며, 본문의 문체는 반드시 '언제, 어디서, 누가, 무엇을, 왜, 어떻게 했는지(5W1H)'를 기술하여야 한다. 또한 편지글(서간문)은 '편지를 받는 사람, 첫인사, 용건, 끝인사, 날짜, 편지를 쓴 사람과 서명' 등을 편지글의 형식을 지니며, 논문은 '연구 목적, 연구 필요성, 연구 방법, 이론적 배경, 실험이나 연구 과정, 연구 결과 및 해석, 결론' 등 논문의 형식을 지닌다. 그러므로 신문 기사나 편지나 논문을 쓰는 필자는 각각의 텍스트의 종류에 따른 텍스트 관습(형식)을 따라서 쓰게 되는데, 그래야만 독자도 이러한 글쓰기 관습(형식)을 인식하고 그 글의 종류와 기능을 파악하고, 어떤 목적과 의도로 쓰인 글인지를 짐작할 수 있게 된다.

위에서 보듯이, 기사문, 논문, 건의문, 시조, 가사, 제문, 상소문, 연설문 등과 같이, 특정 의사소통 맥락에서만 사용되기에 화자와 청자가 분명하고, 문체나 서술 방식 등이 엄격히 정해진 것이 있는 반면, 그렇지 않은 것도 많다. 그렇더라도 글을 쓸 때는 텍스트의 종류에 따른 형식적 요건을 따라야, 독자가 글의 종류를 인식하고 어떤 목적의 텍스트 유형인지를 짐작할 수 있게 된다. 이로써 독자와 필자 간의 의사소통이 가능해진다.

텍스트 유형과 그 하위 종류에 대해서는 Brewer(1980)의 텍스트의 유형(type) 분류를 예로 들 수 있다.

---

16) 이를 작문이론에서는 담화관습이라고 부르기도 한다. 글의 갈래에 따른 글쓰기의 규칙이라는 의미이다.

[표 2-1] Brewer(1980)의 텍스트 유형 구분

Force → Underlying Structure ↓	텍스트 목적			
	정보전달	친교(즐거움)	설득	미적(정서 표현)
묘사(공간성)	기술보고서, 식물학, 지리학	일상묘사	가옥 광고문	시적 묘사
이야기 (시간적 연속성)	신문기사, 역사 기록문, 절차 안내문, 처방전, 전기문	추리·서부·괴기 소설, 공상과학 소설, 단편 소설, 전기문, 드라마	교훈성 소설, 우화, 설화, 광고문, 드라마	예술성 소설, 단편 소설, 드라마
설명(논리성)	과학적 글, 철학, 추상적 정의		설교문, 선전문, 사설, 광고문, 논문	

위 표를 보면, '소설'이 친교 유형에도 들어가지만, 설득이나 미적 유형에도 포함된다는 것을 알 수 있다. 즉 하나의 텍스트 종류는 모두 하나의 텍스트 유형에만 포함되는 1 : 1 대응이 아니라, 의사소통 상황에서 어떤 기능을 담당하느냐에 따라 다양한 유형에 속할 수 있다는 것이다. 예를 들어, '편지글'은 형식을 보면 친교의 글로 분류되지만, 부모님께 용돈을 올려달라고 요구하는 글이라면, 설득 목적의 글 유형에 속할 수도 있다. 또한 텍스트의 종류는 그것이 어디에 실리는지, 즉 어떤 맥락에서 쓰이냐에 따라 다른 유형이 될 수 있다. 예를 들어, 책에 대한 설명이나 안내가 일간지 하단의 광고란에 실리게 되면, 신문 맥락에서는 광고로 분류되어 설득을 목적으로 하는 글에 속하게 된다.

따라서 읽기를 지도할 때도, 독자는 텍스트가 의사소통 상황에서 어떤 기능을 하는지, 즉 어떤 유형에 속하는지를 분석하며 읽어야 함을 지도한다. 텍스트 유형이나 종류를 인식하게 되면 글의 목적이나 필자의 궁극적인 의도를 파악하기가 쉬워지기 때문이다.

라. 텍스트의 구조

1) 설명적 텍스트의 구조

텍스트 구조란 텍스트가 특정 의사소통 목적을 달성하기 위해 내용(아이디어) 간에 서로 유기적인 관계로 맺어진 짜임을 뜻한다. 텍스트 구조는 독자가 글을 읽으면서 머릿속에 표상하는 의미 구조(semantic structure, 혹은 의미론적 구조)로서, 하나의 중심 내용이 다른 중심 내용과 어떤 수사론적 관계를 지니고 있는가에 따라 텍스트 구조가 정해진다.

텍스트는 크게 설명적 텍스트(expository text)와 서사적 텍스트(narrative text)로 구분할 수 있는데, 먼저, 설명적 텍스트 구조는 크게 상하 관계와 등위 관계로 구분할 수 있다(Carrell, 1984; Hillman, 1990; Arnaudet & Barrett, 1990; 서혁, 1996). 예를 들면, 상하 관계에는 '기술' 구조, 등위 관계에는 '문제-해결', '원인-결과', '비교/대조', '수집' 혹은 '나열', '연대기(chronology)' 구조 등이 있다.

[표 2-2] 설명적 텍스트의 구조

상하 관계	핵심-상술 구조	한 화제에 대해 특성, 종류, 배경 등에 대해 세부 정보를 제공하는 구조. '핵심-상술', '주제-한정'의 관계이며, 하위 요소들이 주제에 대해 종속적이다.
등위 관계	문제-해결 구조	문단 간 관계가 문제와 해결의 관계를 이루는 구조. 문제가 해결 개념보다 논리적으로 선행한다.
	원인-결과 구조	문단 간 관계가 원인과 결과의 관계를 이루는 구조. 원인 혹은 결과가 생략되더라도 가정될 수 있다.
	비교/대조 구조	두 가지 이상 사물의 유사점이나 차이점을 진술하는 구조. 의미의 관계가 관계 쌍으로 되어 있어 정보 처리에 효율적이다.
	수집/나열 구조	한 화제에 대한 특성, 종류, 배경이 연결되는 구조. 의미 관계가 긴밀하지 못하여 구조성이 약하며, 각 요소들 간 독립적 관계이다.

텍스트 구조에 대해서는 학자들마다 조금씩 다르다. 국어과 교육과정(2009)에서는 설명적 텍스트 구조를 '담화 구조'라고 칭하고, '비교/대조, 원인-결과, 문제-해결 구조'를 하위 유형으로 제시하고 있다.

이러한 텍스트 구조는 기본적 구조로서, 글에는 여러 구조들이 통합되어 있다. 예컨대, 전체적으로는 '문제-해결' 구조를 계획하더라도 '문제점'이나 '해결 방안'을 제시할 때는 '첫째, 둘째' 등을 사용하여 '수집/나열' 구조로 되어 있을 수 있다. 따라서 글을 읽을 때는 글이 어떤 텍스트의 구조로 쓰였는지 생각하며 읽으면 내용상 흐름을 파악하거나 글 전체 내용을 요약할 때에 용이해진다.

2) 서사적 텍스트의 구조 : 이야기 문법(story grammar)

서사적 텍스트의 구조는 '배경-주제-플롯(에피소드)-해결' 등, 이야기의 구성 요소들로 이루어진 도식으로 설명되었다(Rumelhart, 1975; Thorndyke, 1977; Stein & Glenn, 1979). 특히 Rumelhart(1975)가 처음 제안한 '이야기 문법'은 '배경, 에피소드, 결말' 등으로 구성된 이야기의 기본 도식(틀)을 말한다. 이는 이야기의 사건 전개에 대한 독자의 심적 표상(mental representation)으로, 독자나 필자가 이야기를 만들어내고 이해하는 데 중심적인 역할을 한다.

Rumelhart(1975), Mandler and Johnson(1977), Stein and Glenn(1979), Thorndyke(1977) 등은 이야기에는 다음과 같은 공통적인 구성 요소들이 있다고 보았다. : (1)이야기는 하나의 주제와 하나의 플롯으로 구성된다. (2)그 플롯은 하나 또는 여러 개의 에피소드로 구성된다. (3)에피소드는 하나의 배경과 여러 사건들로 구성된다. (4)그 배경은 시간, 장소, 중심인물로 구성된다. (5)여러 사건들은 '목표나 문제를 정하는 시초사건(a), 목표를 성취하거나 문제를 해결하려는 시도(b), 목표 성취나 문제 해결(c), 사건에 대한 인물의 반응(d)'을 포함한다.

독자는 이 요소들을 활용함으로써 이야기를 회상하고(Mandler and Johnson, 1977),

요약할 때 그 요소들을 위계적으로 사용하려는 경향이 있으며(Rumelhart, 1975), 5세 정도의 아동들은 기본적인 이야기 구조를 인식하며, 이야기를 듣고 이해하거나 이야기를 만들어낼 때 그것을 기저로 사용한다(Stein and Glenn, 1979).

학자들에 따라 약간씩 서로 다른 이야기문법 도식을 제시하였지만, 여기서는 Rumelhart(1975)의 이야기 문법을 수정한 Thorndyke(1977)의 서사 구조를 제시하고자 한다. 이야기 문법이란 처음에는 일반적인 이야기들에서 흔히 발견되는 전형적인 요소들을 의미했으나 점차 이야기의 기본 구조(도식, 틀)로 이해되었다. 이야기 이에 따르면, 아동은 이야기를 읽을 때 이야기 문법과 같은 도식을 활용하여 이야기의 진행을 파악하고 또 이야기 속의 여러 정보들 중에서 어떤 요소들이 중요하며 어떤 정보들을 기억해야 하는지를 판단한다고 한다.

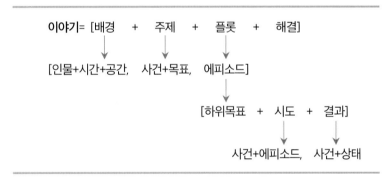

[그림 2-1] Rumelhart(1975)를 개정한 Thorndyke(1977)의 서사구조

이러한 도식을 이루는 요소들을 보면, 이야기는 문제 해결의 상황에 직면한 주인공, 그 주인공이 달성하고자 하는 목표, 그 목표를 달성하기 위한 주인공의 이야기 행위 구조, 목표 성취 여부를 위주로 한 행위의 결과 등으로 이루어진다. 이는 위계적 구조로 이뤄져 있지만, 주로 민담, 신화, 전설 등 비교적 구조가 간단한 설화를 중심으로 적용될 수 있다. 이야기 문법을 적용하여 콩쥐와 팥쥐 이야기에 적용해 보면 다음과 같다.

■ 옛날 어느 한 마을에, 콩쥐라는 마음 착한 소녀가 살았다.

■ 계모는 콩쥐를 구박했고, 벌을 받았다.

■ 계모는 콩쥐에게 깨진 독에 물을 채우라고 했다.

[인물+시간+공간] [사건+목표] [에피소드]

[하위목표 + 시도 + 결과]

■ 콩쥐는 독에 물을 채우려 했지만 안 되었다. 그래서 두꺼비의 도움으로 채웠다.

이야기 문법을 활용하면, 이야기 읽기와 이야기 쓰기, 말하기에 모두 적용할 수 있는데, 예컨대, 학생들에게 각 요소들과 관련된 주요 정보들을 물음으로써 이야기 속의 정보들 중에서 중요한 측면을 선택할 수 있게 하고, 나아가 이야기의 구조를 파악하도록 하여 아동의 독해력 향상 전략으로 사용할 수 있다.

미국에서는 초기 문식성 교육에 이러한 이야기 문법 이론을 활용한 많은 전략들이 개발, 성행되고 있다. 예를 들어 아동이 '탐정 독자(detective reader)'가 되어 5가지 'Wh-질문(5 Wh-questions)'을 함으로써 주로 1~5학년 학생들의 이야기 심화 학습을 돕고 있다. 5가지 질문은 다음과 같다.

- 누가 주인공(main character)인가?
- 언제 어디에서 이야기가 시작됐나?
- 주인공은 무엇을 했는가?
- 어떻게 이야기가 끝나나?
- 주인공은 어떤 것을 느꼈는가?

이야기 문법을 활용한 다양한 교수 전략들은 이야기의 주요 정보를 분별할 수 있고, 이야기의 구성 요소 간의 논리적인 인과 관계를 파악할 수 있을 뿐만 아니라, 이야기의 구조텍스트의 요약이 가능해져서 주요 내용의 기억이나 이야기 재구성하기(retelling) 등을 할 수 있도록 함으로써 아동의 전반적인 문식성 향상을 도울 수 있다.

마. 텍스트의 양식 : 복합양식 텍스트(multimodal text)

복합양식 텍스트는 인쇄 및 이미지 또는 인쇄, 이미지, 사운드 및 움직임과 같이 둘 이상의 표현 양식(modes)이 들어 있는 텍스트를 말하며, 일반적으로 디지털 텍스트(digital text)를 일컫는다. 그러나 경우에 따라서는 그림책, 백과사전, 그래픽 텍스트(인포그래픽 infographic)와 같은 인쇄 기반 텍스트(print-based text)를 가리키기도 한다. 복합양식 텍스트 읽기는 하나 이상의 양식을 처리하고 각 양식의 상호 연결을 인식해야 하기 때문에 단순히 문어 텍스트를 선형적으로 읽는 것과는 다른 사고 과정을 지닌다.

복합양식 텍스트는 두 가지 이상의 모드 조합을 통해 의미를 전달한다. 예를 들어 포스터는 필기 언어, 정지 이미지 및 공간 디자인의 조합을 통해 의미를 전달한다. 각 양식은 의미 작성 과정에서 고유한 특정 작업과 기능(Kress, 2010 : 28)을 가지며 일반적으로 메시지의 일부만 다중 모드 텍스트로 전달한다. 그림책에서 인쇄물과 이미지는 모두 스토리에 대한 전반적인 설명에 기여하지만 다른 방식으로 이루어지기 때문이다. 이미지는 문자로 된 이야기를 부연하거나 확장할 수 있으며, 심지어 기록된 단어를 강조하기도 하며, 이야기의 여러 측면을 부가적으로 설명하는 데 사용된다(Guijarro and Sanz, 2009 : 107). 효과적인 복합양식 텍스트의 필자는 다양한 구성으로 양식을 창의적으로 통합하고, 텍스트 전체에서 다양한 양식을 넘나들면서 강조점을 찾을 수 있도록 구성함으로써 의미를 일관되게 전달한다.

텍스트에서 다양한 의미 또는 기호 체계 사이의 관계의 복잡성은 관련된 양식의 수에 비례하여 증가한다. 예를 들어 영화 텍스트는 포스터, 이미지, 오디오, 음성 언어, 언어, 공간 및 동작(제스처)의 기호학적 체계를 동적으로 결합하여 의미를 전달하기 때문에 그림책이나 포스터보다 더 복잡한 복합양식 텍스트이다.

일반적으로 복합양식 텍스트를 구성하는 양식(mode)으로는 '문어 의미(Written meaning), 구어 의미(Spoken (oral) meaning), 시각 의미(Visual meaning), 시청각 의미 (Audio meaning), 공간적 의미(Spatial meaning), 몸짓 의미(Gestural meaning)' 등으로 구성된다(The New London Group, 2000; Cope and Kalantzis, 2009; Kalantzis, Cope, Chan & Dalley-Trim, 2016).

또한 복합양식 텍스트의 유형으로는 종이 기반 복합양식 텍스트(Paper-based multimodal texts), 실시간 기반 복합양식 텍스트(Live multimodal texts)*, 디지털 복합양식 텍스트(Digital multimodal texts)** 등이 포함된다.

한편, 학생들은 필자가 복합양식 텍스트에 사용된 각기 다른 모드의 고유한 기호 자원을 어떻게 제어하고 사용하는지 그 방법을 이해해야 한다. 이로부터 3가지 차원의 교육 내용을 도출할 수 있다. 따라서 복합양식 텍스트를 읽을 때 요구되는 읽기 기능[17]으로는 다음과 같은 것들이 있다 (Painter, Martin, & Unsworth, 2013).

* 실시간 기반 복합양식 텍스트에는 댄스, 공연 및 구두 이야기가 포함되며, 제스처, 공간, 오디오 및 구두 언어와 같은 다양한 모드의 조합을 통해 의미를 전달한다.
** 디지털 복합양식 텍스트에는 영화, 애니메이션, 슬라이드 쇼, 전자 포스터, 디지털 스토리, 팟캐스트, 하이퍼링크가 연결된 웹페이지 등이 포함된다.

- 아이디어의 표현과 개발(Expressing and developing ideas)
- 다른 매체와의 상호작용과 관계(Interacting and relating with others)
- 텍스트 구조 및 조직(Text structure and organisation)

---

17) 상세 내용은 Anstey & Bull, 2009; Callow, 2013; Kalantzis, Cope, Chan & Dalley-Trim, 2016 참조.

복합양식 텍스트를 잘 읽도록 지도하는 것은 21세기 복합양식 텍스트 환경에서 교육적으로 매우 중요하다. 교육의 모든 수단과 방법이 복합양식으로 변모해가기 때문에 학습에 뒤처지지 않기 위해서는 복합양식 문식성(Multimodal Literacy)의 교육적 잠재력이 날로 강화되기 때문이다. 면대면 교육 환경뿐만 아니라 비대면 교육 환경에서 오디오, 시각 및 애니메이션 요소와 문자 언어 (segments and formats)가 복합적으로 표현된 매체를 교재로 활용하기 때문이다. 따라서 디지털 문맹이 되지 않기 위해서라도 향후 복합양식 문식성 교육이 교육의 주요 내용으로 포함되어야 한다.

2. 독자(reader)

가. 독자의 유형

사람은 살아가는 동안의 직간접적인 경험을 통하여, 저마다의 스키마를 형성하게 된다. 마찬가지로 독자는 각기 다른 지식과 경험을 소유하고 있으며, 나아가 글을 읽는 데 필요한 기술(읽기 기능)은 물론, 글에 대한 흥미와 동기도 모두 다르다. 따라서 글을 잘 읽는 독자가 있는가 하면, 글을 잘 읽지 못하는 독자가 있고, 글 읽기를 좋아하는 독자가 있는가 하면 글을 잘 읽지 않는 독자도 있다.

이에 따라 독자를 편의상 여러 가지 유형으로 분류할 수 있다. 첫째, 독서 능력에 따라 능숙한 독자(good reader), 미숙한 독자(poor reader)로 구분할 수 있다. 일반적으로 능숙한 독자는 지식과 경험이 많으며, 글 내용과 관련이 있을 때 자신이 지닌 지식과 경험을 활성화시킨다. 그들은 읽고 있는 글의 내용을 자신의 지식이나 경험과 관련시킴으로써 재빨리 글의 내용을 의미 있게 처리하여 작동 기억(working memory)의 짐을 덜어준다. 또한 텍스트의 유형에 맞게 적절한 읽기 전략을 동원하여 글을 읽으며, 이해의 난관에 부딪혔을 때 자신의 읽기 전략을 점검하고 다른 적절한 읽기 전략으로 수정하는 등 상위인지를 적용한다.

반면 미숙한 독자는 글과 관련된 배경지식이 부족하며, 설령 지식을 가지고 있다고 하더라도 글을 읽을 때 자신의 지식을 잘 활용하지 못한다. 미숙한 독자는 교육의 부족으로 읽기 능력을 발전시키지 못했거나 읽기 능력은 있으나 읽기 발달 속도가 늦은 독자인 읽기 부진아(struggling reader)와 읽기 장애아(disordered reader)로 구분할 수 있다. 읽기 장애의 대표적인 사례로는 난독증(dyslexia)을 들 수 있는데, 모든 연령대의 학생들에게 영향을 미치는 가장 흔한 독서 장애 중 하나이다. 국제 난독증협회(International Dyslexia Association)에 따르면, 미국의 경우 학령 인구의 13~14%가 특수교육을 받을 수 있는 장애요건을 갖추고 있으며, 그 중 절반(6-7%)은 학습장애(LD)로 분류된다. 그 학생들 중 약 85%가 독서와 언어 처리에서 1차 학습 장애를 가지고 있다. 전체 인구로 치면 15~20%에 달하는 더 많은 사람들이 느리거나 부정확한 읽기, 철자 불량, 글쓰기 불량 또는 유사한 단어들을 혼용하는 등 난독증의 증상들을 가지고 있다고 한다. 읽기는 학습을 위한 매우 중요한 기술이다. 따라서 읽기 장애를 가지고 있다는 것은 학습 장애를 가져오며, 이는 학생의 미래와 삶에서의 성공과 안전에도 심각한 영향을 미칠 수 있다.

둘째, 읽기 태도에 따라 독자 혹은 열성 독자와 준독자(quasi-reader) 혹은 책맹(aliteracy reader)으로 구분하기도 한다. 준독자는 의사(疑似-pseudo)독자, 반(半-half)독자라고 할 수 있는데, 아무튼 책을 읽을 수 있으면서도 자발적으로 읽지는 않는 독자라고 할 수 있다. 책맹은 주로 읽기 흥미가 낮고 그로 인해 읽기 동기도 낮기 때문에 생기는 것으로 정의적 요인에 좌우된다.

책을 읽기 위해서는 조용한 장소, 재미있는 책의 구비, 주변의 격려 등 여러 가지 물리적 환경이 받쳐줘야 하며, 집중력과 인내심, 책을 읽고자 하는 동기와 책에 대한 흥미 등 개인적 적성 등이 준비되어 있어야 한다. 그런데, 이러한 여러 조건들이 경쟁적인 학업 분위기, 불안정한 가정 분위기, 독서를 하기 어려운 경제 상황, 각종 유해한 미디어 환경 등 사회적 여건으로 방해받게 되면 학생들은 쉽게 책맹이 되고, 이후 성년이 되어서까지 지속된다. 미국의 연구에 의하면 기초 문식성이 확립되는 초등학교 3학년 이후부터 점차로 책맹의 숫자도 증가된다는 아이러니한 현상이 발생하였다(김혜정, 2019). 이는 많은 것을 함의하는데, 능숙한 읽기 기능을 숙달하게 되면 자발적인 독서보다는 학습에만 몰두하는 경향이 있기 때문으로 해석할 수 있다.

나. 독자와 스키마

독자란 글을 읽는 사람을 말하며 글을 쓴 사람인 '필자'의 상반된 의미로 사용된다. 글 읽는 행위를 하고 있는 주체를 지칭하기도 하지만, 예컨대 '독자층', '독자와의 대화'에서와 같이 글을 읽을 수 있고 잠정적으로 글을 읽게 될 계층을 가리키기도 한다.

구성주의 인식론이 등장하기 전에는 독자는 독서이론에서 중요하게 주목을 끌지 못했다. 의미는 텍스트로부터 전달(transition)되는 것이기에 텍스트를 분석하여 텍스트에 숨겨진 의미를 잘 발견하면 된다고 생각하였고, 따라서 모든 독자는 보편적 인간이 지니는 상식과 비슷한 사상과 감정을 지니고 있다고 전제되기 때문에 하나의 텍스트에 대해서는 모두가 동의하는 동일한 의미가 존재한다고 보고 독자라면 그것을 발견해야 한다고 보았다. 즉 텍스트에 대한 올바른 해석이 존재하며, 그 해석은 텍스트에서 기인한다고 믿어졌다. 여기서 올바르다고 하는 것은 뛰어난 독자에 의해 정의되고 공중에 의해 사회적으로 공인된 것을 말한다. 만약 누군가 대다수의 공인된 의미와 다른 독창적인 의미를 말한다면, 그런 독자는 잘못된 해석을 했거나 잘못 읽었기 때문에 바른 해석을 찾아 다시 텍스트로 돌아가야 한다고 생각되었다.

그러나 1980년대에 들어 구성주의 인식론에 기반한 인지주의가 성행하면서 독서 연구에서 스키마 이론이 중요하게 제기되었다. 스키마란 인간이 경험을 통해 형성한 구조화된 지식으로서, 정보를 이해하는 데 있어 추론의 기제로 작용한다. 교육과정에서는 '배경지식'이라는 용어로 쓰인다. 이에 따르면 인간은 자신이 지니고 있는 인식의 틀(frame)에 의해 세계를 인식하며, 그 세계 인식의 틀은 사람마다 다르다는 것이다. 이를 독서 현상에 적용해 보면, 독자가 텍스트(세계)를 이해하는 것은 독자가 지닌 각자의 스키마(세계 인식의 틀)에 근거하기 때문에 하나의 텍스트를 읽더라고 독자의 해석이 다 같을 수는 없다는 것이다.

이는 독서 교육에서 매우 중요한 시사점을 주는데, 글을 읽고 그 의미를 이해한다는 것은 텍스트에 제시된 문자 기호의 해독, 즉 텍스트 분석을 통해 얻은 결과라기보다는 독자가 지닌 자신의 배경지식 즉 스키마에 근거하여 텍스트를 자의적으로 해석하여 얻은 결과라는 것이다. 우리가 비슷한 스키마를 지니고 있다면 텍스트에 대한 해석도 비슷하겠지만, 각자가 전혀 다른 스키마를 지니고 있다면 다르게 해석하는 것이 하등 이상하거나 잘못된 것이 아니라는 것이다.

이는 독서 현상에서 독자가 텍스트에 대한 해석의 경계를 확장할 수 있는 이론적 토대가 된다. 어떤 고정된 해석이 존재하는 것이 아니며, 어떤 해석은 맞고 어떤 해석은 틀렸다고 볼 수 없다는 것이다. 왜냐하면 텍스트 해석의 기제는 독자가 지닌 스키마이기 때문이다. 따라서 텍스트에 대한 기계적이고 고정된 해석을 넘어 독자의 창의적이고 주체적인 해석을 용납할 수 있게 되었다.

이렇듯 스키마 이론의 영향으로, 의미란 문자 기호를 해독함으로써 텍스트에 내재된 의미를 발견하는 것이 아니라, 독자가 자신의 스키마를 토대로 글 내용에 대한 가정을 세우고, 텍스트에 드러난 정보를 바탕으로 추론하고 재구성함으로써 자신의 가정을 확인해 나가는 과정으로, 일종의 심리추측게임(psycholinguistic guessing game, Goodman, 1967)이라고 보게 되었다. 이로 인해 글을 읽을 때, 독자가 어떻게 혹은 얼마나 적극적으로 자신의 스키마를 활용하는지가 중요해졌고, 교육을 할 때도 어떻게 독자의 스키마와 텍스트 정보 간의 상호작용을 이끌어낼 수 있도록 할 것인가가 주된 관심사가 되었다.

이상에서 알 수 있듯이, 독자가 글을 읽기 위해서는 스키마, 즉 글과 관련된 배경지식이 필요하며 이를 활용하여 텍스트의 정보들을 재구성해야 한다. 먼저 스키마의 특성에 대해 알아보자.

스키마 이론을 체계화한 사람은 영국의 사회심리학자인 Bartlett(1932)이다. 그는 그의 저서 'Remembering(1932)'에서 스키마를 과거 반응이나 경험의 능동적 조직이라는 특성을 지닌 일종의 배경지식과 지식체계로 보았다. 그는 한 가지 의미 있는 실험을 하였는데, '유령의 전쟁'이라는 피험자들에게는 처음 들어본 낯선 이야기를 들려주고 난 뒤, 회상 실험을 통해 피험자들의 기대 즉, 스키마가 회상에 영향을 미치는 것을 발견하였다. 이후에 Ausubel의 선행조직자(advance organizer) 개념에 의해 독서 수업에 활용되었다. 즉 텍스트를 읽기 전에 일종의 선행조직자를 독자에게 제시함으로써 글 내용과 관련된 스키마를 형성하거나 활성화 시켜서 독자의 인지를 '미리' 조직시키면 독해에 효과적이라는 것이다.

Schank(1975), Widdowson(1983) 등의 학자들도 스키마를 본격적으로 연구하였으며 그 결과 스키마란 인간이 과거에서 축적한 모든 지식구조와 선험적 경험의 조직체이며 새로운 개념을 입력할 수 있게 하는 인지의 체계라 보았다. 청자가 듣고 이해한다는 것은 새로운 지식과 스키마가 상호작용하여 단순히 언어적 지식을 듣는 것이 아니라 이해하고 해석하며 응용할 수 있는 과정이라고 보았다.

Rumelhart(1980)는 스키마라는 용어가 칸트의 선험적 도식(prior experience schema)에서 유래하였다고 언급하였다. 스키마를 몇 가지로 분류할 수 있는데, Carrell과 Eisterhold(1987)는 독자의 정신 속에 들어있는 배경 정보는 내용 스키마(content schemata)와 형식 스키마(formal schemata)로 구분된다고 보았다. 내용 스키마는 문화지식, 주제에 대한 익숙함, 그리고 어떤 분야에 대한 사전경험 등을 포함하고 있으며, 형식 스키마는 담화 형태에 관한 인간의 지식과 관련되어 있다. 형식 스키마를 구조 스키마라 부르기도 하고, 작문에서는 '장르지식'이라고 하기도 한다. 즉, 텍스트 유형, 수사학적 관습, 그리고 산문의 구조적 틀 등이 형식 스키마에 속한다.

이에 반해 스키마를 3가지 유형으로 구분하기도 한다(Resnick, 1984). 즉 텍스트의 주제, 즉 내용에 관한 지식, 텍스트의 조직 방식에 관한 지식, 사회적 관계와 인과 구조에 관한 세상사적 지식 등이 그것이다. 특히 마지막의 경우는 맥락적 지식에 해당한다고 볼 수 있다. 그러나 일반적으로는 스키마를 형식과 내용으로 양분하는 경우가 많다. 또한 글을 읽거나 쓸 때 두 가지 스키마는 모두 중요한 역할을 하지만, 화제의 내용에 대한 지식은 새로운 정보를 받아들일 때 해석을 구조화하도록 돕기 때문에 내용스키마는 형식 스키마보다 이해에 더 영향력을 갖는다(Anderson, Pichert & Shirey, 1983 : 271)고 보는 연구가 있다.

스키마는 학자들에 따라 복수형 스키마타(schemata), 틀(Frame), 스크립트(script), 계획(plan), 사전지식(prior knowledge), 배경지식(background knowledge), 경험(experience), 세계사적 지식(world knowledge) 등으로 불리기도 하지만, 한 사람의 기억들이 축적되었을 때 축적된 여러 경험들의 공통적인 요소를 지칭한다는 것과 그러한 개념 요소들은 의미적 관계망(semantic network)으로 연결되어 있다는 데 동의한다. 특히 Fiske & Tylor(1984)는 '주어진 개념에 관해 조직화된 지식을 표상하는 인지 구조'라고 하였고, Eysenck & Keane(1990)는 '개념들의 구조화된 군집'이라고 하였다. 이들의 공통점은 이전에 경험한 또는 학습한 내용을 조직화 또는 구조화 한 것으로 정보 처리의 경제성과 효과성을 전제한 개념임을 알 수 있다.

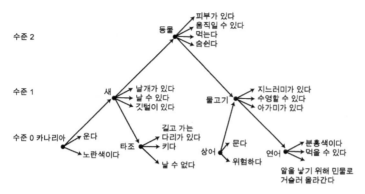

[그림 2-2] 스키마에 대한 위계적 연결망 모형(Reed, 2000 : 314)

한철우 외(2001)에서는 스키마의 기능을 다음과 같이 정리하고 있다. 첫째, 스키마는 글에 담긴 정보를 받아들이기 위한 이상적인 지식 구조를 형성해 준다(Anderson, 1984). 이는 받아들일 정보를 동화시키기 위한 하위 구성 요소를 제공하여 새로운 지식을 좀더 쉽고 유용하게 받아들이도록 하는 것이다.

다음 몇 가지 인지심리학 실험을 살펴보자. Branford & Johnson(1973)은 독자의 선행 지식(prior Knowledge)이 이해에 미치는 효과에 관한 실험을 하였다. 3종류의 피험자들 집단을 구성하고, 피험자들에게 한 단락의 글을 읽고 내용 기억 및 회상을 하도록 지시했는데, 일부러 추상적이고 친숙하지 않은 진술을 이용하여 텍스트를 구성하였다. 그 글은 다음과 같다.

모든 것이 적합한 층으로부터 너무 멀리 떨어져 있기 때문에, 만약 그 풍선이 터져 버리면, 소리가 거기까지 미치지 못하게 된다. 대부분의 건물에는 방음 장치가 잘 되어 있기 때문에, 창문이 닫혀 있어도 소리가 들리지 않게 된다. 모든 조작이 전류의 계속적인 흐름에 달려 있기 때문에, 전기 줄이 끊어져도 문제가 발생한다. 물론, 이 친구가 큰 소리를 지를 수도 있지만 사람의 목소리가 들리기에는 거리가 너무 멀다. 악기의 줄이 끊어지는 것도 또 하나의 문제가 된다. 그렇게 되면 메시지를 전달할 수 없기 때문이다. 거리가 가까우면 가장 훌륭한 상황이 될 것이 분명하다. 그러면 잠재적인 문제가 적어지기 때문이다. 얼굴을 맞대게 되면 잘못될 가능성이 최소로 줄어든다(Branford & Johnson 1973 : 392).

3집단의 결과는 달랐다. 읽기 전에 그림을 보여준 사전 맥락(context before) 집단은 아이디어 회상률이 매우 높았다. 이는 글을 이해하는 데에 그림을 활용함으로써 그림과 같은 스키마를 활성화 했음을 짐작할 수 있다. 그러나 그림을 보여주지 않고 아이디어 회상시킨 무맥락 집단(non-context) 집단의 회상률은 매우 낮았다. 또한 글을 읽고 난 후 그림을 보여준 사후 맥락(context after) 집단도 아이디어의 회상률이, 무맥락 집단과 거의 비슷할 정도로, 그리 높지는 않았다. 즉 글 읽기가 끝난 후 스키마를 제시하는, 사후 맥락 제시는 글 이해에 큰 소용이 없음을 알 수 있다.

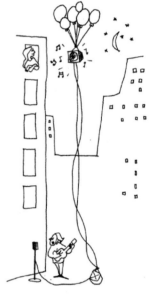

[그림 2-3] Branford & Johnson(1973)

둘째, 스키마는 무엇이 중요한 것인지의 판단을 도와준다. 스키마는 주의 집중을 할당해 준다. 즉 중요한 것과 중요하지 않은 것을 알고 구별해서 중요한 것에 많은 집중을 하도록 한다. 그리하여 중요한 정보를 더 선택적으로 받아들이도록 한다.

셋째, 스키마의 기능은 추론을 가능하게 하는 것으로서 이는 스키마의 가장 중요한 역할 중 하나이다(Clark, 1988). 모든 글은 아무리 자세하게 표현해도 그 상황이나 사건을 있는 그대로 완벽하게 나타낼 수 없다. 글쓴이는 독자가 알고 있을 것이라고 여겨지는 것을 자연히 생략한다. 스키마는 이렇게 생략된 혹은 없는 부분의 내용을 추론을 통하여 메워 넣는다. 이는 독자가 어떤 글을 읽고 글쓴이가 직접 언급하지 않은 부분을 알고 있는 경우이다.

그 외, 스키마는 정보의 요약과 편집을 수월하게 하며, 정보 탐색에서 탐색의 순서와 절차를 제공하여 준다. 나아가 수많은 정보들을 일관성 있는 형태로 재구성해 준다.

일반적으로 읽기 능력은 학업 능력과 다르다고 본다. 학습 능력이 우수한 학생이라고 하더라도 자신이 잘 모르는 분야나 경험하지 않은 내용이 읽기 제재로 나오면 글을 이해하는 것이 어렵기 때문이다. 반면 학업 능력이 떨어진다고 하더라도 경험이 있거나 잘 아는 분야의 글이라면 글 내용을 잘 이해할 수 있다. 따라서 이는 읽기 능력이 오히려 배경지식의 양 혹은 배경지식의 유무에 더 의존적임을 시사한다. 즉 학업 성적이 우수하다고 해서 무조건 글을 잘 읽는 것이 아니라, 글과 관련된 스키마가 풍부해야 글에 대해 잘 이해하게 된다는 것이다. 글을 읽는 것은 단순히 문자를 해독하여 단어 의미로 전환하는 것이 아니라, 사태와 현상에 대한 이해를 토대로 글의 내용을 구성하는 것이기 때문이다. 이때 글 내용에 대한 자신의 지식과 경험이 도움을 주어야 한다.

이러한 스키마 이론은 인지주의의 대표적인 이론으로서, 교육 분야에 많은 영향을 미쳤다. 예를 들어, 읽기 교육과의 관련성이 높은 Ausubel의 유의미학습(meaningful reception learning)을 주창하였고, 이를 촉진시킬 수 있는 선행조직자(advance organizer)라는 장치를 제안하였다. 읽기 전에 일을 제재와 관련된 학습 내용을 미리 안내하거나 제시함으로써 학습자의 인지를 미리(선행, 즉 advance) 조직하도록 도와, 글 내용을 이해하는 데 도움을 줄 수 있다. 즉 일종의 스키마를 제공하거나 활성화함으로써 학습 효과를 높이는 전략이다.

스키마를 읽기 교육에 활용한 대표적인 예로, 읽기 전 활동으로 '스키마 활성화(schema activating)' 전략을 들 수 있다. 제재를 읽기 전에 제재와 관련된 배경지식을 떠올려 활성화 하도록 함으로써 독자가 텍스트에 대한 이해도를 높이고 글 내용을 구조화 할 수 있도록 돕는 것이다. 그러나 읽을 텍스트와 관련하여 독자에게 스키마가 부족하거나 없다고 판단되면, 교사는 적절한 스키마, 즉 배경지식을 사전에 제시하여 줌으로써 독자의 원활한 텍스트 이해를 도와줄 수 있다. 이를 '스키마 조성(schema building)'이라고 한다.

또한 '예측하기(predicting)' 전략도 있다. 이를 사용하여 글의 제목, 장과 절의 소제목, 목차, 그림, 표지 등 외형적인 단서[18]를 활용하여 뒤에 나올 내용을 미리 추측하도록 함으로써 독자의 인지를 활성화하고 구조화 하도록 돕는다.

읽기 중 활동으로 '추론하기' 전략도 스키마를 활용해야만 한다. 필자의 숨겨진 의도나 목적, 생략된 정보 등을 독자의 스키마에 근거하여 추측하고 재구함으로써 글 표면에 드러나지 않았지만 글이 전달하고자 하는 의미, 텍스트의 생산 목적, 텍스트가 가져올 효과 등을 추론할 수 있다. 또한 글 내용을 구성할 때, 정보 간의 의미적 연결 관계를 파악하게 함으로써 글의 응집성(coherence : 교육과정 용어로 통일성)을 높이게 하는 기제로 역할 한다. 이는 Irwin(1991, 2007)이 말한 의미의 정교화(elaboration) 작업이기도 하다.

다. 독자의 인지적 특성

독자가 글을 읽으려면 읽기 능력을 갖추어야 한다. 읽기 교육에서는 읽기 능력을 갖추기 위해서는 3가지 범주의 요인이 필요하다고 본다. 첫째는 읽기에 대한 기본적인 지식(knowledge)이다. 그것은 목적이나 장르에 따른 읽기의 방법, 좋은 글의 선정 방법 등에 관한 지식이다. 둘째는 읽기 기능(skill)으로서, 문자를 해독하고 복잡한 정보를 처리하여 글을 통해 의미를 구성하는 데 필요한 다양한 종류의 독해 능력이다. 셋째는 읽으려고 하는 독자의 태도(attitude)이다. 즉 글을 읽으려는

---

18) 화법에서는 이런 것들을 '담화 표지'라고 하기도 한다. 그러나 엄밀한 의미에서는 담화 표지는 디자인적 요소보다 언어적 요소에 국한된다.

의지(동기)와 호기심(흥미)과 글을 읽는 것이 중요하다고 생각하는 기본적인 전제(가치관이나 신념)를 지니고 있어야 한다는 것이다. 이를 표로 구성하면 다음과 같이 연결될 수 있다. 이 표를 보면, 교육에서 정한 교육내용(contents)의 3범주인 '지식, 기능, 태도'와 연관된다는 것을 떠올릴 수 있다. 마찬가지로, 읽기 능력도 이러한 3범주의 체계에서 설명될 수 있는데, 하위의 요인들은 어떤 것들이 있으며, 특히 읽기 기능이 어디에 어떻게 관여하는지를 유의해서 살펴보자.

다만, 이 표에서 '지식'과 '기능'은 인지적 특성에 해당하며, '태도'는 정의적 특성에 해당한다. 따라서 이 표는 읽기 능력의 요소를 한꺼번에 제시하기 위해 보여준 것으로, 독자의 인지적 특성만을 제시한 것은 아니다.

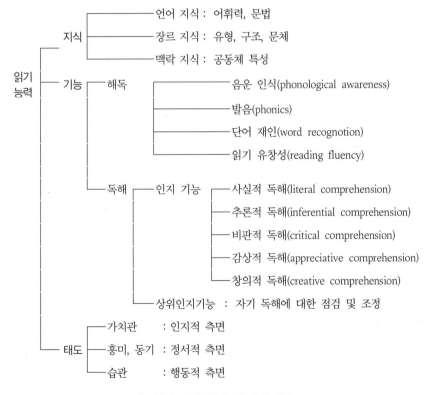

[그림 2-4] 읽기 능력 하위 요소

이러한 읽기 능력들을 갖추기 위해서는 처음에는 많은 인지적인 부담과 주의 집중 등을 할애하여 오랜 시간 연습이 필요하지만, 숙달된 후에는 자동화 된 능력으로, 별다른 인지적 부담을 느끼지 않고도 자연스럽게 작동되는데 이를 '기능(skill)'이라고 한다. 우리가 외국어를 처음 배울 때를 생각해 보자. 외국어로 된 글을 읽기 위해서는 먼저 철자를 눈으로 인식하고, 인식한 철자들을 결합하여 머릿속의 어휘 목록(lexicon) 속에 가지고 있던 단어와 부합하는 것을 찾아 그 의미를 파악한다. 그 다음에는 그러한 단어들이 결합된 문장을 인식하고, 문법 규칙에 따라 단어의 의미를 연결한 문장의 뜻을 이해하게 된다. 이와 같은 방식이 처음에는 매우 어려운 작업이지만, 점점 능숙하게 되어 유창하게 읽는 능력이 생기게 되면 글을 읽고 내용을 파악하는 것이 빨라진다.

그러나 글을 읽는 것은 단순히 표면적으로 문자를 읽을 수 있다는 것만을 의미하는 것이 아니다. 이것은 주제나 생략된 정보들이 무엇을 의미하는지, 글 전체의 내용이 무엇을 말하고자 하는지 등, 의미를 구성(constructing meaning)하여 내용을 이해하는 것도 필요하다. 전자와 같이, 문자 중심의 글 읽기를 해독(decoding)이라고 하고, 후자와 같이, 의미를 구성하는 읽기를 독해(reading comprehension 혹은 comprehension)라고 한다.[19] 따라서 글을 읽는 능력은 해독과 독해 능력이 모두 요구된다.

해독과 독해는 읽기 기능의 중요한 두 축이다. '기능'이란 단순 반복적 기술(technique)을 의미하는 것이 아니라, 숙달되어 자동화된 능력을 의미한다. 이러한 기능을 달성하기 위해서는 그 기능을 구성하는 하위 기능들을 연습해야 한다. 또한 교육 상황에서 가르치기 위해서는 하나의 포괄적이고 큰 덩어리를 지칭하는 '능력'이라는 개념은 그것을 구성하는 하위의 작은 능력들로 나누어 가르치고 설명될

---

19) 그 외에도 어휘력도 독해력과 밀접한 상관 관계가 있다. 그러나 어휘력은 일종의 지식, 읽기를 위한 자원에 해당한다고 보아, 여기서는 다루지 않고자 한다.

때 보다 효율적으로 전달될 수 있다. 이들을 각각 분절적인 '하위 기능'이라 지칭할 수 있다.

예를 들어, 자전거를 탈 줄 안다는 것(how to know)은 '핸들을 잡고 자전거 위에 올라타는 것, 균형을 유지하면서 내딛는 것, 페달을 밟고 전진하는 것, 방향을 바꾸는 것, 브레이크로 멈추는 것, 세워두는 것' 등을 모두 '할 줄 안다'는 것이며, 교육을 위해서는 자전거 타기에 필요한 기능들을 분절하여, 그 각각의 기능들을 익혀야 한다. 그런 다음에는 이 기능들이 익숙하게 몸에 배여, 즉 자동화되면 하위 기능들이 통합적으로 작동하면서 하나의 기능으로서 작동하게 된다.

이에 따라 해독 기능으로는 대표적으로, '음운 인식, 단어 재인, 발음, 낭독 유창성' 등이 있으며, 독해 기능으로는 '사실적 이해, 추론적 이해, 비판 혹은 감상적 이해' 등이 있다. 그 외 독자가 자신의 독서 과정을 조절하고 통제하는 능력인, 상위인지(meta-cognition) 기능도 독해 기능으로 중요하게 간주된다.

1) 해독 기능

해독 기능으로는 '음운 인식, 단어 재인, 발음, 낭독 유창성' 등을 들 수 있다. 먼저 음운 인식(phonemic awareness)이란 구어를 구성하는 소리 단위를 인식하는 것으로, 언어가 소리 구조로 이루어져 있음을 파악하는 능력이다. 음운 인식과 음절 인식은 엄밀히 다른 것으로, 음운 인식이 이뤄져야 음절 인식이 일어난다. 그러나 음운(phoneme)들이 뭉쳐서 소리나는 최소 단위인 음절(syllable)로 낭독할 수 있는 것까지를 음운 인식에 포함시키는 경우가 많다. 예를 들어, 인쇄된 글자를 읽을 수도 있지만 사람이 수기로 쓴 삐뚤빼뚤한 글을 읽는다고 하자. 글이 읽을 수 있는 글자(기호)로 구성되었음을 인식한 다음, 각 글자를 구성하고 있는 낱자, 즉 자음과 모음을 인식하여 그것들의 음가를 합쳐야 소리 단위인 음절로 발음할 수 있다. '대문'이라는 글자가 있다면, 이들이 각각 'ㄷ, ㅐ'와 'ㅁ, ㅜ, ㄴ'으로 구성되었다는 것을 지각하고 이를 각각 [대]와 [문]으로 따로 읽을 수 있는 능력이다.

다음으로, 단어 재인(word recognition)은 하나의 음절이 혹은 음절들을 합하여 발음된 것이 뜻을 가진 단어임을 인식하는 것이다. 예를 들어, '대문'이라는 글자를 '[대]'와 '[문]'으로 읽은 후에, 이들을 합쳐 [대문]으로 읽고 이것이 '門'을 의미하는 것임을 아는 것을 말한다. 즉 제시된 시각적 부호로서의 단어를 인식하고 이 단어의 발음과 의미를 파악하는 것이다.

셋째는 읽기 유창성(reading fluency) 혹은 낭독 유창성이라고 하는데, 빠르고 정확하게 글을 읽을 수 있는 능력으로, 읽기의 속도와 정확성, 처리의 유연성을 포함하는 개념이다. 미국에서는 규정화된 오류 분석 검사(WCPM : words-correct-per-minute)로 측정하는데, 학생들이 연습되지 않은 텍스트의 구절로부터 1분 동안 소리내어 읽으면서 개별적으로 평가된다. WCPM 점수를 계산하기 위해 검사자는 1분 동안 읽은 총 단어 수에서 총 오류 수를 뺀 값으로 측정한다.

우리나라 초등학생의 경우, 글자를 익힌 다음 바로 긴 글의 독해로 넘어가는 경우가 많아서 이러한 읽기 유창성이 잘 교육되지 않는 문제점이 있다. 독해를 잘 할 수 있도록 하기 위해 충분한 읽기 유창성이 교육되어야 한다. 이는 해독과 독해의 연결고리로 읽기 능력 발달에 중요하기 때문이다.

2) 독해 기능

읽기 능력의 본질에 대한 연구는 읽기 기능의 확인으로 이어졌는데, 국내에는 Barrett(1976)의 읽기 기능 분류표(taxonomy of reading comprehension)가 소개되었다. 그가 읽기를 수준에 따라 분류하는 방식은 음운이나 철자의 재인 기능에서 출발하여 고차원적인 이해 기능까지 상향식 단계로 세분화한 것이다. 그는 ① 축어적 재인 및 회상(literal recognition or recall), ② 재조직(reorganization), ③ 추론(inference), ④ 평가(evaluation), ⑤ 감상(appreciation) 등 5가지 수준으로 유목화 했다. 이는 '지식-

이해-적용-분석-종합-평가'로 구성된 Bloom(1956)의 분류법(taxonomy)에 근거하고 있지만, 오늘날까지 읽기 기능 지도의 중요한 근거가 되고 있다.

이후 인지심리학을 기반으로 전개된 읽기 연구에서는 '해독(decoding)'이 아닌 '이해(comprehension)'를 강조하고, 읽기 본질에 대한 연구보다는 '사고나 언어 처리가 어떤 조건하에서 어떻게 일어나는가'에 대한 연구로 변화되었다. 이때, 읽기 연구에서는 '학습'이라는 조건에서 이해를 다루는 데 관심을 가지게 되면서, 학습 전략으로서의 읽기 전략을 강조하게 되었다.

이러한 관점은 읽기(독해)를 독자의 의미 구성 과정(Anderson, Hiebert, Scott, & Wilkinson, 1985 : 7-9)으로 보는 것인데, 예컨대, Smith(1971)는 읽기를 '문자정보·음성 정보·통사정보·의미정보'라는 4가지 층위에서의 불명료성 줄이기(the reduction of uncertainty)로 기술하고 있으며, Goodman(1967)은 '문자음성 체계·통사체계·의미체계'의 세 가지 층위에서 나타나는 단서 체계를 이용하여 심리언어학적 추측놀이(guessing game)로 특징지웠으며, Gray(1960)는 읽기(독해)를 '행을 읽고, 행간을 읽고, 행을 넘어 읽는 것(reading the lines,...reading between the lines,...reading beyond the lines)'으로 각각 정의했다.

이들 연구자들은 독해를 학습 전략의 측면에서 단계화했는데, 먼저 Smith(1963)는 독해를 literal comprehension, interpretive comprehension, critical comprehension, creative comprehension'의 네 단계로 나눴다. 또한 Herber(1965, 1970, 1978, 1985)는 독해의 수준(levels of comprehension)을 '글에서 기본 정보와 세부 정보를 찾는 축자적 이해(literal comprehension), 글에 제시된 세부 사항들 간의 관계를 독자가 찾으면서 생각을 얻는 해석적 이해(interpretive comprehension), 독자의 선행 지식을 작가의 생각에 적용하여 좀더 넓고 추상적으로 일반화하는 적용적 이해(applied comprehension)'로 제시했다. 아울러 그는 이해의 수준은 위계적이라기보다는 상호작용적이라고 부연하면서, 이해 그 자체의 기술보다는 독자의 이해를 증진시키기 위한 지도 전략 기술(description)에 더 많은 관심을 표명하였다. Pearson & Johnson(1978)은 '글에 명시된 정보를 확인하는 명시적 이해(text-explicit comprehension), 글에서 추론될 수 있는 생각들을 확인하는 암시적 이해(text-implicit comprehension), 글에서 끌어낸 정보와 독자의 선행 지식을 관련짓는 배경지식 적용 이해(scriptally implicit comprehension)'의 세 종류를 제안했다.

반면 Irwin(1991)은 독해 기능들을 계층적 관계로 설정하기보다는 동시에 작용하는 통합적 과정으로 보는 관점을 취하여, 독자가 개별 문장에서 아이디어를 이해하여 선택적으로 회상하고(미시 과정), 절이나 문장 사이의 관계를 이해하거나 추론하고(통합 과정), 회상한 아이디어를 중심 내용으로 조직자하거나 종합하고(거시 과정), 필자가 의도하지 않은 정보를 추론하고(정교화 과정), 독서 목적에 맞추어 이러한 과정을 조절하는(상위인지 과정) 과정으로 정의하였다. 이에 그 각각을 '미시 과정, 통합 과정, 거시 과정, 정교화 과정, 상위인지 과정' 등의 5가지 과정으로 구분했다. 이러한 독해의 과정에 따른 하위 수준들은 분리되어 진행되는 것이 아니라, 각 과정은 동시에 일어나며, 항상 다른 과정과 상호작용한다. 이는 각각의 과정이 일정 부분 다른 과정을 성공적으로 수행하는 데 기여한다는 사실에서 알 수 있다. 예를 들어, 글의 조직(구조)을 이해하는 것(거시 과정)은 문장 사이의 관계를 추론하는 것(통합 과정)을 도와 줄 수 있으며, 세부 사항을 정교화하는 것(정교화 과정)은 다른 세부 사항을 선택적으로 회상하는 것(미시 과정)을 촉진할 수 있다. 이렇게 독해의 각 과정들이 상보적으로 작용하는 것을 Irwin(1991)은 상호작용 가설(interactive hypothesis)로 명명했다(천경록 외 역, 2012).

또한 Pressley & Applerbach(1995)[20]는 '시각화, 스키마 활성화, 질문, 추론, 중요성 판단, 의미 모니터링, 합성' 등을 중요한 독해 기능으로 제안하기도 하였다. 여기서 시각화는 학생들이 글을 이해하는 데 도움이 되도록 그들이 읽고 있는

---

20) McEwan, E.K., 40 Ways to Support Struggling Readers in Content Classrooms. Grades 6-12, pp.1-6, copyright 2007 by Corwin Press. Reprinted by permission of Corwin Press, Inc. 재인용

것에 대한 정신적 그림을 형성할 수 있게 해준다는 것으로 의미 표상과 비슷하다.

요컨대, 살펴본 바와 같이, 독해 기능은 대부분 독해 수준(levels of comprehension)에 따라 3~4단계로 구분하는 경향이 많다(Ruddell, 2001 : 113, 재인용). 즉, 'Literal, Interpretive, Applied(Herber, 1978; Vacca & Vacca, 1999)'나, 'Text-Explicit, Text-Implicit, Experience-Based(Readence, Bean, & Baldwin, 1998)', 'Literal, Interpretive, Critical and Creative(Roe, Stoodt, & Burns, 1995)' 등이다.

이에 따라, 통상적으로 독해를 구분할 때, 독해 수준을 '사실적 이해(literal comprehension), 추론적 이해(inferential comprehension), 비판적 이해(critical comprehension)' 등 세 가지로 나누거나, 혹은 상위 단계로 '감상적 이해(appreciative comprehension)'를 추가하여 네 가지로 구분한다.

국어교육에서도 읽기를 기능 또는 전략에 따라서 '사실적, 추론적, 비판적/감상적 이해' 등의 3가지 수준으로 구분하며, 2007 개정 교육과정까지 교육과정의 내용 범주에서 '내용 확인, 추론, 평가 및 감상'이라는 항목으로 원리화 하였다. 다만 2015 개정 교육과정에 들어, 그 명칭을 본래대로 고치고, 고등학교 선택과목 '독서'에서 '창의적 이해'를 추가하여 총 5가지 독해 기능을 제시하고 있다. 각 수준별 구체적인 독해 방법은 2부 8장에서 다루고자 한다.

라. 독자의 정의적 특성

독자의 정의적 특성은 읽기를 지속할 수 있도록 하는 원동력이 되며, 읽기의 인지적 능력 발달에 긍정적인 영향을 준다는 점에서 교육적 중요성이 있다. 이에 독서 교육에서는 읽기의 기능과 전략에 대한 교육뿐만 아니라 읽기를 즐기고 향유할 수 있는 평생 독자의 양성에 관심을 갖고 이를 독서 교육의 목표로서 강조하고 있다. 독자의 정의적 특성으로 주목을 받고 있는 요소들에는 독서 태도, 독서 동기, 독서 효능감 등이 있다.

1) 독서 태도

독서 태도(reading attitude)란 읽기에 대한 심리적 경향성으로, 읽기 대상에 대해 독자가 느끼는 호불호 등과 같은 감정적 반응이자 이 호불호의 평가에 따라 읽기 상황에 접근 혹은 회피하는 반응을 일관되게 산출하는 역할을 한다(McKenna, 1995; 최숙기, 2010). 즉, 긍정적인 독서 태도를 갖고 있다는 것은 독서 행위에 대해서 긍정적인 감정을 갖고 독서를 지속하는 것을 의미하고, 이와 반대로 부정적인 독서 태도를 갖고 있을 때는 독서 행위에 대한 부정적인 감정을 갖고 있어 독서 상황에 회피하는 반응을 하게 되는 것이다.

독서 태도는 독서의 정의적 영역을 담당하는 요소로 가장 주요하게 다루어져 왔다. 2022 개정 국어과 교육과정에서는 읽기 영역의 교육 내용을 지식·이해, 과정·기능, 가치·태도로 범주화하고 있다. 그리고 가치·태도의 내용 요소로 읽기에 대한 흥미, 읽기 효능감, 긍정적 읽기 동기, 읽기에 적극적 참여, 읽기에 대한 성찰, 사회적 독서 문화 형성을 제시하고 있다.

[표 2-3] 2022 개정 국어과 교육과정 읽기 영역 중 정의적 특성 관련 교육 내용

범주	내용 요소			
	초등학교			중학교 1~3학년
	1~2학년	3~4학년	5~6학년	
가치·태도	• 읽기에 대한 흥미	• 읽기 효능감	• 긍정적 읽기 동기 • 읽기에 적극적 참여	• 읽기에 대한 성찰 • 사회적 독서 문화 형성

독서 태도와 흥미 등 독서의 정의적 요인들이 무엇인지, 독서 태도의 구성 요소나 다른 정의적 요인들과의 관계 등에 대해서 독서 연구자들은 다양한 방식으로 설명하고 있다. 이는 정의적 요인들이 그 속성이 명확하지 않다는 본래적 속성에서

기인된 것으로 이런 속성으로 인해 정의적 요인들에 대한 연구가 갖는 어려움이라 할 수 있다.

이에 독서 태도에 대한 일반적 논의를 중심으로 살펴보면, 독서 태도의 속성은 인지적, 정서적, 행동적 요인을 포괄하는 것으로 설명한다(Mathewson, 1994; 정혜승, 2006; 홍현정, 2017). 독서 태도의 인지적 요인은 읽기와 관련된 여러 신념으로, 읽기의 가치에 대한 신념, 자신의 읽기 능력에 대한 인식과 믿음, 타인의 읽기에 대한 인식 등이 포함된다. 정서적 요인은 읽기 및 그와 관련된 대상에 대한 좋고 싫은 느낌과 감정을 의미한다. 행동적 요인은 가까운 미래 시간에서의 실제 읽기 가능성으로, 과거 읽기 행동을 통해 파악이 가능하다. 미래의 읽기 행동 가능성을 예측할 수 있는 읽기 행동에는 얼마나 적극적으로 읽는가, 자주 읽는가, 다양하게 읽는가, 집중하여 읽는가, 자주 읽는가와 같은 것들이 있다. 다음은 정혜승·서수현(2011)에서 제시하고 있는 읽기 태도 검사의 구인별 문항 예시로 이 문항들은 독서 태도의 인지, 정의, 행동적 요인들을 구체적으로 보여주고 있다.

[표 2-4] 읽기 태도 검사의 구인별 문항 예시

구인	측정 문항의 예시
인지	• 나는 책을 많이 읽으면 공부를 잘한다고 생각한다. • 나는 책을 읽는 나 자신이 자랑스럽다. • 어른들은 책 읽는 것을 중요하게 생각하신다.
정서	• 나는 책을 읽으면 재미있다. • 나는 책 선물을 받으면 기분이 좋다. • 나는 집에서 책 읽는 것을 좋아한다.
행동	• 나는 학교 도서실이나 도서관에 자주 간다. • 나는 한 번 읽기 시작한 책을 끝까지 읽는다. • 나는 읽을 책을 가지고 다니는 편이다.

매튜슨(Mathewson, 1994)에서 제시하고 있는 독서 태도 모형은 독서 과정에서 인지적 요인과 정의적 요인이 상호작용하는 모형으로, 독서를 할 때 인과관계 요인으로 독서 태도의 역할을 보여주고 있다. 독서를 지속하려는 의도에 내적 감정 상태, 외적 동기, 독서 태도가 영향을 주며 이 중 독서 태도가 가장 많은 영향을 준다고 보았다. 즉, 독서 태도는 독서 의도에 영향을 주고, 독서 의도가 있는 독자가 독서를 하게 된다는 것이다.

또한 독서 태도에 영향을 주는 요인은 주요 요인으로 근본 개념과 설득적 의사소통이, 부수적 요인으로 독서를 통해 얻은 인지적 만족감과 독서를 통해 얻은 정의적 만족감이 있다고 제시하고 있다. 주요 요인 중 하나인 근본 개념은 개인적 가치, 목적, 자아개념으로 이루어져 있으며, 설득적 의사소통은 교사가 직접적으로 독서의 장점을 설명하는 것과 같은 중심 경로와 읽고 싶은 독서 자료와 관련된 방식인 주변 경로로 구성되어 있다.

이 모형은 독서 태도를 독서에 대한 감정, 독서 준비도, 독서에 대한 평가적 신념의 세 가지 요소로 구성되었다고 설명한다. 매튜슨은 태도를 감정과 신념 등을 포함한 복잡한 구인이라고 설명하고 있는데, 이는 태도를 인간이 느끼는 감정이라고 정의하는 이론들과 차이가 있다. 독서 태도의 구성 요인, 독서와 독서 태도와의 관계, 독서 태도에 영향을 미치는 요인들의 관계는 다음 그림과 같다.

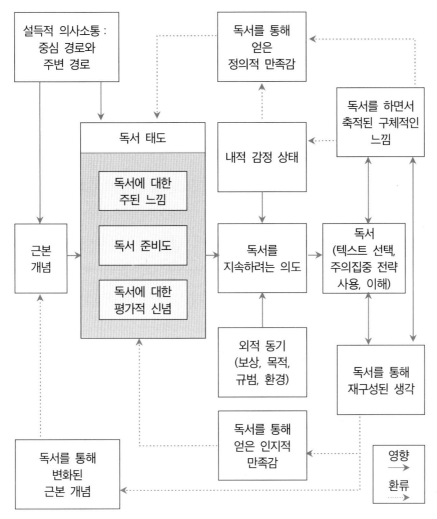

[그림 2-5] 독서와 독서 학습에 미치는 태도 모형(Mathewson, 1994)

2) 독서 동기

동기(motivation)는 심리학적 개념으로서, 행동을 이끌어 내고, 지속시키며 추동하는 힘을 의미하며, 이러한 정의에 따라 독서 동기(reading motivation)란 읽기를 이끌어 내고, 지속시키며 추동하는 힘이라고 정의할 수 있다(박성석·허모아·제민경, 2021). 동기는 어떤 행동을 이끌어내는 속성과 지속시키는 속성을 함께 포함하고 있으며, 이에 독서 동기에는 특정 텍스트를 읽고자 하는 당장의 읽기 동기라는 속성과 지속적으로 읽기를 하고자 하는 습관적 읽기 동기의 속성이라는 두 속성을 지니고 있다(Schiefele et al., 2012). 독서 동기는 독서의 정의적 영역과 관련된 요소로서 독서 태도와 실행에 영향을 주는 심리적 요인으로서 중요성이 있다.

동기는 외재적 동기와 내재적 동기로 구분하는데, 행동을 지속하기 위해서는 내재적 동기에 관심을 갖는 것이 필요하다. 그리고 내재적 독서 동기를 높이기 위해서는 독자의 자율성을 높이는 것이 영향을 준다고 알려져 있다. 독자가 자율성을 갖는다는 것은 독서 자료와 독서 방법을 스스로 결정한다는 것으로, 읽고 싶은 것을 선택할 수 있는 학생들은 독서에 더 많은 동기가 부여되고, 더 많은 시간과 노력을 들여 독서를 하며, 읽은 것을 더 잘 이해하는 모습을 보인다(Guthrie & Wigfield, 2000; Wutz & Wedwick, 2005).

이러한 현상은 자기결정이론으로 설명되어지는데, 인과의 소재가 자기 자신에게 있다고 지각되도록 외적인 상황을 조성하여 자율성의 욕구를 충족시켜 주는 것이 내재 동기를 촉진하는 데에 있어서 중요하며, 이를 위해 학습 상황에서 교사가 과정이나 방법을 통제하지 않고 학생 스스로 결정하도록 하는 것이 학생의 내재 동기를 높일 수 있게 된다. 이러한 원리를 독서에 적용한 지도방법으로는 자기선택적 독서 프로그램이 있다(박영민·최숙기, 2008).

3) 독서 효능감

독서 효능감(reading self-efficacy)은 독자가 가지고 있는 자기 자신의 읽기 능력에 대한 긍정적 믿음의 체계로, 읽기의 수행과 성취에 영향을 미치는 심리적 요인이다. 독서 효능감은 반두라(Bandura)의 자기 효능감 개념에서 시작된 것으로, 자기 효능감이란 과제 수행에 필요한 행위를 실행하는 자신의 능력에 대한 판단(Bandura, 1986)을 의미한다. 즉, 주어진 과제를 완수하는 것에 대한 스스로의 능력에 대한 신념으로, 자기 효능감은 인간의 동기, 감정, 행동을 결정하는 데 있어 인지적 과정, 동기적 과정, 정서적 과정, 과제 선택적 과정에 영향을 미친다(Bandura, 1993).

독서 효능감은 독서 동기의 하위 요인으로 다루기도 하고 별개의 요인으로 다루기도 하는데, 독서 효능감에 주목하는 이유는 외적 보상과 같이 외적 동기나 사회적 이유에 기인한 의도성이 아니라 학습자의 내적 요인이기 때문에 읽기 수행과 관련하여 근본적인 구인으로 볼 수 있기 때문이다(최숙기, 2009). 읽기 효능감은 독자가 읽기 수행을 결정하고, 어려운 수준의 읽기 제재를 읽는 것을 도전하도록 하고, 읽기 수행 중의 문제를 극복하며 과제를 지속하도록 하는 내적 신념이다. 따라서 독자가 높은 독서 효능감을 갖고 있을 때 책을 읽으면서 겪는 어려움을 극복하고 읽기를 지속할 수 있게 되는 것이다. 이에 교사는 독서 지도를 할 때 학생의 독서 효능감을 높일 수 있도록 적절한 수준의 도전적 과제를 제시하여 성공 경험을 할 수 있도록 하고, 긍정적인 피드백을 통해 정서적 지원을 하는 등의 방법으로 지도를 하는 것이 필요하다.

3. 맥락(context)

가. 맥락의 개념

읽기는 텍스트와 상호작용함으로써 개인이 의미를 구성하는 적극적(constructive) 과정이며, 이 과정에는 개인의 선지식, 경험, 텍스트, 그리고 읽기 상황과 맥락 등이 관여된다(Lipson & Wixson, 1986, Pearson et al., 1990, Ruddell, 2001 : 84, 재인용). 인지적 관점에서도 독서 맥락은 독서의 하위 구성 요소 중 하나로서 간주되었지만,

'맥락'이란 개념이 이전과 달리 강조된 것은 사회적 관점이 대두된 때문이다.

2000년대 들어, 사회구성주의나 사회언어학에서는 '맥락'의 개념을 포괄적으로 바라보는데, 독자가 처한 현재의 직접적인 상황에서부터 독서가 속한 행위 전체를 포괄하는 의미로 사용한다. 예컨대, Spivey(1997/2004)의 경우는 직접적·상황적 맥락과 사회문화적·역사적 맥락을 양분했다. 그에 따르면, 읽기를 비롯한 문식성 행위는 다차원적인 맥락(context) 속에서 수행되며, 이 맥락은 독자를 둘러싼 맥락, 즉 지역적인 문화, 공동체의 문화, 학교 문화, 교실 문화, 내용 교과와 관련된 문화 등이다. 동시에 이 모든 맥락들은 일반적인 관습들, 특정화된 관습들을 포함하는 그 나름의 역사와 행동 방식을 지니고 있는데, 그 중의 일부는 문화를 공유하고 있는 사람들에 의해 권위를 얻어서 정전화 되는 경우도 있다고 했다.

Irwin(1991)은 독해 과정이 아무리 정교하게 기술된다할지라도 독해가 일어나는 전체적인 맥락을 고려하지 않으면 독해 지도는 아무런 효력을 발휘하지 못한다고 강조했는데, 그는 독해 과정을 메타적으로 조정하는 상위의 맥락을 두 가지로 구분했다. 첫째는 독해 과제로서, 독서 목적, 독서 전략, 평가 과제 등의 맥락이 이에 속하고, 두 번째는 사회적 맥락으로, 교사와 학생의 상호작용, 독서 집단 구성, 교실 환경, 학교와 지역 사회 등의 상황이 이에 속한다고 보았다.

Fairclough(1989)는 맥락을 '사회조직의 층위들'로 표현했는데, '작고 직접적인 (immediate) 사회 맥락, 기관 차원의 사회 맥락, 더 광범위한 사회 맥락'들로 구분했다. 작고 직접적인 사회 환경 층위는 거기에서 담화가 발생하고, 기관 차원의 사회적 층위는 특정한 담화 선택을 뒷받침하고 합법화하며, 광범위한 사회적 층위는 전체에 영향을 미치는 맥락이다. Fairclough(1989)는 다음과 같이 언급하고 있는데, 이를 보면 해석자로서의 독자가 떠올리는 스키마와 맥락은 개념적으로 유사하다는 것을 알 수 있다.

텍스트 해석은 텍스트를 읽는 처음부터, 텍스트의 언어적 자질들이 자동적으

로 처리되는 방식에 영향을 미치는 맥락들에 대한(이후에 수정 가능한) 가정에
의해 이뤄진다. 그래서 텍스트는 항상 머리 속 어떤 맥락에 의해 해석된다
Fairclough(1989 : 51).

텍스트는 본질적으로 해석됨직한 방식에 영향을 끼치는 맥락에서 산출되고 수
용된다. 요컨대, 이러한 견해를 종합하면 독서 맥락은 다음 절에서 보는 바와 같이,
크게 두 가지 층위로 나뉠 수 있다.

나. 맥락의 유형

2007 개정 국어과 교육과정에서는 Spivey(1997/2004)의 분류에 따라 맥락을 각
영역별로 다음과 같이 분류하고 그 내용 요소를 지정하고 있다.

[표 2-5] 맥락의 유형

영역	국어사용	문법	문학
내용 요소	• 상황맥락 • 사회문화적 맥락	• 국어의식 • 국어-생활문화	• 수용·생산의 주체 • 사회문화적 맥락 • 문학사적 맥락

첫째는 일명 '상황 맥락'으로, 텍스트 읽기가 일어나게 되는 물리적·사회적 환경
과 관련된 직접적인 맥락이 있다. 읽기는 맥락 자체를 읽는 행위를 포함한다. 이때
의 맥락은 행위가 일어나는 시간과 공간과 그 활동의 특성과 맥락에 포함되어
있는 사람 등을 포괄하는 개념이다. van Dijk(1979)이 지적한, '상황 맥락은 텍스트
자체의 영향보다 더 큰 영향을 미친다'는 말은 독자가 처한 직접적인 읽기 과제,
읽기 목적 등의 상황 맥락에 따라서, 독자는 자기 나름의 판단을 조정해서 텍스트

의 의미를 구성하게 된다는 뜻이다. 즉 독자는 텍스트의 단서를 이용하여 의미를 파악한 이후에도 맥락적 단서들에 의미를 맞추려는 '의미 파악 이후의 노력(effort after meaning)'을 한다는 것이다(Gresser et al., 1995; van Dijk, 1995).

읽기의 직접적인 상황 맥락 변인에 대한 연구들은 일명 '맥락 효과'에 대한 연구들로 알려져 있는데, Frederiksn(1975)과 Gauld & Stephenson(1967)의 연구는 특정한 상황 맥락, 예컨대, 아무런 구체적이고 직접적인 맥락이 주어지지 않았을 때와는 달리, 특정한 읽기 '과제'나 '조건'이 주어졌을 때 독자는 그 상황 맥락에 맞게 텍스트의 의미를 조정하고 변형한다는 것을 밝혔다. 이와 유사한 연구로 Zwaan(1993)은 읽기 '관점'에 대한 맥락 효과를 연구했는데, 일부의 참여자들에게는 문학적인 텍스트를 읽게 하고, 일부는 신문기사를 읽게 함으로써, 서로 다른 관점에서의 읽기가 서로 다른 읽기 행위를 결과하게 됨을 증명했는데, 즉 문학 작품 읽기는 형식을 잘 회상하고, 신문 읽기는 읽기의 목적, 사건들의 이유와 원인 등을 더 많이 추론했다는 것이다.

이러한 맥락 효과뿐만 아니라 Freedle, Naus & Schwartz(1977) 등은 상황 맥락에는 하나의 행위가 지향하는 '사람들'도 포함된다고 보고 이를 '심리사회적 맥락'이라고 명명했다. 즉 읽기란 '다른 사람들을 읽는 것'을 의미한다는 것이다. 예컨대 학습자는 마치 교사와 대화하는 것과 같은 방식으로 텍스트를 이해하며, 교사가 주문한 텍스트를 읽을 때 교사가 토론이나 질문에서 강조하리라 예상되는 내용, 비록 그 내용이 글 구조상 중요하지 않다 할지라도 그러한 질문이나 토론에 유의하며 읽는다는 것이다. 또한 텍스트를 읽을 때 학습자들은 텍스트에 대해 토론하는 사람 혹은 텍스트에 대해 논평한 사람들을 모두 고려하여 의미를 조절하게 되는데, 즉 텍스트에 대한 한 개인의 이해는 다른 사람들의 해석을 듣고, 이에 대해 나름대로의 의미를 구성하며 자기의 의미를 변화시키기도 하는, 공동 구성적인 형태를 취한다는 것이다.

이처럼 독자는 매순간 읽기의 직접적인 상황 맥락(과제, 조건, 관점 등)을 고려하며,

그에 따라 의미 구성의 과정에서 자신의 의미 변형의 범위를 통제하고, 자기가 이해한 것을 주어진 맥락 조건에 맞추기 위해 조절한다.

둘째, 맥락에는 일명 '사회문화적 맥락'으로 불리는, 체계의 집합, 영향 관계들의 집합, 혹은 이데올로기와 같은 강력한 힘으로 표현될 수 있는 사회문화적이고 역사적인 층위의 맥락이 있다. 즉, 이는 작고 직접적인 상황 맥락 속에 있는 특정한 텍스트 이면에 반영되어 있는 일련의 복합적인 '가치, 믿음, 지식, 기대되는 행위' 등이며, 저자와 그 저자의 의도된 독자들이 공유하는 문화의 일부이다. 이러한 거시적인 맥락은 사회문화적 지식과 같은 개념으로 사용되는데, 하나의 사회 집단이 구성한 집단적인 지식이나 그 사회에 소속되어 있거나 집단 속으로 동화되어 가는 과정에 있는 개인들의 지식 등을 뜻한다. 이때 담화 지식은 이러한 거대한 유형의 지식의 일부라고 할 수 있다.

Alexander, Schallert & Hare(1991) 등은 이러한 '사회문화적 지식'을 경험을 지각할 수 있게 해 주는 여과 장치라고 했는데, 즉 세계에 대한 한 개인의 관점이라는 것은 매우 암묵적으로 다른 사람들(가족, 공동체, 인종 집단, 국가 사회 등)과 공유하고 있는 이해를 통해 걸러지기 때문이다. 따라서 이러한 여과 장치를 일종의 '방식 (way)'으로 불리기도 한다.

교실의 학생들은 각각의 다양한 문화들에 관련되어 있는 지식들을 가지고 있다. 그러한 지식들은 학생들이 그 생활 현장에 참여하고 그 공동체의 다양한 텍스트들 중의 일부를 경험함으로써 형성된 것들이다. 그러므로 독자는 의미 구성자로서의 개인적 관점을 취하면서 동시에 자신이 속한, 동양 혹은 한국 문화라는 커다란 문식성 공동체에 속해있는 사람들의 방식(way)을 통해 텍스트를 읽게 된다.

읽기를 '사회적 의사소통 활동'으로 간주하는 최근의 경향에서는 의미 구성은 본질적으로 독자가 구성원으로 있는 어떤 구체적인 사회 혹은 문화의 맥락 속에서 수행된다고 본다. 이에 따라 Kress(1985 : 44)는 개인적 관점에서 자신의 읽기가 순전히 개인의 의견(just my personal opinion)이라 할지라도 그 개인적 의견은 사회적으로 구성된다고 보았으며, Fish(1980)도 텍스트를 해석하는 방식을 공유하는 임의의 사회 집단을 해석 공동체(interpretative community)로 규정하면서, 비판적 담화분석 (critical discourse analysis) 이론에 영향을 미치게 되었다. 여기서 독자는 거시 담화 공동체의 일개 구성원에 불과한 수동적인 존재가 아니라, 여전히 공동체적 '맥락' 을 조정하고 해석하는 주체적 역할을 한다. 이 경우, 읽기는 개인적 관점뿐만 아니 라, 사회적 관점이 함께 작용하는 역동적인 활동이며, 텍스트는 의미를 능동적으로 구성하기 위한 일종의 잠재태(potential)로 인식된다. 이 텍스트는 오직 텍스트와 '능동적인 독자' 사이의 상호작용 속에서만 실현된다는 것이다.

사회문화적 맥락에 대한 설명은 사회구성주의의 견해와 일맥상통하는데, 여기 서 의미 구성은 여러 개의 담화공동체에 몸담고 있는 그래서 각 사회집단들의 구성원으로써 마주치게 되는 스키마(개념틀)에 의해 이뤄진다. 그 스키마는 어떤 특정 범위의 '장르(genre/pattern)와 담화'에 의해 구성되며, 독자가 텍스트를 추론/ 해석하는 기제가 된다. 즉 텍스트 해석 방법은 비슷한 사회 계층이나 민족 집단 또는 비슷한 종교와 정치 신념을 가진 사람들과 공유되는 것으로 인식하는 것이다. Gee(2000 : 197)는, 그럼에도 불구하고 독자의 개인적 해석이 결코 다른 사람의 해석 과 동일해지지 않는 것은 우리가 복합적인 사회적 정체성(identity)을 가졌고 이들 가운데 어떤 것이 특정한 텍스트를 읽을 적에 두드러지기 때문이라고 지적했다.

이에 따라 본고도 맥락을 다음과 같이 정리할 수 있겠다.

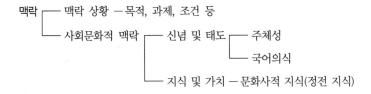

[그림 2-6] 맥락의 구분

다. 맥락의 교육적 적용

인지심리학적 연구 결과에 의하면, 읽기는 일체화된 과정(unitary aptitude)이다. 이 관점의 기본 전제는 효율적인 독자를 만들어내기 위한, 임의의 계층화된 (hierarchy) 방식으로 조직될 수 있는 특정 기능(skill)들을 기술한다는 것은 어렵다는 것이다. 즉 능숙한 독자는 읽기 활동 동안에 일정 범위의 전략들을 맥락을 고려해 선택적으로 이끌어내기 때문이다.

특히 문명사회에서는 모든 문식 환경에서 읽기가 강요되거나 적어도 읽기 활동이 당연한 것으로 받아들여진다는 점에서 독자의 전략적 읽기가 중요하다. 비단 학교에서 읽는 문학 텍스트가 아니더라도, 매일 아침 배달되는 신문이나 광고물 (junk mail), 어떤 식으로든 읽지 않으면 안되는 관공서의 행정 서식, 생존을 위해 읽어야 하는 위험 안내 표시까지, 다양한 상황에서, 다양한 목적으로, 다양한 유형의 텍스트를 읽는다. 이때 능숙한 독자는 읽기 활동 중에 그 자료에 담겨있는 관심과 주의의 정도에 대해 판단하며, 자신의 '읽기 목적'에 비추어 자신이 읽고 있는 텍스트에 대해 융통성 있고 적절한 반응을 한다(Wallace, 2003 : 15-16).

독자가 어떤 목적이나 관점(perspectives)을 가지고 있느냐는 텍스트의 의미 구성에 지대한 영향을 미친다. R. C. Anderson & J. W. Pichert(1978)은 '독자의 회상에 미치는 관점의 효과'에 대해 연구했다. 먼저 독자의 관점(perspective) 변화가 추가적인 아이디어 재생을 초래할 수도 있다는 가설을 세우고, 다음과 같은 실험을 했다. '학교 수업을 빼먹은 두 소년에 관한 이야기'라는 텍스트를 2가지 관점에서 읽고, 얼마 후 내용을 회상하게 하는 실험이다. 그 글의 내용을 요약하면 다음과 같다.

(요약본) 이 두 소년은 목요일에는 한 소년의 집에 아무도 없었기 때문에 그 집으로 갔다. 이 소년의 집은 길가에서 떨어져 있고, 훌륭한 뜰을 가진 아주 좋은 집이었다. 그렇지만 오래된 집이어서 몇 가지 흠도 있었다. 예컨대, 지붕에

는 새는 곳이 있었고, 지하실은 습했다. 이 가정은 매우 부유하며 10단 기어 자전거니, 칼라 TV니, 희귀 동전 수집품이니 하는 값진 물건을 많이 가지고 있었다.

텍스트에는 총 72개의 아이디어(주요 정보)가 포함되어 있었고, 이들 각각은 도둑의 관점이거나 혹은 이 집을 구입할 사람의 관점에서 중요성이 이미 평정되어 있었다. 예컨대, 집을 사는 사람에게는 지붕이 새고 지하실이 습하다는 것은 아주 중요한 정보인 반면, 도둑에게는 값진 물건이나 목요일에는 집이 빈다는 정보가 매우 중요하다는 것이다.

회상의 결과, 관점은 회상된 '정보의 종류'에 영향을 주는 것으로 나타났다. 이후 피험자들은 각각 자신의 관점을 바꾸도록 하여 2번째 회상 실험을 했다. 그랬더니, 2번째 회상 실험에서 도둑의 관점으로 글을 읽은 집단은 도둑과 관련된 정보를 더 많이 재생하였고, 구매자의 관점에서 글을 읽은 집단도 집을 사는 사람과 관련된 정보를 더 많이 재생했다. 그러나 관점을 바꾸지 않고 2번의 회상 실험을 한 집단의 경우, 회상 결과는 첫 번째 회상했을 때보다 두 번째 회상했을 때 더 적은 수의 정보를 회상해내었다.

이 실험은 새로운 관점으로의 변화가 독해보다는 아이디어 재생에 더 큰 효과가 있다는 것을 보여주었다. 이는 Bransford & Johnson(1973)의 발견과 다른 점이다. 위의 실험에서 대부분의 피험자들은 새로운 관점이 기억 탐색을 위한 새로운 계획을 제공해 주었다고 보고하고 있다. 즉 피험자들은 집을 사는 사람이나 도둑에게 무엇이 중요한가에 대한 자기들의 지식을 활용하여 원래의 관점이 암시하지 못했던 새로운 정보를 인출할 수 있었던 것으로 해석되기 때문이다.

이와 같이, 읽기에서는 독자가 어떤 구체적인 상황 맥락에서 읽느냐에 따라 글의 이해가 달라지며, 나아가 맥락을 달리하여 글의 의미를 재구성함으로써 글에서 중요한 정보들을 보다 더 섬세하게 읽어낼 수 있다는 것을 알 수 있다. 읽기 교육에서, 과거의 글 혹은 다른 지역의 글을 오늘날의 관점 혹은 우리 문화권에서 새로운 관점으로 읽어 보는 것은 글을 더 깊이 이해하는 데 도움이 된다. 또한 독자는 읽기 목적이나 관점이 달라짐에 따라 자신이 지닌 지식을 어떻게 활용하여야 하는지를 인식할 수 있는데, 이는 독자가 자신의 읽기 전략을 활용하고 이해 결과를 처리하는 데 중요한 역할을 한다. 따라서 능숙한 독자에게 중요한 것은 Lunzer and Gardner(1979)가 말한 것과 같이, 되새겨보는 능력 및 자발성, 그리고 정보의 선택성(초점화)이라고 할 수 있는데, 이러한 읽기 행위는 작고 직접적인 개인적 의사소통 상황과, 사회문화적 맥락들에 있는 요인들에 의해서 영향을 받는다.

이와 같이, 텍스트의 의미는 상황 맥락 즉 독자의 목적, 텍스트의 성격(유형), 읽기의 과제와 관점 등, 구체적인 상황이나 환경 등에 직접적으로 좌우되며, 독자가 몸담고 있는 사회문화적 맥락에 의해 조정된다. 능숙한 독자는 자신의 예측과 일치되는 최소한의 시각적 정보를 선택하면서, 예고하고 견본을 만든다. 독자는 모든 단서를 이용하지 않으며, 능숙한 청자가 음성적 소음을 걸러내듯이, 오히려 시각적 소음(noise)라고 부를 만한, 자신의 읽기 맥락과 무관한 정보를 걸러낸다.

이번에는 사회문화적 맥락을 적용한 읽기 방법을 예로 들어 보겠다. 김혜정(2002)은 Barthes의 유명한 신화 분석을 인용하여 사회문화적 맥락을 파악하는 읽기 전략을 설명하였다. 예를 들어 오른쪽 잡지의 표지가 무슨 뜻인지를 파악한다고 해보자. 표지를 이해하기 위해서는 그림을 시각적으로 분석하는 과정도 있어야 하지만, 이 잡지 텍스트가 만들어진 당대의 사회문화적 맥락을 알지 않으면 안된다. 이 잡지는 프랑스 정부의 관보로서, '1950년 말의 프랑스 정부가 주도하던 신제국주의 정책에 대한 국민들의 비판

[그림 2-7] Paris Match 표지(Barthes, 1957)

여론을 잠재우거나 비꼬기' 위한 '의도'로 생산된 것이다. 이러한 당시 사회문화적인 맥락을 파악해야만이 이 텍스트의 의미(바르뜨가 말하는 신화의 의미)를 온전히 구성해 낼 수 있다. 즉 흑인 소년 병사가 프랑스 제국을 의미하는 군복을 입고 거수 경례를 하는 사진으로만 이해해서는 안 된다. 흑인 병사가 의미하는 것은 '프랑스 지배하의 식민지 출신'이라는 것을 뜻하고, 그가 거수 경례를 했다는 것은 '프랑스 제국에 대한 충성'의 의미이다. 즉 '프랑스 식민지 출신의 흑인 병사마저도 프랑스 제국을 향하여 충성을 맹세하고 있는데, 프랑스 국민들이 정부의 신제국주의 정책을 비판하는 것은 말도 안된다 혹은 우스운 일이다'는 것을 보여준다. 따라서 이 잡지의 표지는 정부 비판적인 여론에 대한 일종의 조롱 혹은 경고의 화행(언어적 행위)을 보여주는 것이다.

만약 정부 정책에 반대하는 사람이 이러한 사회문화적 의미를 이해하게 되었다면, 그는 잡지를 내팽개쳤을 수도 있다. 그것은 텍스트의 생산자와 소비자 사이에는 소통이 이뤄졌다는 표시이기도 하고, 필자가 예상한 적절한 독자의 반응이라고 할 수 있다. 따라서 모든 텍스트는 그 텍스트가 소통되는 사회문화적 맥락이 의미 구성에 관여한다는 전제가 성립된다.

그런데, 문제는 이러한 텍스트를 지금 현재 읽을 때이다. 즉 텍스트의 생산 맥락과 수용 맥락이 간격을 지닐 경우이다. 예컨대, 처음 생산 시점이 아닌(생산 맥락), 오랜 시간이 지나거나 다른 공간에서 텍스트를 다시 소통하게 될 경우이다(수용 맥락). 이때 맥락은 세 가지로 분화된다.

즉 과거에 이 텍스트는 어떠한 의도와 목적으로 발생되었기 때문에 이 텍스트는 과거의 그 맥락으로 읽혀질 때 이러이러한 의미를 지닐 수 있다고 읽어야 하는지, 혹은 텍스트 초기 발생 시점의 맥락은 중요하지 않고 다만 '지금 여기에서' 이 텍스트가 나에게 어떤 의미로 읽혀지고 있는지, 혹은 소통되고 있는지가 중요하기 때문에 현재적 맥락만을 적용하여 읽어야 하는지, 마지막으로 위의 두 가지를 다 반영하여, 즉 과거의 맥락으로는 이런 의미지만, 현재의 맥락으로는 이러한 의미로 읽힐 수 있다고 해석해야 하는지이다.

그러나 첫 번째 의미 구성에 작용하는 맥락은 과거의 맥락으로서, 일종의 '화석화된 맥락'이며, 텍스트에 관한 지식으로 그 텍스트와 함께 하나의 '텍스트화'된 것이라 할 수 있다. 두 번째 의미 구성에 작용하는 맥락은 현재의 맥락으로서, 이것만을 반영하여 읽게 된다면, 우리는 그 텍스트의 역사적 기원과 맥락을 알지 못한 채, 현재적 의미로만 해석하게 되는데, 이것을 과연 교육이 '교육적이다'고 용납할 수 있을지 하는 문제가 남아 있다. 세 번째 의미 구성에 작용하는 맥락은 가장 절충적이라는 점에서 바람직하지만, 역시 텍스트에 대한 지식의 학습이 선행되어야 한다는 점에서 부담이 있다.

실제로 이러한 사회문화적 맥락의 개념이 교육과정에 표면적으로 언급되면서 그 이전에 있었던 많은 용어들과 충돌이 발생했다. 특히 문학 교육에서 이러한 경우가 발생한다.

> 내가 벼슬하여 너희들에게 물려줄 밭뙈기 정도도 장만하지 못했으니, 오직 정신적인 부적 두 자를 마음에 지녀 잘 살고, 가난을 벗어날 수 있도록 이제 너희들에게 물려주겠다. 너희들은 너무 야박하다고 하지 마라. / 한 글자는 근(勤)이고 또 한 글자는 검(儉)이다. 이 두 글자는 좋은 밭이나 기름진 땅보다도 나은 것이니 일생 동안 써도 다 닳지 않을 것이다. / 부지런함(勤)이란 무얼 뜻하겠는가? 오늘 할 일을 내일로 미루지 말며, 아침때 할 일은 저녁때로 미루지 말며, 맑은 날에 해야 할 일을 비 오는 날까지 끌지 말도록 하고, 비 오는 날 해야할 일도 맑은 날까지 끌지 말아야 한다. (…하략…) (정약용, 유배지에서 보낸 편지 중에서)

이 텍스트의 학습 목표에 해당하는 성취기준은 '사회문화적 맥락을 파악하고, 필자와 소통한다.'이다. 그런데 문학교육에서는 필자가 이 글을 쓰게 된 '배경'을 사회문화적 '맥락'으로 간주하고 있다. 그것은 현대, 현재의 독자 관점에서 보면,

일반적으로는 텍스트로부터는 도저히 추출할 수 없는 작가와 관련된 배경 지식, 또는 작품과 관련된 배경 지식이지 맥락이라고 할 수 없다. 당대에 그 편지를 읽는 아들은 이미 알고 있는 상황이겠지만, 오늘날 독자에게는 누군가 알려 주거나 읽어야만 알 수 있는 배경지식이다. 그런데, 문학교육에서는 위의 텍스트를 읽고 난 뒤, 필자(정약용)에게 보내는 편지를 쓰거나 필자의 관점을 비판적으로 읽는 학습이 유도되어 있다. 이런 활동을 하기 위해서는 당대의 사회문화적 배경에 대한 지식을 학습하지 않으면 안 된다.

소비가 미덕인 오늘날 산업 사회에서, 단지 근검만을 다음 세대에게 물려줄 유산으로 강제하는 정약용에 대해서 오늘날의 독자가 편지를 제대로 쓰게 하거나 무조건적인 비난을 하지 않기 위해서는 텍스트가 생산될 당시의 사회문화적인 배경, 예컨대, 유교적 이념이나 경제 상황, 필자의 개인적 상황 등에 대한 지식을 주입해야 한다. 그래야만이 오늘날의 사회문화적 상황이 과거와 어떻게 달라졌는지에 대한 인식을 바탕으로 이 텍스트의 의미를 구성할 수 있게 된다. 이 지점에서 이름하여 맥락이라는 것의 두 가지 다른 개념들이 혼재한다.

즉 필자가 텍스트를 생산하는 시점에서 발생하는 사회문화적 맥락이 첫째이고(생산 맥락), 공시대의 독자가 아닌 다른 시간과 공간에서 같은 텍스트를 읽게 되는 현재의 사회문화적 맥락이 둘째 맥락이다(수용 맥락). 그렇다면, 전자는 엄밀한 의미에서 맥락이라고 할 수 없으며, 또 다른 의미로 텍스트화 된, 즉, '화석화된 맥락'이라고 할 수 있으며 이는 문학적 지식이 된다. 두 번째 현재적 맥락만이 엄밀한 의미에서 의미 구성에 관여하는 맥락이라고 해야 할 것이다. 그래서 이의 혼란을 피하기 위해 전자를 '사회문화적 배경'이나 '사회문화적 배경 지식' 정도로 불러야 할 것이다.

그럼에도 불구하고, 우리가 어떤 과거에 발생된 텍스트를 읽으면서 그 텍스트가 소통하게 된 맥락에 대한 지식 없이 그 텍스트의 의미를 제대로 구성할 수 있는지는 여전히 고민해야 할 문제이다. 더욱이 담화 생산의 시제는 개인들이 실제 시간

('현재')이라고 불렀던, 발화와 동시에 전개되는 순간적인 개념이 아니라, 집단적 체계와 역사적 과정(processes)들이 만나는 접합적 시간(conjuctural time)의 개념이기 때문이다. 이것은 상징성이 강한 고대의 텍스트로 갈수록 더욱 그러하다. 예를 들어, '선화 공주님은 남몰래 결혼하고, 등서방을 밤에 몰래 안고 간다'는 삼국유사의 이야기를 단순히 노래나 이야기로만 읽을 수 없는 까닭과 같다.

사회문화적 맥락을 고려하여 읽는다는 것은 텍스트의 시공간적 간극에서 생기는 배경지식의 문제뿐만 아니라, 텍스트에 대한 가치, 의미 부여의 문제에서도 의미 구성을 좌우한다. 예를 들어, 연암 박지원의 글은 과거 텍스트가 발생될 시점에서는 여항의 문체를 따랐다 하여 무시되고, 그 의미도 왜곡되기 일쑤였지만, 오늘날 그 텍스트는 각 독자들마다 다양한 의미 구성의 결과를 보여준다.

뿐만 아니라, 외국 작품을 읽을 때도 마찬가지이다. 젊은 베르테르의 슬픔은 자신이 마치 예수인 것처럼 생각하고 쓴 다분히 성서 중심의 소설이라는 점에서 문체적 가치가 있지만 오늘날 연애관에 비추어 본다면 이는 이해하기 어려운, 의미 구성이 쉽지 않은 소설일 수 있다. 즉 의미 구성을 위해서는 텍스트 생산 시점의 사회문화적 맥락을 고려해야 한다는 것으로 다시 귀결된다. 그렇다면 그것은 현재의 사회문화적 맥락과 분명 차이가 있으며, 어쩌면 그것은 문학에서 말하는 '반영론'이나 '작가론', '효용론' 등에 기반한 문학 지식 학습과 별반 차이가 없게 된다. 결국 맥락의 강조가 작품에 대한 지식의 학습을 옹호하는 결과가 되는 우를 범할 수 있다.

더 생각해 보기

⊙ 내용 탐구 활동

1. 읽기를 구성하는 3가지 요소를 쓰시오.

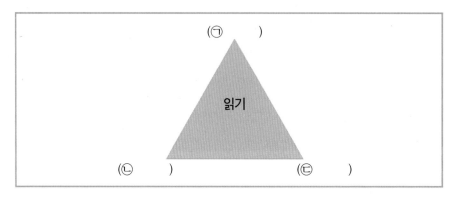

2. 읽기 능력을 구성하는 3가지 요소를 참고하여, '읽기 능력이 있다'는 말의 의미가 무엇을 뜻하는지를 생각하여 빈칸에 적절한 말을 쓰시오.

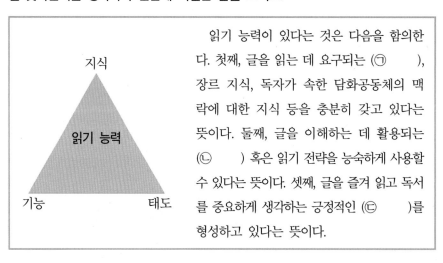

읽기 능력이 있다는 것은 다음을 함의한다. 첫째, 글을 읽는 데 요구되는 (㉠   ), 장르 지식, 독자가 속한 담화공동체의 맥락에 대한 지식 등을 충분히 갖고 있다는 뜻이다. 둘째, 글을 이해하는 데 활용되는 (㉡   ) 혹은 읽기 전략을 능숙하게 사용할 수 있다는 뜻이다. 셋째, 글을 즐겨 읽고 독서를 중요하게 생각하는 긍정적인 (㉢   )를 형성하고 있다는 뜻이다.

3. 박지원이 쓴 한문 수필, 《열하일기》 중에서 '일야구도하기(하룻밤에 강을 아홉 번 건넌 이야기)'를 오늘날과 같은 독서 상황(맥락)에서 읽는다면 이 텍스트의 의미를 어떻게 구성할 수 있을지 고르고, 그 이유를 설명해 보시오.

> 깊은 소나무 숲이 퉁소 소리를 내는 듯한 건 청아한 마음으로 들은 탓이요, 산이 갈라지고 언덕이 무너지는 듯한 건 성난 마음으로 들은 탓이요, 개구리떼가 다투어 우는 듯한 건 교만한 마음으로 들은 탓이다. 만 개의 축(열세 줄의 현악기)이 번갈아 소리를 내는 듯한 건 분노한 마음으로 들은 탓이요, 천둥이 날고 우레가 번쩍이는 듯한 건 놀란 마음으로 들은 탓이요, 찻물이 보글보글 끓는 듯한 건 흥취 있는 마음으로 들은 탓이요, 거문고가 우조로 울리는 듯한 건 슬픈 마음으로 들은 탓이요, 한지를 바른 창에 바람이 우는 듯한 건 의심하는 마음으로 들은 탓이다. 이는 모두 바른 마음으로 듣지 못하고 이미 가슴속에 자신이 만들어 놓은 소리를 가지고 귀로 들은 것일 뿐이다(고미숙, 열하일기, 일야구도하기 중에서).

① 물소리를 이렇게 많은 비유로 풀어내다니 대단하다.
② 연암은 평상시 작은 것도 놓치지 않는 정성이 있다.
③ 작은 사물 하나도 다양한 의미와 개성을 지니고 있다.
④ 세상의 소리는 결국 자신의 마음의 소리를 투영한 것이다.
⑤ 외부의 시련이 있더라도 내 마음만 편안하면 동요되지 않는다.

해결 방법 : 1. ㉠글 ㉡독자 ㉢맥락
　　　　　　 2. ㉠언어지식 ㉡읽기 기능 ㉢읽기 태도
　　　　　　 3. 생략

◉ 모둠 탐구 활동

1. 사회문화적 맥락에 따라 텍스트의 의미가 다르게 해석되는 경우를 찾아 발표해 보자.

2. 읽기(행위)가 아니라, '읽기 교육'이 이뤄지기 위해 필요한 구인들, 혹은 읽기 교육의 성패를 좌우하는 변인들은 어떤 것들이 있는지 조사해서 발표해 보자.

◉ 더 읽을거리

• 김혜정(2009). 읽기의 맥락과 맥락 읽기. 독서연구 27호, 33-79.

이 논문은 맥락을 어떻게 구분하고 처리할 것인가에 대한 기존의 연구 논의들을 정리한 논문이다. 흔히 '문맥'이라고 하는 텍스트 내적 맥락을 제외하고, 텍스트 외적 맥락을 2가지로 구분하게 된 철학적 역사를 보여준다.

• 박권생 역(2006). 인지심리학 : 이론과 적용 (원서 : Stephen K. Reed, Cognition : Theory and Applications(7th ed.))

이 책은 읽기 연구 또는 스키마 이론과 관련된 인지심리학의 연구들이 소개되고 있어, 스키마와 독해 현상을 이해하는 데 도움이 된다.

제3장 독서 능력의 발달

독서 능력의 발달은 개인마다 다르게 나타나지만, 일반적인 발달의 특징을 이해함으로써 개인의 독서 능력 수준을 진단할 수 있고 이를 토대로 각 학습자에게 필요한 교육을 하는 것이 가능하다. 즉, 학습자의 수준에 적절한 독서 교육을 하기 위해서 독서 능력 발달에 대한 이해가 필요한 것이다. 3장에서는 독서 능력 발달에 대해 이해하기 위해 읽기 준비도, 발생적 문식성, 읽기 유창성, 읽기 부진, 난독증 등 관련 개념을 살펴보고, 독서 능력 발달 관련 연구들에 제시된 내용을 중심으로 독서 능력 발달의 단계를 알아보도록 한다. 그리고 독서 능력의 발달을 독자를 중심으로 유형화하며 생애주기별 독자의 발달에 대해서 알아보겠다.

1. 독서 능력 발달의 이해

가. 독서 능력 발달의 특징

독자가 텍스트를 읽는 능력인 독서 능력은 인간이 지식을 습득하기 위한 통로가 되는 중요한 능력이지만, 성장에 따라 자연스럽게 습득할 수 있는 능력이 아니다. 독서 능력은 학습을 통해 습득할 수 있는 능력이지만, 독서 능력의 학습을 위해서는 인지적, 신체적 성장이 바탕이 되어야 한다. 즉, 독서 능력의 발달에는 자연적이라고 할 수 있는 성숙과 인위적이라고 할 수 있는 교육이 동시에 작용하게 된다.

이렇게 이루어지는 독서 능력의 발달은 개인마다 차이가 있지만, 일반적인 독서 능력 발달의 특징은 인간의 생애 주기에 따라 특정한 순서로 발달하는 모습을 보여준다. 시기별의 특징들을 관찰하여 보면 독서 능력이 발달되는 모습을 단계로 구분하여 이해할 수 있게 된다.

이와 같이 독서 능력의 발달이 이루어지는 단계를 구분하여 이해하는 것의 긍정적 측면은 독서 교육을 적절하게 하기 위한 기초 지식을 제공하여 준다는 점이다. 일반적인 발달의 모습을 이해함으로써 독서 교사는 자신이 가르치는 학생이 일반적인 발달 수준에 적절한 독서 학습을 성취하고 있는지를 판단할 수 있고 이러한 독서 능력 발달을 이룰 수 있도록 적절한 교육적 처치를 하여 도움을 주는 것이 가능해진다. 구체적으로는 학생의 수준에 맞는 읽기 자료의 선정이 가능하게 되고, 학생들의 지도하기 위한 교재 개발의 근거로도 활용된다. 개개인의 독서 능력 발달의 정도를 진단할 수 있으며, 이에 따라 학생의 발달 수준과 능력을 고려하여 발달을 촉진하기에 적절한 지도와 평가를 할 수 있게 된다.

한편, 언급한 바와 같이 독서 능력의 발달에는 개인차가 많기 때문에 특정 단계로 구분하여 이해하는 것이 적절치 못한 측면도 있다. 따라서 개별 학생에게 이러한 단계의 구분을 엄격하게 적용하여 발달 시기의 특징이 나타나지 않는 경우에 이를 비정상적인 것으로 간주할 필요는 없다. 시기는 개인의 발달 속도에 따라서 차이가 나타날 수 있는 것이므로, 단계의 순서와 특징 중심으로 독서의 발달에 대해 이해하고 이러한 발달이 이루어질 수 있도록 교육적 처치를 통해 촉진하는 입장으로 접근하는 것이 필요하다.

나. 독서 능력 발달 관련 개념 : 주요 용어들

독서는 글을 읽는 행위로 일반적으로 읽기, 독해를 전제하며 동일한 개념으로 사용한다. 그러나 글을 읽는다는 것은 단순한 사고 과정이 아니며 쉽지 않기에 독서 능력의 발달이 이루어지기 위해서는 긴 시간에 걸쳐 꾸준한 노력이 필요하며, 독서 능력의 획득은 체계적인 학습의 결과물이라 할 수 있다. 독서 능력의 발달

과정은 크게는 해독 능력과 독해 능력의 학습으로 나누어 볼 수 있다. 독서 능력의 발달을 이해하는 데에 도움이 되는 주요한 개념들로는 해독, 독해와 함께 읽기 준비도, 발생적 문식성, 읽기 유창성, 읽기 부진, 난독증 등을 들 수 있다. 각 용어들의 개념과 특징을 살펴보도록 하겠다.

1) 해독

독해를 할 수 있기 위해서는 해독을 할 수 있는 능력의 발달이 우선 이루어져야한다. 문자 읽기에 있어서 해독(解讀, decoding)은 감각기관에서 인식한 문자 정보에서 의미를 추출하는 사고과정을 의미하며, 어휘적이거나 축자적(literal)인 의미를 파악하는 데 초점을 두고 있다. 해독 능력은 독해와 독서를 하기 위해서 필요한 기본적이고 필수적인 능력이라고 할 수 있다. 따라서 초기 읽기 단계에서 글자 익히기는 해독 능력을 습득하기 위한 과정으로, 이 해독 능력이 완성되어 문자를 보고 즉각적으로 의미를 파악할 수 있는 수준으로 자동화되어야 독해가 이루어질 수 있다.

2) 독해

독해(讀解, reading comprehension)*는 해독과 마찬가지로 문자 정보에서 의미를 추출하는 사고를 의미하지만, 해독과 달리 어휘 단위 수준을 넘어 텍스트 단위에서 의미를 파악하는 능력을 의미하며 의미의 수준도 축자적 의미를 넘어 텍스트 전체와 맥락을 고려하여 의미를 파악하는 것을 의미한다. 읽기의 수준으로 표현하자면 독해는 사실적 이해를 넘어 추론적 이해와 비판적 이해까지 아우르는 수준의 읽기를 의미한다. 읽기나 독서는 곧 독해를 전제하고 있지만, 이 두 용어와 구별하여 독해라는 용어를 사용할 때에는 특정

* 독해와 구분하여 읽기와 독서라는 용어를 사용하게 되면 읽기는 문자의 의미를 이해하는 과정 전반을 지칭하는 용어로 일반적으로 사용하며, 독서는 읽기의 대상인 책을 특정하며 읽는 행위를 지칭하는 용어로 사용한다.

지식 정보의 획득이나 학습을 위한 분석적, 반복적, 훈련적 성격이 강하다는 특징을 갖는 의미로 사용한다.

3) 읽기 준비도

읽기 준비도(reading readiness)는 읽기에 관련된 능력이 갖추어진 정도, 즉, 사람이 읽기를 배울 수 있는 준비가 되어 있는 지점을 말한다(박태호 외, 2015 : 84). 아동이 글을 읽기 위해서는 인지적·신체적·정의적·사회적 등의 측면에서 읽기를 할 만한 상태를 갖추어야 한다. 한 개인이 책을 읽기 위해서는 읽기를 할 수 있는 인지적인 능력, 독서에 관여하는 감각 기관 및 신체의 발달이 선행되어야 한다. 뿐만 아니라, 책 읽기에 대한 흥미와 관심, 음성 언어 및 문자 언어 환경에 노출되는 등 여러 요건이 필요하다.

읽기 준비도 개념은 성숙(成熟)주의 이론의 측면과 행동주의 이론의 측면에서 살펴볼 수 있다. 두 이론 모두 아동들의 읽기 학습을 위해서는 '준비'가 되어야 한다는 관점을 담고 있다. 독자의 발달을 성숙의 관점에서 바라볼 때에는 독자의 자연적 발전에 초점을 두며 어느 시기가 되면 외적, 후천적 노력과 상관없이 그러한 발달 단계에 도달한다고 본다. 즉 읽기를 할 수 있기 위해서는 인지적, 신체적 성숙이 선행되어 읽기를 할 수 있는 준비가 필요하다는 것이다. 성숙을 중요시하는 이러한 관점은 읽기 학습의 방식에 있어서는 행동주의 이론과 상통하는 부분이 있다. 행동주의 이론 입장에서는 읽기의 학습이 유아가 읽기에 필요한 기초 기술을 먼저 습득했을 때만 효과적으로 가르칠 수 있으며, 읽기가 학습된 후 쓰기를 지도해야 하므로 읽기가 쓰기에 선행된다고 생각한다.

4) 발생적 문식성

발생적 문식성(emergent literacy)은 출생 이후부터 기초적인 해독 및 쓰기가 가능한 시기까지의 유아 및 아동의 읽기와 쓰기에 대한 개념, 행동, 경향(disposition) 등의 발달을 의미한다(Teale & Sulzby, 1989). 발생적 문식성이라는 용어는 문식성이 인간이 태어난 이후부터 적절한 경험과 상호작용에 의해서 발현(emergent)된다는 관점을 담고 있다.* 즉, 문식성 발달은 출생과 함께 시작되어 지속적으로 진행되며, 문식성은 음성 언어의 사용 시기부터 아동을 둘러싼 사회적 상호작용을 통해 발달한다고 본다(Barton, 2006). 발생적 문식성은 초기 문식성 발달의 시기를 지칭하는 용어이면서 동시에 문식성의 발달에 대한 관점이 내포된 표현이다. 발생적 문식성의 관점에서는 구어의 발달과 마찬가지로 문자 언어의 발달도 아주 어릴 때부터 시작되며, 문어를 사용하는 사회에서 생활하는 유아는 문자를 통한 일상생활에서의 경험을 통하여 자연스럽게 문자 언어에 대해서 배운다고 본다.

> * 'emergent'의 동사형인 'emerge' 란 말의 사전적 뜻은 '생겨나다, 드러나다, 부상하다, 부각되다, (어둠 속이나 숨어 있던 곳에서) 나오다'라는 뜻을 가지고 있다.

이 두 개념은 초기 읽기에 대한 내용을 다루고 있지만 읽기 발달에 대한 관점에 차이가 있으며, 따라서 읽기 지도 방법에 대한 입장도 달리한다. 초기 읽기 지도에 대해 읽기 준비도의 관점에서는 계열화된 기술의 습득과 읽기의 형식적 측면에 초점을 맞추고 기능적 사용은 대체로 고려하지 않는다. 반면, 발생적 문식성의 입장에서는 읽기 지도 방식에서 있어서 읽기의 형식적 측면보다는 기능적인 측면을 강조한다(Teale & Sulzby, 1986).

5) 읽기 유창성

읽기 유창성(reading fluency)은 글을 빠르고 정확하면서도 적절한 의미 단위로 띠어 읽을 수 있는 능력이다(National Reading Panel, 2000). 이것은 자동성(automaticity),

정확성(accuracy), 표현성(prosody)으로 구성되는데, 자동성은 인지적 노력을 거의 들이지 않고 글을 빠르게 해독할 수 있는 능력, 정확성은 글에 있는 단어를 올바르게 해독할 수 있는 능력, 그리고 표현성은 글에 감정을 실으면서 적절한 의미 단위로 띄어 읽을 수 있는 능력을 가리킨다.

읽기 연구자가 어린 아동의 읽기 유창성 발달에 관심을 갖는 이유는 대체로 2가지인데, 하나는 읽기 유창성이 어린 독자가 능숙한 독자로 성장하기 위해서 반드시 습득해야 하는 선행 읽기 능력이기 때문이다. 찰(Chall, 1983)에 의하면 모든 독자는 질적으로 서로 다른 읽기 발달 단계를 거쳐 능숙한 독자로 성장하는데, 읽기 유창성 단계는 구성적인 독자 단계로 발전하기 위해 반드시 거쳐야 하는 선행 단계이다. 다른 하나는 읽기 유창성이 글 이해에 영향을 주기 때문인데, 아동은 읽기 유창성이 발달하면 글에 있는 단어를 빠르고 정확하게 해독하여 제한된 인지적 주의의 대부분을 글 의미 파악에 사용할 수 있게 되고 글에 대한 이해를 높일 수 있다.

6) 읽기 부진

읽기 부진은 해독 기능의 문제나 읽기 유창성의 부족, 제한된 독해 기능들로 인해 해당 연령대나 학년 수준에서 갖추어야 할 읽기 능력에 이르지 못한 현상을 이른다(Whithear, 2011 : 19). 읽기 부진을 발견하기 위해서는 일차적으로 읽기 행동 진단을 할 수 있고, 행동 진단에서 읽기 부진의 특성이 발견되면 이차적으로 개별 진단, 관찰 진단으로 판별하게 된다. 읽기 부진의 행동 진단 과정에서 확인할 수 있는 읽기 부진 학습자의 특성은 다음과 같은 내용이 있다.

- 책을 읽을 때 주의를 집중하지 못한다.
- 책을 보기 싫어하고, 읽어도 무슨 뜻인지 이해하지 못한다.

- 책을 읽을 때 글자를 빼놓고 읽거나 내용과 다르게 읽는다.
- 사고가 고정되어 있다.
- 전체 상황을 종합하여 추리, 판단하는 능력이 부족하다.
- 원인과 결과의 연관성을 인식하지 못한다.

읽기 부진의 원인은 시각적, 청각적 감각 기관의 문제, 언어 처리 과정을 다루는 신경 영역이나 비언어적 처리 부분의 결함 등을 포괄하는 뇌의 손상, 기억의 결손, 부적절한 읽기 교육 등에 따른 읽기 교육의 결손, 언어나 문화적 배경의 차이 등 매우 포괄적이다. 특히, 읽기 부진의 원인 중 감각 기관의 문제나 신경학적 문제, 유전적 원인에 의한 읽기 부진은 읽기 장애로 분류하고 대상 학생들에게 치료나 특수 교육의 처치를 하는 것이 필요하다. 한편, 적절한 지능, 감각, 운동, 지각 체계, 환경을 가졌으나 해당 연령 수준에서 요구하는 읽기 능력에 미치지 못하는 학습자의 경우는 읽기 부진으로 분류하여 적절한 교육적 처치를 하는 것이 필요하다.

7) 난독증

읽기 부진과 유사한 모습을 보이는 난독증(Dyslexia)은 정상적인 지능에도 불구하고 글을 읽고 쓰는 데 어려움을 갖는 증상을 말한다(Sanderson, 2001). 난독증의 구체적 증상은 단어 인지를 유창하게 하지 못하는 어려움, 빈약한 철자, 단어 해독에서의 지체 등으로 인해 정상적인 독해 수행이나 읽기 성취에 도달할 수 없는 상태로 특정 학습 장애 중 하나이다(국제난독증협회, 2002). 난독증이 나타나는 이유는 신경학적 원인에 의한 것으로 일반적인 읽기 부진과는 그 원인에서 차이가 있다. 그러나 난독증을 읽기 부진의 한 부류로 포함하여 다루고, 그 정도에 따라 치료적 처치를 하기도 한다. 읽기 부진, 읽기 장애, 난독증은 그 발생 원인에 있어서는 차이가 있지만, 현상적으로는 동일한 특징을 보이기 때문에 유의가 필요하다.*

다. 독서 능력 발달 단계

1) 독서 능력 발달 단계에 대한 연구

독서 능력 발달은 단계로 나누어 그 특징을 기술하는 방식으로 제시하고 있는데, 각 단계는 독서 능력이 발달하면서 질적으로 의미 있는 차이를 보이는 모습을 나타내며 구분되어진다. 독서 능력 발달의 단계는 미시적으로 또는 거시적으로 살펴볼 수 있는데, 일반적으로 발달 단계라고 할 때에는 거시적 발달 단계를 의미한다. 거시적 발달 단계는 생애 주기에 따라 나타나는 발달 단계에 대한 기술이고, 미시적 발달 단계는 특정 읽기 능력에 대해 발달 단계를 설정하여 기술하는 것이다. 미시적 발달 단계에 대한 예로는 단어를 이해하는 해독 능력에 대한 발달 단계 연구(Ehri, 1991)를 들 수 있는데, 이 연구에서는 단어 해독 능력을 그림 지각 단계(logographic phase), 과도기(transitional phase), 문자 인식 단계(alphabetic phase), 철자 인식 단계(orthographic phase)로 발달하는 것으로 보았다.

거시적 발달 단계를 보여준 고전적인 연구에는 생일케이크 이론(Early, 1960. 정기철(2000)에서 재인용)이 있다. 이 이론에서는 독서 능력의 발달을 6단계로 제시하고 있는데, 각 단계는 출생에서 유치원까지, 유치원에서 초등학교 2학년까지, 초등학교 3학년에서 초등학교 6학년까지, 중학교에서 고등학교까지, 고등학교 후반에서 대학까지, 성인기로 이루어진 것으로 보았다.

이 외에 독서 능력 발달에 대한 연구로 우즈(Woods, 1992)는 5단계로 나누어서 유아 읽기기(출생~유치원), 초기 읽기기(1~2학년), 전이 읽기기(2~3학년), 자립 읽기기(4~6학년), 고급 읽기기(7학년 이상)로 단계를 구분하였다. 레슬리와 제트-심슨(Leslie & Jett-Simpson, 1997)은 6단계로 나누어 맹아기 독자, 과도기 독자, 입문기 독자, 고급 독자, 통합적 독자, 성공적 독자로 시기를 구분하기도 하였다.

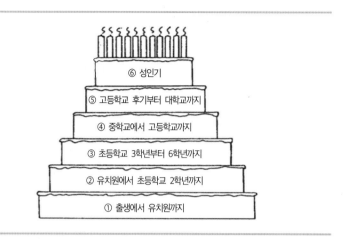

[그림 3-1] 독서 능력 발달의 생일케이크 이론

독서 능력 발달의 대표적인 연구에는 찰(Chall, 1996)을 들 수 있다. 찰의 연구는 학교급과 연령을 주로 참고하여 전체 단계를 5단계로 나누었고, 읽기를 하기 전 시기를 설정하여 단계 0으로 제시한 것이 특징이다. 초기 읽기를 하는 해독이 나타나는 시기를 단계 1로 설정하였고, 이후 이어지는 단계 2는 해독을 공고화하여 읽기유창성을 획득하는 특징이 나타난다고 하였다. 단계 3은 새로운 지식 학습을 위한 읽기를 하는 시기로 3-A와 3-B로 나누었다. 단계 4는 다양한 관점에서 읽기가 가능하게 되는 시기이며, 단계 5는 구성과 재구성을 하는 읽기를 할 수 있는 시기로 보았다.

이성영(2008)에서는 읽기 발달 연구의 성과에 대한 점검을 토대로 찰의 읽기 발달 이론과 베레이터(Bereiter, 1980)의 쓰기 발달 단계를 호응하여 읽기와 쓰기 발달 단계를 함께 제시하였다. 읽기 발달 단계의 명칭에 대한 조정을 하여 찰의 발달 단계 명칭과는 차이가 있다.

[표 3-1] 읽기와 쓰기 발달 단계

읽기 발달 단계	쓰기 발달 단계
읽기 맹아기	—
읽기 입문기	단순 연상적 글쓰기 단계
유창성 획득기	언어 수행적 글쓰기 단계
의미 읽기기	의사소통적 글쓰기 단계
비판적 읽기기	통합적 글쓰기 단계
창조적 읽기기	인식적 글쓰기 단계

우리나라 독자를 대상으로 이루어진 독서 능력 발달 연구에는 천경록(1999b), 천경록(2020a)의 연구가 있다. 천경록(1999b)에서는 읽기를 구성하는 하위 능력과 교육과정의 학교와 학년급 등을 고려하여 단계를 7단계로 구분하였다. 그리고 독서 능력 발달 단계를 각각 읽기 맹아기, 읽기 입문기, 기초 기능기, 기초 독해기, 고급 독해기, 읽기 전략기, 독립 읽기기로 명명하였다. 앞서 살펴본 찰의 연구와 비교하여 살펴보면, 두 이론이 연령과 학년 시기에 따라 단계를 제시하여 단계별 시기가 정확하게 연결되지는 않으나 비슷한 시기별로 단계를 비교하여 제시하면 다음 [표 3-2]와 같다.

[표 3-2] 독서 능력 발달 단계의 비교

Chall(1996)			천경록(1999b)		
단계 0	읽기 전 단계	0~6세	1	읽기 맹아기	유치원 시기까지
단계 1	초기 읽기와 해독 단계	6~7세 (1~2학년)	2	읽기 입문기	초등 저학년 (1, 2학년)
단계 2	해독 공고화 유창성	7~8세 (2학년 하반기~3학년)	3	기초 기능기	초등 중학년 (3, 4학년)

Chall(1996)				천경록(1999b)		
단계 3	새로운 지식 학습을 위한 읽기 단계	9~14세 (4~8학년)	3-A (4~6학년)	4	기초 독해기	초등 고학년 (5, 6학년)
			3-B (7~8학년)	5	고급 독해기	중학 1~2학년 (7, 8학년)
단계 4	다양한 관점으로 읽는 단계	14~18세 (고등학교 10~12학년)		6	읽기 전략기	중학 3~고등 1학년 (9, 10학년)
단계 5	의미의 구성과 재구성 단계	18세 이후 (대학과 그 이후)		7	독립 읽기기	고등학교 2학년 이후

천경록(1999b)은 독서 능력 발달의 시기 및 주요 특징과 함께 읽기 발달의 부진 현상을 교정 읽기와 치료 읽기로 제시하고 있는 점이 특징이다. 이러한 제시는 읽기 부진 지도를 하기 위한 근거로 활용할 수 있어 교육적으로 유용하다.

읽기 발달의 단계를 제시하는 것과 관련하여 몇몇 쟁점들이 있는데 읽기 발달에 대한 이해를 높이기 위해 이 쟁점들에 대해 살펴보도록 하겠다. 우선 읽기 능력의 발달이 단계 사이에서 어떠한 질적 변화가 있는가라는 차원에서 이행인가, 확장인가라는 문제가 놓여 있다. 이행은 독서 능력의 발달이 기존의 특성을 버리고 새로운 단계의 특성을 습득하는 것을 의미하고, 확장은 기존의 특성을 보유한 상태로 새로운 특성을 갖추는 것을 의미한다. 이러한 특성 차이를 고려할 때, 독서 발달은 단계와 단계 사이의 발달을 이행보다는 확장으로 설명하는 것이 적절하다. 음독에서 묵독으로 발전하였을 때 음독 능력은 버려지는 것이 아니며, 읽기 입문기에서 습득한 해독 능력은 기초기능기로 발달한 이후에는 자동화되어 독자는 제한된 인지 역량을 독해에 할당하며 독해를 원만하게 진행한다. 그리고 독해 능력이 충분히 발전된 독자의 경우에도 어려운 글을 읽거나 모호한 부분을 읽을 경우에는 그 부분을 소리 내어 읽으면서 의미를 정확하게 파악하려는 시도를 하며 이전 단계의 능력을 소환하여 문제를 해결하게 된다.

둘째, 독서 능력의 발달이 계단을 올라가듯 직선적으로 이루어지는가, 아니면 곡선적 궤적으로 발전하는가라는 문제가 있다. 독서 능력의 발달을 단계로 제시하는 방식은 일반적인 발달의 양상을 거시적으로 접근하는 것이기 때문에 시간의 경과에 따른 나이나 학년의 올라감과 같이 직선적 형태로 발달을 제시하고 있다. 그러나 현실에서 개별 학생들이 겪는 발달은 산 정상을 향해 올라가는 듯 완만한 곡선의 궤적을 그리며 미시적으로는 정체나 내리막의 구간도 보이며 발달을 한다. 따라서 발달 단계는 개인차와 미시적 발달의 양상을 나타내고자 하는 것이 아니라는 점을 유의해야 하며, 따라서 각 단계를 기계적으로 개인의 능력 발달에 적용하는 것은 적절하지 않다.

2) 독서 발달 단계와 주요 특징

독서 발달 단계를 '읽기 맹아기, 읽기 입문기, 기능적 독서기, 공감적 독서기, 전략적 독서기, 비판적 독서기, 종합적 독서기, 독립적 독서기'로 구분하여 8단계로 살펴보도록 하겠다(천경록, 2020a). 독서 발달의 단계를 독자 발달과 연계하여 독자 발달은 유아, 어린이, 청소년, 성인 독자로 구분하고, 학교교육 시기에 해당하는 어린이 독자와 청소년 독자는 다시 각각 전기, 중기, 후기로 구분하였다. 각 단계에는 독서 발달 특징을 고려하고, 해당 단계의 독서 교육의 지향점이 될 수 있도록 독자상도 함께 제시하였다. 그럼 천경록(2020a)의 내용을 중심으로 각 발달 단계별 주요 특징을 살펴보도록 하겠다.

[표 3-3] 독자 발달과 독서 발달의 단계

독자 발달		독서 발달	독자상	학년	주요 독서 양상	독서 자료나 지도 활동의 주요 특징
유아 독자		읽기 맹아기	잠재적 독자	-K	문자 인식하기 따라 읽기	문자 지각, 해독 시작, 그림책, 글자책, 낱말카드 등 읽기
어린이 독자	전기	읽기 입문기	유창한 독자	1-2	띄어 읽기 유창하게 읽기	소리 내어 읽기, 해독 완성, 기초기능, 낭독, 묵독 시작
	중기	기능적 독서기	기능적 독자	2-4[21]	사실적 읽기 추론적 읽기	의미 중심으로 읽기, 묵독 완성, 중핵 기능, 꼼꼼히 읽기
	후기	공감적 독서기	사회적 독자	5-6	공감적 독서 사회적 독서	정서적 반응하기, 몰입하기, 독서 토의·토론하기
청소년 독자	전기	전략적 독서기	전략적 독자	7-8	전략적 독서	목적 지향적 읽기, 점검과 조정하기
	중기	비판적 독서기	비판적 독자	9-10	비판적 독서	잠복된 의도 파악하기, 맥락 활용하기
	후기	종합적 독서기	통합적 독자	11-12	종합적 독서	다문서 읽기, 매체 자료 읽기, 신토피컬 독서
성인 독자		독립적 독서기	자립적 독자	PS	자율적 독서	학업 독서, 직업 독서, 교양 독서

* K : 유치원(Kindergarten), PS : 중등교육 이후(Post Secondary)

독서 발달 단계의 1단계는 '읽기 맹아기(萌芽期)'로 독자 발달 단계로는 유아 독자(preschool reader) 시기이다. 이 시기는 유아의 언어 발달이 완성된 후에 말하기 듣기 활동이 왕성하게 일어나고 글자를 인식하는 시기이다. 이 시기에는 의사소통을

---

21) 천경록(2020a)에서는 기능적 독서기를 3~4학년으로 제시하였다. 그러나 천경록 등(2021 : 319)에서는 국어의 문자 해득의 쉬움을 고려하여 여기서는 2~4학년으로 수정하여 제시한 바 있다. Chall(1996 : 34)의 연구에서도 1단계(1~2.5학년)와 2단계(2~3학년)로 학년을 일부분 겹쳐서 제시하고 있다.

구어로 하며 도로 표지판과 같은 상징체계가 존재한다는 것을 어렴풋이 인지하는 단계이다. 이에 문자의 존재를 지각하고 문자도 그러한 상징체계에 속하며, 문자가 구어 소리와 대응된다는 것을 어렴풋하게 인식하게 된다. 독자상은 '잠재적 독자(emergent reader)'로 설정할 수 있다.

'맹아(萌芽)'는 풀이나 나무에 새로 돋아 나오는 싹이라는 뜻으로 봄이 되면 식물의 눈에서는 새순이 나오게 되는데, 아직 새순이 나오지 않은 상황에서도 우리는 식물의 눈 속에서 새순이 자라고 있음을 알 수 있다. 이처럼 유아는 미래의 능숙한 독자가 되기 위한 자질을 내적으로 키우고 있으며, 이는 발생적 문식성(emergent literacy)의 시기에 해당됨을 의미한다.

이 시기의 독서 교육은 가정, 어린이집, 유치원 등에서 이루어지며, 그림책, 글자책, 낱말 카드 등이 주요 자료이다. 유아들은 부모나 교사의 안내에 따라 그림책을 읽으면서 이야기를 이해하고, 이야기를 이어나가는 활동을 하면서, 책에 흥미를 가지게 된다. 그림책에 등장하는 글자에 친숙해지고 문자에 대해서는 부모나 교사의 소리 내기를 따라 하거나 동료와 함께 소리 내어 읽게 된다. '따라 읽기'가 가장 특징적인 읽기 방법이 된다. 해독 기능에 노출되지만 완성된 단계로 볼 수는 없다.

독서 발달 단계의 2단계는 '읽기 입문기(beginning reading)'로, 기대하는 독자상은 '유창한 독자(fluent reader)'이다. 어린이 독자 전기는 초등학교 저학년인 1~2학년 시기에 해당한다. 이 시기는 독서 발달에서 매우 중요한 단계이다. 앞선 유아 독자 시기의 발달을 토대로, 단어 수준에서는 문자 해독하기를 완성해야 하고, 자동성을 갖추어야 한다.

문장 수준 이상에서는 의미를 구분하여 읽는 '띄어 읽기'를 할 수 있어야 하고, 글 수준에서는 '유창하게(fluently) 소리 내어' 읽을 수 있어야 한다. 이 시기에서는 '음독 → 낭독 → 묵독'의 발달이 일어난다. 따라서 이러한 모습 모두를 관찰할 수 있다. 이 시기는 의미보다는 소리 중심으로 읽게 된다. 이 시기에 해독 능력의 자동화가 중요하다. 해독 능력의 자동화가 완성되지 않으면, 독해(讀解) 발달의 지연을 초래할 수 있다.

글을 소리 내어 읽는데 떠듬떠듬 읽어서는 안 되며, 막힘없이 읽어낼 수 있어야 한다. 그러나 뜻의 파악은 아직 중시되지는 않는다. 예를 들어, 어른들이 읽는 책의 내용을 이해하지는 못해도 소리 내어 읽을 수는 있어야 한다. 단지 소리만 낼 수 있는 것이 아니라 의미 단위로 적절하게 '띄어 읽기'를 할 수 있어야 한다. 이 시기의 독서 자료로는 큰 책(big book), 오십음절표, 압운(rhyme)이 있는 글, 생활문, 우화, 동화, 일기 등의 이야기(narrative text) 등이 활용되고, 독서 방법으로는 합창독(choral reading), 함께 읽기 등을 사용할 수 있다.

독서 발달의 3단계는 '기능적 독서기'로, 읽기의 중핵이 되는 기능을 익히는 것이 중요한 과업인 시기이다. 독자상은 '기능적 독자(skillful reader)'이며, 초등학교 2~4학년 시기에 해당한다. 이 시기는 앞선 시기에 습득한 해독 기능을 보존하면서 추가적으로 독서에 필요한 '핵심어 확인하기, 내용 확인하기, 중심 내용 파악하기, 사실과 의견 구분하기, 생략된 내용 추론하기, 단어의 의미 추론하기, 인물의 마음 짐작하기' 등과 같이 독서에 필요한 '중핵 기능(core skill)'을 익히고, 의미 중심의 묵독이 정착된다.

이 시기는 사실적 읽기와 추론적 읽기를 통해서 텍스트 내용을 꼼꼼히 읽을(close reading) 수 있어야 한다. 이 시기는 학습 독서(reading to learn)가 시작되는 시기이다. 국어과에서 배운 읽기 학습(learning to read)을 이용하여 사회과나 과학과를 비롯한 내용교과의 학습 독서가 시작된다. 읽기 기능이 내용교과 학습에 도구적으로 사용되는 것이다. 이 시기에 학습한 읽기 기능은 다양한 독서 상황에 전이(轉移)될 수 있어야 한다. 텍스트 면에서는 설명문, 주장하는 글, 안내문 등 설명체 텍스트 (expository text)가 활용되기 시작한다.

독서 발달의 4단계는 '공감적 독서기(empathic reading)'로, 기대되는 독자상은 '사회적 독자(social reader)'이다. 어린이 독자 후기는 초등학교 고학년인 5~6학년 시기에 해당한다. 앞 단계에서 습득한 읽기의 중핵 기능을 심화시켜서 텍스트 이해

(comprehension)의 능숙도를 높이고, 텍스트와 정서적으로 교감하고, 자신의 반응을 주위의 동료와 교감하게 된다.

공감은 인지와 정서 능력이 발현되어 독자와 텍스트의 소통, 독자와 독자의 소통을 도와주는 기제(곽춘옥, 2014 : 294)로, 공감적 독서는 로젠블렛(Rosenblatt, 2004)이 말하는 심미적 읽기를 할 수 있음을 의미한다. 로젠블렛은 독서 자세(stance)를 설명하면서 정보 수집적(efferent) 자세와 심미적(aesthetic) 자세로 구분하였다. 그리고 정도의 차이는 있지만 지식정보 텍스트나 문학 작품 모두에 적용할 수 있다고 설명한 바 있다. 그러므로 공감적 독서는 문학 작품뿐만 아니라 지식정보 텍스트에도 적용할 수 있다.

이 시기의 독자들은 인지적, 정서적으로 독서에 몰입을 경험하고, 동료들과 활발하게 상호작용하면서 자신의 독서 반응이나 의견을 교환할 수 있어야 한다. 독서 지도에서는 이야기 나누기, 대화, 토의, 토론 등과 같은 사회적 상호작용을 왕성하게 할 필요가 있다. 이 시기에는 글의 구조면에서 서사체와 설명체, 내용 면에서는 정보 텍스트와 문학 작품을 골고루 읽으면서 텍스트와 그리고 그 너머에 있는 필자에 대한 인지적, 정서적 반응을 형성하고, 이를 다른 동료들과 교류할 수 있는 사회적 독서 능력을 발전시켜야 한다.

독서 발달의 5단계는 '전략적 독서기'로 독자상은 '전략적 독자(strategic reader)'이다. 청소년 독자 전기는 중학교 1~2학년 시기에 해당한다. 이 시기는 초인지적 발달을 토대로 전략적으로 글을 읽게 된다. 이 시기는 독서의 중핵 기능을 바탕으로 자신의 독서 목적을 정하고 목적에 부합하는 전략적 독서를 할 수 있어야 한다.

인간의 독서 능력에 대해 기능과 전략을 구별하여 이해하는 것이 필요하다(천경록, 2009b : 326-331). 동일한 독서 능력이지만 행동주의 심리학자들은 겉으로 관찰할 수 있는 기능에 주목하였으며, 인지 심리학자들은 관찰할 수는 없지만 머릿속에 작용하는 전략에 주목하였다. 따라서 기능적 독자는 주어진 기초기능이나 중핵 기능을 적용하는 데 주력하지만, 전략적 독자는 기능을 잘 활용하여 자신의 독서 목적에 맞게 적절하게 활용하는 것에 주력한다는 점에서 차이가 난다. 여기서 관건은 독자의 독서 목적과 초인지 능력이다. 전략적 독자는 독서 목적을 중시하고, 상황과 목적에 맞게 기능을 비롯한 자신의 독서 자원을 최적의 방법으로 사용하게 된다.

독서 발달 단계 6단계는 '비판적 독서기'로, 독자상은 '비판적 독자(critical reader)'이다. 청소년 중기는 중학교 3학년과 고등학교 1학년에 해당한다. 학교급이 다른 두 학년을 함께 묶음으로써 현실적으로 존재하는 학교 급간의 단절을 예방하고, 초등학교 1학년부터 고등학교 1학년까지의 국민공통교육기간 10년의 연속성을 확보할 수 있다는 이점이 있다.

이 시기는 필자의 의도 수용보다는 필자의 의도를 파악하고, 필자의 주장을 비판하는 데 주력하는 시기이다. 비판적 문식성 이론에서 설명하고 있듯이, 필자는 텍스트를 통해 어떤 주장이나 인물을 부각시키기도 하고 반대로 주변화 시키기도 한다. 현실 세계에서 가치중립적인 텍스트는 별로 없다. 그러므로 독자 입장에서는 필자의 숨겨진 의도를 파악하는 것이 중요하다.

비판적 읽기를 위해서는 텍스트의 이해(comprehending)뿐만 아니라 텍스트가 생산된 맥락, 텍스트가 유통되는 사회문화적 맥락에 주목하고 분석할 수 있어야 한다. 독자는 필자가 의도적으로 부각시키는 인물, 주장을 파악하고 그렇지 않은 점도 파악하여 실제 세계를 알아야(understanding real world) 한다.

독서 발달 7단계는 '종합적 독서기(synthetic reading)'로, 독자상은 '통합적 독자(integrated reader)'이다. 청소년 독자 후기는 고등학교 2~3학년 시기에 해당한다. 교육과정과 관련하여서는 국민공통교육기간이 끝나고 선택교육과정이 적용되는 시기이다. 이 시기는 창의적 독서, 신토피컬 독서(syntopical reading) 능력을 보이는 단계이다. 독서를 통해 텍스트를 수용한 후에 새로운 대안적 텍스트를 생산해 낼 수 있어야 한다. 텍스트의 면에서는 단일 텍스트(single text)보다는 다중 텍스트(multiple texts)를 읽고 융합할 수 있어야 한다. 뿐만 아니라 전자 문화 시대로의 변화에 따른 매체 자료에 대한 수용 능력도 요구된다. 이 시기의 독서 교육은 대학의 학업 독서(college reading)와 졸업 후 직업 독서(career reading)와 연계된다. 학업 독서와 직업 독서에서는 단일 문서를 읽기보다는 여러 문서를 읽고 종합할 수 있어야 한다. 여러 문서나 텍스트, 매체 자료를 종합하여 새로운 텍스트를 생산할 수 있는 능력을 갖추어야 한다.

독서 발달 8단계는 '독립적 독서기(independent reading)'로, 독자상은 '자율적 독자(self regulated reader)'이다. 성인 독자의 시기는 중등학교를 졸업한 이후(post secondary)에 해당된다. 고등학교를 졸업하고 전문대학이나 일반대학과 같은 고등교육 기관에 진학한 사람들, 그리고 중등학교를 졸업한 후 직장이나 사회로 나가는 독자들에 해당된다. 학업 독서, 직업 독서, 교양 독서가 주를 이룬다.

성인교육(andragogy)은 성인을 대상으로 하며 자율적이며 자기주도적 학습이 본질이다. 이는 유치원 교육과 초중등 보통교육 시기가 아동교육(pedagogy)에 해당되며, 성장기의 학습자를 대상으로 타율적으로 접근하는 것과 대비된다. 성인 독자 시기에는 독자 자신이 자신의 목적에 따라 책을 선택하고, 읽고, 책과 독자 자신을 평가하게 된다. 이 시기에는 독자에서 비독자(non reader)로의 전환에 대한 예방이 필요하다.

읽기 능력의 발달은 일반적인 읽기 발달의 과정을 보여주지만, 읽기 발달은 개인 차가 크게 나타나기도 한다고 앞서 지적한 바 있다. 읽기 지도에 있어서는 이러한 발달 단계를 기준으로 개별 학생들의 읽기 발달에서 속진과 지연이 나타나는지를 관찰하고 교육적 처치를 하는 것이 필요하다. 속진과 지연에 대한 엄격한 판단 기준이 있는 것은 아니지만, 일반적으로 2개 학년 이상 수준의 차이가 나타나게 되면 교육적 차원의 처치를, 그 이상의 차이가 나타나게 되면 치료적 차원의 처치가 필요하다고 판단하게 된다.

교정 읽기(corrective reading)은 학년 급의 평균적인 읽기 능력에 비해 한 학년 정도의 개인 차이를 보이는 경우에 필요한 처치이다. 교정 읽기 지도는 해당 학습자가 일반 학급에서 읽기 지도를 받는 것이 가능하다. 교정 읽기의 대상 학생보다 더욱 읽기 발달이 지체되는 경우에는 치료 읽기(remedial reading)를 처치하는 것이 필요하다. 치료 읽기는 평균적인 읽기 능력에 비해 2개 학년 이상의 개인 차이를 보이거나 읽기 발달 단계에서 한 단계 이상 지체가 되는 경우 필요한 처치이다. 이러한 학습자들은 특수한 읽기 프로그램의 도입이 필요하며, 이러한 프로그램을 지도할 수 있는 능력을 갖춘 읽기 전문가(reading specialist)가 담당하는 것이 필요하다.

2. 독자의 발달

독서 능력의 발달 단계를 읽기 능력 하위요소 중심으로 살펴보았다면 이러한 능력을 갖춘 독자들은 어떤 특징을 갖고 있는가를 중심으로 독자의 발달 유형을 살펴볼 수 있다. 우선 기준을 달리하며 다양한 유형의 독자로 구분하며 독자의 특징을 살펴보고, 이어 독자의 생애 주기별로 나누어 독자의 발달에 대해 살펴보겠다.

가. 독자의 유형

'독자'라는 용어는 이미 읽는 사람임을 전제하고 있지만, 독서 교육에서는 책을 읽지 않는 사람에 대해 관심을 갖고 이러한 행동의 이유를 파악하고 이들이 책을 읽을 수 있도록 지도하는 것이 필요하다. 글을 읽지 못함을 의미하는 용어가 문맹(文盲)이라면, 글을 읽을 수 있는 능력은 있지만 읽지 않는 것을 책맹(冊盲, aliteracy)이라고 하며, 이러한 사람들을 독자와 대비하며 비독자(非讀者)라고 한다. 비독자는 글을 읽을 수는 있지만 읽지 않는 사람으로, 책맹과 비독자에 대해 독서 교육에서 관심을 가져야 하는 이유는 이러한 현상이 능력의 결핍에 따른 것이 아니라 자발적인 비독서, 읽기의 거부 현상이기 때문이다.

문맹이 독서 능력과 관련된 독자 유형이라면 책맹은 독서 자발성과 관련된 유형이라 할 수 있는데, 이와 같이 독자의 유형을 지칭하는 용어들은 독서 빈도, 독서량, 독서 능력 등의 속성을 담고 있다. 일상적으로 사용되고 있는 독자 유형에 대한 용어들에 나타나는 속성을 살펴보면 다음 표와 같다.

[표 3-4] 독자 유형의 판단 기준과 속성(이순영, 2019a : 186에서 재구성)

독자 유형	주요판단기준	속 성			
		독서 능력	독서량	독서 빈도	독서 자발성
능숙한 독자	독서 능력	++			
읽기부진 독자	독서 능력	--			
고성취 독자	독서 능력	++			
저성취 독자	독서 능력	--			
문맹	독서 능력	--	--	--	
다독자	독서량	+	++		++
독서광	독서량	+	++		++
책벌레	독서량	+	++		++
애독자	독서 빈도			++	
간헐적 독자	독서 빈도		-	-	
자발적 독자	독서 자발성	+			++
책맹	독서 자발성	+			--

* 해당 속성의 정도 : ++ 매우 강함, + 있음, - 없음, -- 매우 약함

능숙한 독자와 읽기부진 독자, 고성취 독자와 저성취 독자가 독서 능력과 관련되

어 있다면, 다독자와 비독자를 비롯하여 독서광, 책벌레 등의 용어는 독서량과 관련이 있다. 또한 책을 많이 읽는 사람들은 독서 빈도도 함께 높게 나타날 수밖에 없다. 애독자과 간헐적 독자가 상대어는 아니지만, 독서 빈도에서 차이를 보이는 독자 유형이라 할 수 있다. 또한 최근에는 독자 스스로 책을 읽는가와 관련된 속성인 독서 자발성에 대해서도 독서 교육에서 관심을 갖고 있다. 결국 독서 습관을 갖게 되고 독서를 즐겨하게 되기 위해서는 자발성이 중요하게 작용하기 때문이다. 자발적 독자와 책맹이 독서 자발성과 관련된 유형이라 볼 수 있다. 이러한 자발성 요인을 갖게 될 때 독자로서의 긍정적인 인식, 주체로서의 독서 참여로 이어질 수 있다.

읽을 수 있는 능력은 있지만 읽지는 않는 현상을 막기 위해서는 잘 읽는 능력을 기르기 위한 교육에서 그치는 것이 아니라 즐겨 읽을 수 있는 능력을 기르는 독서 교육이 필요하다. 이러한 차원에서 독서 교육의 목표는 평생 독자의 양성이기도 한다. 평생 독자란 생애 전반에서 스스로 즐겨 읽는 자발적 독자를 의미한다. 결국 글 깨치기를 하고 글을 읽게 된 아동 독자가 청소년 독자를 거쳐 성인 독자가 되어서도 지속적으로 독서를 하게 되었을 때 평생 독자라 칭할 수 있을 것이다.

나. 생애 주기에 따른 독자 발달

생애 발달 단계는 태내기(수태~출생), 영아기(0~2세), 유아기(2~6세), 아동기(6~11세), 청년기(11~20세), 성년기(20~40세), 중년기(40~60세), 노년기(60세 이후)로 나누어 볼 수 있다(Poplia & Olds, 1998). 생애 주기 중 글자를 익히고 독서를 하는 시기는 아동기 이후부터 본격적으로 시작되어 생애 전반에서 이루어진다. 이에 생애 주기별로 독자를 구분하게 되면 유아 독자, 어린이 독자, 청소년 독자, 성인 독자로 나누어 볼 수 있다. 독서 발달의 가장 앞 시기는 유아 독자로 앞서 살펴본 읽기 맹아기에 해당하는 시기이다. 이 시기에 이어 초기 읽기와 해독 중심의 읽기를 하는 어린이 독자, 읽기를 통해 의미 구성과 깊이 있는 이해를 할 수 있고 읽기 학습을 넘어 학습 읽기를 하는 청소년 독자, 읽기를 통해 생활에 필요한 정보를 습득하고 삶을 성찰하며 읽기를 생활화하는 성인 독자 등으로 구분할 수 있다. 읽기맹아기 이후에 해당하는 어린이 독자, 청소년 독자, 성인 독자에 대해 살펴보기로 하겠다.

1) 어린이 독자

어린이 독자(children reader)는 초등학교 취학 시기로 7세부터 12세에 해당하는 시기이다. 어린이 독자는 아동 독자라는 용어로도 사용되는데, 이는 아동 문학과 연계하여 연구가 이루어졌기 때문이다. 생애주기에서 있어 아동기는 6세부터 11세에 해당하는 시기로 우리나라의 취학 연령과 일치하지는 않지만, 일반적인 특징은 공유하고 있다. 아동은 생활의 중심이 가정에서 학교로 옮겨 감에 따라 학교생활이 중요한 역할을 하게 된다. 또한 많은 시간을 또래와 어울려 지내게 되어 또래 관계가 중요해진다(정옥분, 2004). 피아제의 인지 발달 단계에서는 구체적 조작기에 해당하며, 대상과 경험에 대하여 앞 시기보다 논리적으로 사고하게 되며, 정서, 도덕성, 사회성 등의 측면에서도 발달된 특징을 나타나게 된다.

아동 독자라는 개념은 아동관의 변화, 아동 문학의 형성과 함께 출현하고 변화해 왔다(원종찬, 2010; 이지영, 2011). 아동을 어른의 축소판으로 보는 것이 아니라 한 개체로서 바라보는 인식은 역사적으로 그리 오래된 일이 아니었다. 우리나라에서 '아동의 발견'이 이루어진 것은 1920년대 이후 방정환에 이르러서라고 본다. 1923년 아동문제연구단체인 '색동회'가 조직되고, 방정환이 아동잡지 『어린이』의 발간을 주재하며 아동 문학을 새로운 수준으로 출범시키는 계기가 되었다. 그리고 이 잡지에서부터 '어린이'라는 용어가 사용되기 시작하였다.

서구에서도 '아동'의 개념은 역사적·사회적 산물로 형성되어졌으며, 계몽주의 이래 프랑스 혁명과 산업 혁명을 거치며 자본주의의 등장과 가족 개념의 중요성이 대두되며 이전까지 도외시되었던 '아동'과 '아동기'의 중요성을 인식하게 되었다. 아동의 개념이 변화하며 아동을 대상으로 하는 책들도 변화하였는데, 18세기 이전 까지는 예절 책, 도덕 책, 교훈적 요소가 강한 동화가 주로 출판되었다면, 19세기 중반에 이르러 출판되는 동화책들은 상상력을 기반으로 대안적 현실을 그려내는 동화로 성격이 변화하게 되었다(차은정, 2009).

어린이 독자는 읽기 발달에 있어서 읽기 입문기, 기능적 독서기, 공감적 독서기 에 해당하며, 유창한 독자, 기능적 독자, 사회적 독자로서의 독자상을 갖게 되는 시기이다. 읽기 유창성을 획득하여 묵독을 완성하는 것이 가장 큰 과업이며, 독서 토의와 토론을 하며 사회적 독서를 시작하게 되는 시기이다.

2) 청소년 독자

청소년 독자(adolescent reader)는 만 13세에서 19세 사이의 중학교와 고등학교 시 기의 독자들을 이른다. 청소년기는 법률적으로는 '9세 이상 24세 이하의 사람'으로, 초·중·고등학생에서 대학생까지를 포괄하는 개념이지만 교육적으로나 사회적으 로 중고등학생이나 10대를 지칭하는 경우가 많다(이순영, 2010). 청소년기는 신체적 으로 정신적으로 비약적인 변화와 성숙을 경험하는 시기이며, 발달 과업으로 자아 정체성의 확립을 해야 한다고 말한다. 독서 발달과 관련하여서는 일반적으로 이 연령 시기에 해당하는 청소년 독자는 능숙하게 독해를 하는 것이 가능하며, 다양한 유형의 텍스트들을 독립적으로 읽을 수 있는 독서 능력을 획득하는 것을 읽기 과업으로 생각하게 된다.

청소년 읽기 발달에서 주요한 특성은 학습을 위한 주요 기능으로서 읽기 행위를 수행한다는 데 있다(최숙기, 2017). 어린이 독자 시기에 읽기를 위한 학습이 이루어졌 다면, 이 시기에는 본격적으로 학습을 위한 읽기가 이루어지게 된다. 교과의 내용 지식을 습득하는 주요 기제가 읽기이기 때문에 청소년 시기의 읽기 발달은 학업적

성취나 인지적 발달, 정의적 발달에 유의미한 영향을 미칠 수 있다.

청소년 독자는 읽기 발달에 있어서 전략적 독서기, 비판적 독서기, 종합적 독서기에 해당하며, 전략적 독자, 비판적 독자, 종합적 독자라는 독자상을 교육의 결과로서 기대하게 된다. 이 시기의 독자는 목적 지향적 읽기를 전략적으로 완수할 수 있는 능력과 이러한 읽기를 하기 위해 자신의 읽기 과정을 점검하고 조정할 수 있는 상위인지 능력의 발달이 이루어지는 것이 중요하다. 그리고 이러한 능력을 토대로 다문서 읽기와 다양한 자료를 비판적이고 종합적으로 읽는 능력을 갖추는 것이 필요하다.

3) 성인 독자

성인 독자(adult reader)는 고등학교를 졸업한 이후의 독자로 대학에서 학업을 계속하거나 직장에서 직업 세계에 있는 독자를 말한다. 이 시기는 독립적 독서기로 자립적 독자상을 지향하는 시기이다. 대학에서의 학업에 필요한 학문 문식성과 직장에서 직업인으로서의 능력을 발휘하는 것과 관련된 직업 문식성을 필요로 하게 된다. 성인의 읽기 능력은 직업 생활을 영위하는 데에 필수적이며(이형래, 2006), 최소한의 읽기 능력은 스스로의 인권을 지키고 복지 혜택을 누리기 위해서도 필수적인 능력이다(김해인, 2020). 국민독서실태조사에 나타난 우리나라 성인의 독서율과 독서 시간은 지속적으로 떨어지는 모습을 보이고, 다른 나라와 비교에서도 낮게 나타나고 있어 문제라 할 수 있다. 성인 독자 시기는 이미 학교 교육에서의 독서 교육이 마무리된 시기이기 때문에 이러한 현상을 해결하기 위해 학교 교육에서 성인이 되어서도 독서가 이루어질 수 있도록 독서 습관 교육이 강조되고 있다. 이러한 노력과 함께 도서관이나 직장에서 이루어지는 성인 대상의 독서 프로그램이 활성화되고, 독서 복지의 일환으로 독서 지원이 이루어지는 것이 필요하다.

성인 독자는 대부분 직장인으로 업무를 수행하게 되므로 이와 관련하여 요구되는 언어 능력을 직업 문식성이라고 한다. 노명완·이형래(2005)에 따르면 직업 문식성(job literacy)란 직장에서의 직무 수행에 필요한 문식성으로, 직무 수행에 필요한 기본적인 읽기 및 쓰기, 기본적인 지식과 기능, 그리고 실질적인 업무 수행 능력을 말한다. 직업 문식성을 중심으로 학교의 교육 내용을 바라본다면, 학교 교육은 직업 문식성을 익히는 중요한 터전이며 초·중·고의 교육과정에서는 직업 교육을 중요한 내용으로 다루는 것이 필요하며, 이와 관련하여 진로 지도도 필요하게 된다. 또한 성인 시기에는 학교에서 교육이 이루어지는 것이 아니기 때문에 비공식적으로 교육이 이루어진다거나 직장에서 해당 직무와 관련된 교육이 이루어지게 된다. 직장에서 고용주가 직원에 대한 교육을 하는 것은 직원의 읽기 능력 또는 읽기 문식성이 업무 수행에 커다란 영향을 미치며, 독서 능력과 수준에 따라 생산성과 경제성에 차이가 생기기 때문이다.

　개인의 입장에서는 직업 문식성의 수준이 높은 사람은 낮은 수준의 직업 문식성을 가진 사람보다 업무 성과도 높고 더 많은 연봉을 받게 된다. 회사의 입장에서는 직업 문식성이 회사의 업무 효율과 이윤 추구와 직결되기 때문에 사내 연수를 통해 유능한 독자, 비판적인 독자, 창의적인 독자를 만들기 위해 다양한 교육 기회를 제공한다. 정부 차원에서는 성인들의 직업 문식성이 국가 경쟁력과 관련이 있다고 보기 때문에 실태를 파악하고 개선이 필요한지에 대한 파악과 개선 노력을 하게 된다.

　독자 발달을 생애 주기로 살펴볼 때 성인 독자의 후기에 해당하는 시기를 노인 독자라고 할 수 있다. 김정우·김은성(2010)에서는 이 시기의 문식성을 지칭하기 위해 노인 리터러시(literacy of old people)라는 용어를 사용했다. 고령화 사회에 접어들면서 평생교육이나 노년교육 등의 학문 분야와 함께 전생애적 교육이 더 강조되는 상황이며, 이러한 일련의 접근은 국어교육이 한국인의 언어 또는 의사소통 행위에 대한 전생애적 접근을 교육적 시각으로 수행하는 것이 필요하다. 노인 독자에 한정하여 이루어진 연구에서는 문식 입문 수준의 노인 독자에 한정하여 읽기의 양상이 어떠한지와 읽기 능력 습득의 의미를 탐색하기도 하였다(이지영·김경화, 2018). 읽기 교육의 소외된 대상으로서의 관심과 함께 전생애적 교육이라는 관점에서 국어교육의 외연 확장이라는 측면에서도 노인 독자를 비롯하여 성인 독자와 이들의 독서 교육에 대한 관심이 지속적으로 필요하다.

○ 더 생각해 보기

⊙ 내용 탐구 활동

(가)는 중학교 2학년 학생들의 읽기 능력을 파악하기 위해 진단 평가를 실시한 결과이고, (나)는 결과에 대한 박 교사의 분석이다. 괄호 안의 ⊙, ⓒ에 해당하는 말을 순서대로 쓰시오.

(가) 학생	읽기 능력의 특징	평가 결과
학생 A	사실적 이해를 바탕으로 글의 숨겨진 의미를 추론하는 읽기를 할 수 있음. 글 구조를 파악할 수 있으며 작가의 관점을 파악하고 이를 비판적으로 수용함.	보통
학생 B	글을 읽으며 추론적 이해와 비판적 이해를 하고 있으며, 자신의 읽기 과정을 조정하여 효율적이고 능숙하게 읽기를 할 수 있음.	우수
학생 C	묵독을 하며 글의 읽을 수 있으나 추론적 이해가 부족하며 필자의 숨은 의도를 파악하지 못하였고 일부 내용에 있어서는 글의 정확한 의미를 파악하지 못하고 있음.	미흡

(나) 학생 A는 고급독해기의 특징을 보이고 있어 중학교 2학년이 도달해야 하는 평균적인 읽기 능력을 갖고 있는 것으로 진단할 수 있다. 이에 일반적인 교육과정의 내용으로 지도하여 나가면 되는 것으로 보인다. 그런데 두 학생은 그렇지 않아 관심을 갖고 지도할 필요가 있다. 학생 B는 초인지를 활용한 읽기를 하는 것으로 보아 (⊙)의 단계에 있으며, 학생 C는 사실적 읽기에 어려움을 보이는 것으로 보아 (ⓒ)의 단계에 있다고 할 수 있다.

해결 방법 : ⊙ 읽기전략기 ⓒ 기초독해기

이 문제는 교사가 학생들의 읽기 발달 단계에 대해 진단하는 것에 대해 질문하고 있는 문항이다. 중학교 1~2학년은 고급독해기로 일반적인 학생들은 추론과 글 구조 파악하기, 작가의 관점을 파악하는 읽기를 할 수 있는 읽기 수준에 도달하게 된다. 학생 B는 일반적인 읽기 수준을 넘어서는 특징을 보이고 있으며 ⊙에는 '읽기전략기'가 적절한 용어이다. 학생 C는 고급독해기보다 앞 단계의 읽기 특징을 보이고 있으며 ⓒ에는 '기초독해기'가 적절한 용어이다.

⊙ 모둠 탐구 활동

<독자의 유형을 지칭하는 용어와 이러한 용어가 함의하고 있는 독서의 속성>에 대해 탐구해 보자.

1. 독자의 유형을 지칭하는 다양한 용어 조사하기

2. 독자의 유형을 지칭하는 용어에 담겨 있는 의미 분석하기

⊙ 더 읽을거리

• 천경록(2020). 독서 발달과 독자 발달의 단계에 대한 고찰. 국어교육학연구 55(3), 314-340.

이 연구는 독서 발달 단계에 대한 연구 결과를 종합적으로 점검하고 독서 발달 단계를 새롭게 제시하고 있는 연구이다. 독서 발달과 독자 발달을 연계시켰고, 해당 단계의 교육 결과로 기대되는 독자상도 함께 제시하였다. 독서 발달과 관련하여 제기되는 쟁점들에 대해서 정리하여 주고 있어 독서 발달에 대한 이해를 높이는 데 도움을 주는 연구이다.

제2부 독서교육론

제4장 독서교육 이론의 이해

독서에 관한 연구는 1950년대부터 대두되었으며, 인접 학문의 영향을 받아 학제적 성격을 띤 학문 분야로 성장하였다. 독서 연구에 힘입어, 독서교육 이론도 조건 학습, 자연 학습이 주가 되던 행동주의에서, 정보처리 과정, 인지전략이 주가 되던 인지주의로, 다시 사회문화적 학습, 관여 학습, 목표 지향적 학습이 주목받는 사회구성주의의 영향을 받아 발전하였으며, 그에 따라, 각각 기능, 추론, 텍스트 기반 인지 전략, 맥락, 참여와 동기화, 능력과 지향성 등이 강조되었다.

이렇듯 '행동주의, 인지주의, 사회구성주의'의 영향을 받아, 연구 주제도 텍스트에서 독자, 사회로 확대되었으며, 현재는 인지심리학, 언어학, 문학뿐 아니라 사회학과 뇌과학 등 다양한 학문과의 상호작용을 통해 읽기 현상을 설명하고 있다.

따라서 이 장에서는 독서교육 이론이 어떻게 형성되어 왔으며, 그 이론들이 지금까지 독서교육 현상과 어떻게 영향을 주고받으며 변화해 왔는지를 살펴봄으로써, 독서교육 이론을 보다 잘 이해할 수 있도록 하는 데 도움을 주고자 한다.

1. 독서 연구의 역사

'독서교육'과 관련된 학문의 동향을 파악하기 위해서는 우선 '독서 이론'이 어떤 연구 관점을 취해 왔는지를 살펴보는 것이 필요했다. 본고는 이를 위해 읽기 연구의 권위 있는 저술이라 할 수 있는 다음 논문들을 참고로, 읽기 연구의 변천사를 어떻게 시기 구분하며 명명화 했는지를 살펴보았다.

- A Historical Perspective on Reading Research and Practice, Redux(by Patricia A. Alexander & Emily Fox, pp.3-46)
- Trends in Reading Research in the United States(by Janet S.Gaffney & Richard C.Anderson, pp.53-75)[22]
- Reading in the Twentieth Century(by P.David Pearson, pp.13-66)

[표 4-1] 읽기 연구 변천사(미국)

연구자	시기구분						
	1950	1960	1970	1980	1990	2000	2010

연구자	시기구분
Patricia A. Alexander & Emily Fox (2013)	① 1950-1965년 : 조건 학습 시기[23](The Era of Conditioned Learning) ② 1966-1975년 : 자연 학습 시기[24](The Era of Natural Learning) ③ 1976-1985년 : 정보처리 과정의 시기(The Era of Information Processing) ④ 1986-1995년 : 사회문화적 학습 시기(The Era of Sociocultural Learning) ⑤ 1996-2005년 : 관여 학습의 시기(The Era of Engaged Learning) ⑥ 2006-현재 : 목표 지향적 학습의 출현 시기 (The Emergent Era of Goal-Directed Learning)
Janet S. Gaffney & Richard C. Anderson (2000)	① 1960년대 - 실증주의 연구 : Phonics ② 1970년대 - 인지과학, 정보처리 연구 : 스키마 ③ 1980년대 - 인지심리학적 연구, 문학 기반 연구 ④ 1990년대 - 사회문화적 연구 : 질적 연구 등장 ⑤ 2000년대 - 사회문화적 연구 확대 : 관여 학습
P. David Pearson (2011)	① 1900-1935 - 초기 읽기 개혁 시기 ② 1935-1970 - 읽기 교수법과 읽기 교육학 시기 ③ 1970-2000 - 학문적 성숙, 탐구로서의 읽기

---

22) Gaffney & Anderson(2000)의 논문은 미국의 양대 대표 학회인, IRA와 CEC의 전문 저널들을 분석하여, 1965년부터 1995년까지의 30년 이상 동안 '계간독서연구'와 '독서 교사'라는 대표적 학회지에 수록된 논문 주제들을 모두 분석하여 읽기 연구 경향을 정리한, 일종의 연구통합(research synthesis)방법에 의해 쓰였다.

23) 조건 학습의 시대에서 '조건'이란, 행동주의 심리학에서 말하는 바, 조건화된 자극(예컨대, 파블로프 실험에서 '종소리')과 반응(그에 따른 '침흘림')의 관계로 이루어지는 학습을 의미한다.

24) 자연 학습의 시대에서 '자연'이란 스키너리즘, 즉 행동주의에 따른 조건화된 학습관에 대한 대응으로서, 자연스러운 환경에서의 성숙주의적 학습관을 의미한다.

언어교육 연구의 방향은 전 세계적으로 언어 자체에 대한 관심에서 언어와 언어가 사용되는 사회와의 상호작용(social interaction)에 대한 관심으로 '영역 확대'되고 있다. 일종의 담화공동체(discourse community)라 불리는 이 '독서 사회'의 성격을 규명하는 작업은 특히 사회구성주의가 등장한 이래로 읽기 교육을 설명하는 매우 중요한 테마가 되고 있다. 그러므로 읽기(reading)라는 현상을 설명하는 데 있어 필수적인 요소이자 변인으로 들고 있는 세 가지, 텍스트, 독자, 맥락은 그 순서대로, 읽기 연구자들의 주된 관심과 연구 쟁점들이 '텍스트에서 독자로, 다시 독자에서 맥락'으로 변화되어 오늘날에 이르게 되는 연구 쟁점의 역사적 천이 과정을 단적으로 보여준다.

우리의 언어교육 이론은 미군정기부터 현재까지 교육과정(curriculum)의 설계부터 실행에 이르는 많은 영역들에서 미국의 관점과 방법론에 상당부분 의존해왔음을 인정하지 않을 수 없다. 그 중에서도 국내의 교과 영역으로서의 읽기 및 쓰기 이론은 1990년대부터 미국의 논의를 본격적으로 받아들여 국내의 연구 논문이 나오기 시작했는데, 그 과정에서 특히 텍스트 이론과 관련된 다수의 문헌적 연구-여기서는 서구 이론의 한국적 적용-가 수행되었다. 따라서 우리의 읽기 교육에 많은 영향을 미친 미국의 연구 경향을 살펴본다는 것은 그 자체로도 의의를 지니는 작업이다.

여기서 지시하는 '미국'이라는 용어는 지리적 개념이라기보다는 현대적 언어교육 이론이 형성되고 발전되던 공간을 의미하는 일종의 은유(metaphor)다. 읽기 연구 또한 현대의 과학적 학문 탄생 및 발달이라는 틈바구니 속에서 그 영역을 설정해 간 신생 분야라고 할 수 있는데, 미국에서의 읽기 연구는 다른 나라, 다른 학문 전공자의 연구들이 한자리에 용해되던 공간이기 때문이다. 또한 '아무리 공평하고 엄격하게 한 분야를 검토하려고 해도, 어떤 연구자라도 그 자신의 개인적 역사(personal history)나 이데올로기를 떨쳐버리는 것은 불가능(Harrison, 2000 : 17)'하다는 말처럼, 여기서 소개하는 것도 국내의 학문적 요구와 맞닥뜨려진 것, 그리고 번역과 세미나가 더 활발하게 이뤄졌던 것들을 중심으로 기술함을 밝힌다. Harrison & Gough(1996)의 말처럼, 요즘 같은 '포스트모던 시대에는 통시적 연구가 오히려 개인적(idiosyncratic)일 수밖에 없다'는 것을 인식해야 한다.

가. 읽기 연구의 토대 : 인지심리학의 등장과 학회의 성립

이 장에서는 전체적인 이해를 돕고자 미국을 중심으로 한 읽기 연구의 근래 50년간의 동향과 현대적 이슈들을 먼저 고찰하고자 한다.

읽기 교육이 인지심리학 내의 읽기 연구로부터, 독립된 하나의 학문적 담론으로 설정될 수 있었던 것은 지금부터 대략 50여 년 전, 학회가 구성되었을 시점으로 잡는다. 처음부터 Reading Research 분야가 특정 영역으로 연구되었다기보다는 사고, 언어, 기억 등과 같은 인간의 인지 과정, 그 중에서도 문자를 해독하고 의미를 구성하는 일련의 과정이 어떻게 머릿속에서 이뤄지는지에 대한 기호 해독 과정으로서의 연구가 시작되었고, 이것이 읽기 이론의 기저를 구성하게 된다. 따라서 기호 해독 과정(decoding-processes)으로서의 초기 읽기 이론은 인지심리학(cognitive psychology)을 그 모태로 삼아 태동한다.

1960년대 후반 인지주의가 등장하기 전까지는 행동주의 심리학으로부터 영향을 받은 실험심리학이 자극과 반응의 틀 속에서 읽기 현상을 설명하고, 주로 결과론적·기능(skill) 중심 관점에서 읽기 교육 이론을 기술했다. 행동주의 학습 이론이 교육과정 혹은 교육 이론의 체계적 기술에 주는 장점에도 불구하고, 읽기 교육 내용의 분절화, 의미의 지나친 객관성 추구 등의 폐단으로 말미암아, 인간(학습자)의 인지 과정을 합리적으로 설명하지 못하는 한계를 드러낸다.

이에 대한 극복으로써,[25] 이후 그 동안 과학에서 배제되었던 인간의 '내면 심리

---

25) 그럼에도 불구하고, 인지심리학의 주된 방법론은 여전히 이전의 실험심리학의 전통을 계승하고

(혹은 정신)'을 '과학적·객관적' 방법으로 연구하려는 인지심리학(cognitive psychology)적 연구가 시작되는데, 주지하다시피, 인지과학의 두 명의 거두, 즉 '유유아사고발달(乳幼兒思考發達)에 관한 연구'의 J.Piajet와 '생성문법이론(生成文法理論)'의 A.N. Chomsky의 등장으로 인해, 인지심리학은 이후 모든 교육학 이론과 언어학 발달의 기저에 중요한 영향을 미치게 된다. 이 두 학파의 등장으로 이전까지의 지나친 환경·경험주의적 인간관에서 벗어나기 시작했으며, 생체의 천성적 능력, 주체적 능동성과 창조성 등이 주목되었다. 또한 인공지능(artificial intelligence) 연구에 촉발되어 인간의 인지과정을 기호조작(記號操作) 과정으로 간주하고 이를 명확하고 세밀하게 기술하려는 일명 '과정(processing) 중심'의 연구도 시작된다.

초기 인지심리학자들은 인간의 정신과정을 설명하기 위해 언어 사용을 관찰했으며, 이 과정에서 '읽기'를 인간의 언어 '해독(decoding)' 과정으로 간주하는 결과를 낳았다. 이후 인간을 일반적인 목적을 지닌 상징 기호 조작자이며 능동적인 정보 탐색자로 보는 정보처리(information processing) 관점의 이론들이 가세하면서 절차나 과정에 대한 기술(description)을 정교화하는 데 도움을 준다. 실제로 이러한 변화들은 '읽기교육' 연구라기보다는 순수하게 '언어 이해'에 대한 연구라 할 만하다. 오히려 인지심리학적 업적이 읽기교육의 형성에 직접적으로 영향을 미친 것은 독해에 있어 '스키마(schema)'와 '상위인지(meta-cognition)' 이론이 제시된 이후라고 할 수 있다. 이후 현재까지 읽기 연구에서 '스키마'는 더 이상 언급할 필요가 없는 전제(premise)가 되어버렸고, 상위인지는 독자의 읽기 전략을 설명하는 필수 내용 요소가 되었다.

읽기 연구가 인지심리학적 연구에서 벗어나 점차 독자적이고 본격적인 연구 색깔을 띠기 시작한 것은 1960년대, 미국의 '국제 읽기 학회(IRA : the International Reading Associations)'와 '특수아를 위한 협회(CEC : Council for Exceptional Children)'가

있다.

활성화되기 시작하면서부터이다. 이 두 단체는 읽기와 특수 교육(영재아와 장애아 교육) 분야에서 교육, 사회적 역할, 회원의 입지 측면에서 중요한 위치를 차지하고 있는 학회들로서, 특히 IRA는 2015년부터 ILA (International Literacy Association)으로 이름을 바꾸었다. 특히 IRA에서 출판되는 '계간독서연구(Reading Research Quarterly)'와, '독서교사(The Reading Teacher)'는 미국의 읽기 연구사를 한눈에 개괄할 수 있는 연구물들이다.* 이러한 자료들을 보면, 미국의 읽기 연구는 이미 1950년대 후반부터 인지심리학과는 별개의 독립적 연구 영역으로 다루어지기 시작했고, 질적 양적 측면에서 상당한 발전을 예기하고 있음을 알 수 있다.

이상으로, 미국의 읽기 [표 4-1]에서 보는 바와 같이, 조건 학습, 자연 학습, 정보처리 과정, 사회문화적 학습, 관여 학습, 목표 지향적 학습 시기로 변천해 왔으며, 그에 따라, 각각 기능, 추론, 텍스트 기반 인지 전략, 맥락, 참여와 동기화, 능력과 지향성 등의 개념이 강조되었다. 또한 80년대를 기점으로 읽기는 해독관에서 독해관으로 전환되었고, 연구 방법에 있어서도 2000년을 전후하여 '양적 연구에서 질적 연구로'의 강조가 대두되었다.

이러한 세계적인 연구 추세에 영향을 받은 국내의 독서교육은 독본 중심의 글자 읽기 위주의 낮은 문식성 교육에서 1980년대 중반부터 기능 중심의 서구적 읽기 교육 이론이 도입된다. 그 결과, 1980년대의 기능 학습을 지나 1990년대의 텍스트 학습을 거쳐, 2000년대 중반부터 사회문화적 학습으로 독서의 관점과 연구 경향이 변화되고 있다. 이를 토대로 우리나라의 독서교육의 변화를 대략 3시기로 나눠보고자 한다.

제1기는 1980년대 중반부터 1990년대 초까지 기능 학습 시기라면, 제2기는 1990년대 중반부터 2000년 초반까지 텍스트 학습 시기, 제3기는 2000년대 중반부터 사회문화적 학습 시기로 나눠볼 수 있겠다.

1기는 1980년대를 전후해서 시작되었으며, 박영목(홍익대 교수), 노명완(고려대 교수), 한철우(한국교원대 교수), 윤희원(서울대 교수) 등이 외국의 언어교육 이론을 적극적으로 소개하고, 기능 중심의 독서교육 이론을 제 5차 교육과정에 도입하였으며, 독서교육의 정체성을 세우고 국내의 이론 분야를 발전시킨 시기로 볼 수 있다. 이때 독서교육은 인지심리학의 영향을 주로 수용했다고 할 수 있다.

2기는 1990년대를 전후한 시기로, 기존의 언어학이나 문학 등의 학문적 전통을 받아들여 이를 토대로 독서교육의 이론을 세우려는 움직임이 있던 때이다. 주로 1기의 학자들의 제자들로, 국어국문학과 다른 국어교육의 내용을 탐색하던 국내의 주체적인 소장파들을 중심으로 연구가 이루어졌다고 판단된다. 이들은 언어 체계를 지향하던 문법 중심의 접근에서 아이디어를 얻어 독서교육 이론을 발전시켰다. 이러한 경향은 1960년대까지 미국에서 유행했던 Phonics based approach과 상통한 부분이 있다. 우리나라의 경우는 텍스트언어학, 화용론적 접목이 활발하게 일어났고, 문학에서는 독자반응 이론을 바탕으로 하고 있는 Rosenblatt의 상호교섭이론이나 Bakhtin의 대화주의 이론을 바탕으로 하고 있는 대화 중심 접근법 등이 도입되어 문학작품 읽기 방법을 발전시켰다.

제3기는 대략 2000년대를 전후한 시기로, 사회구성주의의 도입, 발전과 함께, 다양한 독서 사회에 대한 연구로 발전하게 된다. 특히 발달적 단계에 있는 독자와 정보기술 사회로 변화해 가는 독서 공동체에 대한 연구가 활발히 일어났다. 이 시기 미국 유학을 통해 새로운 이론을 들여오는 많은 신진 학자들에 의해 연구가 활성화 되고 다양해졌다고 할 수 있다.

이상으로 독서교육 관련 이론들의 동향과 그 변화를 간략히 살펴보았다. 앞서 본 시기의 대체는 새로운 관점이 주류로 유행되었던 당시의 특징을 보여주는 것이며, 그렇다고 해서 앞선 시기의 연구들이 다음 시기에서 사라지고 단절된다는 것을 의미하지는 않는다. 살펴본 바와 같이, 지난 연구들은 이어지는 다음 연구 주제들에 대해 지속적으로 문제제기를 해왔으며, 그 시대가 끝나면 다시 주류 연구들로 등장하기도 했다. 이와 같이 관련 연구들은 다음에 등장하는 새로운 관점들과 유기적 관련을 맺으면서 발전을 해왔다고 보는 편이 맞다.

또한 이들 연구의 전체적인 경향은 행동주의에서 인지주의로, 다시 사회구성주의의 영향을 받아 발전한 것으로 보인다. 이에 따라 그 연구 주제도 텍스트에서 독자로, 다시 독자가 속한 사회에 대한 연구 영역을 확대하고 있으며, 인지심리학, 언어학, 문학뿐 아니라 사회학과 뇌과학 등 다양한 학문으로부터 영향을 받으며 진화해 왔다는 것을 알 수 있었다.

나. 읽기 연구의 흐름 : 방법론, 주제 그리고 인식론의 변화

먼저 읽기 연구 방법론의 변화를 살펴볼 수 있다. Janet S.Gaffney & Richard C.Anderson(2000)[26]의 연구는 읽기 연구 방법론의 변화를 객관적 수치로 보여준다.

> 1965년, 조사자는 실험(experiment)을 통해 승인된 테스트(test)에서 나온 자료(data)를 통계적(statistical)으로 분석함으로써, 이론(theory)이나 가정(hypothesis)에 대한 결론(conclusion)을 도출하여 보고(report)하였다. 반면, 1995년, 조사자는 모형(model), 틀(framework), 관점(view), 전제(premise) 등에서 동기화된 연구(study)에 기반하여 결과(a finding)를 발표(announce)했다.(Ibid., p.57)[27]

---

26) Gaffney & Anderson(2000)의 논문은 미국의 양대 대표 학회인, IRA와 CEC의 전문 저널들을 분석하여, 1965년부터 1995년까지의 30년 이상 동안 '계간독서연구'와 '독서 교사'라는 대표적 학회지에 수록된 논문 주제들을 모두 분석하여 읽기 연구 경향을 정리한, 일종의 연구통합(research synthesis) 방법이다. 연구 시점까지의 연구 결과들을 모두 수집하여 그 연구 결과들의 효과 및 가치를 과학적 방법으로 재평가하는 방식으로, 양적 연구 프로그램인 NUDIST와 검색 엔진인 OVID, ERIC 데이터베이스 프로그램을 활용하여 각 시기 안에 출판된 소논문의 어휘들을 모두 통계처리 하였다.

27) 이 연구 결과에 따르면, '실험(experiment 및 상당어구)'이란 단어는 1965년의 소논문에는 전체 어휘 중에 55%가 나타나지만, 1995년에는 22%만 나타나고, 반면 '연구(study 및 상당어구)'라는

인용된 부분은 읽기 연구에 대한 개념이나 방법론의 변화를 단적으로 보여주는 적절한 예문이다. 즉 1960년대는 실험 및 검사, 통계처리가 중시되고, 거기서부터 결론을 도출하는 귀납적 방식에서, 모형, 틀, 관점, 전제 등 연구자의 가설로부터 결과를 표현하는 다소 연역적인 방식으로 전환되었다고 할 수 있다. 뿐만 아니라, 2000년을 전후한 최근에는 '양적 연구에서 최근의 질적 연구로의' 전환이 더 가시화되는 형편이다.

독서 연구에서 다루어진 연구 주제들의 변화를 살펴보면 각 시대마다 어떤 연구들이 등장하고 성행했는지 한 눈에 파악할 수 있다. 이에 대해서는 Gaffney & Anderson(2000)을 참고할 만하다(김혜정, 2004에서 재인용). 그들은 IRA에서 발행되는 학술지의 논문 주제어(keywords)를 코딩하여 메타분석을 실시했다.

[표 4-2] IRA(1960-2000)의 읽기 연구 주제의 변화

기간	연구 단위 및 쟁점	읽기 연구의 촉매	읽기 연구 경향
19 60 년대	• 단어(word, verb) • 단어-소(subword : letter, syllable, prefix) • race, class, dialect 연구	• Chall의 'Learning to read : the Great debate'(1967)과 'the Wisconsin Design[28]'의 연구 영향	• 실증주의적 연구 • 언어심리학(언어학의 번창에 간접 영향을 받음)의 등장 • 정보처리심리학 • 인지주의 등장(텍스트 처리에 관한 연구-전략 개념의 등장) • phonics 중심(해독, 단어 인식 등 포함)

단어는 1965년 18%에 불과했다가 1995년에는 59%가 사용된다.

28) Chall의 'Learning to read : the Great debate'(1967)과 'the Wisconsin Design'은 기능(skill) 중심 읽기 교육관을 주도한다.
www.rashcraft.com/education/wisconsin.htm 참조.

29) Goodman, K.(1967) : 'reading : a psycholinguistic guessing game' in F.K. Gollasch(ed.) : Language and Literacy : The Collected Writings of Kenneth S. Goodman. Vol.1 : Process, Theory, Research, London : Routledge, 1982. 굿먼은 읽기를 심리언어학적 추리게임으로 정의한 연구이다.

30) Smith, F.(1971), Understanding Reading; a psycholinguistic analysis of reading and learning

기간	연구 단위 및 쟁점	읽기 연구의 촉매	읽기 연구 경향
1970년대	※ 60년대와 80년대를 잇는 다양한 주제 등장	• 67년 Goodman의 '추리 게임' 아이디어[29]의 영향 • F.Smith(1971)의 저서[30] 발간 • the Center for the Study of Reading(1976)의 설립[31] • Whole language movement(1976년 이후)의 시작	• 스키마, 스크립트, 텍스트 구조, 이야기 문법 개념이 확립되면서 독서가 구성적 과정으로 이해됨(decoding → comprehension 연구로 전환). • H.Simon의 인지주의 과학(심리학, 언어학, 컴퓨터 과학의 혼합물) 창시 • A.Paivio의 '심리적 표상' 개념 창시 → mental model • J.Bransford의 '언어 처리 과정'의 설명 • B. Meyer는 '텍스트 구조의 심리적 실재' 구축 • N.Stein & J.Mandler의 '이야기 문법' 설명 : 스키마 개념의 재창조 • W.Kintsch의 '텍스트 처리과정'에 대한 연구 → propositional theory • J.Flavell & A.Brown의 '상위인지' 개념 연구
1980년대	• 이해 • 전략 • 스키마 • 독해력	• 이해(comprehension) 및 전략(strategy)에 대한 연구가 정점을 이룸. • 스키마 개념(schemas, schemata, existing knowledge와 topic knowledge 등) 등장, 이에 따른 독해력(comprehension)연구 증가	• 텍스트 처리과정에 대한 연구 • 전략reading strategies 연구 • 심리언어학적 논의 • 총체적 언어 접근(whole language, 1986-1995)[32] • 문학에 바탕을 둔 독서지도 활동 • 쓰기(writing)와의 관련 연구가 지속적으로 증가
1990년대 전반[33]	• 80년대 후반부터 '전체 텍스트 단위' (a whole text unit : 예, 스토리, 책, 시 등)		• 쓰기(writing)와의 통합 연구는 1990년대 후반에 급격히 증가 • 협동 학습(cooperative learning)에 대한 연구 증가[34]

to read, Orlando, Fla. : Holt, Reinhart, and Winston(제1판)에서는 읽기를 '불명료성 줄이기(the

기간	연구 단위 및 쟁점	읽기 연구의 촉매	읽기 연구 경향
19 90 년대 후반	• 문화적 스키마타 (cultural schemata) • 동기·흥미 (motivation, interest) 연구[35]	• 협동 학습(cooperative learning, learning center)에 대한 연구 • 동기나 흥미를 유발하는 연구의 출현 • Georgia 대학과 Maryland 대학의 "The National Reading Research Center"에서 '동기'를 주요 연구 주제로 설정함(1996-1998년 사이 연구 급증).	• 패러다임의 변화를 반영한 '사회적 (social)'과 '문화적(cultural)'(culture, context, contextual, socio-로 시작하는 말 포함) 연구가 진작됨. • 스키마 이론의 영향으로, 사회구성주의적 입장 견지 → 문화적 스키마타 (cultural schemata) 개념의 등장 • 사회적·문화적 연구 : 협동적 연구가 교육 연구의 중심 주제로 부각 • 실험 연구나 양적 연구를 대신하여 질적 연구의 증가
20 00 년대 초	• 균형적 읽기 연구 (Balanced Reading) • 초기 중재 연구 (early intervention) • 독서 교사 지원 연구 (Volunteer Tutoring) • 발생적 문식성 연구 (Emergent Literacy) • 읽기 회복 연구 (Reading Recovery)	• 미국 대통령 Bill Clinton 의 'America read program(1997)'[36] • National Assessment of Educational Progress의 읽기 성취도 저하[37]	• 사회 문화적 연구의 확대 • 사회구성주의적 연구 • 현시적(Explicit) 교수법의 활용 • 학습자의 실제적(authentic) 참여 강조 • 과제 해결 활동(activity) 강조 • 가족 문식성(family literacy)의 중요성 부각

reduction of uncertainty)'로 봄.

31) 이 기관은 기호 해석(decoding)이 아닌 독해력(comprehension)에 대한 연구를 하자는 약정을 하였는데, 이는 이후 연구 경향을 대변하는 실질적인 상징이 됨.

32) 총체적 언어교육과 맥을 같이 하는 유사한 방법으로는, DISTAR(Direct Instructional system for Teaching Accleration Remediation, 브라이터, 잉겔만, 베커 오스번 등이 행동주의적 학습이론에 기초해서 만든 유아교육 프로그램), 상호 교수(reciprocal teaching), 과정 중심 작문(process writing), 읽기 회복(Reading Recovery), 성공적 기법(Success for All(SFA)는 1987-1988년에 초등학교 학습부진아를 개선하기 위해 만들어진 구조화된 읽기 교육프로그램이다. 8주 동안의 1대1 교사지도와 협동학습, 매일 일정시간의 학습 등을 강조한다).

33) 전체 텍스트 단위에 대한 언급이 1990년대에도 계속 증가하고 있음에 비해 이해는 급감하고, 전략

위의 표에서 알 수 있듯이, 1960년대 행동주의는 교육학과 심리학의 교차지점이다. J.Bruner의 '교육의 과정(process of education, 1960)'이 인지주의의 기치를 내걸고, 60년대 말로 가면서 점차 인지적 경향이 교육과 관련된 학문 전반에 침투했다. 또한 R.Glaser, L.Resnick, R.Anderson 같은 행동주의 교육심리학자들은 60년대말 인지주의자로 선회한다. 전술한 Chomsky 언어학은 읽기 오류 분석 자료를 토대로 학습자의 문법 단위의 인지 패턴을 설명하거나 T-unit, pattern-drill을 중심으로 한 문법 교육에 영향을 미쳤으며, 나아가 언어심리학이라는 학제적 분야의 등장에도 영향을 끼친다. 또한 정보처리심리학이 급속도로 발달하면서 60년대의 마지막에는 실험 심리학을 지배하게 된다. 특히 E.Rothkopf[38]가 제안한, 'Mathemagenic Behavior'라는 일종의 문제해결 전략 아이디어는 정보처리 관점의 텍스트 처리 과정에 대한 최초의 연구였다.

1970년대에는 심리학, 언어학, 컴퓨터 과학의 혼합물이라 할 수 있는 인지과학 (cognitive science)이 등장하는데, A.Paivio의 정신적 심상(mental imagery)이 이론화되었으며, J.Bransford는 모든 유형의 언어 처리 과정에 설명을 시도했다. 그 중에서

에 관한 언급도 감소함. 그 외는 80년대의 연구 경향이 계속 이어진다. 이때가 되면, 스키마 이론은 새로운 주제가 아니라, 연구의 전제로 일반화되는 경향을 보인다.

34) 1980년대부터 교사들에게는(the Reading Teacher에서는 매우 중요한 주제가 됨) 매우 중요한 주제였으나 RRQ에서는 주요 연구 주제로 논의되지 않음.

35) 1960년대부터 'the Reading Teacher'에서는 매우 중요한 주제로 다루어져 왔지만, '협동학습'과 마찬가지로 RRQ에서는 주요한 연구 주제로 다루어지지 않다가 1996년 이후 급증한다.

36) 대통령 부시는 모든 아동들이 초등학교 3학년이 끝날 때까지는 독자적으로 읽고 쓸 수 있어야 한다는 국가적 정책 방안("No Child Left Behind")을 내놓게 된다.

37) 이에 대해서는 Braunger & Lewis(1998)를 참조할 수 있다.

38) Rothkopf, E.Z.(1970), "The Concept of Mathemagenic Activities" Review of Educational Research, V. 40, pp. 325-336, 이 이론은 현재 국내의 교육공학 분야에서 많이 알려진 이론이다. 예컨대, 텍스트에 질문을 삽입한다든가, 학습자의 주의를 환기하기 위해 텍스트에 밑줄을 긋는다든가 활자체를 변용한다든가 하는 정보처리 전략이다. Rothkopf의 대표적 이론으로 국내에 소개된 것은 Rothkopf, E.Z. & M.J. Billington(1979), Goal-guided learning from text : Inferring descriptive processing model from inspection times and eye movement, Journal of Educational Psychology, V.17 참조, 국내 김영수(1991) 참조.

도 특히 B.Meyer는 텍스트 구조의 심리적 실재를 구축했으며, N.Stein과 J.Mandler는 이야기 문법을 제시함으로써 '스키마'의 개념을 재창조했다. 본격적인 텍스트 처리 과정에 대한 연구는 W.Kintsch에 의해 주도되며, J.Flavell과 A.Brown은 상위인지 개념을 소개했다. 또한 D.Hymes, C.Cazden, J.Gumperz는 사회언어학이라는 새로운 분야를 교육학으로 편입시켰다. 그들은 언어 능력(linguistic competence)을 "의사소통능력"으로 확장시킨다. 이는 국어교육을 포함한 언어교육에서 역사적으로 매우 중요한 전환점이 된다. 실제적으로 이를 계기로 언어교육의 내용이 지식에서 기능 중심으로 변화되었다고 할 수 있다.

1980년대로부터 1990년대에는, 교육학 이론이 사회적·정치적 방향을 띠기 시작하는데, 특히 1980년대 말, 사회구성주의자들(social constructivist)은 그야말로 전위적으로 불릴 만했다. J.Wertsch와 B.Rogoff가 Vygotsky와 Baktin의 사상을 유포하고, 한국내에서 Vygotsky는 교육철학으로부터 교육 공학에 이르기까지 교육의 전 분야에 영향을 끼치고 있으며, Baktin은 작문과 독서 교육에 직접적인 영향을 미쳤다. 2000년대로 넘어오면서, 인지적이고 사회문화적인 개념을 혼합하여 생겨난 상황 인지(situated cognition)[39]는 사회구성주의적 연구에서 매우 중요하게 다뤄지며, '협동 학습(cooperative learning)'도 오늘날 교육 연구에서 인기있는 테마가 되었다. 심리학자들은 컴퓨터 프로그래밍이나 과학적 이해와 같은 복잡한 현상을 점점 더 많이 연구하게 되었으며,[40] 이로부터 연결주의(Connectionism)가 등장하기 시작한다. 뿐만 아니라, 전술한 바, 점차로 양적 연구를 대신하여 질적 연구의 비율이 늘어나고, 연구자가 아니라 연구자로서의 교사(teacher-as-researcher)가 점차 교육계의 구심점이 된다.

---

39) 이에 대해서는 Gee, J.P. 2000, Discourse and sociocultural studies in reading, Handbook of reading research, vol. Ⅲ, NJ : LEA pp.195-208을 더 참조할 수 있다.

40) 인지심리학으로 우리나라에 번역 소개되어 있는 Anderson, J.R.의 'Cognitive psychology and its implications, 4th.(1995/2000)'의 내용은 이러한 연구의 변화를 잘 보여주고 있다.

또한 1960년대는 발음-문법 중심 언어교육 접근법(Phonics approach)이 중심이었으나, 1970년대를 거쳐 1980년대 후반부터는 의미 중심 언어교육 접근법(whole language approach)이 등장하고 점차 '텍스트' 또는 '한 편의 온전한 텍스트(a whole text)'라는 개념이 주요한 연구 테마로 등장하기 시작한다. 이것은 언어교육 연구의 쟁점은 철자나 문장 단위의 읽기에서 'a story, a book, a poem'과 같은 하나의 완결된 전체 텍스트를 단위로 함으로써, 비로소 텍스트에 대한 전체적 의미로서 '반응(response)의 문제, 포괄적 개념의 문식성(literacy)의 문제, 읽기 행위(reading activity)의 문제' 등을 연구할 수 있게 되었음을 의미한다. 이것은 언어교육 연구가 언어학의 접근법을 벗어나, 오늘날과 같이 보다 적극적으로 문학·교육학·사회학과 관련을 맺는 계기가 된다.

구체적으로 살펴보면 언어학의 주무처로서 역할을 담당했던 음운·형태·통사론은 언어 교육으로 이전해 와서도 문법 교육뿐만 아니라 읽기·쓰기의 문식성 교육에서 중요한 역할을 담당한다. 이를 단적으로 보여주는 것이 심리언어학에 의한 '발음-문법 중심 학습법(phonics based approach)'인데, 이것은 학습자의 음운론적 인식(phonological awareness)이 음운에 대한 민감성을 키우고, 앞으로의 읽기 발달과 밀접한 관련이 있다는 데에 기반한 접근법이다. 이것은 영국과 미국을 중심으로 활발히 전개된 음성 중심의 낭독법과 단어 및 철자 학습법 등을 포괄하는 개념이다.[41]

그러나 1980년대에 접어들면서 언어교육은 점차로 맥락을 고려한 텍스트를 단위로 하는 '의미 중심 접근법(meaning based approach)'으로 전환되었는데, 이는 위에서 말한 텍스트 연구의 영향을 받은 때문이다. 음운 및 음절의 발음 오류 수정, 문장 형식의 반복적 훈련(sentence pattern drill), 철자법, 문법적 정확성과 올바른

---

41) 이는 지금도 제2언어교수에서 매우 중요한 교육 내용이다. 아마도 각기 다른 민족 언어를 모어로 하는 다민족 구성원 국가인 미국의 특수 상황을 고려하면 미국의 언어교육에서 phonics 방법은 전통적 교육 내용이 될 만하다.

문장 형식 등을 강조하던 언어교육이 의사소통 중심의 교수법인 텍스트 의미 중심 접근법으로 바뀌게 된 것이다.[42] 이것은 문장 통사론 중심의 언어학 연구가 텍스트 단위로 전환되는 화용론적 패러다임의 변화가 암암리에 언어교육에도 영향을 미쳤기 때문으로 추측된다. 직접적으로 화용론이나 텍스트언어학의 등장과 발달도 언어교육 변화에 영향을 미쳤을 것으로 생각된다. 어쨌든 이러한 변화로 인해 언어 연구에서 '맥락'과 '추론'의 중요성을 재인식하기 시작했다고 할 수 있다. 음성-문법 형식 중심의 접근법에서 의미-주제 중심의 접근법으로 변화한 것은 그 기저에 외재주의 인식론에서 내재주의 인식론으로의 변화와 같은 철학적 인식론의 흐름이 깔려 있기 때문으로 추측된다.

[표 4-2]에서도 읽기관의 변화를 확인할 수 있는데, 1980년대 인지심리학, 인지구성주의가 성행하면서 기존의 해독(decoding) 관점에서 이해(comprehension) 관점으로 전환된다. 이에 따라 인지심리학자인 Anderson(1980)이 말한, '읽기는 독자가 텍스트의 의미를 재구성하는 과정(process of constructing meaning)'이라는 문장은 읽기를 정의하는 보편 명제가 되었다. 이 개념 정의는 상당히 많은 뜻을 내포하고 있는데, 이는 '의미'가 텍스트 속에 내재하는 것이 아니라, 의미는 독자에 의해 '구성되는(constructing meaning of reader)' 것이며, 의미를 구성하는 주체로서 독자는 단순히 '수용자'가 아니라 적극적인 구성자로서 그 역할이 중시된 것이다.

따라서 언어 이해는 텍스트 속에 내재된 것을 찾기만 하는 수동적인 과정이 아니라, '텍스트와 상호작용함으로써 개인이 의미를 구성하는 적극적(constructive) 과정(Pearson et al., 1990)'으로 인식하게끔 되었고, 이 적극적 상호작용에는 개인의 선지식, 경험, 텍스트, 그리고 읽기 상황과 맥락 등이 관여(Lipson & Wixson, 1986, Ruddell, 2001 : 84, 재인용)되는 것으로 본다.

언어교육에서도 인지주의를 수용하여, 말하기, 듣기, 읽기, 쓰기의 전 활동에

---

42) 주제(theme) 중심 접근법도 의미 중심 접근법의 하위 분류로 간주될 수 있다.

'의미 구성' 개념을 결합시켜 설명하려고 했다. 때마침, 도입된 텍스트 이론은 독자가 의미를 구성하는 과정에서 어떻게 기호로부터 정보를 분석하고 그것을 '구조화'하는지를, 정보 단위인 '명제(proposition)'와 머릿속에 의미를 가시화하는 '표상(representation)'의 개념을 끌어와 설명했다. 또한 의사소통이론에서도 Shannon-Weaver의 수학적 모델(Mathematical model, 1949)은 Osgood & Schramm의 순환 모델(Circular Model of communication, 1954)로 대체되면서 상호작용을 통한 의미의 재구성에 주목하게 되었다.

또한 1990년대 사회문화적 학습으로서 텍스트 전체 단위(a whole text)에 대한 연구가, 2000년대에 와서는 독자의 동기와 읽기 참여에 대한 연구가 심화되었음을 알 수 있다. 앞서, 1990년대에 사회구성주의의 등장으로 인해, 사회문화적 학습을 기술하기 위한 문화기술지법도 등장했음을 보았는데, 이 표에서 2000년을 전후하여 '양적 연구에서 질적 연구로'의 전환이 빠르게 일어났음을 확인할 수 있었다.

이와 같이 독서 연구의 역사를 보면, 이 분야가 처음부터 독자적인 전공 영역으로서 존재했다기보다는 여러 주변 학문, 특히 심리학, 언어학, 문학, 사회학 등의 영향을 받음으로써 서서히 연구의 경계나 성격을 명확히 해나갔음을 알 수 있다. 그 과정에서 다양한 관련 학문이 깊게 관여했으며, 상호 영향을 주고받았음도 확인할 수 있다.

언어교육 교육은 이제, 언어 그 자체만을 관심사로 두지 않고, 언어 및 언어를 다루는 학습자의 정신작용과 학습자를 둘러싼 사회문화적 환경까지를 모두 관심의 대상으로 하는 통합적 관점을 지향한다. 이러한 관점에서의 의미는 언제나 구체적 사회·문화적 활동과 경험 속에 자리 잡게 되며, 학습자는 언어활동 속에서 세계와 텍스트에 관한 상황 의존적 경험을 조직하게 된다.

2. 독서교육 이론의 변천

이러한 패러다임의 변화는 'Behaviorist, Cognitive, Sociocultural'(Gaffney & Anderson, 2000 : 57-58)로 대표된다. 이것은 읽기 현상을 설명하는 필수 변인, 즉 '텍스트, 독자, 맥락'으로의 변화와 맥을 같이 한다.

주지하다시피, 말하기, 듣기, 읽기, 쓰기를 포함한 언어교육에 대한 관점은 전 세계적이고 범 학문적인 변화와 궤를 같이 한다. 이에 따르면, 언어교육 연구의 방향은 대략 1980년대를 정점으로 객관주의에서 구성주의적 인식론으로 전환되었고, 언어 연구의 관점도 화용론적 패러다임의 대전환을 맞아 언어와 사회와의 상호작용에 대한 관심으로 확대되었으며, 특히 읽기 연구는 사회구성주의가 등장하면서 독서 공동체, 교실, 학교 등 '독서 사회'로 관심이 넓어졌다.

이에 따라 언어교육 방법론적인 흐름도 크게 2부류로 나눠지는데, 일명 분절적 접근과 총체적 접근이라고 할 수 있다. 주지하다시피, 미국의 읽기 연구는 전통적인 Phonics(as methods of teaching, 음성/발음/나아가 문법 패턴 중심의 언어 기능 학습법)와 1980년대 후반에 등장한 Whole Language Approach(의미/주제/텍스트 중심의 총체적 언어학습법)가 균형을 이루고 있는 상황('Balanced Literacy')인데, 이 중 전자는 행동주의에 기반한 학습이고, 후자는 구성주의에 기반한 학습이다.

이들은 교수법이기도 하지만, 교육과정을 구성할 때도 적용된다. 읽기 교육과정의 내용을 구성하는 두 가지 접근이 있다. 첫째는 능숙한 독자가 되기 위한 필수적인 읽기 기능을 선정하여 발달 단계에 맞게 하나씩 가르치는 분절적 방법이다. 그 선정된 기능들은 현재의, 사실적 이해, 추론적 이해, 비판적·감상적 이해 등이다. 이 상위의 기능들은 각각 하위에 속한 기능들로 세분된다. 이것은 일명 '기능(skill)' 중심 접근법이라 할 수 있는데, 분절적 기능을 교육 내용으로 선정했다는 점에서 Phonics법과 유사하다. 여기서는 텍스트의 분석을 강조하며, 텍스트의 의미를 그대로 수용하며, 독자의 해석을 중시하지 않는다. 대신 이러한 교육내용의 조직 방식은 효율성이 높다. 동일한 읽기 발단 단계를 거치는 모든 인간에게서 추출된 지적 성질의 전체를 기술했으므로 추출된 전략을 학습하게 되면 어떤 텍스트든지 무리 없이 읽을 수 있게 된다는 가정이 전제되어 있다.

둘째는 교육용 도서를 선정하여 단계별로 읽히는 방법이다. 이것은 총체적 접근으로, 교육적으로 유용한 정전을 선정하여 가르치는 방법이다. 따라서 책의 내용을 학습하는 것이 교육 내용이 된다. 이는 의미 구성을 하는 주체인 독자의 역할이 텍스트보다 더 중시되는 경향으로, 의미 중심 접근법에 가깝다. 다만 이 방법은 텍스트와 지식을 선정하는 과정에서 개인이 가지고 있는 특정 집단의 권력, 이데올로기, 지식의 불균형 등 정치적 힘이 해석에 개입될 소지가 있다.

이 두 가지 접근법은, 기능 대 의미, 분절적 접근 대 총체적 접근으로 대별할 수 있다. 앞의 접근은 명료하면서 절차적인 교수법을 지향하며 '기능'을 교육내용으로 설정하는 반면, 후자는 의미 중심적이면서 실제적인 교수법을 지향하고 '텍스트'를 교육내용으로 설정할 수 있다.

우리나라의 읽기 교육과정은 5차(1987)부터 기능 중심 접근을 택하였다. 그 교육 내용으로서 읽기 기능을 추출하고 하위 전략들을 제시하여 학년에 따라 배열하였다. 전술한 기능들은 6차 교육과정부터 제시되기 시작한 '내용 체계'에 '내용 확인-추론-평가 및 감상'이라는 용어로 2011 개정 교육과정까지 반영되었다. 그러나 지난 5차부터 기능 중심 교육과정에 대해 언어 경험의 분절성, 탈맥락성 등의 비판이 계속 제기되었고,[43] 이에 2015 개정을 앞두고 교육부에서 '한 학기 한 권 이상 책읽기'를 중학교 성취기준에 넣도록 강요했다. 그 결과 '한 편의 글 읽기(reading a whole text)'를 뜻하는 성취기준이 들어오기는 했지만, 이런 변화가 텍스트(의미)

---

43) 기능을 학습 내용 요소로 선정하여 가르치는 것은 학습의 효율성을 높인다. 다만 전자에 비해 상대적으로 추상적이고 '탈맥락적'이다. 이 때문에 오히려 '교육내용의 타당성, 적절성, 연계성'에 대해 비판이 있었다. 각 범주 간에도 교육적으로 필요한 내용 요소들이 완벽하게 분류되고 구조화되어 있지만, 각 범주들은 아무런 관련도 맺지 않는 분절적 요소로 각기 기능적으로만 존재할 뿐이다.

중심 접근으로의 변화를 뜻하는 것이라고 보기는 어렵고 여전히 기능 중심이 교육과정의 기저를 구성한다.

이와 함께 2015 교육과정의 또 다른 특징은 성취기준 수가 줄어들면서 6차 교육과정부터 본격적으로 강조된 과정 중심 접근의 기틀이 약화되었다는 점이다. 과정 중심 접근법은 능숙한 독자/필자의 인지 과정에 대한 분석으로부터 과정별 인지 전략을 교수법으로 구현한 것이다.

과정 중심 교수의 뿌리는, Whitehead(1933)가 결과 중심의 인식이 가져다주는 한계를 내다보면서 현상은 변화하는 '과정'에 대한 이해를 통해 비로소 가능하다고 하면서 과정 중심의 철학을 제기한 데에서 찾을 수 있다. 이러한 변화는 1990년대 후반 읽기, 쓰기, 물리학, 프로그래밍 등의 교수법으로 응용되었다.

그러나 2015 읽기 교육과정에서는 학습 내용 축소에 따라 일명, '전(before reading)―중(during reading)―후(after reading) 과정'의 설정이 약화되었다. 과정 중심 접근법은 읽기나 쓰기 영역의 접근법이라기보다는 교재의 단원 구성 원리로서 점차 정착되고 있는 상황이다. 예컨대 단원의 제재를 읽기 전에는 텍스트에 대한 스키마 활성화 전략을, 읽기 중에는 내용 이해와 관련된 질문을 생성하고 추론하는 전략을, 읽기 후에는 독후 반응들을 내면화 하는 전략이 읽기 단원뿐만 아니라, 단원 구성 원리로서 전 영역에서 실현되고 있는 추세이다.

요컨대, 2015 읽기 교육과정은 5차 교육과정 이후 지속되어 왔던 기능 중심 접근법에 전체적으로 기반하여 체계화되었다. 그 기초 위에 거시적 독서에 대한 요구를 반영하여 부분적이기는 하지만, 중학교 성취기준에 한 편의 글 읽기를 넣었고, 고등학교 선택과목 '독서'에서는 성취기준 수가 상대적으로 줄어든 상황에서도 인문, 사회, 과학, 예술 등 내용별 글 읽기를 기존 교육과정과 같이 유지함으로써 '책 읽기 경험'이 연계성 있게 이어지도록 했다. 이는 기능(전략) 중심의 접근에 책읽기 경험을 강조하는 텍스트(의미) 중심 접근을 보완한 변화라고 볼 수 있다. 또한 중학교까지는 기능적 문식성으로서 읽기 전략의 습득에 치중했고, 상대적으로 고등학교는 평생 독자를 길러내는 것을 목적으로 다양한 분야의 독서 경험을 높이려는 의도로 짜여졌다.

그렇다면 기능 학습을 중시하는 행동주의 읽기 이론과 의미 구성을 강조하는 인지 구성주의 읽기 이론은 어떻게 다르며, 2000년대부터 본격화되고 있는 사회구성주의 읽기 이론에서 강조하는 것은 무엇인지 각각 살펴보기로 하자.

가. 행동주의 읽기 교육 이론

1) 행동주의 읽기 이론과 '해독(decoding)'의 강조

행동주의 읽기 이론은 1900년대 초반 50여 년간 교육에 중요하게 작용했던 행동주의 심리학에 기반한다. 행동주의란 관찰 가능한 인간 행동의 변화를 바탕으로 학습을 설명하는 이론으로, Freud에 제창된 정신분석 이론과 같은 심리주의(mentalism)에 대한 이론적 반발로 발생하였다. 심리주의에서는 활동이나 행동을 관찰 불가능한 것으로 인식하였고 심지어 무의식, 감정, 욕망, 욕정, 그리고 욕구에 의해 분출된 어떤 것으로 간주하였다(박태호 역, 2015 : 69). 그러나 행동주의는 이러한 가정에 회의적이었고 인간 행동에 대한 연구, 예컨대 학습과 같은 것은 관찰 가능한 어떤 것을 통해 설명되어야 하며, 학습의 결과는 관찰 가능한 행동의 변화를 의미한다고 보았다.

행동주의는 2가지 가설을 주요 근거로 삼는데, 첫째는 행동은 자극에 대한 유기체의 반응 결과라는 것이고, 둘째는 외부 자극은 유기체의 행동을 강화 혹은 약화시킨다는 것이다. 이러한 가설은 3가지 주요 이론, 즉 I. Pavlov의 고전적 조건 형성(classical conditioning), E. Thorndike의 연결주의(connectionism), B.F. Skinner의 조작적 조건 형성(operant conditioning) 이론을 낳게 되는데, 이들은 연합주의(associationism)를 기반으로 발달하였다.

이에 따라, 행동주의는 읽기를 인지 과정으로 인식하지 않고 독립적인 기술이 통합된 하나의 행동으로 인식하였다. 이것은 읽기 교육의 전 분야에 영향을 미쳤으며, 학생들의 학업 성취도를 향상시켰다.

행동주의는 읽기(능력)를 부분의 합(and-sum)으로 보는 관점을 취한다. 읽기를 하기 위해서는 시각적 구별(모양과 글자를 구별하는 능력), 청각적 구별(알파벳 소리를 구별하는 능력), 왼쪽에서 오른쪽으로의 진행, 어휘력, 이해력(읽을 것을 이해하는 능력), 등 여러 능력이 필요하고, 읽기에 대한 이해는 그 하위 기능을 통해 알 수 있다는 것이다. 하위 기능 접근 방법(subskills approach)을 통해 읽기 기능을 더 많은 하위 요소들로 분절하였다. 그런 다음에 이 분절된 요소들을 완벽하게 지도하는 것을 읽기 교육의 목표로 삼았다.

특히 Thorndike는 인간 행동의 변화를 유도하기 위해 효과의 법칙, 준비의 법칙, 동일 요소의 법칙, 연습의 법칙 등 4가지 법칙으로 연결주의 이론을 설명하였다. 효과의 법칙은 특정 조건 속에서 만족할 만한 결과를 가져왔다면 그 비슷한 환경에서 그 행동은 증가한다는 것으로 '강화 원칙'에 해당한다. 또한 준비의 법칙은 쉬운 과제를 어려운 과제보다 먼저 제시해야 한다는 것이며, 동일 요소의 법칙은 첫 번째 학습 요소(내용과 절차)가 두 번째 학습에서도 동일하게 존재하면 학습 효과가 쉽게 일어난다는 것이다. 이러한 이론이 교수 방법론에 적용된 것이 직접 교수법(direct instruction)[44]이라고 할 수 있다.

행동주의 이론에서는 텍스트의 의미는 텍스트에 내재하며, 고정불변의 객관적인 의미를 가지고 있다고 본다. 따라서 독자가 스키마(배경지식)를 바탕으로 내용을 구성한다는 말조차 언급될 수 없다. 스키마나 '구성' 등의 용어 자체가 행동주의 이후 구성주의가 시작되는 인지주의 시대 이후에 등장한 개념이기 때문이다. 읽기는 텍스트에 내재된 의미를 '발견하는' 것이며, 텍스트의 의미를 찾기 위해서는

---

44) 이에 대해서는 7장에서 자세히 살펴볼 수 있다.

텍스트를 자세히 분석하는 것이 중요하다고 본다.

또한 행동주의 심리학의 영향을 받은 행동주의 교육 이론에서는 능력은 분절되어야 하며, 연결주의 이론에 근거할 때, 동일 기능의 반복에 의해 행동의 강화가 일어나야 한다고 보고 있다. 따라서 읽기 능력은 읽기 능력을 구성하는 하위의 작은 기능들로 세분하여, 그 각각을 반복적으로 훈련할 때 신장된다.

이 당시 학자들은 읽는다는 것을 문자를 낭독하고 그 뜻을 파악할 수 있는 '해독(decoding)'으로 보았고, 이에 따라 해독의 하위 기능들을 분절하였다. 따라서 먼저 철자를 읽을 수 있어야 하고, 어휘를 알아야 하며, 문장의 구조를 파악하여 글을 읽어나가는 식의 상향식(bottom-up) 독해를 중시한다. 읽기 능력의 신장을 위해 간단한 읽기 기능을 반복적으로 연습하거나, 문장 구문 낭독을 연습하는 방식, 즉 기능-구문 연습 방식(skill-and pattern drill type)을 훈련시킴으로써 문자 및 문법 지도를 중시한다. 행동주의 교육에서는 독자의 흥미나 관심 등이 고려될 수 없었고 읽기의 하위 기능에 대한 숙달이 목표가 되기 쉬웠다.

또한 초기 문식성기에는 해독 기능들을 잘 익히기 위해, 청각적 식별, 시각적 식별, 왼쪽에서 오른쪽으로 진행하는 읽기, 시각운동 능력, 대근육 운동과 같은 읽기 준비도(reading readiness) 교육도 중시했다.

해독의 기능은 2장에서 전술한 바와 같이, 자모음과 같은 철자와 음의 길이나 강약 등을 읽고 그것이 무슨 음을 내는지를 아는 음운의 인식 기능, 음운들의 조합인 음절을 정확하게 연결하여 발성하는 발음 기능, 단어를 읽고 머리속의 목록에서 단어의 뜻을 연결하는 단어 재인, 그리고 글을 유창하게 소리내어 걸림없이 읽을 수 있는 유창성 기능 등이 있다. 행동주의 읽기 관점에 의하면 이러한 해독 기능들을 반복적으로 연습함으로써 읽기 능력이 획득된다고 보았다.

만약 텍스트의 의미를 잘 찾아내지 못한다면, 텍스트를 반복적으로 읽거나 교사의 도움을 받아 교사가 전달하는 텍스트의 의미를 받아들여야 한다. 교사는 읽기 지도를 통해, 이미 정해진 텍스트의 의미를 학생들에게 전달하며 설명하게 된다.

이렇듯 학생들이 교사의 행동을 모방하고, 반복적 연습을 통해 그것을 익히며, 교사가 전달한 텍스트의 의미를 받아들이는 식의 방법은 이후 등장한 인지주의 읽기 방법에 의해 비판받게 된다.

2) 문식성 발달 이론과의 관련성

이러한 행동주의적 관점은 초기 문식성(early literacy) 발달과 그에 따른 교육 이론에도 영향을 미쳤다. 일반적으로, 문식성 발달에 대한 관점은 '성숙주의 → 행동주의 → 상호작용주의 → 사회적 상호작용주의'로 변화해 왔다(노명완·이차숙, 2002 : 67-72). 여기서는 행동주의 관점의 연구들뿐만 아니라, 이에 많은 영향을 미친 성숙주의 관점의 이론들도 함께 살펴보고자 한다.

Tracey & Morrow(2012/2015)에 따르면, 1920-30년대는 성숙주의 관점(maturation theory)이 성행했다고 한다. 성숙주의 관점에서는 신체 발달이 저절로 이루어지듯이 정신의 발달도 저절로 성숙하게 되므로, 일정 연령이 되기 전까지는 인위적인 문식성 학습을 자제해야 한다고 주장한다. 흔히 자연주의적 접근이라고도 하는데, 문식성은 인간의 지적, 정서적 성장에 따라 자연스럽게 발달하는 것이라고 보기 때문이다. 지금도 이러한 자연주의 방식을 지지하는 유치원 교육이 있으며, 이 이론은 페스탈로찌(Pestalozzi)나 프뢰벨(Froebel) 교육을 유행시켰고, 그들의 교수법에 기초한 자연 계발 이론(natural unfoldment theory)을 발전시켰다. 자연 계발 이론은 1700년대 후반~1800년대 초에 루소, 페스탈로치, 프뢰벨 등에 의해 제기된 교육 이론으로, 교육은 책이나 강의가 아니라, 사물이나 경험으로부터, 즉 자연적으로 계발되어야 한다고 보는 관점이다.

이에 따라 1950년대까지 성숙주의가 유행하면서, 아동이 '준비' 되기 전에 읽기를 지도하는 것은 발달에 해롭다(Morrow, 2005)는 믿음이 지배적이었기에 6세 반

이전의 학생들에게는 문식성 수업을 하지 않으려는 경향이 있었다.* 이러한 주장에서 읽기준비도(reading readiness) 개념이 생겨났는데, 이것은 6세반 이전의 유아기는 본격적인 읽기를 학습하기 전에 읽기에 필요한 하위 기능들을 준비하는 시기로서, 학습할 수 있는 준비가 성숙될 때까지 읽기 지도는 '연기(지연)'되어야 한다는 주장이다. 또한 문자 언어는 음성언어가 충분히 발달된 이후에 발달되며, 읽기가 습득된 다음 쓰기가 순차적으로 습득된다고 보았기 때문에 언어 발달의 자연적 성숙을 중시한다.

이러한 성숙주의 관점의 연구자 중에서 주목할 만한 사람은 Holdaway(1979)이다. 그는 '문식성 발달 이론(theory of literacy development)'이라는 개념을 처음 사용한 학자로서, 문자를 읽는 능력이 아이의 성장 과정에서 자연발생적으로 생겨난다고 보았기 때문에 분명 성숙주의 입장에 있지만, 부모와의 상호작용을 강조했다는 점에서 앞선 연구자들과 구분된다. 그에 따르면, 읽기 학습은 아동이 처음에 그들의 부모가 읽는 것을 보거나 부모가 그들에게 이야기를 읽어 줄 때 시작된다. 여기서 부모는 아동의 모델이 되고, 아동은 부모의 읽기 행위를 모방하려고 노력한다. 이러한 모방적 실행은 아동의 첫 읽기 활동으로 이어지거나 유사 읽기 행위로 이어지는데, 아동이 조금씩 모방적 읽기 행위를 시도하면서 읽기 기술이 향상되고 이후에 아동은 실제로 글을 읽기 시작한다고 보았다. Holdaway는 이것을 '발달가능역(dross approximations, 1979)'이라고 불렀다. 그는 성숙주의에 기반 하면서도 아동의 자연스러운 언어 사용 능력의 발달은 지극히 모방적이기 때문에, 부모를 따라하는 모방적 읽기 행위가 어린 시절 이루어져야 하며, 또 강조되어야 한다고 주장하며 교육의 중요성을 피력하였다.

이상의 연구는 몇 가지 시사점을 준다. 즉 아동의 문식성은 가족문식성(family literacy) 환경, 즉 부모와 아이의 상호작용을 통한 모방 및 강화와 관련이 깊다는 것이다. 그래서 그는 문식성 학습을 위해 교실 환경을 풍부하게 만드는 방법을 제안했는데, 오늘날 유치원에서 흔히 보는 교실 환경, 즉 교실의 주요 물품마다 이름표를 붙이며, 아동의 독립성과 자기 조절 능력을 발달시키는 학습 운영 방식을 사용하고, 아동들을 수준 높은 아동 문학 작품과 유의미한 언어 경험 속에 노출시키고자 했다. 또한 학생들 간의 상호작용을 매우 강조했는데, 교실 수업에서 빅북(big books)을 사용하고,* 다른 친구들과 읽기 기능을 공유하는 것(sharing skills)을 교수 전략으로 제안했다(Gunning, 2010; Reutzel & Cooter, 2012; Temple et al., 2011; 이경화 외, 2015 : 143, 재인용). 이후 그의 연구는 가족 문식성 및 발생적 문식성 연구를 지지하는 중요한 단초가 되었으며, 이로 인해 발생적 문식성 단계에서 교사의 역할이나 수업 설계 및 수업 환경의 중요성이 구체적으로 제시되었다.

* 빅북(big book) 접근법 : 큰 책 접근법이라고도 하는데, 큰 책 읽기는 정확성보다는 의미와 즐거움을 강조하는 읽기 발달 초기 단계의 교수법이다. 큰 책이라는 점 때문에 읽기 흥미가 촉진되고, 읽기 과정에서 배경지식을 활성화하고, 예측 기술을 장려하고, 다양한 언어적 반응과 창작 활동을 격려한다.

문식성 발달은 '아동의 관찰과 모방'에 의해 자연적으로 발생한다고 본 이러한 성숙주의는 경험 중심, 학습자 중심 미국의 언어교육에 지대한 영향을 미친다. 미국 교실 환경이란, 아이들이 자유롭게 읽고 싶은 책을 골라 읽거나, 선생님 주변에 삥 둘러앉아서 선생님이 읽어주시는 책에 귀를 기울이고, 반응하는 수업 모습이라고 할 수 있는데, 이는 교사에 의해 재현되는, 부모의 책 읽어주는 행동의 모방이라고 할 수 있다. 부모를 대신해 교사가 그 역할을 하는 것이다. 이러한 학습자 중심의 친근하면서도 유의미한 언어적 상호작용의 강조는 그간 미국에서 이루어진, 읽기 가치관, 읽기 몰입, 지속적 묵독(sustained silent reading), 자기 선택적 독서(self selected reading) 등 독서 태도 관련 이론의 기저로 작용한다.

이에 반해, 우리나라의 교실이 문식성 발달을 격려하고 고무하기에 적절한 환경인가에 대해 생각해 보지 않을 수 없다. 교육 이론은 인지적 구성주의를 지나 사회 구성주의까지 받아들이고 있지만, 정작 교실에서 책을 읽기 위한 분위기는, 각자 제자리에 앉을 것, 각자(혹은 혼자) 읽을 것, 조용히 할 것, 정해진 책을 읽을 것, 교사나 교수법에 의해 방해받지 않을 것 등이 암묵적 규약으로 작용한다. 독서는 극히 개인적인 사고 작용으로 취급되며, 타인과의 상호작용이나 활동을 통해서 의미가 공유되거나 구성될 수 있다고 보지 않는다. 어쩌면 우리의 교수·학습의 방법론 기저에는 여전히 '규정된 자극-모방-연습'에 따르는 행동주의 방식이 자리 잡고 있는 것은 아닌지, 이러한 지식 결정론적 인식이 교실 환경 및 수업 분위기에서 자연스러운 읽기/쓰기 환경을 만들기 어렵게 하지는 않는지 반성하지 않을 수 없다. '책 읽어주는 부모'로서의 교사가 아니더라도, '책 읽는' 교사의 모습을 봐야 모방과 연습이 이루어지는데, 독서 교실에는 분절적인 읽기 기능을 학습하는 교사가 대부분이다.

이후 행동주의 관점에서는 유아가 성숙하기를 기다리기보다 읽기에 필요한 기술을 익힐 수 있도록 가르침으로써 성숙을 자극하는 데 초점을 두어야 한다는 입장이다. 그러면서 읽기 준비도와 관련된 기술은 청각적 변별, 시각적 변별, 좌우 안구 움직임과 시각 운동 기술, 대근육 운동 능력 등을 자극시키도록 훈련하였다. 그야말로 매우 행동주의적인 관점이라 하지 않을 수 없다. 대표적으로 나중에 살펴볼 Barrett(1976)의 사고 기능 목록 같은 것들이 개발되었는데, 읽기 능력을 여러 개의 분절적 기능들로 나누고 그 각각을 반복적으로 학습함으로써 읽기 능력을 획득할 수 있다고 보는 관점에 의해 교육이 이뤄진다.

따라서 1960년대 행동주의적 관점에서는 잘 조직된 경험이 정신적 성숙보다 읽기, 쓰기 학습에 더 중요하다고 주장한다. 즉 학습 자료와 과업을 쉬운 것에서부터 어려운 것으로 적절히 배열하고 각 단계에 따라 적절한 연습의 기회를 제공하면 충분히 성숙되지 않은 학습자라 할지라도 읽기, 쓰기를 할 수 있다고 보았다(노명완 외, 2002 : 69).

나. 인지주의 읽기 교육 이론

1) 인지주의 읽기 이론과 '인지 전략(cognitive strategy)'의 강조

인지주의란 인간 내부에서 일어나는 능동적인 사고과정과 인지구조를 중시하는 입장을 말한다. 1980년을 전후하여 인지주의가 심리학은 물론 인문 사회 분야에 대유행을 하면서 교육학에도 많은 영향을 미쳤다. 그 중 인지주의 학습이론은 학습자가 기억 속에서 학습이라는 사태에서 일어나는 여러 가지 사상에 관한 정보를 보존하고 조직하는 인지구조(cognitive structure)를 형성함으로써 학습이 일어난다고 주장하는 이론이다.

인지(cognition)란 인간이 감각기관을 통해 정보를 받아들이고 처리하여 저장하고, 저장된 정보를 인출하는 일련의 정보처리 과정을 말한다. 인지주의에서는 학습에 대해 '이해란 학습자가 알고 있는 것에 달려있으며, 이해란 구성되는 것이며, 학습이란 정신구조가 변화하는 것'이라는 기본 가정을 가지고 있다. 우선은 학습자는 적극적으로 경험을 이해하려고 한다. 즉 행동주의에서는 학습을 행동의 변화로 보았다면, 인지주의에서는 학습을 인지구조의 변화로 본다. 따라서 인지주의 학습이론의 중심 주제는 개념 형성, 사고 과정, 지식의 획득 등이며, 인간의 지각, 인식, 의미, 이해, 그리고 이와 유사한 의식적 경험 등이 학습을 결정하는 중심 개념이라고 간주한다. 인지주의 학습이론은 Köhler의 '통찰 이론*'으로 유명한 게슈탈트 이론(형태심리학), Tolman의 기호형태설로 유명한 기호 학습 이론, Lewin의 장(field) 이론, Bartlett의 스키마 이론 등이 포함된다. 이후 정보처리 이론과 상위인지 이론 등에도 큰 영향을 미치게 된다.

특히 정보처리이론이란 컴퓨터의 정보 처리 과정에 기초해 인간의 인지 과정을 밝힌 이론으로, 인간은 단순히 정보를 기계적으로 암기하는 것이 아니라, 시각적 혹은 언어적 상징의 형태로 전환하여 저장하는데, 이 과정에서 새로운 정보를 유의미하게 만들고 장기 기억에 저장되어 있는 정보와 연결하고 결합하는 과정을 거친다는 것을 밝혀내었다. 이때 정보의 정교화, 조직화, 심상(이미지화)과 같은 작업을 통해 새로운 정보를 표상하는 과정(부호화)이 촉진된다고 보았다. 여기서 정교화란 자신의 사전 경험에 근거해 새로운 정보를 장기 기억에 저장되어 있는 정보와 연결하는 부호화 전략이다. 또 조직화란 공통 범주나 유형을

*통찰 학습 : 통찰 학습 이론은 문제 상황에서 관련 없는 여러 요인들이 갑자기 완전한 형태로 재구성되어 문제를 해결하는 것을 말한다. 즉 서로 관련 없는 부분의 요소들이 유의미한 전체로서 갑자기 파악되면서 문제 해결을 위한 수단과 목적으로 결합되는 현상을 말한다.

기준으로 새로운 정보를 장기 기억에 저장되어 있는 정보와 연결하는 부호화 전략이다. 일종의 개요 작성이나 개념도 등이 이에 해당한다.

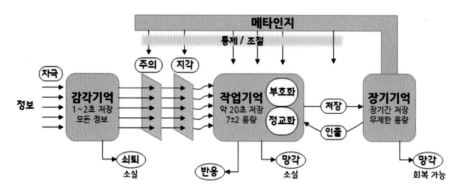

[그림 4-1] Atkinson & Shiffrin(1977)의 정보처리과정 모형

따라서 읽기 과정에서 글 내용으로부터 생략된 정보를 정교화 하고, 정보들의 관계를 파악하여 연결하며, 사건이나 사태를 떠올려봄으로써 글 이해에 도움을 줄 수 있다. 또한 정보의 인출을 촉진하는 전략으로 SQ3R(Survey, Question, Read, Recite, Review)이나 PQ4R(Preview, Question, Read, Reflect, Recite, Review) 등이 개발되었고, 이것이 읽기 교육에서 지식 습득을 위한 전략으로 일부 도입되었다.

한편 상위인지란 사고 과정에 대한 지식으로, 자기 자신의 인지 과정 전체를 지각하고 통제하는 정신 활동이다. 인지 과정 전체를 계획하고 점검하며 평가하는 역할을 한다. 상위인지를 활용하는 학습자가 그렇지 않은 학습자에 비해 학업성취도가 높으며, 또한 상위인지를 사용하면 특정 정보에 주의를 기울일 수 있고, 주의 집중의 중요성을 지각하고 자신에게 효과적인 학습 환경을 조성할 수 있으며 정보의 변형, 조직, 정교화, 회상 등을 하는 데 도움을 주는 인지 전략의 사용 방법에 익숙하다는 사실이 알려졌다. 따라서 독해에서도 상위인지의 사용이 매우 중요한 독해 전략으로 제안되었다.

읽기 교육에서는 이러한 인지주의 심리학과 인지주의 학습이론의 영향을 받아 읽기 현상을 인지주의에 의해 설명하고자 했다. 읽기에서 가장 중요하게 본 것은 스키마 이론이었다. 인지주의자들에 의하면 지식은 명제(정보 단위)들이 결합된 하나의 도식(shema)으로 이루어져 있다고 본다. 이러한 도식은 해석의 기능을 하며 이것이 읽기의 핵심적 기제라는 점을 강조했다. 학습자들은 읽는 정보가 일반적이거나 모호할 경우는 그 정보를 친숙한 주제와 관련지을 수 있을 때 그 정보를 더 잘 이해하고 기억하기 때문이다. 단순히 글자를 읽을 수 있다고 해서 글의 정보들을 이해할 수 있는 것이 아니란 것이다. 심리학자인 Bransford와 Johnson(1972)은 다음 글을 읽도록 하는 실험을 하였다.

그 과정은 실제로는 아주 단순하다. 우선, 사물들을 그들의 모양에 따라 여러 그룹으로 나누어 정돈한다. 물론, 할 일이 얼마냐에 따라 한 묶음으로 충분할지 모른다. 시설물의 부족 때문에 그밖에 다른 곳으로 가야 한다면, 그것은 다음 단계의 일이고, 그렇지 않으면 아주 잘 될 것이다. 중요한 것은 어떤 특별한 일을 과도하게 하지 않는 것이다. 즉, 너무 많은 것보다는 아주 적은 것이 더 좋다. 이것은 중요하지 않게 보일지 모르지만, 그러나 너무 많은 것을 함으로써 일이 복잡하게 되는 경우가 쉽게 일어날 수가 있다. 한 번 잘못하면 비싼 대가를 치를 수 있다.

이 모든 절차는 처음에는 꽤 복잡하게 보일지 모르나, 곧 이일이 생의 또 다른 한면임을 알게 된다. 가까운 장래에 이 일을 하지 않아도 되리라고는 생각하지 않는다. 그러나 아무도 알 수 없다. 일단 이 일이 끝난 다음에는 항목들을 다시 분류한다. 그리고 적당한 장소에 넣어둔다. 이 항목들은 나중에 다시 사용하게 될 것이다. 그 다음부터는 지금까지의 모든 절차가 다시 반복될 것이다. 결국 이것은 생의 한 부분이다(Bransford & Johnson 1972 : 722).

이 실험 결과는 읽기 과정에서 독자의 스키마(사전배경 지식)이 독해에 얼마나 강력하게 영향을 미치는가를 입증하고 있다.[45] 이와 관련된 배경지식이 없는 학생들은 이 글을 읽고도 무슨 내용인지 제대로 이해하는 것이 어려웠고 일정 정도의 시간이 흐른 다음 정보를 회상하는 것도 매우 어려워했다. 즉 스키마가 작동되지 않으면 이 글의 내용은 우리 머리 속에 좀처럼 통합되지 않으며, 곧 이 글을 이해하지 못하게 되는 것이다. 그러나 '옷 세탁'이라는 제목을 준 다음에는 글 내용을 제대로 잘 이해하였으며, 회상 결과도 좋아졌다. 즉 이 글이 세탁하기에 관한 것이라고 알려 주는 순간 우리 머리 속에 있는 세탁하기 스키마와 잘 통합이 되면서 이해가 일어난다. 그래서 '사물들'은 빨래감이 되고, 너무 과다하게 함은 빨래감을 한꺼번에 너무 많이 넣고 세탁기를 돌림을 뜻하며, 복잡한 문제의 야기와 비싼 대가란 곧 세탁기가 고장나게 된다는 것을 알게 되어 비로소 글의 이해가 일어나게 되는 것이다. 이와 같이, 스키마란 글의 내용을 통합시키는 중요한 구실을 하게 된다.(박영목, 한철우, 윤희원, 1996) 이를 통해 정보에 대한 적절한 맥락(context)의 제시는 아주 중요하며, 학습 중에 도식이 활성화되지 않거나 또는 될 수 없을 때 새 지식은 유의미하지 않거나 쉽게 동화가 일어나지도 않는다는 것을 알 수 있다.

따라서 인지주의에 의하면, 읽기란 글에 나와 있는 여러 정보들을 관련지어 의미를 구성하는 인지 과정이며, 이 과정에서 글은 청사진과 같은 역할을 하고, 독자는 그의 배경지식이나 상황 요인에 의해 이 청사진을 해석하여 의미를 구성하는 역할을 담당한다고 본 것이다. 즉 읽기는 문자를 자극체로 하여 독자의 사전경험이나 지식을 동원하고, 스스로 의미를 구성하는 인지적 상호작용 과정이다.

이러한 관점에 의하면 읽기는 철자를 파악하고, 철자가 모인 단어를 이해하며, 단어가 모인 문장을 이해하고, 문장이 모인 글 전체를 이해하게 되는 아래에서부터 위로의 순차적 과정을 거쳐 글을 읽는 것이 아니다. 글이란 글과 관련된 독자 자신의 배경지식이나 경험 등 스키마에 의해 글에 나타난 정보들을 관련지으며 글에

---

45) 이들의 연구는 실제로는 하향식 이해보다는 상호작용 모형의 등장에 결정적인 힘이 되었다.

대한 가정과 예언을 세우고, 글을 하위 단위로 읽어나가면서 자신의 예측과 가정이 맞는지를 확인해 나가는 과정이라 할 수 있다. 이는 글 전체에 대한 독자의 예측과 가정이 먼저 수립되고 그에 따라 정보들을 처리해나가는 의미 지향적인 하향식 (top-down) 이해 과정이라 할 수 있다.

또한 인지주의 이론에서는 인지 전략을 강조한다. 전략이란 대상에 대한 일련의 인지적 통제 과정으로서, 주의를 집중하고, 학습하고, 기억하고, 사고하는 등 내재적 정보처리 과정을 조절함으로써 획득하게 되는 기능을 말한다. 기능의 일종이며, 따라서 기능과 마찬가지로 하나의 전략은 하위 전략들로 분절될 수 있다. 다만 '기능'과 달리 전략은 목적을 달성하기 위해 일련의 행위가 연결되어 있음을 전제한 개념으로, 각각의 기능이 독립적이고 파편적인 것과는 달리, 전략은 목적 지향적 과정 속에서 설명된다. 학습과 사고를 자율적으로 지배하는 것이라는 점에서 환경 지향적인 지적 '기능'과는 구별된다. 인간은 자신의 방식대로 기억하거나 사고하는 기능을 학습한다. 예를 들면, 어떤 학생은 교과서에 담긴 여러 가지 내용에 대하여 읽어가는 방법을 나름대로 터득하게 된다. 그 터득된 기능이 전략인 것이다.*

이러한 인지주의에 기반하여 Anderson(1980)은 읽기를 독자의 의미 구성 과정(process of constructing meaning)으로 정의하였다. 또한 해독보다는 독해(reading comprehension)를 강조하였고, 독해 전략들이 상당히 개발되었다. 흔히 독해 기능으로 불리는 사실적 이해, 추론적 이해, 비판적 이해, 감상적 이해 등도 독해 전략으로 분류될 수 있으며, 이들의 각 하위 전략들이 연구되었다.

이후 인지주의에서는 Rumelhart(1977)에 의해 상호작용 모형(interactive model)이 제기되었다. 실제로 독서 행위는 상향식 과정과 하향식 과정이 분리되지 않고 하나의 통합된 전체로서 독서 과정에 상호 작용한다고 보는 관점이다. 독자가 주어진 글을 파악하는 데는 독자의 스키마가 작동하여 그 글의

* 인지 전략 : 분명하게 서로 관련이 없는 많은 명칭들을 학습하게 될 때, 학습자는 우선적으로 명칭들간의 「관계」나 혹은 이미 잘 알고 있는 다른 명칭들과의 「관계」를 파악해 보면서 새롭게 제시된 명칭들을 학습하고자 한다. 그리하여 학습자는 관찰한 장면의 세부적인 사항을 포착하거나 또는 그가 들었던 강의의 요점을 기억해 낼 수 있는 「독특한 기능」을 획득하게 된다. 또한 학습자는 사고의 기법, 문제의 분석방법, 문제해결의 접근 방법 등을 학습하게 된다. 이러한 기능들을 「인지전략」이라고 말한다. 인지 전략에 함의되어 있는 내재적으로 조직된 기능들은 학자들에 따라서 다소 달리 설명되고 있다. 브루너(J, Bruner)의 견해에 따르면, 인지전략이란 새로운 문제를 발견하고 해결하는데 사용하는 정보처리 과정들을 관련짓는 것이라고 설명한다. 로쓰코프(E.Z. Rothkopf)는 의미정교화 활동(mathemagenic activities)과 관련되어 있는 것이라고 설명하고 있고, 스키너(B.F. Skinner)는 자기경영 행동(self-management behavior)이라고 언급하고 있다. (인지전략, 교육학용어사전, 1995, 서울대학교 교육연구소)

내용에 비추어 이를 적용하고 글의 전체적인 내용을 예측하는 것도 필요하고, 스키마의 확인을 위해 글에 담긴 내용에 대한 해독도 필요하다. 이 두 과정은 거의 동시적으로 일어나는 것으로, 독자는 글을 읽어가는 동안 끊임없이 이 과정을 반복하게 된다. 이는 사실상 하향식을 바탕으로 상향식을 절충적으로 보완한 모형이라고 할 수 있다.

이상으로 인지주의가 읽기 이론에 미친 영향을 개괄적으로 살펴보았다. 요약하면, 인지주의 읽기 교육에서는 글을 읽기 전에 교사가 독자의 스키마(선행지식)를 활성화 해주는 것을 중시한다. 학습자는 잠재적으로 학습한 상태로 자신의 선행지식을 토대로 하여 새로운 정보를 부호화 하는 것으로 보기 때문이다. 따라서 교사는 학습자의 선행 지식 정도를 파악하고 새로운 글(학습) 내용을 그들의 기존 지식과 연결시켜주는 장치를 마련하여 제공해야 한다. 또한 글에 대한 예측과 추론을 강조하는 활동을 마련해야 한다. 텍스트에 대한 의미 구성을 강조하기 때문에, 정해진 해석이나 당연한 듯한 의미의 수용보다는 자유롭고 창의적인 해석과 의미 구성을 강조하는 읽기 교육을 지향한다. 끝으로 상위인지를 활용할 수 있도록 읽기 목적이나 과제를 분명히 인식하도록 함으로써 스스로 적절한 읽기 전략을 선택하여 적용하고, 읽기 목적에 맞게 글의 의미를 재구성(조직화) 할 수 있도록 지도한다.

인지주의 읽기 이론은 후에 총체적 언어교육 접근법에 영향을 주게 되었고, 학습자의 반응을 중시하는 반응 중심 읽기지도나 독자의 스키마에 기반한 자유로운 의미 구성을 강조하는, 창의성 계발학습 모형 등과도 연관된다.

2) 문식성 발달 이론과의 관련성

인지주의는 언어 발달 이론에 지대한 영향을 미친다. 인지 발달 이론(theory of cognitive development)이란 인간의 인지 발달을 유기체와 환경의 상호작용으로 파악한 Piaget와, 언어를 통한 다른 사람과의 사회적 상호작용을 중시한 Vygotsky의 이론 등을 통칭한 것이다. 특히 Piaget의 이론은 시간의 흐름에 따른 아동의 사고가 어떻게 질적 변화를 겪는지를, 운동감각기, 전조작기, 구체적 조작기, 형식적 조작기의 단계로 설명하였다. 그에 따르면 문식성은 단순히 자연적 성숙에만 의지하는 것(성숙주의 관점)이 아니라, 물리적인 환경과의 조우를 통해 사회적 경험을 반복적으로 하게 됨(행동주의 관점)으로써 발달된다는 것인데, 이 점 때문에 '성숙과 환경'과의 상호작용적 관점으로 분류되기도 한다(H. Penn, 2008 : 38-62). 그의 이론은 아동이 어떻게 글을 읽게 되는가에 대한 과학적이고 체계적인 설명을 시도했다는 점에서 높이 평가되지만, 알다시피, 형식적 조작기 이후의 단계에 대해서는 자세한 설명이 없다는 한계가 있다. 그럼에도 불구하고 인지주의의 대표 이론은 Piaget의 인지발달 이론이라고 할 수 있다. 그가 제시한 '감각운동기-전조작기-구체적 조작기-형식적 조작기'의 인지발달 단계 이론은 아동의 사고 발달을 꾀하기 위해 각 단계마다 구체적인 언어 경험이 중요한 역할을 한다는 것을 보여주었다.

Woolfolk(1998)은 Piaget의 이론을 계승하여, 아동의 성장 과정에서 사고의 질에 영향을 미치는 '생물학적 성숙, 활동, 사회적 경험, 평형화' 등 4가지 요인을 재조명하고, 그 의의를 밝혔다. 그는 '첫째, 문식성 발달에 생물학적인 발달을 고려하지 않을 수 없다는 것, 즉 생리적 나이나 신체 발달을 고려하여 학년을 구분해야 한다는 것, 둘째, 안에서 밖으로의(inside-out) 학습자 활동을 유도해야 한다는 것, 즉 학습자의 내적 반응을 외부 활동으로 이끌어내도록 격려하고 고무해야 한다는 것, 셋째, 사회적 경험이 이루어지도록 한다는 것, 즉 인지 발달을 이끄는 유의미한 물리적 환경을 구성해야 한다는 것, 넷째, 학습 자극이 평형화(equilibration)로 나아가도록 해야 한다는 것, 즉 환경적 자극이 학습자의 인지 구조에 쉽게 동화(assimilation)될 수 없거나 학습자의 사고 수준을 넘어서는 것이라면 인지 구조를 조절(accommodation)하여 평형화 단계로 나아갈 수 있기 때문에, 인지 갈등을 일으키는 적정한 과제를 제시해야 한다는 것' 등을 중요한 교육적 방안으로 제시하였다. 이러한 인지주의 이론은 여전히 읽기 교육에 많은 영향을 미치고 있다.

다. 사회구성주의 읽기 교육 이론

1) 사회구성주의 읽기 이론과 '협력 학습'의 강조

구성주의 학습이론이란 학습이 의미를 구성하는 과정이라는 입장을 취하는 구성주의 심리학에 기반한다. 구성주의는 지식은 개인과 독립적으로 존재하는 것이 아니라, 개인과 개인이 서로 능동적인 상호작용을 통해 개인에 의해 구성되는 것이며, 지식의 구성 과정에서 개인의 능동적인 참여뿐만 아니라, 사회적 맥락에서의 상호작용의 중요성을 강조한다. 1990년대에 들어 여러 가지 유형의 구성주의가 출현하는데, 크게 개인적 구성주의와 사회구성주의로 구분할 수 있으며, 앞서 인지주의는 개인적 구성주의에 가깝다고 할 수 있다. 여기서 사회적 구성주의(social constructivism)라는 용어는 해당 학문 분야마다 각기 정의가 조금씩 다르다. 여기서는 읽기 교육학(reading pedagogy)에서 주로 인용하는 George Hruby(2001)의 분류 개념에 따라, 구성주의를 인지 구성주의와 사회구성주의로 구분한다.

특히 사회구성주의(social construction/-ism)는 Vygotsky의 사회문화적 접근을 바탕으로 하며, Gergen에 의해 주장되었다. 진리 혹은 실체는 한 사회 집단의 대부분의 사람들이 동의하는 '구성'과 일치한다고 보는 입장이다. 일반적으로 Vygotsky를 사회구성주의의 시작으로 본다. 그는 마음의 사회문화적 기원을 주장하며 고등사고(higher thought) 기능의 발달을 위한 사회적 상호작용을 강조한다. 지식은 한 사회 집단에 누적된 역사적 문화적 형태로 이미 존재하고 있으며, 지식의 구성 과정은 지식을 획득한 다른 사람과의 사회적 상호작용을 통하여 유기체가 내적으로 구성해 나가는 과정이라고 보았다.

이러한 사회구성주의 이론은 2000년대를 전후하여 읽기 이론에 많은 영향을 미쳤다. 읽기에서 텍스트의 의미를 최종적으로 결정하는 것은 텍스트 자체의 의미도 아니고, 독자(개인)의 스키마에 기반한 개인적인 지식의 구성도 아니고, 사회적 구성 과정이라는 것이다. 즉 독자(개인)가 속한 담화 공동체, 혹은 해석 공동체 내의 다른 구성원과의 사회적 상호작용을 통해 기존의 사회적 스키마를 습득하고, 이를 바탕으로 독자가 내적으로 구성해 나간다는 것이다. 담화 공동체 내의 다른 사람과의 상호작용은 매우 중요하며, 이를 통해 텍스트의 의미를 최종적으로 결정하고 구성할 수 있다. 따라서 사회구성주의에서는 일종의 메타포로서 대화와 협상이 활발히 일어날 수 있도록, '소집단 협력 학습'이나 '토론 학습', '협동 학습' 등을 강조한다. 또한 다른 사람과의 상호작용을 촉진하고 적극적이고 능동적인 학습을 강조하기 위해, 실제적인 언어 경험을 설계하고 경험을 통해 학습이 이루어지도록 하는 '활동(activity) 중심 접근'도 강조한다. 이를 통해 담화공동체의 맥락, 즉 사회적 스키마를 이해할 수 있다고 보는 것이다.

또한 사회구성주의에서 텍스트의 의미의 최종 관건은 텍스트 해석에 있어 맥락의 적용이다. 따라서 텍스트를 해석할 때, 텍스트가 생겨난 맥락, 텍스트가 소통되고 소비되는 맥락, 과거의 텍스트가 오늘날의 맥락에서 어떤 의미를 주는지 등의 텍스트의 현재적 의미 등을 파악하는 것이 중요하다고 본다. 이러한 관점에서 독서의 목적, 과제, 교사와 교실 환경 등과의 사회적 상호작용을 강조하는 '사회문화적 모형(socio cultural model)'이 제기되기도 한다.

2) 문식성 발달 이론과의 관련성

사회적 상호작용주의 관점에 입각한 Vygotsky(1978)의 고차적 정신 기능(higher mental functioning)의 발달 이론이 읽기 교육에도 많은 영향을 미쳤다. 그는 아동의 언어 및 사고 발달에 있어서 성인의 역할을 분명히 하기 위해서, 아동의 인지 발달 이론인 근접발달영역(zone of proximal development) 이론을 제기하였다. 비고츠키는 아동이 과제를 혼자서 해결할 수 있는 실제적 발달 수준과 성인, 혹은 유능한 타인의 도움을 받아 해결할 수 있는 잠재적 발달 수준을 구분하고 있는데, 아동은 실제적 발달 수준에 머무르거나 계속해서 유능한 타인의 도움만을 받아 해결하게 할 것이 아니라, 이 둘 사이의 간극을 줄여 현재 발달 수준을 점차 높여가야 한다는 것이다. 여기서 중요한 것은 실제적 발달수준과 잠재적 발달수준 사이의 간극인데, 이 간극을 근접발달영역이라고 한다. 따라서 근접발달영역 안에서 정교한 교수·학습 작용이 일어나게 되면 학습자의 현재 발달수준이 늘어나게 되고, 아동이 성인과 같은 수준으로 계속해서 발달해 나간다는 것이다. 이는 앞서 서양 학계에서 널리 알려졌던 피아제의 이론에서 발달이 개인에 의해 일어난다고 보았던 것과는 다른 인식으로 개인과 사회가 지속적으로 접촉·교류하면서 인지적 발달이 일어난다고 본다.

다시 말해, 피아제는 인지 발달이 개인 내부에서 시작되며, 서서히 환경과의 상호작용을 통해 발전한다고 가정했으나, 비고츠키는 인지 발달이 사람들 사이, 즉 외부에서 시작되나 점차 내면화, 개별화 된다고 본 점에서 차이가 있다. Vygotsky의 문식성 발달의 기제들은 사고 작용을 설명하는 보편적 원리이자, 학습자의 인지 발달 수준에 맞게 학습 내용과 과제를 제시해야 한다는 중요한 시사점을 제공해 준다. 이는 사회적 학습 이론에 해당되는데, 국어과 교육에서 안내자로서의 교사의 역할과 비계(scaffolding) 설정 교수법, 소집단 협력 학습과 같은 학습 모형 등에 적잖은 영향을 미쳤다.

즉 읽기 수업에서 어려운 텍스트를 읽고 의미를 파악해야 하는 과제를 해야 한다면, 교사가 텍스트의 의미를 설명하거나 직접적으로 학습 내용을 전달할 것이 아니라, 교사와 학생 간의 언어적 상호작용을 통해 혹은 학생과 학생 즉 동료와의 언어적 상호작용을 통해, 학습자 스스로 의미를 구성해낼 수 있도록 읽기 환경을 조성해야 한다. 이를 위해 교사는 안내자 혹은 조력자로서 역할을 해야 하며, 의미 구성을 유도할 수 있도록 적절한 비계를 제시해야 한다. 또한 자유로운 독자 반응을 활성화 할 수 있도록 독서 워크숍 활동이나 모둠 독서, 소집단 독서 토론 학습 활동을 통해 대화와 협상을 통해 의미를 다함께 구성할 수 있게 한다.

이상의 논의에 따라, 심리학적 배경에 따른 읽기 교육의 방법을 정리하면 다음과 같다.

[표 4-3] 독서교육 이론의 변천

심리학적 배경		행동주의	인지주의	사회구성주의
독서 변인		텍스트	독자	맥락
읽기 개념		해독(decoding)	이해(comprehension)	대화와 협상
읽기 모형	명칭	상향식 모형 (자료지향적 모형)	하향식 모형 (의미 지향적 모형)	사회문화적 모형 (socio-cultural model, 맥락 지향적 모형)
	단어와 이해의 관계	단어 인지는 이해에 필수	단어를 몰라도 이해 가능	단어의 사회문화적 의미 파악이 더 중요
	정보파악의 단서	단어 : '음성-문자' 단서 사용	의미 : '경험' 단서 사용	상황 맥락과 사회적 맥락 단서 사용
	읽기 진행방향	음운 → 단어 → 문장 → 문단 → 글	텍스트에 대한 가정과 예측→ 글을 읽으면서 확인	사회적 스키마 공유, 확인
	강조하는 언어단위	문자, 문자와 음성의 연결	문장, 문단, 글	텍스트(글), 담화
	읽기 학습	단어인지 기능을 숙달하여 학습	유의미한 활동을 통해 학습	소집단 토론 활동을 통해 의미 협상
	지도의 중점	단어의 정확한 인지	글의 의미 이해	해석공동체(독서공동체) 의 지식의 공유
	학생 평가의 중점	하위 기능의 숙달	글에서 얻은 정보의 종류와 양	독자-텍스트-작가의 소통 관계 활동(activity)
지도 모형		직접교수법 모형 (기능 중심)	총체적 언어교육 모형 (의미 중심)	독서 토론 모형 활동 중심 모형
지도 방법		• 의미 발견 • 텍스트의 반복, 모방, 암기 • 문자 및 문법 지도 강조	• 텍스트 의미 구성 • 예측과 추론 • 학습자 반응 중심 • 창의성 계발 학습	• 사회적 상호작용 : 협상 과 대화 • 사회문화적 맥락 파악 • 소집단 토론 학습 강조
비판		분절적 기능의 숙달	'해석의 무정부주의'	내용 없는 방법론에 그침

이러한 인식론적 관점에 따른 독서 교육 접근법은 독서의 3가지 필수 요인과 밀접한 관련이 있다. 읽기란 독자가 일정한 상황에서(맥락 변인), 독자 자신의 사전 경험을 바탕으로 텍스트의 의미를 재구성하기 위하여(독자 변인), 필자가 제시한 정보 단서를(텍스트 변인) 상호 보완적으로 활용하는 과정이다(박영목, 1996 : 268-270). 이에 따라 텍스트, 독자, 맥락은 읽기 현상을 구성하는 요소이자 읽기에서 그 중요성이 시대 순서에 따라 변화되었던 핵심적 요인이다. 따라서 읽기 현상을 이해하기 위해서는 이 세 가지 요소들에 관련된 지식을 갖추고, 이들을 역동적 상호작용의 관계에서 파악하는 것이 중요하다. 이를 정리하면 다음과 같다.

① 텍스트 요인 : 행동주의 읽기 이론에서 강조하는 요인이다. 텍스트는 필자가 전달하고자 하는 특정(고정된) 의미를 가지고 있다고 전제하고, 독자가 이러한 의미를 파악하기 위해서는 텍스트를 정해진 방법으로 분석해야 한다고 본다. 대개 독자는 아직 미숙하기 때문에 텍스트의 의미를 제대로 파악하지 못하는 경우가 많으므로, 교사는 텍스트의 의미를 설명하여 전달하면, 학생들이 그대로 모방하거나 수용하는 방법으로 텍스트를 이해한다. 따라서 텍스트 학습에 있어서 교사가 가르쳐 준 내용을 그대로 모방, 반복, 암기하는 과정이 이루어진다. 이를 위해 텍스트 분석이 선행되는데, 그 과정에서 언어적 요인(어휘, 문장, 통사, 화용의 차원)과 텍스트의 수사 구조 등에 관한 지식이 동원된다.

② 독자 요인 : 인지주의 읽기 이론에서 강조하는 요인이다. 텍스트의 의미는 텍스트 속에 내재하는 것이 아니라, 독자가 자신의 경험과 지식에 근거하여 구성하는 것이다. 따라서 독자가 어떤 지식을 갖고 있는지, 독자의 태도가 어떠한지, 독자가 어떤 인지 전략을 사용하는지에 따라 읽기 결과가 달라질 수 있다고 본다. 따라서 읽기 수업에서는 독서 행위의 주체(개별 독자, 소집단 독자, 담화공동체)와 독서 행위의 심리적 과정(독자의 배경지식, 인지 발달, 언어 숙달도)이 중시된다.

③ 맥락 요인 : 사회구성주의 읽기 이론에서 강조하는 요인이다. 텍스트의 의미는 텍스트 속에 내재하는 것이 아니며, 그렇다고 독자 개인이 자신의 지식에 근거하여 자유롭게 구성해내는 것만도 아니라고 본다. 독자가 구성해낸 의미는 본질적으로 독자가 속한 담화공동체 내의 (보이지 않더라도 존재하는) 다른 구성원들과의 대화와 협상을 통해 담화공동체의 맥락에 적절한 의미로 다듬어진 것이라고 할 수 있다. 이때 대화와 협상이라는 것은 일종의 메타포로서 자기 혼자 텍스트를 읽는다고 하더라도 그 의미를 결정하는 순간에는 자신이 속한 담화공동체의 맥락을 고려하여 최종적 의미를 결정한다는 뜻이다. 따라서 읽기 수업에서는 읽기의 상황 맥락이나 사회문화적 맥락, 담화공동체 혹은 해석공동체 내의 다른 구성원들과의 사회적 상호작용, 독자 주체의 읽기 행위에 영향을 미치는 담화(해석)공동체의 읽기 관습과 규범 등에 관한 지식 등이 중시된다.

더 생각해 보기

⊙ 내용 탐구 활동

1. 독서 이론의 인식론적 변화와 그에 따른 강조점을 쓰시오.

인식론의 변화	( ) → 인지주의 → ( )
강조하는 독서 요인	텍스트 → ( ) → 맥락

2. 다음을 읽고, ㉠에 들어갈 수 있는 방법들을 다양하게 생각해 보고, ㉡에 들어갈 단어를 쓰시오.

독서는 독자 개인의 경험과 배경 지식을 활용하여 의미를 구성하는 활동으로 인식되어 왔다. 일반적으로 의미 구성의 주체는 개별 독자로 전제되는데, 이는 독서가 사적인 활동으로 인식되기 때문이다. 그러나 최근 협동 학습의 원리를 반영하여 독자들이 글에 대한 이해와 반응을 서로 교류할 수 있게 하는 독서 지도 방법이 확산되고 있다.

이러한 방법으로는 (㉠   ) 등이 있는데, 이 독서 지도 방법들은 독자들 간에 의미들을 상호 공유하거나 경쟁을 통해 내용을 명료하게 파악하게 하는 등 의미에 대한 대화와 협상의 과정을 거쳐 합리적인 의미를 결정할 수 있도록 한다. 또한 새로운 생각을 얻거나 입장의 변화를 가져오게 할 수 있는 장점도 있다. 그리하여 개별 독자의 독서는 개인 차원에 머무르지 않고 확장되어 소통하는 효과를 낳는다. 이때 글의 의미는 (㉡   ) 차원에서 재구성되며 독자 공동체에서 공유되고 소통된다. 이로써 독자는 개인 차원의 독서에서와는 다른 새로운 주체로서의 독자로 성장할 수 있다.

예시 답안 : ㉠ 독서 토론, 독서워크숍, 소집단 협력 학습
　　　　　　㉡ 사회적

⊙ 모둠 탐구 활동

1. 인식론의 변화에 따른 읽기 교육 방법의 변화를 조사하여 정리해 보자.

2. 다음을 참고하여, 밑줄친 ㉠~㉣과 관련되는 이론을 더 찾아보고, 읽기 교육에서 독서 교사의 역할이 어떠해야 하는지 조사해서 발표해 보자.

> 교사의 역할은 조력자, 안내자 역할을 해야 한다. 즉 교사는 독자가 스스로 읽기 과제를 해결할 수 있도록 ㉠비계(scaffolding)를 설정해야 한다. 또한 학습자가 잠재적 발달 영역으로 나아갈 수 있도록 ㉡근접발달영역(ZPD) 이론을 고려하여 텍스트를 선정하고, 읽기 과제를 제시할 수 있어야 한다.
>
> 이뿐 아니라, 어려운 과제를 맞딱뜨렸을 때는 교사가 직접 텍스트의 의미를 가르쳐주기보다는 ㉢인지적 중재(cognitive intervention)를 통해 스스로 의미를 구성할 수 있도록 유도한다.
>
> 이를 통해 읽기 수업의 주도권이 ㉣책임이양을 통해, 타인의 규제에서 점차 자기 자신에 대한 규제, 즉 주체적 읽기로 옮겨갈 수 있도록 해야 한다.

⊙ 더 읽을거리

다음 논문들은 읽기 연구의 변화는 물론, 읽기 교육 이론의 변화를 잘 정리해서 보여주고 있다. 이를 통해 읽기 연구의 뿌리가 인간에 대한 이해에 맞닿아 있음을 짐작할 수 있다.

- 김혜정(2016). 독서 관련 학문의 동향과 독서교육 : 독서교육 이론의 변화와 쟁점. 독서연구 40호. 한국독서학회, 9-47.

- 이순영(2017). 읽기 이론의 역사적 변천과 함의 : 1910년 이후 백 년 동안의 패러다임과 이론의 변화를 중심으로. 독서연구 43호. 한국독서학회, 213-243.

제5장 독서교육의 내용과 교육과정

범박하게 말해, 독서교육은 학습자에게 독서를 잘 할 수 있는 능력을 길러주는 것이다. 독서를 교육하려면 교육 목적과 내용을 명료하게 확인하여야 한다. 그렇지 않으면 교육 활동이 엉뚱하게 전개되기 쉽고, 목적 달성에 실패할 수 있다. 독서교육의 내용은 이 책의 다른 곳에서 살펴본 독서의 본질, 과정, 독자, 텍스트, 맥락, 교수학습 등을 종합적으로 고려하여 결정된다. 이 장에서는 독서교육의 내용으로 다루어지는 내용을 알아본 후, 독서 교육과정을 구성하는 일반적 원리를 점검한다. 이를 토대로 2022개정 교육과정에서 국가수준으로 제시된 <국어> 과목 읽기 영역, 고등학교 <독서와 작문>, <주제 탐구 독서>, <독서 토론과 글쓰기> 과목의 내용체계와 성취기준에 대해 알아본다. 아울러 2015 개정 교육과정에서 새로 도입된 '한 학기 한 권 읽기' 정책이 독서교육 내용과 어떻게 맞닿아 있는지 알아보도록 한다.

1. 독서교육의 내용

독서교육은 학습자에게 독서 능력을 길러주는 것이다. 심각한 선천적 장애가 없다면 대부분의 사람은 후천적으로 독서 능력을 학습할 수 있다. 독서 능력에 따라 학업이나 직업에서 성공하기도 한다. 따라서 현대의 학교교육에서는 독서를 초중등학교의 기본 교육에서 중요한 내용으로 편성하고 있다.

독서는 학교교육 내에서는 국어과의 한 영역이고, 심화 과목으로 존재하고 있다.[46] 학교의 독서교육에서 무엇을 언제 가르칠 것인지, 무엇을 먼저 가르치고

---

46) 물론 학교 밖(out of school)의 다양한 공간에서 사회교육으로서 독서교육이 행해지고 있다. 여기서는 학교교육을 전제로 설명해 보기로 한다.

무엇을 나중에 가르칠 것인지 등과 같은 문제가 해명되어야 한다. 이런 점은 독서교육의 교육과정 설계와 관련된 탐구 주제이다.

교육 내용을 여러 가지 방법으로 설명할 수 있겠지만 지식(knowledge)을 빼 놓을 수 없다.* 대학의 각 학문 분야마다 지식을 생산해 내고 있다. 대학에서 탐구되는 학문은 교과의 배경 학문이 된다. 그러나 배경 학문에서 산출된 지식이 곧바로 교과(教科 : subjects)의 내용이 되지는 못한다. 학문에서 산출한 지식이 교과의 목적과 방법, 그리고 발달 단계인 학생의 수준에 맞추어 변환되어야하기 때문이다. 이렇게 학문적 지식 중에 교수학적 변환을 거쳐 교과의 내용으로 된 지식을 pedagogical content knowledge(PCK)라고 한다.

그렇다면 독서교육의 배경이 되는 학문은 무엇인가? 독서는 다양한 학문 분야에서 탐구되고 있다. 독서교육에 영향을 주는 배경학문과 독서교육의 내용(contents)을 다음 [그림 5-1]과 같이 제시할 수 있다.**

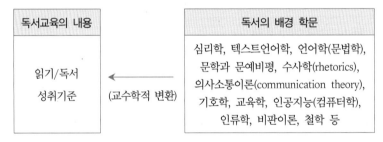

[그림 5-1] 독서교육의 내용과 배경학문

독서는 뇌에서 이루어지는 사고 작용이다.*** 위의 그림에서 보듯이 독서 연구에 참여하는 학문 분야는 실로 다양하며 학제적 연구(interdisciplinary research)의 대상이 되고 있다.**** 앞으로 살펴보겠지만 독서 교육과정의 내용에 해당하는 성취기준에 포함된 '내용 요소'들의 의미를 분석해 보면 [그림 5-1]에 소개된 여러 학문 분야의 내용과 직간접적으로 관련됨을 알 수 있을 것이다.

이러한 학문적 전통 속에서 그 동안 독서교육 연구자들이 독서교육의 내용으로 주목해 온 지식은 독서, 글, 소통 그 자체에 관한 지식, 독서할 수 있는 방법으로서 기능과 전략, 자신의 독서 능력을 점검하고 조절하는 초인지 능력, 독서를 좋아하는 태도 등이다. 이를 지식의 유형에 따라 분류해 보면 개념적 지식, 절차적 지식,[47] 태도적 지식의 셋으로 크게 구분할 수 있다([표 5-1] 참조).

[표 5-1] 독서교육의 내용과 지식의 유형

독서교육 내용	뜻	학습 결과 반응
개념적 지식	• '무엇은 무엇이다.'로 표현되는 지식 • 독서, 글, 맥락, 소통, 문화 등에 관한 지식 예) 논설문의 서론, 본론, 결론으로 구성된다.	나는 … 알아. (I know ….)
절차적 지식	• '할 수 있다.'로 표현되는 지식 • 독서 기능, 독서 전략, 독서 점검(초인지) 등 예) 논설문에서 주장을 찾는다.	나는 … 할 수 있어. (I can ….)
태도적 지식	• '좋아 한다, 즐긴다'로 표현되는 지식 • 독서 태도, 독서 흥미, 독서 습관 등 예) 잡지 읽기를 좋아한다.	나는 … 좋아해. (I like ….)

이러한 지식의 유형 구분은 독서교육 내용을 이해하는데 유용하다. 이에 근거하여 독서교육의 내용을 살펴보면 다음과 같이 범주화 할 수 있다.

---

47) 개념적 지식은 명제적 지식이라고, 절차적 지식은 과정적 지식이라고 부르기도 한다.

가. 독서, 글/맥락, 소통/문화 등에 관한 지식 : 개념적 지식

독서에 관여하는 독자의 배경지식은 다시 내용에 관한 지식, 글 구조에 관한 지식, 맥락에 관한 지식, 사회문화적 지식(화용적 지식) 등으로 나누어진다(천경록·조용구 역 : 2013).

독서에서 독자의 배경지식과 경험이 중요하다고 해서 독서교육 시간에 이들 모두를 직접 가르치거나 길러줄 수는 없다. 독서 교육과정 개발자들은 이 중에 교육적으로 통제할 수 있는 지식, 다시 말해 독서교육 시간에 직접 길러줄 수 있는 지식을 먼저 독서교육 내용으로 반영하였다. 아래 소개하는 내용들의 특성은 모두 개념적 지식에 가깝다.

1) 독서에 관한 지식

이 책의 1장에서 독서의 개념을 정의하면서 독서를 '독자가 글을 읽고 의미를 구성하는 사고 활동'이라고 정의한 적이 있다. 이처럼 독서 연구자들이 탐구한 독서의 개념을 교수학적 변환을 거쳐 독서교육의 내용으로 반영하고 있다. 2015 개정 교육과정에 반영된 독서에 관한 지식을 다루는 성취기준을 일부 제시하면 다음과 같다(교육부, 2015).

* 2015 개정 교육과정에서는 교육 내용을 성취기준으로 제시한 후에, 성취기준의 소통을 원활하게하기 위해 번호를 붙였다. 예의 [6국02-01]의 6은 '5-6학년군'을 뜻하고, 국은 '국어과'를, 02는 두 번째 영역인 '읽기'를, 01은 '첫 번째' 성취기준을 뜻한다.

[6국02-01] 읽기는 배경지식을 활용하여 의미를 구성하는 과정임을 이해하고 글을 읽는다.*

[9국02-01] 읽기는 글에 나타난 정보와 독자의 배경지식을 활용하여 문제를 해결하는 과정임을 이해하고 글을 읽는다.

위의 두 성취기준을 뜯어보면, [6국02-01]은 독서가 '의미 구성 과정'이라는 개념을 내용 요소로 하고 있고, [9국02-01]은 독서가 '문제 해결 과정'이라는 개념을 내용 요소로 하고 있다. 그러나 2015 개정 교육과정에서 독서에 관한 지식 그 자체는 초등 저학년과 중학년에서는 제시되지 않고, 초등 고학년에 해당하는 5~6학년부터 이후에 제시되고 있다. 이는 발달적 측면을 고려하여 학습자들이 독서 방법을 익힌 후, 독서 그 자체에 관한 개념적 지식을 갖추도록 설계하고 있음을 뜻한다.

2022 개정 교육과정에서는 독서의 개념에 관한 지식을 내용요소로 다루는 성취기준의 예로 다음을 들 수 있다(교육부, 2022).

[9국02-01] 읽기는 사회·문화적 맥락에서 의미를 구성하는 과정임을 이해하며 사회적 독서에 참여하고 사회적 독서 문화 형성에 기여한다.

2) 글과 맥락에 관한 지식

독서는 글을 읽는 것인데, 글은 일정한 관습과 체제(구조)를 가지고 있다. 그리고 독서는 탈맥락적 상황이나 진공 상황에서 일어나는 것이 아니라 일정한 맥락(context) 속에서 진행된다. 따라서 독서교육 내용으로 텍스트에 관한 지식과 맥락에 관한 지식을 포함하고 있다.[48] 후자는 텍스트가 생산되고 유통되는 사회 문화적 맥락에 관한 지식, 독서의 물리적 맥락에 관한 지식, 독자의 독서 환경 등과 관련된다. 2015 개정 교육과정에는 다음과 같은 성취기준이 제시되어 있다(교육부, 2015).

[6국02-02] 글의 구조를 고려하여 글 전체의 내용을 요약한다.
[9국02-02] 독자의 배경지식, 읽기 맥락 등을 활용하여 글의 내용을 예측한다.

---

48) 텍스트에 관한 지식, 맥락에 관한 지식은 이 책의 제2장 독서의 변인에서 자세하게 설명하고 있다.

[6국02-02]에서는 '글의 구조를 고려하여'라는 표현이 나온다. 이는 글에 대한 지식 중에서 글의 구조에 관한 지식을 활용해야 함을 뜻한다.*

이 밖에도 텍스트에 관한 지식은 텍스트를 구성하는 언어 단위(예를 들어, 철자, 형태소, 단어, 어절, 문장, 글 전체 등)에 대한 지식, 텍스트의 종류와 형식, 텍스트의 주제, 텍스트의 목적 등 다양하다.

한편, [9국02-02]에서는 '맥락 등을 활용하여'라는 표현을 볼 수 있다. 이 성취기준은 독자가 글의 맥락에 관한 지식을 사용할 것을 요구하고 있다. 맥락에는 읽기 목적, 시간, 장소, 사회적 배경, 문화적 배경, 독서 환경 등이 포함된다.

2022 개정 교육과정에서 글과 맥락에 관한 지식을 내용 요소로 다루는 성취기준의 예로는 다음을 들 수 있다(교육부, 2022).

[6국02-01] 글의 구조를 고려하여 주제나 주장을 파악하고 글 내용을 요약한다.

[9국02-01] 읽기는 사회·문화적 맥락에서 의미를 구성하는 과정임을 이해하며 사회적 독서에 참여하고 사회적 독서 문화 형성에 기여한다.

3) 소통 및 문화에 관한 지식

독서는 일차적으로는 문자 언어를 사용한 이해 활동이다. 독서는 말하기, 듣기, 쓰기와 함께 언어를 사용한 의사소통(communication) 행위이고, 더 확장하면 언어 이외의 비언어적 의사소통을 포함한 인간의 의사소통 행위 중에 하나이다. 따라서 (의사)소통에 관한 일반적 지식을 이해하는 것이 독서에서도 요구된다.

의사소통은 또한 문화 현상과 밀접하게 관련이 된다.49) 의사소통은 문화에 따라

---

49) 국어과 읽기/독서교육은 모국어교육(제1언어교육 : L1)에 해당한다. 한국어교육에서 다루는 외국어로 한국어 읽기교육(제2언어교육 : L2)에서는 특히 문화적 접근이 강조되고 있다.

다른 관습으로 발전하기도 한다. 다음은 소통과 문화에 대한 지식이 독서교육의 내용으로 수용된 사례이다(교육부, 2015).

> [10국02-01] 읽기는 읽기를 통해 서로 영향을 주고받으며 소통하는 사회적 상호 작용임을 이해하고 글을 읽는다.
> [12독서03-04] 시대의 사회·문화적 특성이 글쓰기의 관습이나 독서 문화에 반영되어 있음을 이해하고 다양한 시대에서 생산된 가치 있는 글을 읽는다.

성취기준 [10국02-01]은 읽기(독서)를 '사회적 상호작용'으로 파악하고 있다. 이는 앞에서 설명한 '독서에 관한 개념적 지식'의 하나로 볼 수 있다. 그러나 여기서 머물지 않고, 이 성취기준은 '사회적 상호작용'이 인간의 '소통' 행위임을 동시에 강조하고 있다.

성취기준 [12독서03-04]에서는 독서가 사회 문화 현상과 긴밀히 결합되어 있음을 다루고 있다. 독서 현상을 개인 독자의 의미 구성 행위로 설명하는 심리적(인지적) 접근에서 벗어나 독서 현상을 사회 문화적 현상으로 바라보고 있다.

나. 독서 기능과 전략, 그리고 초인지 : 절차적 지식

독서를 잘하기 위해서는 '독서에 관하여 아는 것' 만으로는 부족하고, 실제로 '독서를 잘할 수 있는' 능력이 필요하다. 이는 절차적 지식의 특성을 지닌다. 개념적 지식은 독서 능력의 필요조건은 되지만 충분조건은 되지 못한다. 따라서 독서를 할 수 있는 절차적 지식을 독서교육 내용으로 중시하고 있다.

독서는 눈으로 텍스트의 문자라는 기호를 지각하여 그 의미를 깨닫고 판단을 내리는 매우 복잡한 사고 과정이다. 행동주의 심리학자들은 독서에 필요한 능력을 독서 기능(reading skill)으로 설명하였다. 인지심리학자들은 같은 정신 능력을 두고 독자의 배경지식과 목적을 중시하여 독서 전략(reading strategies)으로 설명하였다. 이 밖에 독서 과정에서 독서 기능과 전략을 점검하고 조절하는 능력도 독서교육 내용으로 부각되었는데, 이를 독서 초인지(meta cognition)*라고 한다. 아래 소개되는 내용들은 모두 절차적 지식의 특성을 가지고 있다.

1) 독서 기능과 독서 전략

① 독서 기능 : 기초기능과 고등사고 기능

독서는 독자가 텍스트를 지각하여 의미를 구성하는 사고 과정이다. 이 과정을 다음 그림과 같이 표현할 수 있다.

[그림 5-2] 독자의 사고 내용

그림에서 아래쪽에 있는 책은 텍스트를 말한다. 그리고 위쪽에 떠 있는 어린이의 말풍선은 독자의 사고 내용을 보여준다. 독자는 의미를 구성하기 위해 텍스트와 끊임없이 상호작용하고 있다.

그림에서 말풍선이 점선으로 표현한 것에서 짐작할 수 있듯이 독서의 사고 과정과 내용은 뇌에서 진행되는 심리적 과정이라 관찰하기가 쉽지 않다.* 이 과정은 심리학자들의 탐구 대상이 되었다. 이 과정에 동원되는 독자의 정신 능력을 행동주의 심리학자들은 독서 기능으로 설명하였다. 독서 기능은 크게 '해독(decoding)'이라 불리는 기초기능과 '독해(comprehension)'라고 불리는 고등사고 기능으로 구분할 수 있다.

해독은 눈으로 텍스트를 지각한 후에 텍스트를 구성하는 글자를 소리 내어 읽는 데(read aloud) 주력한다. LaBerge & Samuels(1974)는 인간의 인지 용량이 제한되어 있기 때문에 독자는 제한된 인지를 독해에 배정할 수 있어야 독서가 순조롭게 진행된다고 보았다. 이를 위해서는 해독 기능이 자동화(自動化)되어야 한다고 주장하였다. 해독 기능을 충분히 습득하지 못하면 독서 부진아(underachiever)나 느린 학습자(slow learner)가 되기 쉽다.

독해 기능은 내용 확인, 추론, 평가, 종합과 같은 기능을 말한다. 독해 기능에 대해 일련의 체계를 세운 연구로 바렛((Barrett, 1979 : 65-66)을 들 수 있다. 그는 블룸(B. S. Bloom)의 인지적 교육 목표 이론**에 기대어 읽기/독서 기능을 다음과 같이 네 수준을 제안하였다.50)

* 뇌에서 일어나는 사고 작용을 물리적으로(외현적으로) 관찰하기 위해 시선 추적 장치(eye tracker)로 눈동자 움직임을 관찰한다. 그리고 뇌에서 일어나는 생각을 입으로 소리내어 말하게(read aloud) 하고, 그 결과를 전사한 프로토콜(protocol)을 분석함으로써 뇌의 작용을 관찰할 수 있다. 이를 사고구술(思考口述 : think aloud)이라고 한다. 최근에는 MRI와 장치를 활용하여 독서 과정에서 뇌의 특정 부위가 활성화되는 것을 영상으로 촬영하여 연구하기도 한다.

** 블룸(B. S. Bloom)과 동료들이 인지적 영역의 교육 목표를 '지식, 이해력, 적용력, 분석력, 종합력, 평가력'과 같은 여섯 수준으로 구분한 이론 체계를 말한다. 모든 교과에 적용하기 위한 일반 이론으로 개발되었다. 많은 비판을 받았고, 수정된 분류 체계도 제안되었다. 현대 교육에 강력한 영향을 끼치고 있다.

---

50) 이재승(1996 : 25-26)에서 재인용. 번역은 부분적으로 수정하였음.

[표 5-2] 바렛의 독서 기능 목록

1.0 축자적 재인 및 회상하기(literal recognition or recall)
1.1 세부 사항의 재인 및 회상하기
1.2 주요 아이디어의 재인 및 회상하기
1.3 순서의 재인 및 회상하기
1.4 비교의 재인 및 회상하기
1.5 인과 관계의 재인 및 회상하기

2.0 추론하기(inference)
2.1 뒷받침 내용의 추론하기
2.2 주요 아이디어의 추론하기
2.3 순서 추론하기
2.4 비교 추론하기
2.5 인과 관계 추론하기
2.6 인문 특성 추론하기
2.7 결과 예측하기
2.8 비유적 언어 추론하기

3.0 평가하기(evaluation)
3.1 현실과 환상 판단하기
3.2 사실과 의견 판단하기
3.3 적합성과 타당성 판단하기
3.4 적절성 판단하기
3.5 가치나 수용 가능성 판단하기

4.0 감상하기(appreciation)
4.1 구성이나 주제에 대해 감정적 반응하기
4.2 인물과 사건 확인하기
4.3 저자의 언어 사용에 대해 반응하기
4.4 이미지 형성하기

바렛의 독서 기능 목록은 우리나라 읽기/독서 교육에 많은 영향을 주었다. 우리나라 읽기/독서 교육과정에서는 독서의 수준(level of processing)에 기초하여 '사실적 이해, 추론적 이해, 비판적 이해'를 기본적으로 채택하고 있는데 이는 바렛의 '1.0 축자적 재인 및 회상하기, 2.0 추론하기, 3.0 평가하기'의 영향이다. 4.0 감상하기는

'감상적 이해'에 상당하는데 문학 텍스트 읽기에 영향을 주었다.

② 독서 전략

독서 기능에 대한 설명은 많은 공격을 받기도 하였다. 하향식 모형에서 보듯이 독자의 목적이나 배경지식과 통합 없이는 의미 구성이 실패하는 경우가 많다. 따라서 인지심리학자들은 독서에서 독자가 목적을 정하고 의미를 구성하기 위해 여러 가지 대안 중에서 최적의 대안을 모색하는 과정을 '독서 전략(reading strategies)'으로 개념화 하였다.

이에 근거하여 연구자들이 독서 전략을 제시하였다. 그 중에 하나로 Owocki (2003/2013 : 12)는 해독(decoding) 기능을 습득한 능숙한 독자가 사용하는 독해 전략을 다음과 같이 제안하고 있다(천경록·조용구 역, 2013 : 29-30).

[표 5-3] 능숙한 독자의 독해 전략

전략	내용
예측하기 /추론하기	• 가설(또는 예측)이나 가정(또는 추론)을 세우기 위해 배경지식을 떠올리기 • 가설과 가정을 확인하고 수정하기
읽기 목적 설정하기	• 읽기 목적 진술하기 • 적절한 입장 취하기 • 읽기 목적의 달성을 위해 개괄하고 선택적으로 읽기 • 읽기 목적이 달성되었는지 평가하기
다시 이야기하기	• 요약하기 • 종합하기 • 다시 생각하기 • 다시 보기
질문하기	• 육하원칙 질문하기 • 질문에 대한 답을 어디에서 찾을 수 있는지 묻기 • 질문에 대한 답을 찾기 위해 선택적으로 읽기

전략	내용
점검하기	• 독해 과정 추적하기 • 새로운 정보에 마주칠 때 이해한 것을 수정하기 • 명확히 이해하기 위해 교정 전략(fix-up strategies)을 사용하기 • 단어의 의미를 생각하기
시각화하기	• 오감(五感)을 사용하여 책에 나온 개념을 마음속에 나타내기
연결하기	• 읽기 전, 중, 후에 배경지식 활성화하기 • 개인적 연결하기 • 텍스트 간 연결하기 • 읽은 후에 새롭게 알게 된 것을 생각하기
중심내용 결정하기	• 주요 개념과 주제를 찾기 위해 읽기 목적을 사용하기 • 중심내용을 결정하기 위해 텍스트의 형식, 순서, 특성 등을 활용하기
평가하기	• 비평하기와 의견 내세우기 • 내용의 장점 고려하기, 저자의 언어 사용에 대해 고려하기 • 저자의 의도와 관점 고려하기 • 새로운 정보를 적용할 준비하기

[표 5-3]의 독서 전략은 [표 5-2]의 독서 기능 목록과 외견상 큰 차이가 없어 보일지 모르나 차이가 있다. 먼저, 독서 기능 목록은 기능 간의 순차성(linear)과 위계성을 가정하고 있다. 1.0 → 2.0 → 3.0 → 4.0으로 위계적으로 '하나씩 하나씩' 독립적으로 습득시켜 나가야 한다고 가정하고 있고, 난이도 역시 뒤로 갈수록 높아 진다고 가정한다. 이에 비해 전략의 목록은 능숙한 독자들이 독해 과정에서 전략들을 '동시적으로(simultaneously)' 적용한다는 가정을 취하고 있다.

그 다음으로 독서 기능은 '언제 어디서나(any time & any where)' 모든 텍스트에 공통적으로 적용할 수 있는 '분리된 기능(isolated skills)'의 습득을 강조하는데 비해, 독서 전략은 독자가 '지금 여기에(now & here)'라는 구체적 상황에서 자신이 설정한 독서 목적(purpose, goal)에 따라 유연하게 최적의 독서 전략을 적용하여 독서 목적을 달성할 것을 강조하고 있다.

2) 초인지

초인지(meta cognition)는 인지에 관한 인지라고 할 수 있다. 앞에서 설명한 독서에 관한 지식, 독서 기능이나 독서 전략 등은 모두 인간의 인지(cognition) 활동이다. 그런데 인지 활동을 하는 독자가 자신의 독서 과제, 독서 목적, 텍스트, 주변 상황, 독서 과정 등을 고려하여 독서를 점검하고 조절할 수 있다. 다시 말해, 독서에 동원되는 '지식, 기능/전략'을 인지라고 할 때, 이러한 인지를 통제하고 조절하는 능력이 초인지인 것이다.

예를 들어, 읽는 책이 너무 어려우면 좀 더 쉬운 요약 버전을 읽는다든지, 책을 읽다가 어려운 단어가 나오면 사전을 찾아보는 것(혹은 일시적으로 무시하고 읽기를 계속하는 것)은 독서 초인지 행동이다. 독자가 자신의 독서 행동을 자기 점검(self monitoring), 자기 조절(self regulation), 자기 교수(self teaching) 하는 현상은 능숙한 독자들에게 자주 관찰된다. 다음을 보자(교육부, 2015).

[6국02-06] 자신의 읽기 습관을 점검하며 스스로 글을 찾아 읽는 태도를 지닌다.
[10국02-04] 읽기 목적을 고려하여 자신의 읽기 방법을 점검하고 조정하며 읽는다.

2015 개정 교육과정에서도 위와 같이 초인지 이론을 반영한 성취기준을 찾아볼 수 있다. 교과서 활동을 볼 때, 체크리스트나 자기점검표와 같은 활동을 대할 수 있는데, 이들은 초인지 이론을 반영한 활동이다. 2022 교육과정에서는 다음과 같은 성취기준을 확인할 수 있다(교육부, 2022).

[4국02-03] 질문을 활용하여 글을 예측하며 읽고 자신의 읽기 과정을 점검한다.

[9국02-08] 자신의 독서 상황과 수준에 맞는 글을 선정하고 읽기 과정을 점검·조정하며 읽는다.

다. 독서의 정의적 요인 : 태도적 지식

이상에서 설명한 개념적 지식과 절차적 지식은 독자의 인지적 능력에 해당한다. 독자는 사람(human)이고 정서적 존재이다. 사람은 번역기와 같은 기계(machine)가 아니기 때문에 독서 과정에서 좋아하고 싫어하는 것과 같은 감정 상태에 있고, 정서(情緒)를 경험한다. 독서교육에서도 독자의 정의적 요인을 중시하고 있다. 정의적 요인은 앞에서 설명한 인지적 요인과 서로 밀접하게 연결되어 있다. 2015 개정 교육과정에 등장한 독서 태도와 관련된 성취기준을 몇 개 소개하고 독서의 정의적 요인을 설명하면 다음과 같다.

• 2015 개정 교육과정 사례
[6국02-06] 자신의 읽기 습관을 점검하며 스스로 글을 찾아 읽는 태도를 지닌다.
[9국02-10] 읽기의 가치와 중요성을 깨닫고 읽기를 생활화하는 태도를 지닌다.

• 2022 개정 교육과정 사례
[6국02-05] 긍정적인 읽기 동기를 형성하고 적극적으로 읽기에 참여하는 태도를 기른다.
[9국02-07] 진로나 관심 분야에 대한 다양한 책이나 자료를 스스로 찾아 읽는다.

① 독서 태도

독서 태도(attitude)는 독서를 좋아하거나 싫어하는 학습된 성향(disposition)을 말한다. 독서 태도는 후천적으로 습득되는 것이기 때문에 교육 가능하다. 태도는 대상(object)이 있어야 하는데, 독서 그 자체, 책 등이 대상이 될 수 있다. 어떤 독자는 독서(/책)에 대한 긍정적 태도를 가지고 있지만, 어떤 독자는 부정적 태도를 가지고 있다. 긍정적 태도의 독자는 책 읽기를 좋아하지만 부정적 태도의 독자는 독서나 책을 멀리한다.

책 읽기를 싫어하는 독자들에게 독서에 관한 지식이나 독서의 기능/전략을 가르치기는 쉽지 않다. 그러므로 교사는 학생들이 책에 대한 긍정적 태도, 독서에 대한 긍정적인 태도를 가지도록 지도할 필요가 있다. 우리나라 학생들의 독서 능력은 OECD 국가들 중에서 상위권에 있지만 독서 태도는 낮다고 한다. 그리고 학년이 올라갈수록 독서 능력은 향상되지만 독서 태도는 하락하고 있다고 한다. 이순영(2019b : 366)에서는 책을 읽을 수 있는 능력을 갖추었지만 자발적으로 책 읽기를 싫어하고 책을 멀리하는 것을 '책맹(aliteracy)'이라고 하였고, 이런 독자를 '비독자(非讀者 : aliterate reader)'로 설명하고 있다.

② 독서 흥미

흥미(interest)는 어떤 대상에 특별한 관심이나 주의를 하게 하는 감정, 어떤 활동에 이끌리게 되는 개인의 일반화된 행동 경향, 특정한 활동에로의 욕구 등으로 교육학사전에서 정의되고 있다. 이런 정의를 독서에 적용시켜 이현진(2015 : 200)은 읽기 흥미(reading interest)를 '독자가 읽기 활동이나 읽기 대상인 텍스트에 대한 관심을 가지고 읽기 활동에 대한 욕구를 가지는 상태'로 정의하고 있다. 독서 흥미는 독자가 독서 행동을 일으키는 욕구에 해당하며, 독자의 정서적 요인 중의 하나로 분류된다.

독서 흥미는 개인적 흥미와 상황적 흥미로 구분되기도 한다. 개인적 흥미

(individual interest)는 특정 주제나 과제에 대해 개인이 가지고 있는 비교적 지속적이고 안정적인 상태 및 성향, 선호도를 말한다. 상황적 흥미(situational interest)는 어떤 조건이나 대상(자극이나 환경)의 특성에 의해 즉각적으로 발생하는 흥미로, 비교적 여러 사람에게 공통적으로 나타난다(이현진, 2015 : 198).

③ 독서 동기

독서 동기(reading motivation)는 독서 행위를 유발하여 독서 과정을 이끌어 내는 요인을 말한다. 독서 동기는 동기 유발의 자발성과 목적성에 따라 크게 내재적 동기와 외재적 동기로 구분된다.

내재적 독서 동기는 학습자의 자발적인 흥미나 관심, 즐거움, 내적 보상 등에 의해 독서 행위를 유발하는 것이다. 반면, 외재적 독서 동기는 교사의 칭찬이나 보상, 인정, 벌 등의 외적 자극이나 행위 후 주어질 결과에 의해 독서 행위가 유발되는 것을 말한다(이순영, 2006 : 406).

이순영(2006)은 독자가 내재적 독서 동기에 의해 인지적 및 정서적으로 독서 행위에 몰입하는 독서를 '몰입 독서(reading engagement)'라고 설명하고 있다.

이 밖에도 독자의 정의적 요인과 관련되는 독서교육 내용으로는 독서 습관(reading habits), 독서 효능감(reading efficacy) 등이 탐구되고 있다.

라. 2022 개정 교육과정과 기초문식성

2022 개정 교육과정에서는 기초문식성(basic literacy) 내용을 강화하였다. 기초문식성은 독서교육 내용의 범주로는 위의 나 항에서 설명한 독서 기능에 해당한다. 최근에 기초문식성의 부진 문제가 사회 문제화 되고 있다. 학습자가 기초문식성을 제대로 익히지 못하면 그 다음 단계인 기능적 문식성, 교과문식성의 발달도 지연된

다. 이를 해결하기 위해 기초학력보장법이 제정 시행되고 있고, 그에 따라 정책 변화도 나타나고 있다. 이절에서는 예비교사들이 기초문식성에 대해 입문할 수 있도록 별도의 항으로 설명하고자 한다.

1) 기초문식성의 개념과 필요성

동서고금의 모든 교육에서는 기초문식성 교육을 교육의 절대적 기초로 보고 강조해 왔다. 서양에서는 이를 3R(Reading, wRiting, aRithmetic)이라 하였고, 동양에서는 독서(讀書算)라고 불렀다.

기초문식성 관련 교육 현상을 지칭하는 용어도 다양하다. 초기문식성(early literacy), 기초문식성(basic literacy), 입문기 문식성(beginning literacy), 저학년 문식성, 초기아동기문식성(early childhood literacy) 등이 그러하다. 그뿐만 아니라 literacy를 문해력, 문식력으로 쓰는 연구자들도 있어서 이들을 조합해 보면, 국내에는 여러 용어가 사용되고 있음을 알 수 있다.

이 책에서는 이 중에 '기초문식성' 용어를 채택하여 사용한다. 그 이유는 기초문식성이 2015 개정 국어과 교육과정에서 채택되어 사용되고 있기 때문이다.

2) 기초문식성의 교육 내용

2022 개정 교육과정의 읽기, 쓰기, 문법 영역의 내용체계에서는 다음과 같이 기초문식성 교육 내용을 읽기 영역과 쓰기 영역에서는 '과정·기능' 범주의 하위 범주로 문법 영역에서는 '지식·이해' 범주의 하위 범주로 설정하고 있다.

[표 5-4] 2022 국어과 교육과정의 기초문식성 관련 내용요소

영역	핵심 아이디어		내용 요소		
	범주		초등학교		
			1~2학년	3~4학년	5~6학년
읽기	과정·기능	읽기의 기초	• 글자, 단어 읽기 • 문장, 짧은 글 소리 내어 읽기 • 알맞게 띄어 읽기	• 유창하게 읽기	
쓰기	과정·기능	쓰기의 기초	• 글자 쓰기 • 단어 쓰기 • 문장 쓰기	• 문단 쓰기	
문법	지식·이해	한글의 기초	• 한글 자모의 이름과 소리 • 단어의 발음과 표기 • 문장과 문장 부호	• 단어의 정확한 발음과 표기	• 단어와 문장의 정확한 표기와 사용

위의 표에 나타난 내용요소를 포함하여 연구자들이 기초문식성의 교육 내용으로 주목한 것은 음운 인식, 글자와 음운의 대응, 한글 해독, 단어 재인, 유창하기 읽기, 글자쓰기, 단어쓰기, 문장쓰기 등이다.

이경화 외(2018 : 97)에서는 기초문식성과 한글 문해를 같은 개념으로 보면서 아래 [그림 5-3]과 같은 한글 해득 모형을 제시하였다.

[그림 5-3]에는 대략 다음과 같은 8개의 내용 요소가 등장한다. 이러한 요소는 기초문식성 교육 내용의 세부 내용으로 설정할 수 있다.

• 한글 문해 준비도

• 음운 인식(소리 듣고 구별하기)

• 낱자 지식

• 글자-소리 대응 지식

- 해독(소리 내어 낱말 읽기)
- 단어 재인(어휘 재인)
- 글자 쓰기
- 유창성(유창하게 읽기)

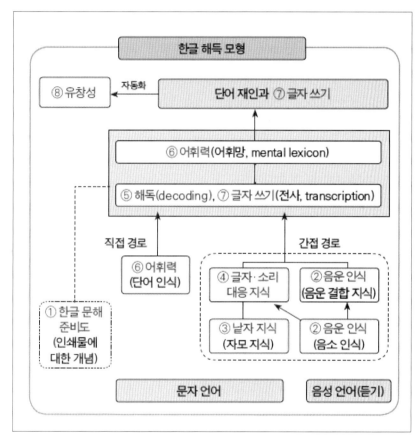

[그림 5-3] 한글 해득에 작용하는 요인(이경화 외, 2018 : 97)

이들 각각의 항목에 대해 추가적인 설명을 하면 다음과 같다.

① 한글 문해 준비도

한글 문해 준비도는 기초문식성 지도에 있어서 성숙주의 관점을 반영한 것이다. 성숙주의란 아동이 한글 문해를 배우기 위해서는 어느 정도 자연적인 성숙이 필요하다는 견해이다. 이 관점에 따르면 성숙이 되기 전에 미리 가르치는 것은 학습의 가능성이 낮고 비효율적이고 본다.

이런 배경에서 한글 문해 준비도에서는 아동이 본격적인 기초문식성을 학습하기 이전에 책의 존재, 상징 체계로서 문자의 존재에 대한 이해 등을 자연스럽게 인식하도록 지도한다. 기본적인 시각, 청각, 촉각 익히기, 눈과 손의 협응, 도형의 형태 변별, 선긋기 등을 지도한다. 가정, 유치원 등에서 풍부한 문식 환경을 만들어 주는 것이 중요하다.

② 음운 인식(소리 듣고 구별하기)

음운 인식은 우리말의 소리를 듣고서 뜻을 구별하는 음소를 변별하는 능력을 말한다. 예를 들어, /감/과 /곰/은 /ㅏ/음과 /ㅗ/음에 따라 단어의 뜻이 달라진다. /감/과 /담/은 /ㄱ/음과 /ㄷ/ 음의 차이에 따라 달라진다. 이처럼 우리말에서 음운을 듣고 달라지는 음운을 인식하는 능력이 필요하다.

음운 인식 능력을 기르기 위해서는 단어 수준, 음절 수준, 음소 수준에서 해당 단위의 수 세기를 한 후에 음운의 합성, 변별, 대치, 탈락, 첨가 등을 통해서 음운을 인식하도록 지도한다. 음절 수준에서 활동을 예로 들면 다음과 같다.

- 수세기 : '바나나'는 몇 개의 소리로 되어 있나요?
- 변별 : '나무, 나비, 가게' 중에서 첫소리가 다른 하나는 무엇일까요?
- 탈락 : '바위꽃'에서 '꽃' 소리를 빼면 어떤 소리가 남을까요?
- 합성 : /바/ 소리에 /위/ 소리를 합하면 무슨 소리가 될까요?
- 대치 : '가다'에서 /가/ 소리를 /사/소리로 바꾸면 무슨 소리가 될까요?

③ 낱자 지식

낱자란 단어의 각 소리를 듣고 쓸 수 있는 음성 표기이다. 낱자 지식이란 우리말의 자음과 모음에 해당하는 자음 글자(자음자)와 모음 글자(모음자)의 모양을 변별하고, 자음자와 모음자의 이름을 아는 것을 말한다.

예를 들어 <ㄱ>은 자음 글자인데, 글자의 이름은 '기역'이고, 소리는 기역의 '기'의 첫소리를 말하며 [그]로 소리가 난다. 또한 받침에서는 '역'의 끝소리로 난다. 낱자 지식에서는 낱자의 모양을 알고, 낱자의 이름을 알며, 낱자의 순서도 알 필요가 있다.

④ 글자-소리 대응 지식

글자와 소리의 대응 지식은 한글의 글자와 우리말의 소리를 연결하는 지식을 말한다. 즉, 낱자의 자소(grapheme)과 소리인 음소(phoneme)를 연결하는 지식을 말한다. 자소는 <ㄱ>와 같이 꺾음 괄호로, 음소는 /ㄱ/와 같이 빗금으로 표기한다.

글자-소리 대응 지식에서는 자음자에 대응하는 소릿값 알기, 모음자에 대응하는 소릿값 알기, 낱자와 말소리 연결하기, 말소리와 낱자 연결하기, 글자의 짜임 알기 등에 대한 지식을 다루게 된다.

⑤ 해독(소리내어 낱말 읽기)

한글 읽기에서 글자에 소리를 대응시키는 읽는 능력을 해독(decoding)이라 하고, 한글 쓰기에서 소리를 글자에 대응시켜 쓰는 능력을 전사(transcribing)이라고 한다. 기초문식성 지도에서 한글 해독은 중요하다. 이 시기는 글자를 소리내어 읽는데 주력한다. 의미는 무시해도 된다. 하여 무의미 철자를 읽히기도 한다.

우리말에서 모음 글자와 모음 소리는 일대일로 대응한다. 그러나 자음 글자는 받침 위치에서 글자와 소리가 일치되지 않는 경우가 있다. 예를 들어 '낫, 낱, 낯, 낳-, 낟' 등은 모두 [낟]으로 소리난다. 이에 비해, 영어에서는 모음자와 모음의 소리가 일대일로 대응하지 않는다. 이런 이유로 한글은 영어에 비해 해독하기가 쉽다고 한다.

⑥ 낱말 재인과 어휘력

낱말 재인(word recognition)이란 글자를 올바르게 발음하고 그 단어의 의미를 아는 것이다. 문자 언어가 '문자(상징 기호)-말소리-의미'의 세 가지 요소의 연결을 통해 의미 구성된다는 점을 고려할 때, 낱말 재인이 되어야 비로소 문자 언어의 의사소통 단계로 진입하게 되는 것이다. 앞서 해독 단계에서는 무의미 단어도 발음하게 된다. 그러나 낱말 재인은 낱말의 의미 파악이 필요하므로 의미 있는 단어에 초점을 맞추게 되고, 우리말에서 의미 단어와 무의미 단어를 구별하게 된다.

단어가 여러 개 모인 것을 집합적으로 일컬을 때 '어휘(語彙)'라고 한다. 낱말 중에 사용 빈도가 높고, 쉬운 단어를 기초어휘라고 한다. 기초 어휘는 아동이 성장하면서 반복적으로 노출된 어휘를 말한다. 일견 어휘(sight vocabulary), 시각 어휘 등도 유사한 개념이다.

기초 어휘를 통해 어휘를 학습하는 것을 '직접 경로'라고 한다. 반면에 음운 인식과 대응에 의해 어휘를 학습하는 것을 '간접 경로'라고 한다(앞의 [그림5-3]) 참조). 최초의 어휘 학습은 직접 경로를 통하지만, 음운 인식과 대응을 익히면 대부분의 어휘 학습은 간접 경로를 통하게 된다. 간접 경로에 의한 방법에 따를 때 어휘 학습의 생산성이 매우 높아지게 된다.

⑦ 글자 쓰기

글자 쓰기는 언어의 음성을 문자로 기록하고, 낱말의 의미를 알고 쓰는 능력을 말하며 쓰기의 기초가 된다. 이는 단순하게 글자를 따라 쓰는 전사(transcription)와 낱말의 의미를 알고 글자를 쓰는 글자 쓰기(의미)로 두 단계로 나누어진다. 전자는 언어와 음성을 문자로 기록하는 것으로, 덮어 쓰기, 따라 쓰기, 옮겨 쓰기(베껴 쓰기),

듣고 받아쓰기 등으로 말한다. 후자는 자신이 쓰는 낱말의 의미를 알고 글자를 쓰는 것을 말한다. [그림 5-3]에서 ⑤ 해독과 나란히 제시된 글자쓰기는 '전사'를 말하며, 어휘력을 갖춘 후에 글자를 쓰는 것은 글자쓰기(의미)를 말한다. 글자를 쓸 때는 필순에 따라 써야하고, 우리말의 자형을 고려하여 써야 한다.

⑧ 유창성(유창하게 읽기)

유창성(fluency)은 초기문식성의 완성 단계에서 나타나는 현상이다. 유창성은 정확성, 속도성, 표현성의 세 가지로 관찰할 수 있다. 낱말, 문장, 짧은 글을 정확하게, 빠르게, 적절한 억양으로 표현성을 살려 읽을 것을 기대한다. 학생들이 유창성을 습득하게 되면, 문자에 대산 고착에서 점점 자유로워지면서 읽기에서 의미를 구성하는 독해(comprehension)와 쓰기에서 의미를 구성하는 글쓰기(composition) 단계로 발달해 나가게 된다.

이상의 내용을 종합하여 이경화외(2018 : 113-114)에서는 다음과 같이 기초문식성 관련 교육 내용과 학습 요소를 제시한 바 있다.

[표 5-5] 기초문식성 교육 내용과 학습 요소

교육 내용	학습요소
① 한글 문해 준비도	• 도형의 위치 및 형태 변별 • 글자 형태 변별 • 책의 앞뒷면 구분하기 • 책 제목 및 역할 알기 • 읽기 방향 인식
② 음운 인식 (소리 듣고 구별하기)	• 음운 인식 과제 　-단어 수준 : 탈락(첫 단어, 끝 단어), 합성, 변별 등 • 음운 단기 기억하기 : 물건, 색깔, 이름, 자모음 이름 등 빨리 말하기 • 음운 따라 하기 : 일련의 수, 단어 등을 따라 말하기

교육 내용	학습요소
③ 낱자 지식	• 자음자, 모음자 모양 알기 • 자음자, 모음자 이름 알기 • 자음자 이름과 순서 알기 • 모음자 이름과 순서 알기
④ 글자·소리 대응 지식	• 자음자에 대응하는 소릿값 알기 • 모음자에 대응하는 소릿값 알기 • 말소리와 낱자 연결하기(소리·글자 대응 지식) • 낱자와 말소리 연결하기(소리·글자 대응 지식) • 글자의 짜임(모음, 자음+모음, 모음+자음, 자음+모음+자음)
⑤ 해독 (소리 내어 낱말 읽기)	• 의미 단어 소리 내어 읽기 　-글자 : 소리 일치 낱말 소리 내어 읽기 　-글자 : 소리 불일치 낱말 소리 내어 읽기 • 무의미 단어 소리 내어 읽기
⑥ 어휘력	• 한글 해득을 위한 기초 어휘 • 개별 낱말의 의미 • 낱말들 사이의 관계 (반의어, 유의어, 상하위어)
⑦ 글자 쓰기	• 낱자 획순에 맞게 쓰기 • 글자 표기 지식(글자 구조 지식) 　(가형, 고형, 귀형, 강형, 공형, 권형) • 전사하기 : 낱자 쓰기, 낱말 쓰기 　(덮어 쓰기, 따라 쓰기, 옮겨 쓰기) • 낱말 듣고 받아쓰기 • 소리·글자 일치 낱말 쓰기 • 소리·글자 불일치 낱말 쓰기
⑧ 유창성 (유창하게 읽기)	• 낱말 유창하게 읽기 • 문장 유창하게 읽기 • 글 유창하게 읽기

3) 기초문식성의 지도 원리

기초문식성을 지도하는 원리는 크게 세 가지로 구분할 수 있다. 발음 중심 접근법, 의미 중심 접근법, 균형적 접근법이 그것이다.

① 발음 중심 접근법

발음 중심 접근법은 읽기에서 상향식 과정 모형과 관련이 깊다. 음운, 음절체, 음절, 단어, 문장 등으로 언어 단위 중에 작은 단위에서 큰 단위로 점점 확대해 나간다. 의미는 유보하고 먼저 소리내어 읽을 수 있는지, 즉 해독할 수 있는지에 주목한다. 기초문식성에 관련된 세부 기능을 분절적으로 파악한다. 발음 중심 접근법은 다시 자모식 지도와 음절식 지도로 구분할 수 있다.

자모식 지도는 자모법, 혹은 기역니은식 지도법이라고도 한다(이경화 외, 2018 : 117). 자음자와 모음자를 먼저 가르치고, 자음과 모음자를 합하여 음절을 가르친다. 예를 들어, 'ㄱ'에 'ㅏ'를 더하면 '가'가 되고, 다시 받침에 'ㄱ'을 더하면 '각'이 된다고 가르친다.

음절식 지도는 음절법, 혹은 가갸거겨식 지도법이라고도 한다. 아래 표와 같은 음절표 등을 활용하여 음절을 소리내어 읽게 한다. 음절표에는 실제 사용되지 않는 무의미 음절도 포함되어 있다.

[표 5-6] 기본 음절표

모음 자음	ㅏ (아)	ㅑ (야)	ㅓ (어)	ㅕ (여)	ㅗ (오)	ㅛ (요)	ㅜ (우)	ㅠ (유)	ㅡ (으)	ㅣ (이)
ㄱ	가	갸	거	겨	고	교	구	규	그	기
ㄴ	나	냐	너	녀	노	뇨	누	뉴	느	니
ㄷ	다	댜	더	뎌	도	됴	두	듀	드	디
ㄹ	라	랴	러	려	로	료	루	류	르	리
ㅁ	마	먀	머	며	모	묘	무	뮤	므	미
ㅂ	바	뱌	버	벼	보	뵤	부	뷰	브	비
ㅅ	사	샤	서	셔	소	쇼	수	슈	스	시
ㅇ	아	야	어	여	오	요	우	유	으	이
ㅈ	자	쟈	저	져	조	죠	주	쥬	즈	지
ㅊ	차	챠	처	쳐	초	쵸	추	츄	츠	치
ㅋ	카	캬	커	켜	코	쿄	쿠	큐	크	키
ㅌ	타	탸	터	텨	토	툐	투	튜	트	티
ㅍ	파	퍄	퍼	펴	포	표	푸	퓨	프	피
ㅎ	하	햐	허	혀	호	효	후	휴	흐	히

② 의미 중심 접근법

의미 중심 접근법은 언어 단위에서 '의미'가 개입하는 단어나 문장 단위에서 한글 해득을 시도한다. 독자의 머릿속에 든 배경지식을 중심으로 하여 소리까지 내려가는 하향식 접근에 해당한다. 여기에는 낱말식 지도와 문장식 지도로 구분된다.

낱말식 지도는 일견어휘(sight vocabulary)와 같은 기초 어휘를 중심으로 한글 해득을 가르친다. 예를 들어, 오리, 토끼와 같이 구체적인 어휘, 친숙한 어휘, 고빈도 어휘를 사용하여 의미, 글자, 소리를 연결시킨다. 낱말법이라고도 한다.

문장식 지도는 문장법이라고 한다. 문장식 지도는 간단하고 기본적인 문장을 통하여 한글을 지도하는 방법이다. '나는 공원에 간다.'와 같이 기본적이고 친숙한 문장을 사용하여 지도한다. 학생들에게 친숙한 내용을 다루는 그림책을 활용할 수 있다. 간단한 문장과 그림이 함께 등장하는 그림책이 권장된다.

③ 균형적 접근법

소리 중심 지도법과 의미 중심 접근의 장점을 통합한 방법을 절충적 지도법이라고 하였다. 그러나 최근에는 균형적 지도법(Balanced Instruction)이라고 하여 절충적 지도법과 개념적으로 차별화하는 움직임을 보이고 있다. 즉, 소리 중심, 의미 중심 지도를 단순히 뒤섞어 지도한다는 차원에서 벗어나 아동의 상황에 맞추어 개별화된 지도를 강화한 것이다. 균형적 지도법은 아동의 상황에 맞게 한글 해득 관련 내용을 균형 있게 제공한다.

교사는 균형적 지도를 사용할 때, 한글 해득이나 기초문식성 관련 요소를 숙지한 후에 아동이 어떤 상태인지 파악하고, 아동의 상태에 맞추어 교육 내용을 지도한다. 아래 [그림 5-4] 균형적 접근법에서 교사가 어떻게 시간을 배분해야 할지를 보여 주고 있다. [그림 5-4]의 외곽선은 지도 시간과 양이 일정함을 뜻한다. 그림이 시사하는 것은 교사가 모든 학생들에게 절대적으로 같은 시간을 사용하더라도 교사는 학생의 발달 상황에 맞추어 개별 학생에게 맞춤형으로 필요한 내용을 지도하여야 한다.

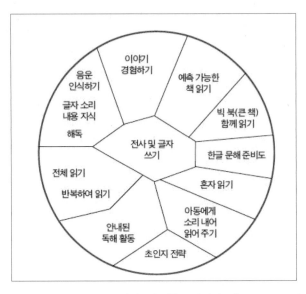

[그림 5-4] 균형적 접근법의 지도활동(이경화 외, 2018 : 137)

마. 독서교육 내용의 새로운 동향

지금까지 독서교육의 내용을 크게 독서에 관한 개념적 지식, 독서 기능/전략, 초인지와 관련된 절차적 지식, 독서 태도와 관련된 태도적 지식으로 나누어 살펴보았다. 이들은 전통적으로 독서교육에서 중시되어온 내용이다. 이와 더불어 최근에는 독서 연구자들에게 주목받는 독서교육 내용은 다음과 같은 것들이다.

1) 비판적 문식성

앞에서 살펴본 독서 기능/전략들은 인지적 관점에서 글의 의미를 구성하는데 초점을 맞추고 있다. 이러한 문식성을 '기능적 문식성(functional literacy)'이라고 한다. 기능적 문식성은 독서의 목적을 사회 적응(adaptation)에 둔다. 이를 테면, 학교에서 공부를 잘하고, 직장에서 직무를 보는데 필요한 독서 능력을 갖추어야 한다는 것이다.

이에 비해, 비판적 문식성(critical literacy)을 주장하는 연구자들은 독서를 저자와 독자의 힘(power, 권력)의 관계로 파악하며 독서의 목적을 사회 변혁의 수단으로 바라본다(천경록, 2014). 비판적 문식성에서는 텍스트를 저자가 자신의 힘(권력)을 강화하는 기제로 바라본다. 그러므로 독자는 저자의 생각을 곧이곧대로 수용하기만 해서는 안 되며, 비판적 자세(critical stance)로 텍스트를 읽고, 텍스트를 통해 권력이나 불평등 관계를 확장시키려는 저자의 '잠복된 의도'를 파악하고 저자에게 '저항' 해야 하며, 독서를 통해 사회적 실천에 참여함으로써 사회를 변화시킬 수 있어야 한다.

2) 복합양식 문식성

독서는 책을 읽는 것이고, 책은 문자로 구성되어 있다. 문자는 의사소통을 구성하는 하나의 '양식(mode)'에 해당한다. 그런데 실제의 독서 현상에서 독서 대상이 되는 텍스트는 문자로만 구성된 것이 아니라 둘 이상의 양식들이 복합적으로 구성된 것을 확인할 수 있다.

예를 들어, 그림책(picture book)은 '문자'뿐만 아니라 '그림'이라는 양식이 복합적으로 결합되어 있는 것이다. 광고텍스트에는 문자뿐만 아니라 사진, 그래프, 그림, 소리, 영상 등과 같은 다양한 양식이 복합되어 있다. 또한, 사회과나 과학과의 내용 교과의 교과서를 보면 문자 텍스트와 함께 다양한 그림, 사진, 그래프 등이 함께 등장하여 정보를 전달하고 있다.

정현선(2014 : 63)에서는 읽기·쓰기의 공간이 전통적인 지면이나 책 공간(bookspace)을 넘어서 다양한 매체로 확장되고, 하나의 텍스트 안에 문자, 음성, 이미지 등이 복합적으로 결합되어 의미 구성에 참여하는 것을 복합양식 문식성(multimodal literacy)이라고 설명하고 있다.

3) 다문서 읽기

다문서 읽기(multiple texts)는 독서에서 텍스트 측면의 확장에 해당한다. 이 책의 제2장에서 살펴본 대로 독서의 요인은 크게 독자, 텍스트, 맥락으로 나눌 수 있다. 그런데 실제의 독서 현상을 관찰해 보면 '단일 텍스트(single text)'만을 읽는 경우뿐만 아니라 둘 이상의 관련된 텍스트들을* 연결하여 읽는 경우를 자주 볼 수 있다.

*이렇게 연결된 텍스트들을 상호텍스트 관계에 있다고 말한다.

특히, 매체의 발달로 전자책이나 전자 자료를 하이퍼텍스트(hypertext)로 읽는 경우를 볼 수 있는데, 하이퍼텍스트는 다문서 읽기 혹은 다중텍스트 읽기에 해당한다. 전통적인 인쇄 텍스트는 '좌에서 우로', '위에서 아래로' 읽었다면, 하이퍼텍스트는 텍스트와 텍스트를 서로 연결하여 '겉에서 속으로' 읽게 된다.

김종윤(2017 : 251)에서는 다문서 읽기에 대해, 복수의 텍스트를 읽는다는 뜻뿐만 아니라 이를 넘어서서 독자의 읽기 목적을 위한 과제의 해석, 자료 검색 및 수집, 출처 파악 및 평가, 각 텍스트의 내용 파악 및 분석, 텍스트 간의 내용의 통합, 과제의 해결로 이어지는 일련의 과제를 달성해야 하는 의미를 강조하고 있다.

이 밖에도 디지털 문식성(digital literacy), 문화적 문식성(cultural literacy) 등으로 독서교육 내용을 확장해야 한다는 연구들이 나타나고 있다.

2. 독서 교육과정 구성의 원리

교육과정(curriculum)은 교육에 대한 전체 계획이라고 할 수 있다. 독서 교육과정에는 독서 과목의 목표, 내용, 방법, 수업 연한(및 수업 시간) 등이 포함되어야 한다. 여기서는 교육학 연구에서 탐구하고 있는 내용 구성 원리를 소개하고, 이를 독서 과목에 적용하여 설명하도록 한다.

가. 내용 선정의 원리

내용 선정 원리는 교육 목적을 달성하기 위해 적절한 교육 내용을 선정하는 것을 말한다. 교육 내용은 교재, 수업 방법과 활동, 평가에 영향을 주게 된다. 여기서는 오만록(2012 : 327)에 소개된 교육 내용의 선정 원리를 토대로 독서 과목에 적용하여 설명하면 다음과 같다.

① 타당성(적절성)의 원리 : 교육 내용은 교육 목적을 달성한 데 적절하고 타당한 것으로 선정해야 한다. 독서교육 내용은 독서 능력의 신장, 독서의 생활화, 독서 문화의 고양 등과 같이 독서교육의 목적을 달성하는데 적절한 것을 선정해야 한다. 독서교육의 목적이 무엇이며 어떻게 설정해야 하는가는 별도의 논의를 필요로 한다. 도구적 목적과 본질적 목적, 개인적 목적과 사회적 목적 등과 같이 구분할 수 있다(천경록, 2019c).

② 동기 유발 원리 : 교육 내용은 학습자에게 흥미와 자극을 줄 수 있도록 선정되어야 한다. 이는 학습자의 정의적 요인을 고려한 선정 원리에 해당한다. 독서교육 내용은 학습자의 동기(특히, 내재적 동기)를 유발하고 만족감을 줄 수 있어야 한다.

③ 기회의 원리 : 교육 목적이 제시한 바의 행동을 실제로 수행하고 경험할 수 있는 기회를 학습자에게 제시해 줄 수 있어야 한다. 독서교육 내용은 교실 여건 등을 고려하여 학습자가 연습할 수 있고, 경험할 수 있어야 한다.

④ 가능성의 원리 : 교육 내용은 학습자의 능력과 경험, 발달 수준에서 이해되고 성취될 수 있어야 한다. 독서 교육 내용은 너무 쉽거나 어렵지 않아야 하고, 해당 학년의 독서 발달 단계의 범위에 있어야 한다.

이 밖에도 오만록(2012 : 327-8)에서는 교육 내용 선정의 원리로 다목적성의 원리, 전이 가능성의 원리, 유용성의 원리 등을 제시하고 있다.

나. 내용 조직의 원리

교육 내용을 선정하였으면 학습이 잘 일어나도록 효율적으로 조직되어야 한다. 내용의 조직과 관련되어 사용되는 원리는 다음과 같다(오만록, 2012 : 330-331). 원리를 소개하고 독서 과목에 적용하여 설명하면 다음과 같다.

① 계속성의 원리 : 경험이 계속되도록 조직해야 한다. 독서 과목의 경우, 초등학교 <국어> 과목에서 읽기 영역으로 등장한 후에 고등학교까지 매학년 교육 내용으로 제공되고 있다는 점에서 계속성이 있다.

② 계열성의 원리 : 교육 내용의 조직에 있어서 단순히 반복되는 것이 아니라 교육 내용의 여러 요인에서 넓이와 깊이가 점진적으로 증가하도록 조직되어야 한다. 부루너(J. S. Bruner)의 나선형 교육과정은 이를 잘 보여 준다.

③ 통합성의 원리 : 여러 교육 내용 사이에 횡적으로 서로 상호보완 관계에 있어서 학습자의 조화로운 발달을 도와야 한다. 읽기나 독서를 배움으로써 학생들이 <사회>나 <과학> 교과의 내용을 학습하는 것은 교과 간의 통합성 사례이다. 교과 간 뿐만 아니라 읽기와 쓰기, 읽기와 말하기·듣기 등과 같이 영역 간의 통합도 고려해서 내용을 조직할 필요가 있다.

④ 균형성의 원리 : 여러 교육 내용들 사이에 균형이 이루어져야 한다. 독서와 작문, 독서와 화법, 독서와 문법, 독서와 문학 등의 인접 과목이나 영역과의 내용 사이에 균형이 있어야 한다.

⑤ 다양성의 원리 : 학생마다 가지고 있는 특성, 요구, 흥미, 능력이 반영될 수 있도록 다양하고 융통성 있는 활동을 할 수 있도록 조직되어야 한다. 학생의 독서 속도, 독서 능력, 책에 대한 선호도 등과 같은 개인 차이를 고려하여 수업을 할 수 있도록 조직할 필요가 있다.

이 중에서 계속성과 계열성은 종적 조직 원리, 통합성, 균형성, 다양성등은 횡적 조직 원리에 해당한다. 참고로, 2015 개정 교육과정의 읽기 영역에서 계열성의 원리는 다음과 같이 설계되었다(김창원 외, 2015 : 112).

기능	초등학교 1~2학년	초등학교 3~4학년	초등학교 5~6학년	중학교 1~3학년	고등학교 1학년
낭독	소리 내어 읽기 ————————→				
	띄어 쓰기 ————————→				
사실적 이해	중요한 내용 확인하기	중심 생각 파악하기	유형에 따른 대강 간추리기	목적에 따른 내용 요약하기	————→
추론적 이해		짐작하기	생략된 내용 추론하기	내용 예측하기	————→
비판적 이해		사실과 의견 판단하기	주장의 타당성, 표현의 적절성 판단하기	표현 방식 및 의도 평가하기	필자의 관점, 표현 방법 적절성 평가하기
창의적 이해				동일한 화제의 다양한 글 통합하기	문제 해결 및 대안 제시하기
상위 인지			읽기 전략 적용하기	읽기 과정의 점검과 조정하기	다양한 읽기 전략 적용하기

[그림 5-5] 학년(군) 간 읽기 성취기준의 위계성

예를 들어, 추론적 이해 관련 내용을 살펴보면, '짐작하기 → 생략된 내용 추론하기 → 내용 예측하기'로 학년군이 높아질수록 반복되면서 점점 심화된 내용으로 나타나고 있다.

다. 내용 표현의 원리

독서 교육과정 내용이 선정되고 조직되었으면 그것을 표현해야 한다. 교과서 개발자, 교사, 예비교사들은 이렇게 표현된 것을 보고 독서교육의 내용을 이해한다. 교육 내용은 성취기준으로 진술되고 있다.

서영진(2013)에서는 선행 연구를 종합하여 교육 내용 진술 방식을 다음과 같은 세 가지 방법으로 종합하였다. 그리고 현재 우리나라의 교육과정 진술 방식은 수행 능력 중심의 진술 방식에 가깝다고 하였다.

[표 5-7] 교육 내용 진술 방식의 유형

유형	내용 중심 진술	활동 중심 진술	수행 능력 중심 진술
진술 방식	학문적 지식과 기능 중심	수업 활동 중심	학습자가 보여주어야 할 성취 행동 중심
강조점	습득해야 할 지식과 기능	지식과 기능을 습득하기 위한 활동	습득한 지식과 기능을 적용한 과업 수행 능력
초점 단계	교과의 내용	수업	평가
초점 주체	교사	학생	학생
일반적인 제시형태	(내용)을 안다/이해한다.	(내용)을 (활동)한다.	(과업)을 할 수 있다.
이론적 기반	Bruner	Dewey	Tyler

한편, 황현미(2016)에서는 읽기/독서를 포함하여 국어과 성취기준의 제시 원리로, 명료성의 원리, 일관성의 원리, 상세화의 원리를 들고 있다. 그리고 성취기준의 진술 방식은 7차 교육과정에서는 "내용 + 행동", 2007과 2009 교육과정에서는 "담화/글의 유형 + 주요 내용 요소 + 행동"으로, 2015 교육과정에서는 "내용 요소와 기능을 통합하여 도출"과 같이 변화되어 왔으며, 공통점은 "내용 요소 + 행동

또는 기능"이라고 분석하였다.

라. 제재 텍스트의 선정과 배열 원리

독서 교육과정을 설계할 때, 성취기준의 조직과 함께 고려해야 할 점은 제재 텍스트의 선정과 배열이다. 독서교육에서 제재 텍스트는 일차적으로는 목표로 하는 성취기준을 학생들이 학습하도록 교육의 재료 역할을 한다. 그 다음에 좋은 글, 가치 있는 텍스트를 선정하여 읽게 함으로써 학생들에게 올바른 가치관과 인성을 길러주는 역할을 한다. 그러므로 독서 교육과정을 설계할 때에는 제재 텍스트의 선정에 신중을 기해야 한다. 이를 고려하여 2015 개정 교육과정에서도 성취기준을 제시하면서 다음과 같이 국어 자료의 예를 제시하고 있다(교육부, 2015 : 56).

[표 5-8] 중학교 1~3학년 국어 자료의 예(일부)

- 학교 안팎에서 발생한 문제나 의견 차이가 있는 문제에 대한 대화, 토의, 토론, 논설문, 건의문
- 설득 전략이 잘 드러나는 연설, 광고
- 다양한 설명 방법을 활용한 발표, 강의, 설명문
- 관심 있는 내용이나 주제에 관한 조사, 관찰, 실험 과정과 결과가 잘 드러난 보고서
- 동일한 글감이나 대상에 대해 상이한 관점을 보여 주는 둘 이상의 사설, 기사문
- 사회·문화·역사적 배경이 잘 드러난 글, 전기문이나 평전, 문학 작품
- 매체 특성이 잘 나타난 문자 메시지, 전자 우편, 인터넷 게시판, 블로그, 영상물

위의 표에서 보듯이 교육과정에 권장된 국어 자료의 예는 해당 학년군에 제시된 성취기준을 학습하기에 좋도록 글의 종류, 주제, 글의 관점 등과 같이 자료(제재 텍스트)의 가이드라인을 제시하고 있다. 교과서 개발자들은 국어 자료의 예와 성취

기준을 고려하여 제재 텍스트를 개발하게 된다. 그러나 이러한 가이드라인만으로 제재를 고르기는 쉽지 않다. 이에 이성영(2013 : 86)에서는 국어과 읽기 영역을 중심으로 한 제재 텍스트의 요건을 다음과 같이 체계화하여 제시하고 있다.

[표 5-9] 국어과 제재 텍스트의 요건

개별 텍스트 차원				상호텍스트 차원	
목표 지향성		가치 지향성		조화 지향성	
내용 요소 부합성	내용 수준 적합성	대자성	문화성	균형성	계열성

이성영(2013)의 설명은 다음과 같다. 개별 텍스트 차원은 하나의 텍스트를 선정할 때 고려할 요소이다. 교과서에는 여러 개의 텍스트가 사용되는 데, 상호텍스트 차원은 개별 텍스트가 다른 텍스트와의 관계 속에서 제재를 선정해야 한다는 것이다.

목표 지향성에서 내용 요소 부합성은 성취기준을 구체화한 학습목표를 도달시키기에 적합한가의 문제이다. 내용 수준의 적합성은 학년, 학기를 고려한 학생의 발달적 수준에 적합한가의 문제이다.

가치 지향성에서 대자성(對自性)은 즉자성에 반대되는 것으로,[51] 독자들에게 성찰을 유발하여 새로운 의미(앎, 느낌, 생각, 깨달음, 신념)을 불러일으킬 가능성이 높은 텍스트이다(이성영, 2013 : 75). 문화성은 사회의 문화적 가치를 전수하는 글을 말한다.

조화 지향성에서 균형성은 여러 제재 텍스트에서 유형, 종류, 주제, 저자 등의

---

51) 즉자적 텍스트란 예를 들어 '복약 설명서'와 같이, 의미의 본질이 이미 결정되어 있어서 다른 가능성이 거의 없는 텍스트를 말한다(이성영, 2013 : 75).

관점에서 어느 하나에 치우치지 않고 균형을 이루어야 하는 요건을 말한다. 계열성은 텍스트의 유형이나 종류의 면에서 난이도나 복잡도를 고려하여 배열하는 것을 말한다(이성영, 2013 : 85).

읽기/독서 교육에서 하나의 텍스를 선정하거나 제시할 때, 실로 많은 점을 고려하여 선정됨을 알 수 있다. 제재가 갖추어야 할 요건은 교사가 읽기/독서 교과서의 제재를 분석할 때나 제재를 재구성할(즉, 삭제, 대체, 추가 등) 때도 고려해야 할 요건이다.

마. 역방향 설계와 2015 개정 교육과정

교육과정 설계에 큰 영향을 미치고 있는 이론은 타일러(R. Tyler)의 이론이다. 그의 이론을 핵심은 '교육 목표의 결정 → 내용 선정 및 조직 → 교수학습 → 평가'로 이어진다. 이 이론은 오랫동안 교육과정 설계에 강력한 영향을 주었다. 그런데 Wiggins & McTighe(2005/2008)는 이를 수정하여, '바라는 결과의 확인 → 수용할만한 증거의 결정 → 학습 경험과 수업 계획'으로 진행되는 교육과정 설계를 제안하였다.

Wiggins & McTighe(2005/2008)은 교수학습에서 평가로 이어지는 타일러의 모형이 '순방향 설계(forward design)'라고 한다면, 교육 목표 달성을 보여줄 수 있는 의미 있는 증거를 먼저 생각하고(평가 활동), 그것을 고려하여 수업 활동을 계획하는 자신들의 모형을 역방향 설계(backward design)라고 불렀다. 역방향 설계는 수업과 평가를 도치시킨 것이다.

2015 개정 교육과정도 역방향 설계가 반영되어 있다. 예를 들어, 다음 절에서 살펴볼 교육과정 내용체계에 도입된 '핵심개념'은 Wiggins & McTighe(2005/2008)가 역방향 설계에서 사용한 'Big Idea' 개념에 기원한다. Big Idea는 역방향 설계에서에서 교육 내용을 명료화하기 위해 '영속적 지식, 생성적 지식, 통합적 지식'을 지칭하기 위해 사용한 개념이다.

3. 2022 읽기/독서 교육과정의 내용체계와 성취기준

우리나라에서는 1890년대 근대적 학교교육이 시작되면서 독서교육은 시작되었다. 관립 한성사범학교에서는 <독서>, <작문>, <습자>와 같은 과목이 교수되었다. <독서> 과목에서는 전통교육에서 다루던 유교 경전과는 달리 조선의 지리와 역사, 부국강병, 새로운 서양 문물 소개 등과 같은 글을 읽게 하였다.

광복 후에 미군정에 의해 교수요목기가 있었고, 1955년에 1차 교과 과정이 우리나라 정부에 의해 제정되었다. 이후 2022개정 교육과정에 이르기까지 10여 차례 개정되었다. 이 중에 2022 개정 교육과정에서 읽기와 독서 관련 과목의 편성 개요는 다음 [표 5-10] 과 같다(교육부, 2022).

[표 5-10] 2022 개정 교육과정에서 읽기/독서 관련 과목 편성 내용

의무 교육 기간		선택 교육 기간	
초등학교 6년	중학교 3년	고등학교 1년	고등학교 2년
국민 공통 과정		공통 과목	선택 과목
<국어> 과목의 읽기 영역		<공통국어1, 2> 과목 읽기 영역	일반 선택 <독서와 작문> 진로 선택 <주제 탐구 독서> 융합 선택 <독서 토론과 글쓰기>

표에서 보듯이 초등학교 1학년부터 고등학교 1학년까지 <국어>를 공통 필수로 학습하게 되며, <국어> 읽기 영역이 편성되어 있다. 고등학교는 선택 교육 기간이기는 하지만 1학년에서 <공통국어1>, <공통국어1> 과목은 공통 과목으로 편성되었기 때문에 사실상 필수 과목 역할을 한다.

고등학교 2학년 이후에는 선택 과목을 학습하게 되는데, 일반 선택으로 <독서와 작문> 과목이, 진로 선택 과목으로 <주제 탐구 독서> 과목이 편성되어 있다. 융합

선택 과목으로 <독서 토론과 글쓰기>도 독서와 관련이 깊다. 여기서는 이들 과목의 내용 체계와 성취기준을 차례대로 살펴보도록 한다.

가. <국어> 과목 읽기 영역의 내용 체계와 성취기준

1) 내용 체계

2022 개정 국어과 교육과정에서는 국어과의 내용 영역을 듣기·말하기, 읽기, 쓰기, 문법, 문학, 매체의 여섯 영역으로 구분하였다. 이 중에 '읽기' 영역의 내용 체계는 [표 5-11]과 같다.

[표 5-11] 2022 개정 <국어> 과목 읽기 영역의 내용 체계

핵심 아이디어	• 읽기는 독자가 자신의 배경지식이나 경험을 활용하여 언어를 비롯한 다양한 기호나 매체로 표현된 글의 의미를 능동적으로 구성하는 행위이다. • 독자는 다양한 상황 맥락과 사회·문화적 맥락 속에서 자신의 읽기 목적을 달성하기 위하여 다양한 유형의 글을 읽는다. • 독자는 읽기 과정을 점검·조정하며 읽기 과정에서 부딪히는 문제를 해결하기 위해 적절한 읽기 전략을 사용하여 글을 읽는다. • 독자는 읽기 경험을 통해 읽기에 대한 긍정적 정서를 형성하고 삶과 공동체의 문제 해결을 위해 공동체 구성원과 함께 독서를 통해 소통함으로써 사회적 독서 문화를 만들어 간다.			
범주	내용 요소			
	초등학교			중학교
	1~2학년	3~4학년	5~6학년	1~3학년
지식 · 이해 — 읽기 맥락		• 상황 맥락	• 상황 맥락 • 사회·문화적 맥락	
지식 · 이해 — 글의 유형	• 친숙한 화제의 글 • 설명 대상과 주제가 명시적인 글 • 생각이나 감정이 명시적으로 제시	• 친숙한 화제의 글 • 설명 대상과 주제가 명시적인 글 • 주장, 이유, 근거가 명시적인 글	• 일상적 화제나 사회·문화적 화제의 글 • 다양한 설명 방법을 활용하여 주제	• 인문, 예술, 사회, 문화, 과학, 기술 등 다양한 분야의 글 • 다양한 설명 방법

		된 글	• 생각이나 감정이 명시적으로 제시된 글	를 제시한 글 • 주장이 명시적이고 다양한 이유와 근거가 제시된 글 • 생각이나 감정이 함축적으로 제시된 글	을 활용하여 주제를 제시한 글 • 다양한 논증 방법을 활용하여 주장을 제시한 글 • 생각과 감정이 함축적이고 복합적으로 제시된 글
과정·기능	읽기의 기초	• 글자, 단어 읽기 • 문장, 짧은 글 소리 내어 읽기 • 알맞게 띄어 읽기	• 유창하게 읽기		
	내용 확인과 추론	• 글의 중심 내용 확인하기 • 인물의 마음이나 생각 짐작하기	• 중심 생각 파악하기 • 내용 요약하기 • 단어의 의미나 내용 예측하기	• 글의 구조를 파악하기 • 글의 주장이나 주제 파악하기 • 글의 구조 고려하며 내용 요약하기 • 생략된 내용과 함축된 의미 추론하기	• 설명 방법과 논증 방법 파악하기 • 글의 관점이나 주제 파악하기 • 읽기 목적과 글의 구조를 고려하며 내용 요약하기 • 드러나지 않은 의도나 관점 추론하기
	평가와 창의	• 인물과 자신의 마음이나 생각 비교하기	• 사실과 의견 구별하기 • 글이나 자료의 출처 신뢰성 평가하기 • 필자와 자신의 의견 비교하기	• 글이나 자료의 내용과 표현 평가하기 • 다양한 글이나 자료 읽기를 통해 문제 해결하기	• 복합양식의 글·자료의 내용과 표현 평가하기 • 설명 방법과 논증 방법의 타당성 평가하기 • 동일 화제에 대한 주제 통합적 읽기 • 진로나 관심 분야에 대한 자기 선택적 읽기
	점검과 조정		• 읽기 과정과 전략에 대해 점검·조정하기		
가치·태도		• 읽기에 대한 흥미	• 읽기 효능감	• 긍정적 읽기 동기 • 읽기에 적극적 참여	• 읽기에 대한 성찰 • 사회적 독서 문화 형성

내용 체계는 핵심아이디어, 내용 범주, 학년군별 내용 요소로 구성되어 있다. 설명하면 다음과 같다.

핵심아이디어(Big Idea)는 읽기 교육의 주요 내용과 목적을 서술하고 있다. 읽기 교육의 많은 내용은 이 핵심아이디어를 지향한다. 특정 시기에 특정 교실에서 특정한 내용 요소를 미시적으로 가르치더라도 그러한 내용은 읽기의 핵심아이디어와 연결되어야 한다. 세부 내용을 가르치더라도 학생이 핵심아이디어를 형성하지 못한다면 그러한 세부 내용은 독자에게 생성적으로 활용되지 못할 것이다. 핵심아이디어는 2015 교육과정에 등장하였던 '핵심개념'을 계승한 것이다. 핵심아이디어는 교육과정 설계에서 역방향 설계(backward design)에 이론적 토대를 두고 있다. 읽기 영역의 핵심개념은 네 개로 제시하고 있는데, 첫째는 읽기의 개념, 둘째는 읽기의 실제, 셋째는 읽기 과정에 따른 전략 사용, 넷째는 독서문화 형성을 서술하고 있다.

내용 범주는 '지식·이해, 과정·기능, 가치·태도'로 제시하였고, 각 범주는 하위 범주로 상세화시켰다. '지식·이해'는 읽기에 관한 개념적 지식을 다루며, 글과 맥락을 내용 요소로 삼고 있다. '지식·이해' 범주에 속하는 내용 요소는 능숙한 독자가 되기 위해서 알아두어야 할 내용이다.[52]

'과정·기능' 범주는 읽기의 방법을 다루며, 절차적 지식에 해당한다. 여기에 제시된 내용은 능숙한 독자가 글을 읽을 때 사용하는 읽기 기능과 전략을 주로 수준(level)에 따라 계열적으로 제시하고 있다. 크게 보아 기초문식성에 해당하는 읽기의 기초와 독해 기능을 제시하고 있다. 후자는 내용 확인과 추론, 평가와 창의, 점검과 조정으로 제시하였는데 이러한 하위 범주 구분은 전통적으로 사용하여 왔던 읽기 기능의 수준에 따른 구분에 따른 것이다.

'가치·태도' 범주에서는 읽기에 대한 흥미, 효능감, 동기, 적극적 참여, 성찰, 사회적 독서 문화 형성 등을 다루고 있다. 개인적 측면과 사회적 측면에서 독서의 가치,

---

52) '지식·이해' 범주에서 '이해'란 comprehension을 뜻하는 것이 아니라 understanding을 의미한다.

독서 태도 등을 다룬다고 볼 수 있다. '지식·이해', '과정·기능'이 인지적 능력이라면 '가치·태도'는 정의적 요인을 다룬다.

2) 성취기준

학년(군)별로 제시된 <국어> 과목의 읽기 영역 성취기준은 다음 [표 5-12]와 같다. 읽기 성취기준은 학년(군)별로 제시된 내용 요소를 종합하여 '내용요소 + 행동 특성'으로 표현한 것이다(앞의 '내용 표현의 원리' 설명 참조). 성취기준에 대한 해설과 성취기준 저용 시 고려할 사항은 교육과정문서(교육부, 2022), 개발보고서(노은희 외, 2022)를 참조할 수 있다.

[표 5-12] <국어> 과목 읽기 영역의 성취기준

초등학교 1~2학년

[2국02-01] 글자, 단어, 문장, 짧은 글을 정확하게 소리 내어 읽는다.
[2국02-02] 의미가 잘 드러나도록 문장과 짧은 글을 알맞게 띄어 읽는다.
[2국02-03] 글을 읽고 중심 내용을 확인한다.
[2국02-04] 인물의 마음이나 생각을 짐작하고 이를 자신과 비교하며 글을 읽는다.
[2국02-05] 읽기에 흥미를 가지고 즐겨 읽는 태도를 지닌다.

초등학교 3~4학년

[4국02-01] 글의 의미를 파악하며 유창하게 글을 읽는다.
[4국02-02] 문단과 글에서 중심 생각을 파악하고 내용을 간추린다.
[4국02-03] 질문을 활용하여 글을 예측하며 읽고 자신의 읽기 과정을 점검한다.
[4국02-04] 글에 나타난 사실과 의견을 구분하고 필자와 자신의 의견을 비교한다.
[4국02-05] 글이나 자료의 출처가 믿을 만한지 판단한다.
[4국02-06] 바람직한 읽기 습관을 형성하고 읽기에 대한 자신감을 기른다.

초등학교 5~6학년

[6국02-01] 글의 구조를 고려하며 주제나 주장을 파악하고 글 내용을 요약한다.
[6국02-02] 글에서 생략된 내용이나 함축된 표현을 문맥을 고려하여 추론한다.

[6국02-03] 글이나 자료를 읽고 내용의 타당성과 표현의 적절성을 평가한다.
[6국02-04] 문제 상황과 관련된 다양한 관점의 글을 읽고 이를 문제 해결에 활용한다.
[6국02-05] 긍정적인 읽기 동기를 형성하고 적극적으로 읽기에 참여하는 태도를 기른다.

중학교 1~3학년

[9국02-01] 읽기는 사회·문화적 맥락에서 의미를 구성하는 과정임을 이해하며 사회적 독서에
참여하고 사회적 독서 문화 형성에 기여한다.
[9국02-02] 읽기 목적과 글의 구조를 고려하며 글을 효과적으로 요약한다.
[9국02-03] 독자의 배경지식과 글에 나타난 정보 등을 활용하여 글에 드러나지 않은 의도나
관점을 추론하며 읽는다.
[9국02-04] 복합양식으로 구성된 글이나 자료의 내용 타당성과 신뢰성, 표현 방법의 적절성을
평가하며 읽는다.
[9국02-05] 글에 사용된 다양한 설명 방법과 논증 방법을 파악하고, 그 타당성을 평가하며
읽는다.
[9국02-06] 동일한 화제를 다룬 여러 글이나 자료를 주제 통합적으로 읽는다.
[9국02-07] 진로나 관심 분야에 대한 다양한 책이나 자료를 스스로 찾아 읽는다.
[9국02-08] 자신의 독서 상황과 수준에 맞는 글을 선정하고 읽기 과정을 점검·조정하며 읽는다.

나. 고등학교 <공통국어1, 2> 과목의 내용 체계와 성취기준

고등학교 교육과정은 선택중심 교육과정이다. 선택 중심 교육과정의 국어과 과
목은 아래와 같다.

[표 5-13] 국어과 선택 중심 교육과정의 과목

공통 과목	선택 과목		
	일반 선택	진로 선택	융합 선택
공통국어1 공통국어2	화법과 언어 독서와 작문 문학	주제 탐구 독서 문학과 영상 직무 의사소통	독서 토론과 글쓰기 매체 의사소통 언어생활 탐구

이 중에 <공통국어1>과 <공통국어2>의 내용체계와 성취기준은 다음과 같다.

[표 5-14] <공통국어1> 과목의 내용 체계와 성취기준

핵심 아이디어	• 읽기는 독자가 자신의 배경지식이나 경험을 활용하여 언어를 비롯한 다양한 기호 나 매체로 표현된 글의 의미를 능동적으로 구성하는 행위이다. • 독자는 다양한 상황 맥락과 사회·문화적 맥락 속에서 자신의 읽기 목적을 달성하 기 위하여 다양한 유형의 글을 읽는다. • 독자는 읽기 과정을 점검·조정하며 읽기 과정에서 부딪히는 문제를 해결하기 위 해 적절한 읽기 전략을 사용하며 글을 읽는다. • 독자는 읽기 경험을 통해 읽기에 대한 긍정적 정서를 형성하고 삶과 공동체의 문제 해결을 위해 공동체 구성원과 함께 독서를 통해 소통함으로써 사회적 독서 문화를 만들어 간다.
범주	**내용 요소**
지식·이해	• 사회·문화적 맥락 • 인문, 예술, 사회, 문화, 과학, 기술 등 다양한 분야의 글 • 다양한 설명 방법을 활용하여 주제를 제시한 글 • 다양한 논증 방법을 활용하여 주장을 제시한 글 • 생각과 감정이 함축적이고 복합적으로 제시된 글
과정·기능	• 논증 타당성 평가 및 논증 재구성하기 • 진로나 관심 분야에 대한 주제 통합적 읽기 • 읽기 과정과 전략에 대해 점검·조정하기
가치·태도	• 독서 공동체와 사회적 독서에 참여 • 지식 교류와 지식 구성 과정에서 독서의 영향력에 대한 성찰

[10공국1-02-01] 다양한 글이나 자료를 읽으며 논증의 타당성을 평가하고 자신의 관점을 바탕으
로 논증을 재구성한다.
[10공국1-02-02] 자신의 진로나 관심 분야와 관련한 다양한 글이나 자료를 찾아 주제 통합적으
로 읽고, 읽은 결과를 공유한다.

[표 5-15] <공통국어2> 과목의 내용 체계와 성취기준

핵심 아이디어	• 읽기는 독자가 자신의 배경지식이나 경험을 활용하여 언어를 비롯한 다양한 기호나 매체로 표현된 글의 의미를 능동적으로 구성하는 행위이다. • 독자는 다양한 상황 맥락과 사회·문화적 맥락 속에서 자신의 읽기 목적을 달성하기 위하여 다양한 유형의 글을 읽는다. • 독자는 읽기 과정을 점검·조정하며 읽기 과정에서 부딪히는 문제를 해결하기 위해 적절한 읽기 전략을 사용하며 글을 읽는다. • 독자는 읽기 경험을 통해 읽기에 대한 긍정적 정서를 형성하고 삶과 공동체의 문제 해결을 위해 공동체 구성원과 함께 독서를 통해 소통함으로써 사회적 독서 문화를 만들어 간다.
범주	**내용 요소**
지식·이해	• 사회·문화적 맥락 • 인문, 예술, 사회, 문화, 과학, 기술 등 다양한 분야의 글 • 다양한 설명 방법을 활용하여 주제를 제시한 글 • 다양한 논증 방법을 활용하여 주장을 제시한 글 • 생각과 감정이 함축적이고 복합적으로 제시된 글
과정·기능	• 복합양식으로 구성된 글이나 자료의 관점, 의도, 표현 평가하기 • 읽기 목적을 고려한 주제 통합적 읽기 • 읽기 과정과 전략에 대해 점검·조정하기
가치·태도	• 독서 공동체와 사회적 독서에 참여 • 타인과의 교류와 사회 통합에 미치는 독서의 영향력에 대한 성찰

[10공국2-02-01] 복합양식으로 구성된 글이나 자료에 내재된 필자의 관점이나 의도, 표현 방법을 평가하며 읽는다.

[10공국2-02-02] 동일한 화제의 글이나 자료라도 서로 다른 관점과 형식으로 표현됨을 이해하며 읽기 목적을 고려하여 글이나 자료를 주제 통합적으로 읽는다.

[10공국2-02-03] 의미 있는 사회적 독서 활동에 참여함으로써 타인과 교류하고 다양한 지식이나 정보, 삶에 대한 가치관 등을 이해하는 태도를 지닌다.

다. 고등학교 <독서와 작문> 과목의 내용 체계와 성취기준

국어 교과에 속한 고등학교 일반 선택 과목에는 <화법과 언어>, <독서와 작문>, <문학> 과목이 개설되어 있는데 이 중에 <독서와 작문> 과목의 내용 체계는 다음과 같다.

[표 5-16] <독서와 작문> 과목의 내용 체계와 성취기준

핵심 아이디어	• 독서와 작문은 문자 언어를 중심으로 의미를 구성하는 사고 행위이자 사회·문화적 맥락 속에서 소통하는 문어 의사소통 행위이다. • 독자와 필자는 자신의 목적을 달성하기 위해 적절한 전략을 사용하여 다양한 분야 및 유형의 글과 자료를 읽고 쓴다. • 독자와 필자는 주도성과 책임감을 가지고 문어 의사소통을 실천함으로써 바람직한 언어 공동체의 문화와 담론을 형성하는 데 기여한다.
범주	**내용 요소**
지식·이해	• 문어 의사소통의 방법 • 문어 의사소통의 구성 요소
과정·기능	• 문어 의사소통의 목적과 맥락을 고려한 글과 자료의 탐색 및 선별하기 • 내용 확인 및 추론하기 • 평가 및 종합하기 • 내용 생성 및 조직하기 • 표현 전략을 고려한 표현과 작문 맥락을 고려한 고쳐쓰기 • 문어 의사소통 과정의 점검 및 조정하기 • 인문·예술, 사회·문화, 과학·기술의 분야별 독서와 작문 수행하기 • 정보 전달, 논증, 정서 표현 및 자기 성찰의 유형별 작문과 독서 수행하기 • 주제 통합적 독서와 학습을 위한 작문 수행하기 • 매체의 유형과 특성을 고려한 독서와 작문 수행하기
가치·태도	• 독서와 작문의 주도적 계획 및 실천 • 공동체의 소통 문화 및 담론 형성에의 참여 • 문어 의사소통 생활에 대한 성찰 및 책임감

[12독작01-01] 독서와 작문의 의사소통 방법과 특성을 이해하고 문어 의사소통 생활을 주도적으로 실천하고 성찰한다.

[12독작01-02] 독서의 목적과 작문의 맥락을 고려하여 가치 있는 글이나 자료를 탐색하고 선별한다.

[12독작01-03] 글에 드러난 정보를 바탕으로 글의 내용을 파악하고 글에 드러나지 않은 정보를 추론하며 읽는다.

[12독작01-04] 글의 내용이나 관점, 표현 방법, 필자의 의도나 사회·문화적 이념을 평가하며 읽는다.

[12독작01-05] 글을 읽으며 다양한 내용 조직 방법과 표현 전략을 찾고 이를 글쓰기에 활용한다.

[12독작01-06] 자신의 글을 분석적·비판적 관점으로 읽고, 내용과 형식을 효과적으로 고쳐 쓴다.

[12독작01-07] 인간과 예술을 다룬 인문·예술 분야의 글을 읽고 삶과 예술에 대한 자신의 생각을 담은 글을 쓴다.

[12독작01-08] 사회적·역사적 현상이나 쟁점 등을 다룬 사회·문화 분야의 글을 읽고 사회·문화적 사건이나 역사적 인물에 대한 관점을 담은 글을 쓴다.

[12독작01-09] 과학·기술의 원리나 지식을 다룬 과학·기술 분야의 글을 읽고 과학·기술의 개념이나 현상을 설명하는 글을 쓴다.

[12독작01-10] 글이나 자료에서 가치 있는 정보를 수집하고 효과적으로 조직하면서 정보를 전달하는 글을 쓴다.

[12독작01-11] 글이나 자료에서 타당한 근거를 수집하고 효과적인 설득 전략을 활용하여 논증하는 글을 쓴다.

[12독작01-12] 정서 표현과 자기 성찰의 글을 읽고 자신의 정서를 진솔하게 표현하거나 자신의 삶을 성찰하는 글을 쓴다.

[12독작01-13] 다양한 글을 주제 통합적으로 읽고 학습의 목적과 교과의 특성을 고려하여 학습을 위한 글을 쓴다.

[12독작01-14] 매체의 유형과 특성을 고려하며 글이나 자료를 읽고 쓴다.

[12독작01-15] 독서와 작문의 관습과 소통 문화를 이해하고 공동체의 소통 문화 및 담론 형성에 책임감 있게 참여한다.

라. 고등학교 <주제 탐구 독서> 과목의 내용 체계와 성취기준

고등학교 진로 선택으로 개설된 <주제 탐구 독서> 과목의 내용 체계와 성취기준은 다음과 같다.

[표 5-17] <주제 탐구 독서> 과목의 내용 체계와 성취기준

핵심 아이디어	• 주제 탐구 독서는 관심 분야의 책과 자료를 통합적으로 읽으며 주제를 주체적으로 탐구하는 행위이다. • 정보를 비판적·창의적으로 읽으면서 주제에 관한 자신의 관점과 견해를 형성한다. • 관심 분야와 주제를 정해 주도적으로 독서하고 탐구하면서 삶을 성찰하고 계발한다.
범주	내용 요소
지식·이해	• 주제 탐구 독서의 의미 • 분야에 따른 책과 자료의 특성
과정·기능	• 주제 탐구를 위한 독서 목적 설정하기 • 탐구할 주제를 선정하고 상세화하기 • 주제와 관련된 책과 자료를 다양하게 탐색하며 읽을 내용 선정하기 • 주제와 관련된 책과 자료의 이해·분석·평가·종합하기 • 주제에 대한 관점과 견해 형성하기 • 매체를 포함한 다양한 방법으로 주제 탐구의 과정이나 결과를 공유하고 소통하기 • 관심 분야의 특성을 고려하여 주제 탐구 독서 수행하기
가치·태도	• 주제 탐구를 위한 주도적 독서 계획의 수립과 실천 • 주제 탐구 독서를 통한 삶에 대한 성찰과 계발

[12주탐01-01] 주제 탐구 독서의 의미를 이해하고 관심 있는 분야에서 탐구할 주제를 탐색한다.

[12주탐01-02] 학업과 진로 탐색을 위해 주제 탐구의 독서 목적을 수립하고 주제를 선정한다.

[12주탐01-03] 관심 분야의 책과 자료가 지닌 특성을 파악하며 주제 탐구 독서를 한다.

[12주탐01-04] 주제와 관련된 책이나 자료를 탐색하면서 신뢰할 수 있고 가치 있는 정보를 선정하여 분석하며 읽는다.

[12주탐01-05] 주제에 관련된 책과 자료를 종합하여 읽으며 자신의 관점과 견해를 형성한다.

[12주탐01-06] 매체를 포함한 다양한 방법으로 주제 탐구 독서의 과정이나 결과를 사회적으로 공유하고 소통한다.

[12주탐01-07] 주제 탐구 독서를 생활화하여 주도적으로 삶을 성찰하고 계발한다.

마. 고등학교 <독서 토론과 글쓰기> 과목의 내용 체계와 성취기준

고등학교 융합선택 과목으로 개발된 <독서 토론과 글쓰기> 과목의 내용 체계와 성취기준은 다음과 같다. 이 과목은 초등학교와 중학교의 공통 <국어>, 고등학교의 <공통국어1, 2> 과목의 듣기·말하기, 읽기, 쓰기 영역의 내용을 심화 확장 융합한 과목이다. 독서 관련 내용이 포함되어 있으므로 소개하면 다음과 같다.

[표 5-18] <독서 토론과 글쓰기> 과목의 내용 체계와 성취기준

핵심 아이디어	• 독서 토론과 글쓰기는 주체적이고 협력적으로 의미를 발견하고 구성하는 행위이자 사회적인 소통 행위이다. • 다양한 분야의 책을 읽고 독서 토론하며 글을 쓰는 활동은 개인과 공동체의 삶의 문제를 심층적으로 탐색하고 해결하는 과정이다. • 독서 토론과 글쓰기를 효과적으로 수행하기 위해서는 능동적이고 협력적인 참여, 서로 다른 생각과 관점을 존중하는 유연한 자세가 필요하다.
범주	내용 요소
지식·이해	• 독서 토론과 글쓰기의 특성 • 독서 토론과 글쓰기의 맥락
과정·기능	• 개인이나 공동체의 관심사를 고려하여 읽을 책을 탐색하고 선정하기 • 질문을 생성하며 주체적으로 해석하기 • 대화, 토의, 토론 등을 활용하여 독서 토론하기 • 쓰기 목적, 독자, 매체를 고려하여 글을 쓰고 공유하기 • 자아를 탐색하고 타자와 세계를 이해하기 • 지식을 확장하고 교양을 함양하기 • 공동체의 문제를 해결하고 사회적 담론에 참여하기
가치·태도	• 능동적이고 협력적인 참여 • 서로 다른 생각과 관점에 대한 존중

[12독토01-01] 개인이나 공동체의 관심사를 고려하여 읽을 책을 선정한 후 질문을 생성하고 주체적으로 해석하며 책을 읽는다.

[12독토01-02] 대화, 토의, 토론 등 적절한 방법을 활용하여, 서로 다른 생각과 관점을 존중하며 독서 토론을 한다.

[12독토01-03] 독서 토론의 내용을 바탕으로 쓰기 목적, 독자, 매체를 고려하여 글을 쓰고 공유한다.

[12독토01-04] 인간의 삶에 대한 다양한 시각과 해석이 담긴 책을 읽고 독서 토론하고 글을 쓰며 자아를 탐색하고 타자와 세계를 이해한다.

[12독토01-05] 다양한 분야의 정보가 담긴 책을 읽고 독서 토론하고 글을 쓰며 학습이나 삶에 필요한 지식을 확장하고 교양을 함양한다.

[12독토01-06] 사회적인 현안이나 쟁점이 담긴 책을 읽고 독서 토론하고 글을 쓰며 공동체 문제를 해결하고 사회적 담론에 참여한다.

[12독토01-07] 독서 토론과 글쓰기의 특성을 이해하고 독서, 독서 토론, 글쓰기에 능동적으로 참여한다.

바. '한 학기 한 권 읽기'와 독서교육의 내용

'한 학기 한 권 읽기'는 2015개정 교육과정에서 독서교육을 강화하는 정책의 하나로 등장하였다. 그러나 국어과 '내용'이나 '성취기준'으로는 등장하지 못하고, 교수학습 방법에 등장하였다(교육부, 2015 : 69).

　4. 교수·학습 몇 평가의 방향
　2) 국어 활동의 총체성을 고려하여 통합형 교수·학습을 계획하고 운영한다.
　⑥ 한 학기에 한 권, 학년(군) 수준과 학습자 개인의 특성에 맞는 책을 긴 호흡으로 읽을 수 있도록 도서 준비와 독서 시간 확보 등의 물리적 여건을 조성하고, 읽고, 생각을 나누고, 쓰는 통합적인 독서 활동을 학습자가 경험할 수 있도록 한다.

'한 학기 한 권 읽기'가 등장한 배경은 학교교육에서 국어과 읽기/독서 교육에 대한 역기능이 심해졌기 때문이다. 그 동안 읽기/독서 성취기준을 구체화한 학습 목표를 달성하기 위해 발췌된 텍스트를 중심으로 교육을 진행하여 왔다. 이런 교육은 국제학업성취도(PISA) 평가 읽기 검사에서 경쟁국들보다 좋은 결과를 내는데 기여하였다. 그러나 학생들의 인지적 측면에서 읽기 능력은 높아졌지만 정의적 측면에서 책 읽기를 싫어하는 태도가 강화되었다. 학년이 올라갈수록 읽기/독서 태도 점수는 내려가고, 국민 전체의 독서량도 경쟁국들보다 적어지게 되었다.

교육부는 이러한 문제점을 인식하고, 교과서에서 발췌된 텍스트, 통제된 텍스트를 지양하고, 국어 시간에 온전하게 책 한 권을 읽을 수 있는 독서 경험을 학생들에게 제공하여 평생 독자로 성장해 나가도록 정책 방향을 정하였다. 그 결과, 2015개정 교육과정에서는 기초 문식성(basic literacy) 교육이 끝나는 시기인 초등학교 3학년부터 국어 시간에 한 학기에 교과서 밖에서 소통되는 책 한권을 온전하게 읽도록 하는 활동을 국어 시간에 도입하였다.

한 학기 한 권 읽기의 이론적 배경으로는 거론되는 것은 다음과 같다(이경화·한명숙·김혜선, 2017 : 168-9).

- 천천히 읽기(slow reading) : 책 한 권을 읽으면서 다양한 체험과 조사 학습, 독서 활동을 통해 탐구활동이 이루어진다. 빠르게 읽기 혹은 속독과 대비된다.
- 온 작품 읽기 : 온 책 읽기라고도 한다. 작품을 인위적으로 자르지 않고 온전한 작품을 읽으면서 다양한 활동을 통해 책을 이해한다. 작품을 감상에 그치지 않고, 작품의 가치를 탐구하여 삶에 적용해 본다.
- 몰입 독서(engaged reading) : 정서적으로 책에 빠져들어 읽는 것을 말한다.
- 깊이 읽기(deep reading) : 피상적인 독해에 그치지 않고, 책의 내용에 공감하면서 깊이 있게 읽는 것을 말한다.
- 사회적 읽기(social reading) : 개별적 독서(individual reading)과 대비된다. 책을 읽고 동료와 이야기를 나눈다. 동료나 교사와 사회적으로 상호작용하

며 읽는다.

- 통합적 읽기(integrated reading) : 읽고, 쓰고, 이야기하기(토의 토론), 연극하기, 그림그리기 등과 같이 독서와 여러 다른 활동을 통합하여 읽는다. 타교과와의 통합이나 주제 중심의 통합도 일어난다.
- 자기 선택적 읽기(자기 주도적 읽기) : 학생이 스스로 읽고 싶은 책을 선택하여 읽는다. 학생은 자신의 흥미에 맞는 책을 선택한다. 학생의 자발성을 존중한다.
- 지속적 묵독(Sustained Silent Reading) : 한 학급 또는 한 학교 전체가 교사를 포함해서 정해진 시간 동안 지속적으로 조용히 읽기에 참여한다.

한 학기 한 권 읽기는 국어과 수업 시간에 '국어 교과서'가 아니라 실제로 유통되는 '책'을 읽는 것이다. 실제 운영은 한 학기 한 권 읽기를 별도 단원으로 개발하여 독립적으로 운영할 수도 있고, 국어과 영역별 성취기준과 통합하여 운영할 수도 있으며, 사회나 과학과 같은 다른 교과와 통합하여 운영할 수 있고, 학생의 실제 삶과 통합(주제 중심의 통합) 시켜 운영할 수도 있다. 교실 상황을 고려하여 교사가 운영을 결정할 수 있다.

더 생각해 보기

⊙ 내용 탐구 활동

1. 2022 국어과 교육과정 읽기 영역의 '과정·기능' 범주에서는 다음과 같이 네 개의 하위 범주를 제시하고 있다. ( ) 속에 들어갈 말을 쓰고, 특성을 간단히 쓰시오.

> 읽기의 기초, ( ), 평가와 창의, 점검과 조정

   예시 답안 : 내용 확인과 추론. 내용 확인과 추론은 독자가 글에 제시된 내용을 확인하고, 글에 생략된 내용이나 암시된 내용을 자신의 배경지식을 활용하여 이해하는 것을 말한다.

2. 다음과 같은 읽기 내용 요소 배열에 나타난 내용 조직 원리가 무엇인지 말하고, 그 원리를 간단히 설명해 보시오.

1-2학년	3-4학년	5-6학년	7-9학년	10학년
중요한 내용 확인하기	중심 생각 파악하기	유형에 따라 대강 간추리기	목적에 따른 내용 요약하기	→

   예시 답안 : 계열성의 원리. 계열성의 원리는 교육 내용을 배열할 때, 점점 심화하여 반복시키는 원리이다.

⊙ 모둠 탐구 활동

1. 읽기/독서를 다루는 수업을 하나 관찰하고, 수업에서 다루는 독서교육의 내용 요소를 독서에 관한 개념적 지식, 절차적 지식, 태도적 지식의 세 범주에 따라 분석해 보자.

2. 읽기/독서 수업에서 다루는 제재 텍스트를 [표 5-9]에서 제시된 여섯 가지 기준(학습 목표의 부합성, 학습자 수준의 적합성, 대자성, 문화성, 계열성, 균형성 등)에 따라 1~5점 척도의 점수로 평가해 보자.

◉ 더 읽을거리

• 김창원(2018). '읽기'의 메타퍼 : 읽기는 학교교육의 축이 될 수 있는가? : 융합교육의 관점에서 본 2015 교육과정과 '읽기'. 독서연구, 46, 9-34.

이 논문에서는 '읽기'의 개념을 재검토 한 후, 텍스트의 내용과 형식 및 소통 측면에서 읽기교육의 확장 논리를 제시하고 있다. '읽기'는 일종의 메타퍼로서 다양한 영역에서 통용되는 현상을 적극적으로 끌어들여 '융합 문식성'을 설정하고, 이를 교과와 비교과를 가로지르는 연결 개념으로 설정하고 있다.

• 이경화(2000). 읽기 매체 환경의 변화와 <읽기와 보기> 교육과정 설계. 청람어문교육 22, 67-85.

이 논문에서는 서책 매체에서 디지털 매체로 전환되는 변화에 맞추어 읽기와 보기로 교육과정의 영역을 융합하고 확장하는 방안을 제안하고 있다. 매체언어교육이 확대되는 상황에서 국어과 읽기 영역은 이를 어떻게 수용하고 발전할 수 있을 것인가에 대한 방향을 읽을 수 있다.

제6장 독서 제재와 독서 교재

독서 교육을 할 때에는 독서의 대상이 되는 텍스트, 즉 제재의 선정이 매우 중요하다. 제재를 선정하기 위해서는 텍스트 자체의 특성에 대한 분석과 이를 읽는 독자에 대한 고려가 함께 이루어져야 한다. 또한 독서 교육을 하기 위한 도구로 교재를 활용하게 된다. 잘 개발된 독서 교재는 교사의 교수와 학생의 학습이 효과적으로 이루어질 수 있도록 도움을 주게 된다. 효과적인 독서 수업을 하기 위해서 독서 교사는 텍스트와 학습자, 독서 수업의 목표를 함께 고려하며 수업을 실행하여야 한다. 그리고 독서 교사는 독서 교재의 특성을 이해하고 자신의 수업과 학습자에 적합하도록 교재를 재구성하는 능력, 나아가 교재를 개발하는 능력을 갖추는 것이 필요하다.

6장에서는 독서 제재의 특징과 독서교육을 위한 제재 선정의 기준과 유의점에 대해 알아볼 것이다. 그리고 독서 기능과 전략 등을 교육하기 위한 독서 교재의 특징, 독서 교재 개발 및 재구성 방법에 대해 알아보도록 한다.

1. 독서교육을 위한 제재

가. 독서 제재의 특징

제재(題材)란 원래 '예술 작품이나 학술 연구의 바탕이 되는 재료'를 의미하며, 학교 교육에서는 '학습활동의 바탕이 되는 재료 글'이라는 의미로 사용된다(이성영, 2006 : 70). 독서 교육을 할 때 제재는 학습활동의 바탕이 되는 재료이며, 읽기의 대상이 되기 때문에 특히 중요한 역할을 하게 된다.

국어 교과서를 구성하는 텍스트는 제재 외에도 교수·학습을 위해 필요한 기능에 따라 여러 유형의 텍스트들이 있는데, 크게 메타 텍스트, 활동 텍스트, 서술 텍스트, 자료 텍스트로 구분할 수 있다(이성영, 2013 : 69). '메타 텍스트'는 교과서 전체나 단원, 자료, 학습 방법 등에 대해 안내하는 역할을 한다. 메타 텍스트는 교육 내용 자체를 서술하고 있지는 않지만, 교수·학습의 효율을 높이는 기능을 하고 있다. '활동 텍스트'는 학습활동을 지시하는 역할을 한다. 워크북 형태로 구성된 교재들은 기본적으로 활동 텍스트가 중심이 된다. '서술 텍스트'는 학습해야 하는 내용 요소에 대해 직접적으로 서술하는 역할을 한다. 가령 요약하며 읽기를 내용으로 다루는 단원에서 요약하기의 전략, 유의점 등에 대해 직접 서술한 텍스트가 이에 해당한다. '자료 텍스트'는 학습활동의 대상이 되면서 그것을 통해 학습목표를 달성하도록 하는 역할을 하는 텍스트이며, 일반적으로 '제재'가 이에 해당한다. 독서 제재에 대해 이해하기 위해 필요한 텍스트의 특성을 난이도와 종류를 중심으로 알아보도록 하겠다.

1) 텍스트의 난이도

글의 수준은 글이 읽기에 어려운가의 문제로 텍스트의 난도와 밀접한 관련이 있다. 글의 난이도 정도는 읽기 쉬운 정도라는 의미로 '이독성(readability)'이라고 한다.* 최근에는 텍스트 복잡도(text complexity)라는 용어가 사용되고 있는데, 이는 텍스트를 구성하는 다양한 요인들을 고려하였을 때 텍스트의 수준을 설명하는 정도라는 의미이다. 과거 이독성이라는 용어는 글의 제한된 특성에 대한 양적 평가에 국한하여 사용되기도 하였으나, 이는 글의 수준에 대한 정확한 판단을 하기에 제한적인 개념이다. 따라서 이독성이라는 용어의 개념은 텍스트 복잡도의 의미에 준하여 사용되는 것이 적절하다.

이독성 연구에서 주로 고려되고 있는 요인은 크게 양적 요인과 질적 요인으로 구분된다. 양적 요인은 읽기 텍스트를 이해하는 데 있어서 범주화, 수량화할 수 있는 요인인 어휘의 난이도, 문장의 길이, 접속어 및 지시어의

* '이독성'이라는 용어가 읽기 쉬운 정도라는 의미로, 글이 읽기 쉬운가에 대한 판단을 할 때에는 텍스트와 독자 요인이 복합적으로 작용하게 된다. 그런데 기존의 이독성 개념은 텍스트 요인에만 국한되어 있었고 이러한 협의의 이독성 개념에 준하여 이독성 공식과 이를 활용한 이독성 지수로 표현하였다. '텍스트 복잡도'라는 용어는 최근 등장한 용어로 글의 수준에 대해 글의 양적 요인, 질적 요인과 함께 독자 요인을 복합적으로 고려한 글의 수준을 의미하고 있다.

수, 문장 구조(단문, 복문) 등을 포함한다. 질적 요인에는 텍스트와 독자의 특성이 상호 작용하는 측면과 관련되는데, 주로 명제의 긴밀성, 글의 구조화, 독자의 배경지식 등을 포함한다.

글의 수준을 고려하여 텍스트를 선정한다는 것은 텍스트에 국한된 문제가 아니라 그 글을 읽는 독자와 관련된 요인이 복합적으로 관여하게 된다. 이순영(2011)에서는 텍스트에 대한 독자들의 반응을 살핀 결과 텍스트의 난도와 선정에 있어서 독자의 흥미, 배경지식, 장르 선호, 독서 목적과 같은 독자 요인이 영향을 미치고 있음을 밝혔다.

이러한 논의와 관련하여 2010년 미국의 공통 중핵 교육과정(CCSS)에서는 학생들의 읽기 발달 수준에 적합하면서, 해당 학년의 성취기준을 달성하였는지 평가하는 데 적정한 텍스트를 선정하는 방안을 밝히면서 양적 요인, 질적 요인, 독자와 과제 요인을 고려해야 한다고 제시하고 있다(최숙기, 2012a). 다음 [표 6-1]은 요인별 구체적인 내용을 정리한 것이다.

[표 6-1] CCSS의 텍스트 선정 시 고려 요인

양적 요인	단어의 길이, 단어 빈도, 문장의 길이, 텍스트 응집성
질적 요인	의미, 구조, 언어 관습, 언어 명료성, 요구되는 지식의 수준
독자와 과제 요인	독자 요인 : 동기, 지식, 경험
	과제 요인 : 부여된 과제에 의해 생성되는 복잡도

글의 수준을 평가하기 위한 방법에는 양적 평가와 질적 평가 방법을 사용하는데, 양적 평가는 텍스트의 표면적 특성에 기초하여 글의 수준을 객관적으로 평가하는 방법으로 주로 이독성 공식(readability formula)을 사용한다. 질적 평가는 전문가의 경험이나 직관에 기초하여 글의 수준을 주관적으로 평가하는 방법이다. 양적 평가

는 글의 수준에 대한 객관적인 점수를 제공하는 것은 장점이지만 글의 표현적 특성인 어휘 및 문장만을 고려한다는 단점이 있다. 질적 평가는 글의 구조와 독자 측면을 고려할 수 있는 것은 장점이지만, 평정자들 사이의 편차가 크다는 단점이 있다(조용구, 2016).

① 텍스트 수준의 양적 평가

텍스트 수준의 양적 평가를 하는 대표적인 방법은 이독성 공식을 활용하는 방법이다. 영어권에서는 이독성 공식의 개발이 이른 시기부터 시작되었고, 최근에는 자동화가 진행되어 이제는 영어 텍스트를 입력하기만 하면 다양한 이독성 공식으로 자동 측정하여 해당 텍스트를 읽기에 적절한 학년 수준 혹은 난이도를 제시해 주고 있다(서혁·류수경, 2014). 국어 이독성 공식에 대한 연구는 이에 비하면 출발이 늦었지만 관련 연구들이 꾸준히 이어졌고, 최근에는 자동 측정 프로그램의 개발까지도 이루어진 바 있다. 이독성 공식에서 주요 사용하고 있는 변인은 어휘 목록과 문장 길이이며, 이는 국어 이독성 공식에서도 마찬가지이다.

먼저 어휘 요인에 대해 살펴보면, 어휘는 글의 난도에 관여하는 의미적 변수로, 세부 요인들로는 단어의 길이, 단어의 빈도, 쉬운 단어의 수, 어려운 단어의 수, 단어의 등급 등을 고려할 수 있다. 텍스트 어휘의 난이도 판별을 위해서는 개별 단어의 난이도에 대한 객관적인 등급이 마련되어야 한다. 그러나 수많은 단어에 모두 등급을 매기는 것은 사실상 불가능하기 때문에, 데일-챨(Dale-Chall, 1948), 조용구(2016)에서는 쉬운 단어 목록을 만들어 놓고 그에 포함되지 않는 단어는 모두 어려운 단어로 간주하는 방식을 활용하였다. 즉, 쉬운 단어의 수는 쉬운 단어 목록에 포함되어 있는 수이며, 어려운 단어의 수는 쉬운 단어 목록에 포함되지 않은 단어의 수를 의미하는 것이 된다.

어휘의 수준을 결정할 때에는 어휘가 갖고 있는 특성을 고려하는 것이 필요한데, 심재홍(1991)에서는 글의 난이도에 영향을 미치는 어휘 요인으로 한자어, 함축어,

지시어, 인칭 명사의 비율 등을 설정하였고, 김창호·김대희(2012)에서는 한자 어휘의 수준을 판단할 때 고려할 요인으로 빈도, 투명도, 입말화 한자어의 처리 문제, 사회문화적 맥락 등을 제시하였다.

이어 문장 요인으로 기존에는 문장의 통사적 복잡도를 문장의 길이에 의존하였는데, 이외 다양한 요인을 고려하는 연구가 이루어지고 있다. 이미 영어권에서는 문장의 복잡도를 산출하는 코-메트릭스(Coh-matrix)가 개발되어 있는데, 코-메트릭스는 텍스트를 입력하면 60가지 이상의 텍스트 관련 지수를 산출해 내는 자동화 프로그램이다. 이 프로그램은 문장의 길이 외에도 지시어, 결속성(coherence), 갈래에 관한 지수 등을 제공하고 있다.

문장의 복잡도에 대해 국어를 대상으로 이루어진 서혁 외(2013)에서 문장의 복잡도를 산정할 때 다음의 원리를 적용하였다.

- 문장의 기본 형식에 따른 점수 부여
- 첨가 조건으로 제시된 수식언(독립언)과 내포된 절의 구조 파악
- 절이 내포되는 경우와 수식언(독립언)은 추가 점수 부여

다음 [표 6-2]는 이독성 지수를 나타나기 위한 이독성 공식의 예시이다.

[표 6-2] 이독성 공식의 예

Dale-Chall Formula	(학년 수준) = 0.1579 × (U/W × 100) + 0.0496 × SL + 3.6365 U = Number of unfamiliar words not on the Dale-Chall List W = Number of word in the sample SL = Sentence Length
조용구(2016)	(학년 수준) = 4.874 + (0.591 × 평균 문장길이) — (9.201 × 쉬운 단어 비율)

이독성 공식 관련 논의에서 취약한 점은 학년의 수준에 적절한지 여부에 있어서 100% 정확하다고 할 수 없으며, 이독성을 측정하였다고 하여도 이독성에 맞게 읽기 자료를 다시 쓸 수는 없다는 점, 다른 여러 중요한 요소들을 고려할 수 없다는 점, 어려운 읽기 자료에 대한 이해를 증진시키기 위해 어떤 전략을 사용해야 하는지에 대해서는 정보를 제공해 주지 못한다는 점을 들 수 있다(Irwin, 2006 : 251).

② 텍스트 수준의 질적 평가

텍스트 수준에 대한 양적 평가가 갖는 한계점들이 발견되고 있기 때문에 이를 보완하기 위해 질적 평가의 필요성이 제기되고 있다. 정혜승(2010)에서는 텍스트 난도 평가에 있어서 양적 평가를 보완할 수 있는 방법으로 교사의 경험과 전문성에 의한 질적 평가 방법을 제안하기도 하였다.

텍스트 수준에 대한 질적 평가를 하게 되면 양적 요인에 국한되지 않고 다양한 글의 요인들을 고려하여 평가하는 것이 가능하다. 앞서 제시한 CCSS(2010)에서는 글의 의미, 구조, 언어 관습, 언어 명료성, 요구되는 지식의 수준 등 양적으로 측정할 수 없는 글의 질적 요인들을 제시하였다. 최숙기(2012b)에서는 CCSS에서 제안하고 있는 텍스트 복잡도 모형에 근거하여 읽기 교육용 제재에 대해 글의 의도, 글의 구조, 언어의 관습성과 명료성, 지식 요구의 4개 질적 요인을 고려하여 평가를 시행하였다.

질적 평가는 평가자의 전문성에 크게 의존하게 되기 때문에 평가자 간 신뢰도에 유의할 필요가 있다. 이러한 질적 평가의 단점을 보완하기 위해 제안되는 방법은 해당 학년 수준을 대표하는 글을 구축하는 것이다(정혜승, 2010; 최숙기, 2012b). 이 본보기 글은 질적 요인별 수준에 대한 정보와 양적 측정 결과에 대한 점수, 학생들의 흥미나 동기 등의 정의적 태도와 관련한 총체적인 정보를 담는 것이 필요하며, 이러한 본보기 글이 마련되면 질적 평가의 기준으로 활용할 수 있어 평가의 신뢰성을 높일 수 있게 된다.

2) 텍스트의 종류

독서 교육의 대상이 되는 제재의 종류는 앞서 2장에서 살펴본 텍스트의 유형을 모두 포함한다. 국가 수준의 교육을 제시해야 하는 교육과정에서는 교육의 내용을 명확하게 하기 위해 글의 유형도 명시하고 있다. 2022 교육과정에서는 읽기 영역의 내용 체계에 글의 유형을 제시하고 있다. 이러한 글의 유형은 교육과정의 내용을 수업으로 실행할 때 적합한 제재를 선정하기 위한 기준이 되어 준다. 다음 [표 6-3]은 교육과정에 제시된 글의 유형이다.

[표 6-3] 2022 교육과정 읽기 영역에 제시된 글의 유형

학년	글의 유형
초등학교 1~2학년	• 친숙한 화제의 글 • 설명 대상과 주제가 명시적인 글 • 생각이나 감정이 명시적으로 제시된 글
초등학교 3~4학년	• 친숙한 화제의 글 • 설명 대상과 주제가 명시적인 글 • 주장, 이유, 근거가 명시적인 글 • 생각이나 감정이 명시적으로 제시된 글
초등학교 5~6학년	• 일상적 화제나 사회·문화적 화제의 글 • 다양한 설명 방법을 활용하여 주제를 제시한 글 • 주장이 명시적이고 다양한 이유와 근거가 제시된 글 • 생각이나 감정이 함축적으로 제시된 글
중학교 1~3학년	• 인문, 예술, 사회, 문화, 과학, 기술 등 다양한 분야의 글 • 다양한 설명 방법을 활용하여 주제를 제시한 글 • 다양한 논증 방법을 활용하여 주장을 제시한 글 • 생각과 감정이 함축적이고 복합적으로 제시된 글

2015 교육과정에서는 영역별로 국어 자료를 제시하고 있지는 않고 학년군 또는 학교급별의 단위로 국어자료를 제시하고 있어 읽기 영역만을 위한 자료를 제시하

지 않았다. 그러나 2022 교육과정에서는 영역별로 다루는 담화의 유형, 글의 유형을 명시하고 있다. 따라서 읽기 영역의 수업을 하거나 교재를 개발하는 경우 이러한 글의 유형을 고려하여 해당 성취기준을 학습하기 위한 읽기 제재를 선정하게된다. 예를 들어 '[9국02-05] 글에 사용된 다양한 설명 방법과 논증 방법을 파악하고, 그 타당성을 평가하며 읽는다.'의 경우에는 글의 유형 중 '다양한 설명 방법을활용하여 주제를 제시한 글'과 '다양한 논증 방법을 활용하여 주장을 제시한 글'을참고하여 제재를 선정하게 된다.

나. 독서 제재의 선정

1) 독서 제재 선정의 기준

학습자의 수준과 흥미를 고려한 독서 제재의 선정은 독서 교육이 성공적으로이루어지기 위해 중요한 요소이다(서혁·류수경, 2014; 조용구, 2016). 이에 어윈(Irwin, 2006 : 258)은 학생들에게 적절한 읽기 자료를 선정하기 위해 고려할 수 있는 최소의요소로 흥미와 이독성을 꼽았다. 독서 교육을 할 때에는 독서의 대상이 되는 텍스트가 중요한 요소로 작용하므로, 제재를 선정할 것은 독서 교육에서 매우 중요한과정이다.

앞서 독서의 중요 요소가 독자, 텍스트, 맥락이라는 것을 학습하였다. 독서 제재는 텍스트 자체이므로 텍스트의 다양한 특성을 고려하는 것이 필요하며, 또한 텍스트 특성뿐만이 아니라 독자와 맥락 요소를 고려하며 제재를 선정하는 것이 필요하다. 독서 제재에 관여하는 요인들은 텍스트의 난이도, 장르, 주제, 길이 등 텍스트요인과 학습자의 수준, 흥미 등의 독자 요인, 독서 목적과 환경 등 맥락 요인 등이있으며, 따라서 이러한 요인들을 복합적으로 고려하는 것이 필요한 것이다.

[표 6-4] 읽기자료 평가를 위한 질문(Irwin, 2006 : 254)

- 내가 이해할 수 있는 어휘와 비유적 이미지가 사용되었는가?
- 문장의 길이가 이해하기 쉬울 만큼 짧은가?
- 원인·결과 관계가 분명한가?
- 사건의 순서가 명확하게 드러나 있는가?
- 대명사의 지시 대상은 분명한가?
- 전형적인 이야기 구조가 사용되었는가?
- 등장인물의 동기, 반응, 행동은 명확한가?
- 사건들은 충분하게 설명되었는가?
- 중심 생각이 분명하게 드러났는가?
- 이야기나 글의 내용을 자신의 생활과 연결시킬 방법이 있는가?
- 다음에 이어질 내용에 대해 예측할 수 있는 단서가 있는가?
- 독자가 생생하게 상상할 수 있도록 묘사된 부분이 있는가?
- 읽기 자료를 이해하는 데 필요한 사전 지식은 무엇인가?
- 읽기 자료가 나에게 동기를 부여하는가?
- 읽기 자료가 흥미 있는 유행을 반영하고 있는가?
- 읽기 자료가 성별, 서로 다른 문화적 배경을 가진 학생들에게 긍정적인 이미지를 부여하는가?
- 필자의 목적이나 관점이 분명한가?

이 질문들은 독서 제재를 선정하기 위한 판단을 하기 위해 제기할 수 있는 질문으로, 글의 구조, 주제, 문체적 특성, 독자의 호감 등의 특성에 대해 고려할 수 있는 내용을 담고 있다. 이 질문을 활용하여 학생들은 독자로서 자신에게 글이 적합한지 여부를 판단할 수 있고, 교사들은 교수·학습에 사용하기에 적합한지 여부를 판단할 수 있다.

한편, 어윈은 이 질문에 대해 부정적으로 대답한 학생들이 이 자료를 읽을 수 없다는 것을 의미하는 것이 아니라는 점을 강조하고 있다. 텍스트의 내용이 분명하지 않을 때, 필자가 명시적으로 진술하지 않았을 때 독자는 스스로 그 내용을 찾고, 상상하고, 긴장감을 유지할 수 있다는 것이다. 이독성 공식의 활용에서와 마찬가지로 텍스트의 속성은 독자의 읽기에 한 가지 방식으로만 작용하는 것이 아니므로 제재의 적절성 판단은 복잡한 양상을 띠게 된다.

국어과 교재에 사용되는 제재는 특히 교재의 특정 교육 목적에 부합하도록 선정되어야 하기 때문에 일반적인 독서 제재의 선정보다 더 복합적인 상황이 발생한다. 교재 집필자들은 본인의 독서 경험 속 자료들을 비롯하여 집필 단원의 목표와 관련된 글의 종류, 학생들에게 흥미로운 소재, 교육적으로 유용한 사회 문제와 관련된 주제들을 고려하며 다양한 텍스트들을 대상으로 제재를 찾게 된다. 또한 많은 글들 속에서 제재를 선정하기 위해서 제재로 적합한 텍스트가 무엇인가에 대한 판단을 하는 과정이 필요하고 판단의 기준이 필요하다. 이성영(2013)에서는 이러한 판단에 활용하기 위해 국어과 제재 텍스트가 갖추어야 할 요건들을 다음 [표 6-5]과 같이 제시하고 있다.

[표 6-5] 국어과 제재 텍스트의 요건(이성영, 2013)

개별 텍스트 차원				상호 텍스트 차원	
목표지향성		가치지향성		조화지향성	
내용 요소 부합성	내용 수준 적합성	대자성	문화성	균형성	계열성

① 목표 지향성

목표 지향성이란 제재가 학습목표(성취기준)를 달성하는 데 적합해야 한다는 조건이다. 교육과정의 성취기준, 단원의 학습목표는 내용 요소 기준과 내용 수준 기준의 두 가지 양상으로 구분할 수 있다. 내용 요소 기준은 학습자들이 어떤 지식을 알아야 하고 어떤 일을 수행할 수 있어야 하는가 하는 것과 관련되고, 제재는 이러한 내용을 학습하는 데 적절하게 기여할 수 있어야 하는데 이를 내용 요소 부합성이라 한다. 내용 수준 기준은 그러한 지식이나 수행 능력을 어느 정도 수준까지 학습해야 하는가 하는 것과 관련되며, 제재는 내용 수준 적합성을 갖추어야

한다. 내용 수준 적합성이란 제재의 수준이 해당 학년의 발달 특성에 적합해야
한다는 조건이다.

② 가치 지향성

텍스트의 가치는 여러 차원에서 입체적으로 존재하며, 각 차원의 가치들은 서로
공존 가능하다. 제재가 갖추어야 하는 가치 지향성은 '정전'에 대한 논의와 관련이
깊다. 텍스트의 가치 지향성을 개인의 성장 차원에서는 대자성으로, 공동체의 가치
전수 차원에서는 문화성으로 설정한다.

대자성을 갖춘 대자적 텍스트는 그 의미 혹은 본질이 고정되어 있지 않아서
독자들에게 다양한 가치 실현의 가능성이 높은 텍스트를 의미한다. 텍스트가 그
자체의 의미를 전달하는 데 그치지 않고 독자들의 성찰을 유발하여 앎, 느낌, 생각,
깨달음, 신념 등 새로운 의미를 불러일으킬 가능성이 농후한 텍스트가 대자적 텍스
트이다.*

문화성을 갖춘 문화적 텍스트는 공동체가 지향하는 바람직한 가치, 문화
적 자원을 풍부히 담고 있는 텍스트이다. 이러한 제재를 국어 교재에 수록
함으로써 공동체 구성원들의 국어와 국문학 및 텍스트에 대한 공통 의식을
형성하며, 언어 문화적 스키마를 공유하고 계승해 나가는 것이다(김혜정,
2009b). 문화성 차원의 가치가 풍부한 텍스트들이 정전이라 일컬어진다.
국어과 제재는 공동체적 가치의 계승을 위해 문화성 조건을 갖추어야 하지만, 그렇
다고 해서 언제나 전통적 가치에 매몰되는 것은 피해야 한다. 제재를 선택할 때에
는 과거의 가치에만 매달릴 것이 아니라 미래 사회가 요구하는 가치도 지향하는
것이 필요하다.

> * 대자적 텍스트와 상대적 위치에 있는 텍스트는 즉자적 텍스트로 그 의미 혹은 본질이 이미 결정되어 있어서 다른 가능성이 거의 없는 텍스트를 뜻한다. 예컨대 복약 설명서는 대표적인 즉자적 텍스트로, 이것은 설명 내용에 따라 약을 복용하는 것 이외에 더 이상의 가치를 지니지 않는다.

③ 조화 지향성

조화 지향성은 독자들의 균형 잡힌 정신 건강을 도모하기 위하여 다양한 가치를

지닌 글들을 국어교과서에 두루 수록하기 위한 기준이다. 국어교과서에 실리는 제재들은 어느 한쪽으로 치우쳐서는 안 된다. 편식이 건강에 나쁘듯이 편독(偏讀) 역시 성장에 바람직하지 않기 때문이다. 조화 지향성은 텍스트의 내용이나 형식 차원에서 다양한 텍스트들이 고루 수록되어야 한다는 '균형성'과, 학년이나 학교급의 수준에 따라 수록되는 제재 텍스트가 서로 다르면서도 연계되어야 한다는 '계열성'으로 나눌 수 있다. '균형성'은 한 학년에서 다루는 제재의 공시적 분포에 대한 기준이고, '계열성'은 학습 순서의 선후 배치에 대한 기준이다.

균형성을 갖추기 위해 국어과 교과서의 제재로 수록되는 텍스트들은 우선 그 유형과 종류 차원에서 균형을 이루어야 한다. 국어교육에서는 목적에 따른 유형 분류법을 채택하여, 정보전달, 설득, 친교 및 정서표현으로 크게 나눈 다음 그 안에서 구체적인 텍스트 종류들을 다시 하위 분류하고 있다. 제재의 균형성을 위해서는 글의 유형 외에도 전형성과 창의성 차원, 글의 주제 차원, 대상을 바라보는 태도 차원, 글의 생산 맥락 등 다양한 특성에서 균형을 고려하는 것이 필요하다.

계열성을 갖추기 위해서 제재들은 학습 난이도에 따라 학습 순서가 계열을 이루도록 선정되어야 한다. 한 학년 내 분포에서 다양한 특성을 갖춘 제재들이 균형적으로 선정되었다면, 학년별 분포에서 난이도에 따른 순서로 배치되도록 선정해야 한다는 것이다. 글의 유형에서의 계열성을 갖추기 위해서는 학령에 따라 텍스트 유형의 비율을 달리하여 제시하는 방법이 있다. 가령 초등 저학년에게는 친교 및 정서표현 위주의 텍스트를 제시하고 학년이 높아가면서 점차 정보전달이나 설득 텍스트의 비중을 높일 수 있다. 텍스트 주제의 계열성을 살리기 위한 일반 원칙으로 '단순 → 복잡', '구체 → 추상', '개인 → 사회' 등을 다룬 주제로 배치를 할 수 있다.

2) 권장 도서의 선정

독서 교육을 할 때에는 활동의 대상이 되는 제재를 선정하여 읽기 수업을 하거나, 이미 개발된 교재를 활용하여 읽기 수업이 이루어지는 경우도 있지만, 개별 도서를 대상으로 독서를 하고 독서 활동이 이루어지거나, 온전한 독서만이 이루어지는 경우도 있다. 또한 교사와 함께 이루어지는 독서 수업이나 활동이 아니라 학습자가 개별적으로 독서를 할 수 있도록 도서를 선정하거나 추천해야 하는 경우도 발생한다. 학습자들의 입장에서는 개별적인 독서를 하기 위해 책을 선택하는 것에 어려움을 겪는 경우가 많기 때문에 이러한 상황에서 도움이 될 수 있도록 '권장 도서'의 목록이 다양하게 제공되고 있다.

권장 도서 목록은 학생들의 도서 선정에 대한 선택을 제한할 수 있다는 측면에서 주의가 필요하다. 이에 책으로 따뜻한 세상 만드는 교사들(2001)에서는 교사들이 권장 도서를 선정할 때 고려하고 경계해야 할 요인으로 독자, 베스트셀러, 굳은 관념 등을 제시하였다. 권장 도서 선정 시 고려할 첫째 요인은 독자이다. 중등학교의 교사가 도서 선정에서 고려해야 할 독자 요인은 10대라는 연령 특징, 남녀 성별 의식 구조, 지역 특성 등이다. 구체적으로는 청소년들의 눈높이에 맞추어 책을 고르고 사회 변화에 따라 달라지는 청소년 세대의 특성을 고려할 것, 남녀 학생의 의식 구조를 파악하여 성별에 맞는 통합된 의식구조 형성에 세심한 배려를 할 것, 우리 학교 학생들이 살고 있는 지역 특성과 환경을 고려하여 공감하는 내용을 고려할 것을 들고 있다. 둘째, 베스트셀러를 조심할 것을 제시하였다. 자본주의 사회에서 책의 출판은 경제적 이윤을 고려하지 않을 수는 없지만, 상업주의 책을 경계하여 '이윤을 추구하기 위한 상품'이 아닌, '진짜 좋은 책'을 선택하는 것이 필요하다. 이와 관련하여 '재미'는 충분히 고려할 부분이지만 절대 기준이 되어서는 안 된다고 말하고 있다. 셋째, 굳은 관념, 즉 책에 대한 선입견을 버릴 것을 제시하고 있으며, 이러한 유의점에 해당하는 책들로 만화와 동화를 들고 있다.

이들 책들이 이전에는 아동에 한정된 도서였지만, 성인을 비롯하여 전 연령을 대상으로 읽을 수 있는 도서로 바라보는 것이 필요하다는 것이다. 만화는 하나의 매체로서 자리를 잡고 있으며, 교육적 의미가 있는가 여부를 판단하여 권장 도서의 목록으로 넣을 수 있다. 또한 동화도 어린이들을 대상으로 한 이야기를 넘어 삶에서 간직해야 할 소중한 가치를 담고 있고, 중등학생에게도 읽힐 가치가 있는 작품들을 찾아볼 수 있다.

권장도서 선정을 위해 필요한 교사의 능력이 독자와 책에 대한 고려와 좋은 책을 보는 안목이라면, 좋은 책을 선정하기 위해서는 교사가 꾸준히 다양한 책을 읽으며, 책에 대한 많은 지식과 정보를 알아가는 노력이 수반되어야 하겠다.

2. 독서 교재의 개발과 활용

독서 교재는 독서 지도의 도구로, 잘 개발된 독서 교재는 독서 지도의 내용이 충실하게 진행될 수 있도록 돕는 역할을 하여 교사의 수업과 학습자의 학습의 능률을 높일 수 있다.

독서 교재는 독서 제재와 해당 제재에 대한 지도 내용, 내용을 교수·학습하기 위한 활동이 함께 제공될 수 있도록 개발되어야 하는데, 독서 지도는 독서 제재가 대상이 된다는 점에서 다른 의사소통 방식인 쓰기나 듣기·말하기의 지도와 차이점이 있다. 따라서 이러한 독서 지도의 특성을 고려하여 독서 교재가 개발되어야 한다. 물론 독서 교재도 교육을 하기 위한 교재이므로 교재 일반이 갖는 특징을 갖고 있으며, 이러한 교재 일반에 대한 이해를 바탕으로 효과적으로 수업이 이루어질 수 있도록 교재를 개발하는 것이 필요하다. 언어교육관 및 교재관에 대해 이해를 하고 독서 교재의 개발 방법에 대해 알아보도록 하겠다.

가. 독서 교재의 특징

1) 언어교육관과 독서 교재

교재는 교수·학습의 도구로서만 기능하는 것이 아니라 교육의 내용을 담는 그릇, 매개체로서, 교재에는 교육이 지향하는 방향성과 교육에 대한 관점이 반영되어 있다. 독서 교재에는 독서 교육관, 넓게는 언어교육관이 담겨있으며, 이러한 교육관이 교재의 특성에 영향을 주게 된다. 신헌재(2011)에서는 국어교육의 위상과 그 교육적 효용성을 높이기 위해 국어교육 운영에 있어서 주로 행동주의 심리학의 논거에 따른 분절적 교육이론과 단계적 상향식 교수·학습 모형 이론에 기대기보다는 인지 심리학과 초인지 이론에 입각한 통합적인 교육이론에 바탕을 두어야 한다고 말하고 있다. 이러한 논지는 교재 차원에서도 적용하는 것이 필요하다.

분절적 교육은 언어 교육에서 발음 중심 지도로 나타나는데, 이러한 지도방법을 파닉스(Phonics)라고 한다. 발음 중심 지도는 글자와 소리의 관계를 인식한 후, 글자와 단어를 발음하고 익히게 하여 학생들이 해독을 잘하도록 돕는 읽기 지도 방식을 의미한다. 발음 중심 지도의 언어교육관을 바탕으로 초기문자지도를 하게 되면 언어를 구조언어학 입장에서 분석하여 언어기호의 최소단위인 음소로부터 시작하여 음절, 형태소, 단어, 문장, 문단의 순으로 위계화하여 상향식으로 제시하고 학습하도록 교재를 구성하게 된다.

통합적 교육은 언어 교육에서 총체적 언어 접근(whole language approach)으로 대표되는데, 이는 유의미하고 실질적인 언어 자료 및 환경 속에서 듣고 말하고, 읽고 쓰는 언어활동을 통해 가르치는 읽기 지도 방식이다. 이러한 지도방법에서는 읽기를 학습할 때 단어를 소리 내어 읽는 방법을 익히는 것이 아니라 텍스트를 이해하는 방법을 익히는 것을 중요시한다. 총체적 언어 접근 방식의 언어교육관을 가지고 교재를 구성한다면 학습자의 관심과 흥미를 일으킬 만한 사물의 의미를 중심으로 한 제재를 선정하고 그 난이도와 더불어 학습자의 친숙한 정도에 따라 위계화하는 방식을 택하게 된다.

이와 같이 언어교육관은 중요시하는 교육 내용과 방법이 다르기 때문에 교재에도 이러한 관점이 반영되게 된다. 위에 제시한 특정 언어교육관이 절대적으로 좋다거나 옳다고 볼 수는 없다. 그러나 교육의 내용, 방법의 결정에는 그 바탕이 되는 교육관이 놓여있다. 따라서 어떤 방식으로 교재를 구성하는 것이 보다 교육적 효용성이 높을 것인가, 어떤 교재가 더 좋은 교재인가에 대한 고민은 그 근본이 되는 언어교육관이 무엇인가에 대한 고민에서 출발되어야 한다.

2) 교과서관

학교 교육에서는 사용하는 교재는 교과서로 대표되는데, 교과서에 대한 관점은 닫힌 교과서관과 열린 교과서관으로 나누어 볼 수 있다. 노명완 외(1988)에서는 교과서의 역할에 대해 교육과정과 그것이 실제로 전개되는 교수·학습의 과정을 연결하는 교량이라고 말하고 있다. 교육 내용이 학생들이 배워야 할 지식, 개념, 원리, 기능이라면, 교과서는 이러한 교육 내용을 교수·학습하기 위한 도구라는 것이다. 교과서의 담긴 교육 내용을 다루는 방식은 교과서의 내용에 대한 관점에 따라 달라지는데, 교과서의 내용을 절대시하고 신성시하는 관점과 교과서의 내용은 다양한 교수·학습의 자료 중 하나이며 도구라고 보는 관점이 있을 수 있다. 후에 이러한 교과서관을 구별하여 지칭하여, 전자는 '닫힌 교과서관'이라 하며, 후자는 '열린 교과서관'이라는 용어를 사용하고 있다. 각 교재관의 특징은 다음과 같다.

[표 6-6] 국어과 교재관의 대비(최현섭 외, 1996 : 98)

닫힌 교재관	열린 교재관
• 교사, 교재 중심 • 교과서는 가장 이상적인 교재 • 표준적인 단일 교과서 지향 • 교육의 효율성, 균질성, 규범성 중시 • 완벽하고 이상적 언어 자료를 교재로 제공 • 모방학습 강조 • 내용 설명, 분석 중심의 수업	• 학습자, 목표 중심 • 교과서는 여러 다양한 교재 중 하나 • 여러 보충자료 활용 • 교육의 창의성, 자율성, 전이성 중시 • 불완전한 자료라도 목표달성에 활용할 수 있으면 수용 • 비판학습 강조 • 아동 활동, 상호작용 중심의 수업

두 교재관은 교재의 다양성에 대한 인식 부분에서 차이를 보인다. 닫힌 교재관은 표준적인 단일 교과서를 지향하며, 따라서 교과서를 가장 이상적인 교재라고 인식한다. 따라서 완벽하고 이상적인 언어 자료를 교재로 제공해야 한다고 생각하며, 이러한 언어 자료의 모방학습을 강조하며, 교사 중심의 수업이 이루어지 때문에 수업 방식도 내용 설명과 분석 중심으로 이루어지게 된다.

반면 열린 교재관은 교과서는 여러 다양한 교재 중 하나라고 인식하기 때문에 교과서 외에도 여러 보충자료를 활용하여 수업을 하게 된다. 또한 자료 자체가 완결성 측면에서 불완전한 자료라도 목표 달성에 활용할 수 있으면 수용하게 된다. 이에 전문 작가의 글이 아니더라도 학생들의 글도 활용할 여지가 있게 되며, 이러한 자료의 특성에 대해 비판적으로 바라보는 관점을 갖는 학습을 강조한다. 교육의 창의성, 자율성, 전이성을 중시하게 되고 수업의 방식이 학습자 중심으로 이루어지고, 상호작용을 중시하게 된다.

이와 같이 열린 교재관은 여러 면에서 닫힌 교재관과 대조된 면을 보여주는데 신헌재(2011 : 10-11)에서는 열린 교재관의 교육적 의미를 다음과 같이 제시하고 있다. 첫째, 열린 교재관은 학습자 중심의 국어교육을 지향하는 구성주의와 상통하는 면을 보인다. 닫힌 교재관은 객관주의적 인식론의 관점에서 절대적, 초역사적 지식을 담아놓은 전범이요, 표준으로서 교과서를 상정한다. 이와 달리 구성주의적 관점에서 지식은 내재적으로 존재하기보다는 학습자가 주체가 되어 재구성하는 주관적인 것이기 때문에 열린 교과서관을 갖게 된다.

둘째, 열린 교재관은 막연한 지식교육에 한정되지 않고 학습자의 실제 생활에 전이효과가 높은 교육이 이루어질 수 있는 여지를 준다. 기존 교육은 구조주의적이고 행동주의 심리학에 기반한 인식론을 바탕으로 하고 있어 가르칠 개념과 지식을 설명과 분석의 대상으로 보고 있다. 반면 최근의 교육은 상대적이며 인지심리학에 터한 인식론을 바탕에 두고 있고 구체적인 상황맥락 속의 주체적인 학습자의 활동과 상호 작용성에 더 관심을 두고 있다.

셋째, 열린 교재관은 전체주의적인 획일 교육을 지양하고, 개인의 특성과 상호작용을 존중하는 민주주의 교육에 더 근접해가는 면을 보인다. 전체주의 교육에서나 강조할 만한 획일성, 균질성, 규범성보다는 교육의 창의성, 자율성을 더 강조하는 점이 이를 말해준다. 열린 교재관은 교과서는 절대적 진리로서 따라야할 전범이기보다는 이를 활용하여 학습자가 주도적으로 학습하는 자료 중 하나로 간주하며, 개개 학습자 생활에의 전이성과 창의성과 자율성에 더 비중을 둔다는 점에서 구성주의적 관점과 민주주의적 이념에 걸맞은 교육학적 의미를 지닌 것이라고 하겠다.

3) 국어 교과서의 기능

독서 교재는 국어를 가르치는 교재 중 한 부분이라 할 수 있다. 이에 국어 교과서가 담당해야 하는 기능을 세분화하여 제시하면 다음과 같다(노명완 외, 1988 : 92-96).

① 관점 반영의 기능

교과서는 각 교과의 학문성을 반영하게 되는데, 국어 교과서는 언어의 표현과 이해에 대한 관점을 반영하게 된다. 초기의 국어 교과서는 언어학적 지식이나 문학적 지식을 중요하게 취급하고 언어의 표현과 이해도 수사학의 영향으로 형식적인 차원을 강조하였다면, 국어 교육의 목표가 언어 사용 기능 신장을 강조하는 것으로 변화하면서 언어의 기능적 측면을 중요하게 다루게 되었다.

② 내용의 제공 및 재해석의 기능

교육과정의 내용은 대체로 추상적이고 포괄적인 수준에서 진술되고 있다면 교과서는 교육과정의 내용을 구체적으로 해석하여 자료화하고 있다. 추상적 개념이나 기능은 세분화하여 제시하며, 교과서의 사용자인 교사와 학생이 쉽게 해석할 수 있도록 구체화하여 내용의 난이, 지도의 편이에 맞추어 재구조화하여 제공하여야 한다.

③ 교수·학습 자료의 제공

교과서가 교육과정의 내용을 쉽게 해석하여 제공한다 하더라도, 교육 내용은 아직 추상적인 수준에 머물 수밖에 없다. 이는 국어과의 교육 내용이 갖고 있는 근원적 속성에서 비롯되는 것으로, 언어 기능과 같이 추상적인 교육 내용을 교수·학습할 수 있도록 교과서는 교육내용을 자료화하여 제공하는 일을 하여야 한다. 예를 들어 요약하며 읽기 기능은 이에 대한 설명을 듣는다고 해서 길러지는 것이 아니라 그 기능이 동원되는 구체적인 언어 활동을 통해서만 길러지는 것이다. 교과서는 이런 언어 기능의 활동을 할 수 있는 자료를 제공하여야 한다.

④ 교수·학습 방법 제시

교과서는 교사용 자료이면서 동시에 학생용 자료이다. 그러므로 교과서는 교사뿐만 아니라 학생에게도 무엇을 어떻게 하여야 한다고 그 방법을 매우 구체적으로 안내해 주어야 한다. 교과서가 막연하게 학습활동을 지시하고 있다면, 이런 추상적 지시는 학생에게는 결코 좋은 안내가 되지 못한다. 물론 교과서를 활용하여 수업을 하는 교사가 이러한 안내를 구체화하며 수업으로 실행하여야 하겠지만, 교과서의 방법 제시가 학습자가 그 활동을 수행할 수 있을 수준으로 구체화되었을 때 학생들의 적극적인 수업 참여를 유도할 수 있게 된다.

⑤ 학습 동기의 유발

교과서는 공부하기 싫어하는 학생들의 심리를 잘 파악하고 이들의 학습 심리를 자극하여 흥미를 유발하는 일을 하여야 한다. 학생들이 학습의 목표, 내용, 자료를 충분히 이해하고 이에 대하여 흥미를 갖게 되면, 이들은 능동적으로 학습활동에 참여하게 되고 또한 학습 성취도 높아지게 될 것이다. 국어 교과서는 학습 동기를 비롯하여 읽기 동기를 유발할 수 있는 내용과 방법을 고려하여 개발되어야 한다.

⑥ 연습을 통한 기능의 정착

교과서는 지식의 이해, 기능의 획득, 태도의 형성을 목표로 한다. 특히 기능의 습득과 태도의 형성은 상당히 오랜 기간 동안의 연습과 습관화를 필요로 한다. 국어 교과서는 언어 기능 획득과 태도 형성을 위한 연습 자료의 제공을 하여야 하며, 추가 연습이 필요한 경우 교과서를 보조할 수 있는 보조 자료를 개발하여 제공하는 것도 필요하다.

⑦ 평가 자료의 제공

교육은 가르치는 일뿐만 아니라 가르친 결과에 대한 평가도 포함한다. 따라서 교과서는 교수·학습의 효과를 알아보기 위한 평가 자료도 갖추어야 한다. 그리고 그 결과를 해석하여 다음 교수·학습에 활용하는 방법도 제시하여야 한다.

4) 교과서의 역사적 변천

현대의 교과서라고 할 때에는 제재를 중심으로 학습활동이 제시되어 있고 대단원과 소단원 등 단원 체제로 구성되어 있는 형식에 익숙하지만, 이러한 근대적 교과서가 등장한 것은 해방 이후부터이다. 교과서의 역사는 미군정기의 교수요목 기를 거쳐 정부 수립 이후 1차 교육과정이 공표되는 교육과정의 역사와 그 궤를 함께 한다. 해방 직후 교과서는 이전 교과서와 다른 특징을 발견할 수 있는데 한글 표기 위주의 제작, 교본이라는 제목으로 교과서의 형식 등장, 독본의 발간을 들 수 있다(김혜정, 2004).

해방 직후 등장한 교과서의 가장 큰 특징은 거의 모든 교과서가 '한글' 표기 위주로 제작되었다는 점이다. 해방을 맞이하며 일상적 의사소통 수단으로서의 '국어' 회복, 사고와 의식의 표현 도구를 억압받았던 언어 생활의 해방이라는 측면에서 '자국어'에 대한 남다른 애정과 인식이 배태된다. 한글 표기 위주의 교과서 제작은 이러한 국어에 대한 자각이 국어 교과와 교과서 제작에 구체적으로 반영되었음을 알 수 있다.

교과서 제작과 관련된 특징은 이전에는 없었던 '교본'이 등장하게 된다는 점이다. 미군정기의 교과서는 조선어학회의 연구진들이 참여하여 발행되었는데 '한글 첫걸음', '초등국어교본', '중등국어교본' 등이 있으며, 이 시기 교과서에는 이처럼 '교본'이라는 제목이 등장한다. 이 교재들은 학년 체제에 맞춰 1학년에 1권 또는 전후 학기에 맞춰 두 권을 학습하도록 구성되어 있다는 점에서 학년과 수준을 고려한 체계적인 구성 하에 제작되었다.

개화기나 일제 강점기 때 발간된 교재는 '문법서'가 주를 이루었다면, 이후에는 독본(讀本)류가 유행한다. '독본'이라는 명칭은 해방 이전에는 주로 '교과서명'으로 사용되었으나 해방 이후 발간된 독본은 수업 교재만이 아닌, 일반 교양서로서 성인용 또는 고등학생용 '읽기 자료'로서 주로 발간된다. 그 내용을 보면, 주로 고전 문학과 현대 문학의 정수(精髓) 중에서 교육적으로나 문학사적으로 가치 있는 텍스트들을 선별하여 시대 순으로 싣고 있는 것이 많다. 독본은 읽기 자료이지만 제재와는 성격을 달리하는데 제재는 특정한 학습목표를 도달하기 위한 재료 혹은 수단으로서의 성격을 지닌다면, 독본은 수록된 텍스트들이 그 자체로 교육 내용으로 기능한다.

정부 수립 이후 간행된 입문기 국어교과서 <바둑이와 철수>는 한글 깨치기를 주요한 목표로 하고 있으며, 어린이들의 생활을 문장으로 제시하여 수업에 흥미를 높이려 한 점, 언어 사용을 종합적으로 지도할 수 있도록 시도한 점 등에서 특기할 만하다(최현섭 외, 1996).

1차 교육과정 이후 국어 교과의 교과서는 중등의 경우 '국어'라는 교과서명으로 개발되었고, 7차 이후 '국어'와 '생활 국어'라는 명칭을 사용하기도 하였으나 2009 개정 교육과정 이후 다시 '국어'라는 명칭을 사용하고 있다.* 초등의 경우는 영역별 분권 방식이 다양한 방식으로 시도되었고 각 교과서의 명칭도 영역명 또는 교과서의 기능을 반영한 명칭을 사용하기도 하였다.

* '국어'는 어휘적 의미는 한 나라의 언어라는 의미이지만, '우리나라의 언어'를 지칭하며 교과, 과목의 명칭, 교과서의 명칭이기도 하다.

[표 6-7] 교육과정과 교과서

교육과정	교과서		
	초등학교		중학교
1차	국어		국어
2차	1-3학년	국어, 쓰기	국어
	4-6학년	국어	
3차	국어		국어
4차	1-2학년	바른생활	국어
	3-6학년	국어	
5차	말하기·듣기, 읽기, 쓰기		국어
6차	1-4학년	말하기·듣기, 읽기, 쓰기	국어
	5-6학년	말하기·듣기·쓰기, 읽기	
7차	1-3학년	말하기·듣기, 읽기, 쓰기	국어, 생활 국어
	4-6학년	말하기·듣기·쓰기, 읽기	
2007 개정	말하기·듣기·쓰기, 읽기		국어, 생활 국어
2009 개정	국어, 국어 활동(부교과서)		국어
2015 개정	국어, 국어 활동(부교과서)		국어
2022 개정	국어, 국어 활동(부교과서)		국어

나. 독서 교재의 개발

1) 교과서의 체제

교과서를 개발하기 위해서는 교과서의 구성과 조직을 하기 위한 형식에 대한 결정이 필요한데, 이러한 형식을 '체제'라고 한다. 체제는 외적 체제와 내적 체제로 구분되는데, 외적 체제는 교과서의 외적 모습으로 판형, 권수, 분량, 활자의 종류와 크기 등의 요소가 이에 포함된다. 외적 체제는 시각적인 디자인과 관련된 요소들로 교과서의 내용 자체는 아니지만, 교과서의 내용을 효과적으로 전달할 수 있도록 결정되는 것이 필요하다. 특히 활자의 크기 요소는 가독성*에 영향을 줄 수 있는 요소이므로 학습자의 읽기 수준, 연령 등을 고려하여 읽기에 도움을 줄 수 있도록 선택하게 된다.

> * 가독성은 읽기에 영향을 주는 시각적으로 요소와 관련된 속성으로 활자 크기, 줄 간격, 그림이나 표 등의 배치 등의 차원이고, 이독성은 읽기 이해와 관련된 텍스트의 난이도와 관련된 속성이다.

2015 교육과정의 중학교 국어 교과서는 학기당 한 권으로 되어 있지만, 7차와 2007 교육과정 시기에는 학기당 두 권으로 되어 있었고 각각 <국어>와 <생활 국어>라는 명칭이었다. 7차 교육과정 시기에 국어 교과서를 두 권으로 설정하면서 <국어>에는 문학과 읽기 영역을, <생활 국어>에는 듣기, 말하기, 쓰기, 문법 영역으로 나누어서 개발하였다. 영역별 특성을 고려하여 이루어진 분권은 각 영역이 수업에서 충실하게 다루어지기를 위한 의도를 반영한 것이었으나, 2007 교육과정에서 검정교과서 제도가 시행되면서 두 권 교과서의 관계 설정에서 모호함을 가져오게 되었다. 2009 교육과정 이후 한 권의 교과서로 개발되었는데 영역 통합적으로 지도하기 위한 단원 구성을 위해서도 한 권의 교과서 내에서 모든 영역을 다루는 권수 방식이 적절하다고 할 수 있다(천경록, 2019a).

내적 체제는 교과서의 내용 구조와 관련된 형식 차원으로, 단원 구성 방식, 단원의 성격, 단원의 수, 단원의 크기 등 단원을 어떻게 설계할 것인가와 주로 관련되는 문제이다. 수업에 직접적인 관련이 있는 요소는 내적 체제이기 때문에, 교재 집필자의 숙고가 필요한 형식 요소는 내적 체제이기도 하다.

단원의 수와 크기는 국어 교과서의 경우 교육과정에 제시된 학년별 교육내용을 단원의 형식으로 제시하게 된다. 학년 단위에서 다루어야 하는 교육내용이 정해져 있으므로 단원의 수가 많아질 경우 한 단원의 크기는 작아지는 관계에 있게 된다. 검인정으로 개발되는 중등 교과서에서 책의 권 수는 고등학교의 경우 한 권으로, 중학교의 경우 두 권으로 지정되어 개발하고 있으나, 단원의 수는 교과서마다 자율적으로 결정하게 되므로 교과서의 개성을 드러내는 요소가 되기도 한다. 이때 단원은 대단원을 의미하고 있지만, 단원의 크기에 따라 대단원의 하위에 소단원을 구성하며, 교과서에 따라서는 대단원-중단원-소단원으로 구성하기도 한다. 이러한 단원의 구조에 따라 단원의 성격과 단원 구성 방식이 나타나게 된다.

일반적으로 나타나는 국어 교과서의 단원 구성 방식과 단원의 성격은 대단원-소단원 구조를 보이며, 대단원은 성취기준을 1개 이상 반영하게 되는데, 2개 이상의 성취기준을 반영하는 경우 서로 다른 영역을 통합하며 대단원이 구성되기도 한다. 대단원은 2~3개 정도의 소단원으로 나누어 구성되는 것이 일반적이다. 대단원은 '단원의 도입-소단원1-소단원2-(소단원n)-단원의 마무리'로 구성되면서 단원의 목표를 달성하기 위한 내적 체제를 갖추고 있다. 또한 소단원 내에서도 일정한 내적 체제를 갖추게 되는데, 읽기 영역의 소단원은 '도입-제재(읽기 중 질문)-학습활동(이해 학습-목표 학습-적용 학습-심화 학습)-평가 및 정리'로 이루어지는 것이 일반적이다. 소단원의 흐름은 읽기의 전, 중, 후 활동을 반영하며 이루어진다. 이러한 단원의 구성은 교수·학습 모형에 따라 이루어지며 단원의 학습 목표를 달성하도록 도움을 줄 수 있도록 치밀하게 이루어진다.

대단원은 2개 이상의 성취기준을 다루면서 영역 간, 영역 내에서 통합을 하여 통합 단원을 구성하게 되는데, 이는 국어교육에서는 학습자의 언어 생활 실제가 반영된 교육, 언어의 총체성에 근거한 교육을 강조하면서 이러한 교육의 실현이 실현된 방식 중의 하나이다(김정우, 2009; 류보라, 2010). 이러한 영역 통합 단원을 구성할 때에는 독립적인 영역 구성 단원보다 상승 효과가 있는가, 교육과정을 교과서로 구현하는 과정에서 교육과정의 내용을 충분히 반영하고 있는가(양정호, 2008 ; 정혜승, 2002)를 유의해야 한다.

2) 교과서의 개발 과정

국어교과서는 일반적으로 '계획 - 집필 - 검토 및 수정'의 절차를 거쳐 편찬된다(이성영, 2006 : 67-68). 이러한 절차에 따라 교과서의 개발 과정을 상세화하면 다음과 같다.

[표 6-8] 교과서의 개발 과정

계획	교육과정 분석 교과서의 체제 결정(외적/내적)
집필	학습목표 기술 제재 선정 학습활동 개발 평가 방법 개발
검토 및 수정	교육과정의 정합성 측면, 교육 내용 및 표현의 정확성 측면

국어 교육과정에서 다루고 있는 교육 내용을 구체화한 교재가 교과서이므로 교과서의 개발은 교육과정의 내용을 기반으로 이루어지게 된다. 따라서 교과서 개발은 교육과정의 분석에서부터 시작된다. 또한 계획 단계에서는 교과서의 외적 체제와 내적 체제를 결정하게 된다. 내용 집필의 차원에서는 내적 체제에 집중하게 되는데 단원의 수, 단원별 성취기준의 배치, 단원의 수준, 단원별 학습량과 시간 배당, 단원의 순서 등을 결정하게 된다.

집필 단계에서는 계획에 따라 교과서의 내용을 작성하게 되는데, 주요한 내용 요소들은 학습목표 기술, 제재 선정, 학습활동 개발, 평가 방법 개발을 통해 집필된다. 학습목표는 교과서의 집필과정에서 단원의 중심이 되는 역할을 하기 때문에 교육과정을 왜곡하지 않도록 유의하여 기술하여야 한다. 읽기 교과서 집필에서 가장 중요한 작업은 제재의 선정이라 할 수 있다. 독서 교육에서 제재가 하는 역할과 기능에 유의하며 단원의 학습목표 실현에 적합한 제재를 선정해야 한다. 학습활동은 읽기의 전, 중, 후 과정이 반영되도록 개발되어야 하며, 읽기 후 활동에는 제재의 내용 이해 활동과 학습 목표 활동이 필수적으로 포함되며, 적용 활동이나 심화 활동, 보충 활동 등을 포함할 수 있다. 이어 단원의 학습이 잘 달성되었는지를 확인할 수 있는 평가 활동도 개발한다.

검토 및 수정 단계에서는 교육과정의 정합성 측면, 교육 내용 및 표현의 정확성 측면에서 단원의 내용이 교육과정을 잘 반영하고 있는지, 교육 내용과 교과서의 모든 표현이 정확하고 오류가 없는지 등을 검토하고 수정한다.

이러한 내용 집필 외에도 편집의 차원에서 교과서의 외적 체제에 대한 사항들을 결정해야 하고, 그림이나 사진 등의 시각적 자료도 적절하게 활용되어야 한다. 교과서의 삽화는 미적 기능을 넘어 학습자의 학습 동기를 높이고 교과서의 내용을 학습하는 데에 있어 도움이 되는 자료로서 기능을 하기 때문에 정확한 내용으로 표현되어야 한다는 점도 유의해야 한다.

다. 독서 교재의 활용

교재를 활용하여 독서 지도가 이루어질 때에는 이를 활용하는 교사의 수업 특성에 맞추어 재구성되는 것이 필요하다. 독서 교사가 갖추어야 할 전문성 중 교재의 재구성 능력은 필수적이고 중요한 능력이라고 할 수 있다. 잘 개발된 교재는 수업의 내용과 구성에 용이하도록 교재의 흐름이 구성되어있지만, 각 개별 수업은 학습자와 환경에 적합하도록 진행되어야 하기 때문에 교재의 재구성은 필수적이다.

교재의 재구성은 교과서에 나와 있는 내용만을 가르치는 것이 아니라 수업이 이루어지는 지금, 여기의 상황을 고려하여 학습자의 경험과 생활의 실제를 적용하여 교사가 학습자를 파악하여 가장 타당하고 적절한 방식으로 교과서를 활용하는 수업이라 할 수 있다. 이렇게 교재의 재구성을 할 때에는 교육과정의 요구, 학습자의 요구, 교사의 필요, 교수·학습 방법상의 요구, 평가적 요구 등을 고려해야 하며, 따라서 고려해야 할 사항들이 다면적이고 다층적이라 할 수 있다(권순희, 2008).* 다음 표는 교과서 재구성의 판단 기준과 재구성 시 고려할 요소를 제시하였다.

* 권순희(2008)은 초등학교 교과서의 운용 방식에 대한 연구로 교과서의 재구성에 대해 다루고 있다. 국내 연구에서는 교과서가 교재를 대표하기 때문에 교과서에 대한 연구가 주로 이루어지고 있는 실정이다. 이 책에서는 이러한 교과서 연구 내용을 포함하여 '교재'로 다루도록 하겠다.

[표 6-9] 교과서 재구성 기준과 요소(권순희, 2008 : 10)

재구성 기준	재구성시 고려할 요소
적합성	• 교육과정 목표 달성 • 학생 발달, 요구, 흥미, 능력 • 내용의 양, 지도시간 • 내용의 수준, 난이도 • 지역성, 성역할, 사회적 요구(다문화 사회 요구 포함), 교육철학, 내용철학 등
정확성	• 삽화, 사진, 도표, 통계 • 표현, 표기, 용어 • 지식 체계 • 편견, 특수성 • 오류, 오자, 탈자 등
참신성	• 단원 전개, 자율 학습 • 소재 선정, 자료 제시 • 시대성, 현실성, 창의성 • 편집, 체계, 아이디어 등
연계성	• 계열성(학년 간, 교과 내) • 횡적 관련성(교과 간) • 내용 배열, 조직 등

최현섭 외(1996 : 112)에서는 단원 재구성 차원을 크게 '교수·학습 자료의 재구성'과 '교수·학습 과정의 재구성'으로 나누고 있다. 교수·학습 자료의 재구성은 교과서에 제시된 담화 및 그래픽 자료의 추가, 생략, 재조직, 대치를 통해 이루어진다. 교수·학습 과정의 재구성은 교과서에 제시된 학습 과제의 추가, 생략, 재조직, 대치를 통해 이루어진다.

교재를 활용할 때에는 교사가 전문성을 발휘하여 재구성하는 것이 필요하나 적절하게 재구성하지 못한다면 교재의 효과를 충분하게 반영하지 못한 수업을 하게 될 뿐만 아니라 교육내용의 왜곡까지도 우려가 된다. 이에 천경록 외 3인(2005 : 78)에서는 다음 단계를 거쳐 주의 깊게 재구성할 것을 제안하고 있다.

- 분석 : 교과서의 단원이나 활동 목표, 텍스트, 삽화, 평가 기준 등을 분석한다.
- 평가 : 교육과정이나 교육 이론에 비추어 교재가 타당한지 검토 및 평가한다.
- 개발 : 부적합한 자료를 대체할 수 있는 학습지, 평가 도구, 평가 기준, 학습 목표 등을 개발한다.
- 재구성 : 교과서의 해당 부분에 대하여 삭제, 첨가, 순서 재조정, 대체 등을 검토한다.

더 생각해 보기

⊙ 내용 탐구 활동

다음은 독서 교재를 분석하며 두 교사가 나눈 대화이다. ㉠에 대해 <조건>을 갖추어 서술하시오.

> 김 교사 : 교재에는 교육이 지향하는 방향과 교육에 대한 관점이 반영되어 있지요. 교재를 효율적으로 활용하기 위해서는 이러한 교육관에 대한 파악이 필요합니다.
>
> 이 교사 : 네. 저도 그렇게 생각해요. 교재의 특성에 영향을 주는 언어교육관으로 발음 중심 지도를 들 수 있어요. 발음 중심 지도의 언어교육관을 바탕으로 초기문자지도를 하게 되면 언어기호의 최소단위인 음소로부터 시작하여 음절, 형태소, 단어, 문장, 문단의 순으로 위계화하여 상향식으로 제시하고 학습하도록 교재를 구성합니다.
>
> 김 교사 : 네. 그런데 ㉠이 교재는 분절적 교육과는 다른 입장의 교육관에서 구성된 교재로 보입니다. 유의미하고 실질적인 언어 자료 및 환경 속에서 듣고 말하고, 읽고 쓰는 언어활동을 통해 가르치는 읽기 지도 방식을 보여주고 있어요.
>
> 이 교사 : 제재 선정과 내용 위계화에서도 그러한 교육관의 특징이 드러나네요.
>
> > <조건>
> > ○ ㉠의 특징에 대해 제재 선정과 내용 위계화 측면에서 각각 1가지를 서술할 것

해결 방법 : 예시 답안 : 제재 선정에서 있어서 학습자의 흥미를 불러일으키는 사물의 의미를 중심으로 선정하며, 내용의 위계화에 있어서 학습자의 친숙한 정도를 고려한다.

이 문제는 언어교육관에 따라 교재의 구성이 달라진다는 점을 이해하고, 교재의 특성을 분석하는 교사의 능력에 대해 질문하고 있다. 통합적 교육은 언어 교육에서 총체적 언어 접근(whole language approach)으로 대표되는데, 이러한 지도 방법에서는 학습자의 관심과 흥미를 일으킬 만한 사물의 의미를 중심으로 제재를 선정하고, 그 난이도와 더불어 학습자의 친숙한 정도에 따라 위계화하는 방식을 택하게 된다.

⊙ 모둠 탐구 활동

<읽기 영역 교과서 단원의 내적 체제>에 대해 탐구해 보자.

1. 개발되어 사용되고 있는 국어 교과서의 내적 체제 분석하기

2. 교과서 집필자로서 국어 교과서의 내적 체제 개발하기

⊙ 더 읽을거리

- 이성영(2013). 국어과 제재 텍스트의 요건. 국어교육학연구 48, 65-94.

  이 연구는 국어 교과서에서 다루어지는 제재의 요건이 무엇인지를 분석하며, 국어 교육에서 텍스트가 차지하는 중요성에 대한 인식을 정립해 주는 연구이다. 국어 교과서에서 다루게 되는 텍스트의 종류를 제시하며 기본 개념을 정리하여 주며, 제재 텍스트의 요건을 정치하게 제시하여 주어 제재에 대한 이해를 깊게 할 수 있도록 도움을 주고 있다.

제7장 독서 교수·학습의 원리와 모형

독서 수업을 하기 위해서는 무엇을 가르칠 것인가와 어떻게 가르칠 것인가의 결정이 필요하며, 교수·학습 방법은 어떻게 가르칠 것인가와 관련된다. 독서 수업을 하기 위해 활용할 수 있는 다양한 교수·학습 모형들이 개발되어 있다. 독서 교육을 하는 교사는 이러한 모형 중 자신의 수업 목표와 내용, 학습자, 환경 등의 요소를 고려하여 적절한 모형을 선택하여 적용할 수 있어야 한다. 그리고 수업의 전체 과정을 설계하고 실행할 수 있는 전문성을 갖추어야 한다.

독서 교육은 문자의 이해 능력을 중점에 두는 교육이라는 점에서 듣기, 말하기, 쓰기와는 구별되는 지점이 있게 되며, 이러한 읽기의 특수성과 언어 교육 일반이 갖는 공통적 특성을 이해하며 독서 교육이 이루어지는 것이 필요하다. 7장에서는 독서 교수·학습의 원리와 모형에 대해 이해하고, 이를 활용하여 독서 수업을 설계하고 실행하는 방법과 유의점에 대해 알아보도록 하겠다.

1. 독서 교수·학습의 원리

가. 독서 교수·학습의 기본 원리

독서 교육의 목표와 목적을 설정하고 적합한 교육 내용을 선정하였다면, 학생들에게 내용을 잘 전달하고 목표한 독서 기능과 전략 등을 가르치기 위한 교육 방법을 결정하는 것이 필요하다. 교육에서 목표-내용-방법은 유기적 관련을 맺고 있기 때문에 이러한 관계성을 파악하고 교육할 때 효과적인 교육이 이루어질 수 있다. 독서 교수·학습의 기본 원리에는 학습자 중심의 원리, 개별성의 원리, 활동 지향성의 원리, 실제성의 원리 등이 있다.

1) 학습자 중심의 원리

교육의 중심이 누구에게 있는가에 따라 교육관의 변화가 나타나는데, 과거의 교육에서는 교사 중심, 교육내용 중심의 교육이 이루어졌다면 현대의 교육에서는 학습자 중심의 교육관을 갖고 있다. 이러한 변화를 가져온 배경에는 구성주의 교육과 경험주의 교육이 놓여 있다.

구성주의 교육 이론에서 교수·학습의 원리로서 제시한 중요한 개념은 근접발달영역(Zone of Proximal Development : ZPD)이다(Vygotsky, 1978). 근접발달영역이란 아동이 혼자서 학습하는 과정에서 발생한 문제를 해결할 수 있는 수준과 타인의 도움을 통해서 문제를 해결할 수 있는 잠재적 발달 수준 사이의 거리를 의미한다. 실제적 발달 수준 이하는 학습자 혼자의 힘으로 학습이 이루어질 수 있는 영역이고, 잠재적 발달 수준 이상은 학습이 이루질 수 있는 수준을 넘어서게 된다. 따라서 근접발달영역은 수업 활동이 실제적 발달 수준과 잠재적 발달 수준 사이에서 이루어져야 함을 나타낸다. 또한 이 개념은 학습 과정에서 사회적 상호작용이 중요성을 나타내는데, 교사나 동료와의 상호작용을 통해 교육의 효과가 극대화될 수 있음을 보여준다(이상수·강정찬·황주연, 2006).

교육의 이러한 변화는 교사의 역할에 대한 인식과 요구에서도 변화를 가져오게 되었다. 이에 교사의 역할로 대표되는 것은 '조력자'이며 이러한 교사의 역할을 보여주는 용어로 비계(scaffolding)를 제시하고 있다(Wood, Bruner, & Ross, 1976). 비계란 혼자서는 해결하지 못하는 문제를 해결할 수 있도록 자신보다 능력 있는 성인이나 동료가 도움을 주는 행위를 의미한다(이상수·강정찬·황주연, 2006). 비계를 통해서 학습자는 자기조절학습능력을 증진시키게 되는데, 자기조절학습이란 학습자가 자신의 학습 목표를 설정하고 자신의 목적과 환경의 상황적 특징에 따라 자신의 인지, 동기, 행동을 제어, 규제하고 모니터링하는 능동적이고 구성적인 과정이다(Pintrich, 2004). 학습자 중심의 교육이 이루어지기 위해서는 개별 수업 단위에서도 학습자 중심의 수업이 이루어져야 하는데, 수업의 구조 변화와 교사와 학생의 역할 변화가 바탕에 놓여있게 된다. 이러한 교사와 학생의 역할은 교사의 비계설정과 학습자의 자기조절학습능력으로 나타낼 수 있으며, 그 관계는 다음 [그림 7-1]과 같다.

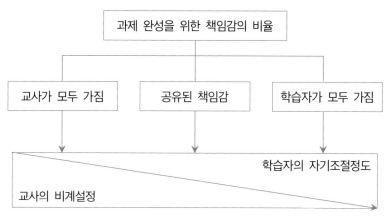

[그림 7-1] 비계설정과 자기조절의 관계(Cazden, 1988)

학습의 초기에는 과제 완성의 책임을 교사가 갖고 있으며 학습자에게 비계를 제공한다. 학습이 진행되면서 교사의 책임감이 공유된 책임감을 넘어서 학습자에게 모두 넘어가게 되고 비계 설정도 점차 줄어들면서 학습자의 자기조절정도가 늘어나고 결국 학습자가 모든 학습을 조절하는 주체가 된다. 이러한 과정을 '책임 이양의 원리'라고 한다. 수업의 초기에는 교사가 책임을 갖고 있으며 공유된 책임감을 거쳐 점차 학습자의 책임이 많아지면서 교사에서 학생으로 책임이 이동하는 양상을 보이게 된다.

학습자 중심의 교실이란 학습자들이 자신의 학습에 능동적으로 참여하는 교실이다(양태식, 2008). 이러한 교실에서 학습자는 계획하기, 이행하기, 평가의 모든 과정에 적극적으로 참여하여 교사 및 동료 학생들과 함께 수업을 만들어 가는 역할을 한다. 교사가 계획한 수업을 수동적으로 수용하는 것에 그치는 것이 아니라 학습자들이 자신들을 위해 설계된 프로그램의 목표를 설정하고, 점검하고, 수정하며 계획하기에 참여한다. 또한 학습 과제와 언어 자료를 수정하고 창조하는 데 참여하고, 학습자들이 자신의 절차를 점검하고 측정하며 평가하기에도 참여한다. 이러한 수업을 위해 교사와 학습자는 협동적 노력을 하게 되며, 학습자는 수업의 주체가 된다.

이러한 원리를 읽기 수업에 적용하면 학습자는 혼자의 힘으로는 다소 읽기 어려운 수준의 자료, 또는 고차원의 사고 과정이 필요한 읽기 전략의 사용에 도전하게 된다. 학습의 초기에는 비계, 즉 교사의 도움을 받으며 읽기를 하게 되고 점차 학습자의 책임을 늘려나간다. 이러한 과정을 통해 학습자는 독립적으로 읽기를 수행할 수 있는 능력을 획득하게 되는 것이다.

2) 개별성의 원리

독서는 개별 독자의 수준과 취향에 따라 이루어지므로 독서 지도도 개인의 이러한 특성을 최대한 고려하여 이루어지는 것이 필요하다. 독서의 교수·학습은 개별화되어야 하며, 이러한 원리는 독자 반응과 흥미를 고려하는 수업으로 실현된다. 독서 교육에서 개별성의 원리는 학습자의 수준과 흥미 등 개인차에 대한 고려와 읽기 자료에 대한 반응의 차이를 고려하여 독서 수업이 이루어지는 것이다.

학습자들이 갖고 있는 개인차는 다양한 국면에서 발생하는데, 국어 학습 능력, 학습 습관, 단위 시간에 따른 학습 성과, 학업 적성, 학습 동기, 학습 준비도, 학습 진척도, 동일한 국어 학습 성과에 대한 개인별 반응, 학습 성패에 대한 원인 분석 능력, 언어 처리 과정에서 인지적 갈등을 일으키는 사태에 대한 문제 해결 접근 방식 등에서 분명한 차이가 나타날 수 있다. 학습자들이 갖고 있는 개인차 요인을 받아들인다면, 국어과 교수 학습 과정에서도 당연히 학습자 개개인에 따른 개인별 학습 프로그램의 기획과 관리가 필요하다는 관점을 취할 필요가 있다. 국어과에서는 교재, 학습 과제, 학습 프로그램 등에서 이러한 개별성을 실현할 수 있다(양태식, 2008).

독서 지도에서는 교재의 개별성은 학습자의 수준과 흥미, 관심 등을 고려한 읽기 자료를 선정하는 것으로서 실현할 수 있다. 학습 과제의 개별성을 실현하기 위해서 독자 개인이 읽기 목적을 설정하도록 하기, 자신에게 적합한 읽기 전략을 활용하기 등의 방법이 있다. 학습 프로그램의 경우 학급 전 구성원에게 개별적인 프로그램을 제공하기는 어렵겠지만 능력별 또는 관심 주제별 등의 모둠 편성에 따라 프로그램을 제공하는 방식으로 개별화가 가능하다.

3) 활동 지향성의 원리

국어 학습에서 활동 지향성의 원리는 의미 있는 언어활동을 직접 경험해 봄으로써 언어 능력을 신장시키고자 하는 것이다(양태식, 2008). 국어 교육의 목표가 언어 사용 능력의 신장에 있으므로 국어 수업은 실제 언어 사용의 활동을 해 보는 경험으로 이루어져야 한다. 전통적인 수업의 방식이 교사 중심, 강의 중심으로 이루어졌다면, 현대적인 수업의 방식은 학습자 중심, 활동 중심으로 변화하였다. 독서 지도에서도 이러한 원리에 따라 수업이 이루어져야 한다.

활동 지향적으로 이루어지는 독서 지도란 언어적 처리의 활동, 의사 소통의 활동으로 이루어지는 수업을 의미한다. 이러한 수업 개념에서 입각할 때 독서 전략의 학습은 학습자가 전략의 특징과 절차 등 학습 내용을 지식적 차원에서 이해하는 것으로 그쳐서는 안 된다. 학습자는 이러한 이해를 바탕으로 실제 실행하는 수준, 즉, 기능적 차원에서 학습이 이루어지는 것이 필요하다. 또한 언어의 사용은 곧 사고 자체이기 때문에 언어 기능의 학습은 사고의 방식을 학습하는 것이어야 한다.

4) 실제성의 원리

교육에서 실제성의 원리란 특정한 실제 세계 과제의 수행을 뒷받침하는 것을 말하는데, 교육과 실제가 유리되지 않도록 하는 것이다. 언어 교육에서 이러한 실제성을 확보되기 위해서는 학교의 언어 사용 교육이 학습자의 실제 언어생활에서의 언어 처리 과정, 언어 사용을 반영할 수 있도록 해야 한다. 언어 교육에서 실제성은 자료와 과제 측면에서 실현될 수 있다.

학습 과정에 접하게 되는 자료가 교육 자체를 위해 인위적이고 인공적으로 다듬어져서는 안 되며 실제 언어생활에서 사용되었거나 실현됨으로써 자료의 실제성을 지녀야 한다. 과제의 실제성은 학습자에게 부여하는 과제(task)를 학습자가 실제 언어생활에서 겪게 되는 상황으로 제시함으로써 실현될 수 있다. 예를 들어 자신에게 필요한 자료를 검색하는 읽기를 학습할 때 실제 학습자가 필요한 정보 찾기-구체적인 여행지의 정보 검색하기, 현재 학습하고 있는 과학이나 사회 등 내용 교과 학습을 위한 정보 검색하기 등을 하도록 하여 실제적인 목적을 부여할 수 있다.

한편, 언어 학습의 상황이 언어 사용의 실제성을 갖기 위해 통합의 원리가 요구된다. 실제 언어 사용에서는 듣기, 말하기, 읽기, 쓰기가 통합적으로 이루어지는 반면, 교육의 상황에서는 체계성을 위해 각 영역으로 분절되어 있다. 교육 내용의 체계화를 위해 분절한 것을 수업의 상황에서는 통합하여 지도하는 것이 필요하다. 실제 언어활동이 기능별로 따로 일어나는 것이 아니라 항시 다른 기능과 함께 일어나면서 언어 처리 및 의사소통 활동이 가능한 것이므로, 언어 기능 학습을 위해서도 영역 통합적인 지도가 이루어져야 하는 것이다(양태식, 2008).

나. 독서 교수·학습의 접근법

독서의 교수·학습은 독서에 대한 개념의 변천과 궤를 같이 하여 변화하여 왔고, 현재의 독서 교육에서도 독서관, 교육관에 따라 다양한 방법으로 지도가 이루어지고 있다. 독서의 개념은 텍스트 중심에서 독자 중심으로, 교육의 방향은 교사와 교육 내용 중심에서 학습자 중심으로 이동하고 있는 모습을 보여주고 있다.

이러한 독서 개념의 변화, 독서 교육의 변화에 유의하며 발음 중심 지도, 총체적 언어 지도, 균형적 독서 지도, 과정 중심 읽기 지도, 독본 중심 기초 읽기 지도, 문학 기반 지도 등 독서 교수·학습의 여러 지도 방법들을 알아보도록 하겠다(서혁 외, 2021).* 발음 중심 지도, 총체적 언어 지도, 균형적 독서 지도는 글 깨치기 지도와 관련하여 서로 다른 지도관을 보여주는 지도 방식이다. 이어 소개할 세 방법은 글 수준의 읽기 지도에서 활용되는 지도 방법으로 지도의 중점에 있어서 차별성을 갖고 있는 지도 방식이다.

> * 읽기 수업의 접근 방법들의 유형은 관점에 따라 다양하게 구분할 수 있다. Vacca 외(2006)에서는 기초 기능 읽기 지도(basal reading approach), 언어 경험 접근법(language-experience approach LEA), 통합 언어 접근법(integrated language approach), 문학 기반 지도(literature-based instruction), 기술 기반 지도(technology-based instruction)로 구분하기도 하였다.

1) 발음 중심 지도

발음 중심 지도는 글자와 소리의 관계를 인식한 후에 글자와 단어를 발음하고 익히게 하여 학생들이 해독을 잘하도록 돕는 읽기 지도 방식으로, 음철법(파닉스, phonics)라고도 한다. 발음 중심 지도는 글자와 소리의 관계를 체계적이고 명시적으로 가르친다는 점이 주요한 특징이다.

발음 중심 지도의 구체적인 방식은 소리와 글자의 관계를 인식하는 활동, 단어를 몇 개의 부분으로 나누어 발음해 보는 활동, 단어를 해독하는 활동, 시각 단어(sight word)를 습득하는 활동, 독서 기능과 전략을 연습하는 활동 등으로 이루어지며 각 활동은 점차 확장되도록 구성된다.

발음 중심 지도는 작은 단위에서 점차 큰 단위로 올라가면서 지도하는 상향식 읽기 모형에 기반한 방식이다. 이에 독해 능력 습득을 위해서 하위 기능 습득이 선행되고 이것들이 자동화된 이후에 상위 기능을 학습하는 순서로 이루어져야 효과적이라고 보고 있다.

2) 총체적 언어 지도

총체적 언어 지도는 아동에게 유의미하고 실질적인 언어 자료 및 환경 속에서 듣고 말하고, 읽고 쓰는 언어활동을 통해 가르치는 읽기 지도 방식이다. 총체적 언어 관점(whole language approach)에서 읽기 학습이란 단어를 소리 내어 읽는 방법을 익히는 것에서 그치는 것이 아니라 텍스트를 이해하는 방법을 익히는 것이다.

총체적 언어 지도는 하향식 모형에 기반한 방식으로 글깨치기를 지도할 때에 의미 있는 텍스트를 읽으면서 낱자와 소리의 관계를 학습하도록 하며, 이러한 점에서 낱글자와 같이 작은 단위부터 지도를 시작하는 발음 중심 지도와 차별성을 갖고 있다. 해독 능력의 지도에 있어서 해당 기능이나 전략을 명시적으로 지도하기보다는 아동 자신의 목적을 위해 다양한 텍스트를 읽을 수 있는 기회를 제공하는 방식으로 이루어진다. 아동은 짧은 이야기를 읽거나 생활 속에서 접하게 되는 간단한 안내문을 읽는 등 실제적인 읽기 경험을 통하여 기능과 전략을 학습하게 된다.

3) 균형적 읽기 지도

균형적 읽기 지도는 읽기에 관한 다양한 방법들을 절충하여 균형적으로 지도할 때 학생들의 읽기 학습에 가장 효과가 있다고 보는 읽기 지도의 입장으로, 상향식 중심의 발음 중심 지도나 하향식 중심의 총체적 언어 지도와 같은 특정 지도 방식을 지지하지는 않는다.

발음 중심 지도는 체계적으로 해독 학습을 할 수 있으나, 언어 학습의 맥락을 제공하지 않고 해독을 위한 연습을 기계적으로 반복하기 때문에 학생들의 동기 유발을 저해할 수 있다는 단점이 있다. 총체적 언어 지도는 실제적인 맥락 속에서 언어 사용을 경험하며 유의미한 학습이 가능하지만, 글자 해독 지도의 방법이나 절차가 체계적이지 못하다는 점에서 단점이 있다. 균형적 읽기 지도는 발음 중심 지도나 총체적 언어 지도의 장단점을 고려하여, 이 두 가지 방식을 조화롭고 균형적으로 가르치는 것을 강조한다.

예를 들어, 학생들이 자주 접하는 대상이나 사물의 낱말과 이름을 익히는 총체적 언어 지도 방식에서 시작하여 글자 단위를 배우고 소리를 내는 발음 중심 지도를 병행하기도 한다. 혹은 발음 중심 지도 방법으로 글자 해독을 체계적으로 지도하면서 동시에 학생들에게 의미 있는 그림책이나 이야기책을 읽는 경험을 제공하고 학생들이 속한 실제 상황 속에서 글을 읽는 경험을 할 수 있도록 지도하는 총체적 언어 지도 방식을 병행하기도 한다.

균형적 읽기 지도는 좁은 의미에서 발음 중심 지도와 총체적 언어 지도의 균형적인 지도 방식을 의미한다. 그러나 넓은 의미에서는 읽기 교육에 접근하는 다양한 방식의 선택에서도 균형적으로 접근하는 것이 효과적이고 합리적이라는 지도 방식을 의미하기도 한다. 예를 들어, 교사가 선정한 책을 읽게 하거나 학생이 선택한 책을 읽게 하는 것 사이의 균형, 학습 목적의 책 읽기와 여가 목적의 책 읽기 사이의 균형, 문학적 텍스트와 정보적 텍스트 읽기의 균형 등이 필요하다는 접근의 지도는 넓은 의미에서의 균형적 읽기 지도에 포함할 수 있다.

4) 과정 중심 읽기 지도

과정 중심 읽기 지도는 읽기의 과정에 관심을 두고 각 과정별로 필요한 읽기 전략 중심으로 읽기를 지도하는 방식이다. 이 지도 방법은 글을 읽은 후의 내용이나 결과에 초점을 맞추어 지도하기보다는, 읽기 과정을 읽기 전, 읽기 중, 읽기

후로 나누고 각각의 과정에 따라 필요한 기능이나 전략을 가르친다.

'읽기 전' 단계에서는 글을 읽기 전에 독자에게 필요한 전략을 지도하며, 해당 전략에는 배경지식 활성화하기, 읽기 목적 인식하기, 제목이나 글의 앞부분, 표지, 삽화 등을 활용하여 내용 예측하기, 읽기 목적에 따라 전체적으로 무엇이 쓰여 있는지 탐색하는 훑어 읽기 등이 있다.

'읽기 중' 단계에서는 글을 읽으면서 내용을 이해하는 데 필요한 전략을 지도하며, 이러한 전략에는 글의 중심 내용 파악하기, 추론하기, 질문하며 읽기, 참고자료 활용하여 읽기, 자신의 인지 과정 점검하기 등이 있다.

'읽기 후' 단계에서는 글을 읽은 후 내용을 정리하고 감상하는 데 필요한 전략을 지도하며 이러한 전략에는 주제 파악하기, 글의 내용 요약하기, 글의 내용을 비판적으로 평가하기 등이 있다. 이 단계의 지도를 위해서 읽은 내용에 대해 토의하거나 글을 쓰는 등의 다양한 활동과 상호텍스트적 읽기 활동 등을 할 수 있다.

5) 독본 중심 기초 읽기 지도

독본 중심 기초 읽기 지도(basal reading approach)는 읽기 자료를 활용하여 읽기 기능을 학생 수준에 맞게 순차적으로 가르치는 읽기 지도 방식이다. '독본(讀本)'이란 책, 워크북, 활동지 등의 읽기 자료를 의미하며, 독본 중심 기초 읽기 지도는 이러한 자료를 활용하여 기본적인 읽기 기능을 지도하는 방법이다.

독본 중심 읽기 지도는 읽기 기초 기능을 가르치는 데 초점을 두되, 이러한 지도를 할 수 있도록 출판사에서는 수준별 시리즈로 구성된 책을 제공하고 있다. 이러한 책을 활용하는 경우에 교사들은 학생의 읽기 능력에 적합한 수준별 책을 골라 수업을 실시한다. 교사용 독본에는 학생의 지도에 활용할 수 있도록 읽기 전·후 활동지, 읽기 중 질문, 평가지 등이 수록되어 있다. 미국의 경우 독본 중심 읽기 지도를 가장 보편적으로 사용하고 있어 여러 출판사에서 다양한 독본 자료가 출판되어 활용되고 있으며, 수준별 읽기 자료 개발을 위해 이독성 공식의 개발과 적용도 활발하게 이루어지고 있다.

6) 문학 기반 지도

문학 기반 지도는 학생들이 혼자서도 읽을 만한 문학 작품을 스스로 선택하여 읽고 책에 대해 이야기를 나눔으로써 독서에 대한 흥미와 즐거움을 느낄 수 있도록 하는 읽기 지도 방식이다. 교사는 학생들이 의미 있고 독서 수준에 맞는 책을 고르게 하고 읽게 하여 개인적 독서 경험을 제공하고, 읽은 책에 대하여 이야기한다. 때때로 읽고 있는 책의 뒷부분을 예측하게 하거나, 읽는 중의 어려운 점, 읽고 있는 부분에서 재미있는 점을 골라 이야기하도록 함으로써 책에 대해 깊은 이해를 할 수 있도록 한다. 문학 기반 지도에서 학생이 읽을 책이 모두 문학 작품일 필요는 없으며 설명문, 역사 기록, 연설, 에세이 등 다양한 장르의 글을 문학 기반 지도의 읽기 대상에 포함하기도 한다.

2. 독서 교수·학습 모형

교사가 수업을 하기 위해서는 수업의 내용을 학생들에게 전달하기 위한 방법과 순서를 결정해야 한다. 교사가 이러한 수업 방법을 결정할 때에 도움을 주는 것이 교수·학습 모형이다. '교수·학습'이라는 용어는 국어 교육 관련 논의에서 1990년대를 전후하여 사용되기 시작하여 최근에는 빈번하게 사용되고 있다(서혁, 2006). 이 용어는 교사와 학생이 상호작용하는 역동적인 수업을 지향하는 의미를 담고 있으며, 일반적으로 사용되는 '수업'이라는 용어는 교사의 '교수'와 학생의 '학습'을 모두 포괄하는 개념으로 사용된다. 이러한 견지에서는 교수·학습은 수업과 동일한 의미로 볼 수 있으며 호환되며 사용되고 있다. 이는 전통적인 수업의 의미에서는 교사 중심의 설명식 수업 즉 교수가 주된 개념이었지만, 현대적 수업의 개념은 교수와 학습을 모두 중요한 비중으로 다루는 것으로 변화하였기 때문이다.

'모형'이란 어떤 현상, 구조, 특성과 관련된 이론의 핵심적 내용을 간명하게 보여주기 위해 추상화하고 단순화하여 제시한 것으로, '교수·학습 모형'이란 어떤 교수·학습 이론적 바탕 위에서 구체적인 교수·학습 전략을 절차화하거나 정형화해 놓은 틀을 의미한다. 위에서 설명한 바와 같이 교수·학습 모형은 '수업 모형'이라고도 할 수 있다.

독서 지도를 하는 교사들은 무엇을 가르칠 것인가와 어떻게 가르칠 것인가의 문제 상황에 처하게 되는데 독서 지도 모형들은 이 두 가지 문제의 해결에 도움을 주게 된다(박영목 외, 2008). 독서 지도 모형은 두 질문 중 특히 독서의 방법과 전략을 어떻게 가르칠 것인가에 대한 두 번째 질문과 더 밀접한 관련이 있다. 하지만, 가르칠 내용의 중요도에 대한 결정과 이러한 결정을 하기 위한 방향을 정하는 데 영향을 주기 때문에 첫 번째 질문과도 관련이 있다. 효과적으로 가르치기 위한 방법을 결정하기 위해 교사는 다양한 지도 모형의 특징과 과정에 대해 이해하고 글의 특성, 가르칠 내용에 맞는 방법을 선택하는 것이 필요하다. 독서 지도 모형들은 각 과정에 대한 강조점이 달라지기는 하지만 이러한 독서 지도 과정을 절차화한 것이라 할 수 있다.

교수·학습 모형들은 각 모형을 개발할 때 기반이 된 이론이나 수업관 등에서 차이가 있으며, 각 모형이 갖고 있는 장·단점이 있다. 따라서 수업을 설계하며 모형을 활용할 때에는 각 모형이 갖고 있는 특징을 이해하고 '지금 여기'의 수업에 적절하게 활용하는 것이 필요하다. 이러한 적용을 위해서는 수업을 수행하는 교사의 특성과 함께 학습자, 과제, 상황 요인을 고려해야 한다. 교사 요인으로는 교사의 수업관이나 능력 등이 있고, 학습자과 관련된 특성으로는 학습자의 능력, 흥미 등이 있다. 수업의 과제 요인은 수업의 목표와 내용을 들 수 있으며, 상황 요인으로는 교실의 시·공간적 특성, 물리적 환경 등을 들 수 있다.

또한 모형을 활용하여 수업을 설계할 때에는 특정 모형을 온전하게 구현하는 것이 중요한 것이 아니라 모형의 변형과 적용, 재구성하는 작업을 통해 적용하는 것이 바람직하다(서혁, 2006). 수업의 특성에 따라 여러 모형을 함께 적용하는 복합 모형 방식으로 수업을 설계할 수도 있다.

가. 독해 기능과 전략의 지도 모형

읽기 수업에 활용할 수 있는 대표적인 지도 모형에 대해 알아보겠다. 직접 교수 법과 현시적 교수법은 읽기 수업에 한정되는 모형은 아니지만, 독해 기능과 전략을 지도할 때에도 기본적으로 활용할 수 있는 모형이다. 일반적인 읽기 지도에 안내된 읽기 지도, 개별화 읽기 접근 모형을 활용한다면, 반응 중심 교수·학습은 문학 감상 지도에 특화된 모형이다. 그럼 각 모형의 특징에 대해 알아보기로 하자.

1) 직접 교수법

직접 교수법(Direct Instruction)은 행동주의 이론에 기반을 두고 있는 수업 방법으로, 교육 전반에서 활용되며 읽기 지도에도 효과적인 것으로 알려져 있다. 직접 교수법은 수업의 목표를 구체적이고 명확하게 제시하고 학생에게 필요한 읽기 기능을 분석하여 단계적으로 학습하도록 하되, 짧은 시간에 집중적으로 연습하게 하며 교사는 교정적인 피드백을 하여 효과를 극대화하는 방식으로 이루어진다(최 현섭 외, 1996; Tierney & Readence, 2000).

직접교수법은 기능(skills)을 가르치는 것에 적합한 수업 모형이며, 전체적인 수업 방식은 연역적 접근법으로 이루어진다. 수업은 교사 주도형으로 진행되어 학습의 기반이 모두 교사에게서 제공되며 학습자는 교사의 지시에 따르는 방식으로 이루어진다. 그리고 이 모형은 집단의 구성은 고려하지 않고 있다(최영환, 2008).

수업의 절차는 크게 네 단계로 설명하기, 시범 보이기, 질문하기, 활동하기로 이루어진다. 교사는 기능의 원리를 설명하고, 그에 맞는 시범을 보이며, 학습자는 교사의 설명을 이해하고 시범에 따라 기능을 연습한다. 활동하기 단계는 안내된 연습과 독립적 연습으로 나누어 실시할 수도 있다. 또한 활동하기 단계에서 다른 수업 모형을 적용하거나, 모둠 활동으로 집단의 구성을 다양화하는 방식을 활용하여 수업의 효율을 높일 수 있다.

이 모형을 적용할 때 유의할 점은 직접 교수법은 기능을 학습하기에 적합한 모형으로 개발되었기 때문에 지식이나 이론의 습득과 이해를 주요한 목표로 하는 수업에는 적합하지 않다. 또한 교사 중심의 수업 방법이기 때문에 학습자가 적극적인 참여를 할 수 있도록 보완하는 것도 필요하다.

[표 7-1] 직접 교수법의 절차와 내용

절차	내 용
설명하기	• 전략에 대한 개요와 필요성, 중요성 설명하기 • 전략의 사용 방법 설명하기
시범 보이기	• 전략이 사용된 예시 제시하기 • 교사가 전략을 활용하는 시범 보이기
질문하기	• 세부 단계에 대해 교사의 질문과 학생의 답변 • 학생의 질문 제기와 교사의 응답
활동하기	• 실제 상황을 통해 전략의 반복적인 연습 • 다양한 상황에 대해 전략의 적용

2) 현시적 교수법

현시적 교수법(Explicit Instruction)은 인지 과정을 현시적으로 보여줌으로써 학습자의 독해 기능에 대한 학습을 명료하게 하는 데 목적이 있는 교수법이다(최지현외, 2007). 이때 '현시적'이라는 용어는 언어 사용의 지적 과정을 밖으로 끌어내어명료하게 한다는 의미이다. 현시적 수업에서는 학생에게 전략이 무엇이고, 왜, 언제, 어떤 상황에서 활용하며, 그 과정이나 결과를 어떻게 평가해야 하는지에 대해알도록 하고, 행할 수 있도록 지도한다.

현시적 교수법은 직접 교수법을 토대로 하고 있는데, 국어과의 경우 시범 보이기단계에서 교사가 인지 과정에 대한 시범을 보이기 힘들다는 지도상의 어려움이있다. 현시적 교수법은 직접 교수법의 시범 보이기 단계에서 '사고 구술(think-aloud)'을 활용함으로써 언어 사용의 인지 과정이 어떻게 이루어지고 있는지를 구술하며 구체적으로 시범을 보여준다는 특징이 있다.

현시적 교수법의 절차는 교사의 시범 보이기, 안내된 연습, 학생의 읽기로 이루어지며, 경우에 따라서는 직접 교수법의 단계와 같이 설명하기와 질문하기의 단계를 포함하기도 한다. 수업이 시작되면 교사의 사고 구술을 하며 독해의 인지 과정에 대한 시범을 보여주며, 이 단계에서는 독해의 책임을 교사가 전적으로 담당한다. 안내된 연습 단계에서는 독해의 책임이 교사에서 학생에게 점차 이양되도록한다. 교사는 독해의 시범을 보인 후에 독해하는 방법을 안내하고, 학생이 연습할수 있도록 지도한다. 이 단계에서 교사는 학생의 지적 사고 활동을 촉진시키고언어 사용에 대하여 반성적으로 사고할 수 있는 질문을 하여 학생들이 능동적으로자료를 활용하여 독해를 하도록 한다. 독해의 책임이 학생에게 이양되도록 독해과정을 조정하며 학생이 새로운 독해에 적용할 수 있을 때까지 이 과정이 지속된다. 마지막 단계에서는 학생이 스스로 독해를 하게 되고, 독해의 책임을 학생이전적으로 담당하게 된다(최현섭 외, 1996).

[표 7-2] 현시적 교수법의 절차와 내용

절차	내용
교사의 시범 보이기	• 교사가 독해하는 시범 보이기 • 전적인 책임을 교사가 담당하는 단계
안내된 연습	• 교사가 독해하는 방법 안내하기 • 교사는 학생의 사고활동을 촉진하는 질문을 하고, 학생은 교사의 안내를 받아 능동적으로 자료를 활용하며 독해하는 연습하기 • 독해의 책임이 교사에서 학생에게 점차 이양되는 단계
학생의 읽기	• 학생이 스스로 독해하기 • 전적인 책임을 학생이 담당하는 단계

3) 안내된 읽기 지도

안내된 읽기 지도(guided reading instruction, GRI)는 학생들이 교사와 동료의 도움을 받으며 텍스트를 읽는 수업 방법이다. 1996년 폰타스(Irene Fountas)와 핀넬(Gay Pinnell)이 개발한 안내된 읽기(guided reading)의 수업 방법은 읽는 동안의 집중력을 강조하며 글의 구조 확인과 회상 능력을 기르기 위한 읽기 지도 방법으로 독해 능력과 문제 해결 능력을 신장하는 것을 목표로 한다.

지도의 절차는 독서 자료 선정 및 수업 준비, 독서 자료의 소개, 교사의 도움 하에 이루어지는 학생들의 독서, 독서 자료에 대한 토론, 교사의 평가 및 보충 심화 지도의 다섯 단계로 이루어진다.

첫째 단계는 독서 자료를 선정하며 수업을 준비하는 단계이다. 독서 자료를 선정할 때에는 학생들의 수준과 흥미, 글의 길이와 유기성 등을 고려하며, 특히 글의 난도는 약간 어렵지만 너무 부담스럽지 않은 수준을 선택한다.

둘째, 독서 자료의 소개 단계에서는 학생들이 책에 대해 이해하는 데 도움을 줄 수 있는 주요 개념과 글의 형식 등 책에 대한 정보를 명확하고 흥미롭게 제공한다.

셋째, 교사의 도움 하에 이루어지는 학생들의 독서 단계에서 학생들은 글 전체나 일부분을 조용하게 읽으며 문제해결을 위해 필요한 경우에는 도움을 요청할 수도 있다. 교사는 학생들의 문제해결 과정을 유심히 관찰하고 기록하며, 학생들이 적절한 읽기 전략을 찾고 읽기 중에 겪는 문제를 해결할 수 있도록 도움을 준다.

넷째, 독서 자료에 대한 토론 단계에서는 학생들이 읽은 내용에 대해 대화와 토론을 하고 자신들의 문제해결 과정에 대해 탐구하는 시간을 갖는다. 이 단계에서 글 전체 혹은 중요한 부분을 다시 읽거나 관련된 글을 찾아볼 수도 있다.

다섯째, 교사의 평가 및 보충 심화 지도 단계에서 교사는 학생들의 읽기 전략 사용과 유창성 등을 주의 깊게 관찰하고, 학생들의 향상을 체계적으로 확인한다. 이러한 평가의 목표는 학생들이 학습의 도구가 되는 다양한 종류와 수준의 글을 다룰 수 있도록 성장하고 있는가를 확인하는 것에 있다. 이러한 단계를 거친 후에 필요한 경우에는 안내된 읽기를 보완하거나 함께 수행할 수 있는 문식 활동과 연계한 지도를 할 수 있다.

[표 7-3] 안내된 읽기 지도의 절차와 내용

절차	내용
독서 자료 선정 및 수업 준비	• 학생의 수준과 흥미, 글의 길이와 유기성 등을 고려하여 독서 자료 선택
독서 자료의 소개	• 글의 주요 개념과 형식 등 책에 대한 정보 제공
교사의 도움 하에 이루어지는 학생들의 독서	• 학생들은 글을 읽으며 문제해결을 위해 필요한 경우에는 도움 요청 • 교사는 학생의 문제해결 과정을 관찰하고 문제를 해결할 수 있도록 도움 제공
독서 자료에 대한 토론	• 읽은 내용에 대한 토론과 문제해결 과정에 대한 탐구
교사의 평가 및 보충 심화 지도	• 학생들의 읽기 전략 사용과 유창성 등에 대한 관찰과 향상 확인

4) 개별화 읽기 접근

개별화 읽기 접근법(individualized reading approach)은 개별 독자의 요구에 부응하기 위해, 학습자 각자가 자신에게 맞는 읽기 자료를 선택하여 읽고 교사와 주기적으로 자신의 독서에 대해 토론하면서 읽기를 발전시켜나가는 방법이다.

이 모형은 올슨(Olson, 1949)에 의해 처음 제기되었는데, 학생들이 자신의 독서 능력 신장에 대한 책임성과 자발성을 키워주기 위한 방법이다. 어린 나이에도 아이들의 관심사는 다양하기 때문에, 자기 선택은 그들에게 흥미로운 소재를 선택할 수 있다. 따라서 초중등학교 전 학년에 적용되어 주로 내용교과의 독서지도에 널리 사용되며, 학생들의 읽기 기능을 개선하고 학교에서 읽는 교재와 별도로 다양한 읽기 자료들에 대한 관심을 증대시키려는 목적으로 시도되었다.

개별화 접근법은 아동의 읽기 흥미와 언어 경험을 중시하는 총체적 언어 접근법의 하위 모형으로 분류되며, 그 절차는 독서 자료의 자기 선택, 독서 자료 제공, 학생·교사 협의, 심화 과제, 모둠 구성, 독서 경험 공유의 단계로 이루어진다(Tierney & Readence, 2000; Ruddell, 2002).

[표 7-4] 개별화 읽기 접근의 절차와 내용

절차	내용
독서 자료의 자기 선택	• 학생이 자신의 흥미와 수준을 고려하여 자율적으로 자료 선택
독서 자료 제공	• 다양한 수준의 독서 자료를 풍부하게 제공
학생·교사 협의	• 읽기에 대한 개별적인 지도 • 학생의 읽기 능력에 대한 분석과 기록
심화 과제	• 독서 활동의 확장을 위한 과제
모둠 구성	• 융통성 있는 모둠 구성을 통한 지도
독서 경험 공유	• 책에 대한 반응과 감상 공유

첫 단계는 독서 자료의 자기 선택으로 학생은 자신의 흥미와 수준을 고려하여 자율적으로 독서 자료를 선택한다. 모든 학생이 스스로 선택한 독서 자료를 통하여 읽기를 학습한다는 점은 개별화 읽기 지도의 가장 기본적인 특성으로, 교사는 학생 모두가 자신에게 알맞은 독서 자료를 선택할 수 있도록 하여야 하고 이러한 선택을 돕기 위해 자료에 대한 짧은 설명을 하는 것도 가능하다.

학생들이 독서 자료 선택을 하기 위해서는 풍부한 독서 자료를 제공하는 것이 필요하다. 학생이 자신에게 적합한 책을 선택할 수 있도록 하기 위해서는 다양한 종류와 수준의 읽기 자료를 갖출 필요가 있다. 충분한 자료를 준비하기 위해 학생 한 명당 최소 3~5권의 책을 구비하고, 현재 학년보다 한두 학년 낮은 수준에서부터 한두 학년 높은 수준까지 여러 수준의 읽기 자료를 확보하는 것이 필요하다.

학생과 교사의 협의 단계에서 학생은 교사와 개별적인 협의를 하며 읽기에 대한 개별적인 지도를 받는다. 이 단계는 개별화 읽기 접근법의 핵심적인 구성 요소로, 교사는 협의 활동을 통해 개별 학생의 읽기 능력을 분석하고 이해하게 된다. 협의 단계가 학생의 읽기 능력 발달에 필요한 지도를 받을 수 있도록 이루어지기 위해서 는 교사가 학생의 읽기 능력에 대한 분석을 할 수 있는 자질을 갖출 필요가 있으며 교사는 협의 시간에 무엇을 할 것인지에 대해 미리 구체적으로 생각하며 준비하여야 한다. 교사의 준비와 학생에 대한 분석 능력을 토대로 협의는 짧은 시간 이루어지되 철저하게 진행되어야 한다.

협의 시간과 일상의 수업 시간에 했던 관찰과 분석을 토대로 학생의 개별적 읽기 능력에 도움이 될 수 있는 심화 과제 제시, 모둠 구성을 통한 지도가 이루어진 다. 심화 과제는 독서 경험을 확대하기 위한 목적으로 이루어지며, 모둠 구성을 통한 지도는 최소 두 명의 학생이 같은 도움을 필요로 한다고 판단될 때 실시할 수 있다. 모둠은 필요에 따라 일시적으로 구성되며 목적이 달성되었을 경우에 해체 된다는 점에서 융통성을 갖고 있다. 모둠의 구체적인 목적은 읽기에 있어서 동일한 어려움을 갖고 있는 학생에게 읽기 지도를 제공한다거나 공통 흥미에 따라서, 수준이 유사한 학생들이 함께 읽기 위해서 등 다양할 수 있다.

마지막 절차는 독서 경험의 공유 활동으로 교사가 학생에게 독서 경험을 공유할 수 있는 다양한 방법을 제공한다. 공유를 위한 활동에는 책 내용에 대한 반응 공유와 같이 가벼운 수준부터 인상 깊었던 장면을 연극으로 표현하기까지 다양한 방법으로 이루어질 수 있다.

개별화 읽기 접근 지도를 통해 학습자는 자신의 필요를 충족시키면서도 발달 단계에 맞는 독서 경험을 찾고, 관심 있는 제재를 선택하며, 자신만의 속도로 읽어 나갈 수 있다. 이 지도법은 학생과 교사의 정기적인 만남을 통해 학생의 요구를 확인하고 학생이 읽은 내용을 교사와 토론함으로써 읽기를 통해 얻은 아이디어들을 공유한다는 특징을 지닌다. 따라서 개별화된 읽기 접근법은 '읽을거리 탐색, 자기 선택(self selection), 속도 조절'이라는 세 가지 원칙에 기초한다고 할 수 있다.

이러한 지도법은 학생의 창의성을 잘 이끌어낼 수 있으며, 동기화가 잘되며, 나아가 학생과 교사 간의 협의로 인해 이해와 신뢰를 쌓게 하며 경쟁을 줄이는 한편, 학생의 자아개념, 책임감, 독자성 등을 발달시키는 장점이 있다. 또한 개별화 읽기 접근법은 학습자 개개인의 흥미와 읽기 속도를 지지하기 때문에, 읽기 부진아의 읽기 회복 프로그램(reading recovery program)이나 읽기 워크숍 형태와 결합한 하위 지도 방법으로 활용되기도 한다.

5) 반응 중심 교수·학습

반응 중심 교수·학습은 문학 작품을 가르칠 때 학습자 개개인의 반응을 중시하는 모형으로, 학생들이 문학 경험에 대한 자신의 반응과 감정을 자유롭게 표현하도록 하는 것을 중요시하는 교수·학습 방법이다. 이 모형은 반응 이론에 근거하고 있으며, 반응 준비하기, 반응 형성하기, 반응 명료화하기, 반응 심화하기의 과정으로 이루어진다(최지현 외, 2007; 최미숙 외, 2017).

반응 준비하기 단계는 학습 문제의 확인과 배경지식의 활성화가 이루어지는 단계이다. 이 단계에서는 작품을 읽기 전에 작품과 관련된 자료나 삽화 등을 확인하고 이에 대한 경험을 떠올리며 작품 감상에 필요한 배경지식을 활성화하게 된다.

반응 형성하기 단계는 텍스트와 학생의 거래가 이루어지는 단계로 학생들이 작품을 읽고 작품에 대한 반응을 하게 된다. 이때 심미적 독서를 하도록 격려하는 것에 초점을 두는데, 심미적 독서는 정보나 지식의 습득을 목적으로 하는 독서가 아니라 즐거운 경험을 하는 것을 목적으로 하는 독서이다. 이러한 독서가 이루어질 수 있도록 교사는 감상의 대상이 되는 문학 작품에 대한 부정적 선입견을 제거하고 어려운 어휘와 표현을 이해할 수 있도록 도움을 준다.

반응 명료화하기 단계는 학생과 학생의 거래가 이루어지는 단계로, 학생들은 자신의 문학적 반응이 무엇인지 알고 작품에 대한 반응을 확장하기 위한 다양한 방식의 경험을 하게 된다. 자신의 반응에 대한 질문과 반응에 대한 토의, 반응에 대한 쓰기 활동 등을 통해 작품에 대한 자신의 반응을 명료화해 나가게 된다. 작품을 읽은 후 동료와의 집단적인 반응은 새로운 아이디어 도출과 자기 성장에 도움을 줄 수 있다.

반응 심화하기 단계는 텍스트와 텍스트의 상호 관련을 짓는 단계로, 학생은 자신이 읽은 작품과 다른 작품을 비교하면서 반응을 풍부하게 하고 문학적인 사유를 촉진하게 된다. 작품의 관련은 다양한 방식으로 이루어질 수 있는데, 이전에 읽은 작품과의 연결, 동일 작가의 다른 작품과의 연결, 해당 작품의 주제, 인물, 문체 등의 요소와 관련지을 수 있는 작품과의 연결 등으로 이루어질 수 있다. 또한 텍스트를 넘어 현실 세계나 자신의 삶에 작품의 내용을 투영함으로써 반응을 심화할 수 있다.

[표 7-5] 반응 중심 교수·학습의 절차와 내용

절차	내　용
반응 준비하기	• 학습 문제의 확인 • 배경지식의 활성화
반응 형성하기	• 작품의 심미적 독서 • 작품에 대한 반응하기
반응 명료화하기	• 작품에 대한 반응 정리하기 • 반응 공유 및 동료와 상호작용 • 반응 정교화 및 재정리하기
반응 심화하기	• 다른 작품과 상호 관련 짓기 • 현실 세계나 삶에 투영하기

나. 독서 수업의 실행

1) 독서 과정별 지도

읽기 수업은 학습자의 텍스트 읽기 과정에 대한 심리적 접근을 토대로 하되, 읽기의 사회적 가치를 고려하여 구성되어야 한다(박수자, 1999). 독서 지도의 방법은 기본적으로는 독서 과정에 따른 지도를 하게 된다(박영목 외, 2008; 최지현 외 2007). 읽기의 전, 중, 후 과정에 해당하는 활동으로 독서 지도가 이루어지는 방식으로 이는 독서의 각 과정에서 하게 되는 전략과 기능을 활동으로 제시하여 학습자들이 이러한 독서 전략을 습득할 수 있도록 지도하는 것이다. 읽기의 과정을 전, 중, 후 세 과정으로 나누어 주요 지도 내용을 정리하면 다음과 같다.

[표 7-6] 독서 과정별 지도 내용(박영목 외(2008)을 재구성)

독서 과정	지도 내용
읽기 전	• 사전 지식을 조성하기-어휘 지도, 배경 지식 제공, 유추하기 • 사전 지식, 경험 활성화하기-선행조직자 제공, 학습목표 확인, 사전 검사 및 사전 질의 응답 활동
읽기 중	• 질문하기-내용에 대한 질문 제시하기 • 스터디 가이드-중요 학습내용 질문하기, 구조도 활용하기
읽기 후	• 독후 활동-내용 확인 질문에 응답하기, 추론적 질문에 응답하기 • 토의하기-모둠별 토의, 전체 토의 • 읽기 기능 학습-주요 기능에 대한 집중 지도

2) 독서 수업 실행의 예

좋은 수업이 이루어지기 위해서는 수업에 대한 철저한 계획을 바탕으로 수업 실행이 이루어지는 것이 필요하다. 수업의 계획은 수업을 통해 수업 목표가 이루어질 수 있도록 세워져야 한다. 이대규(2015)에서는 국어 수업 절차는, 한 단원의 수업 목표를 일정한 순서에 따라, 학생이 학습하도록 돕는 단계적 활동이라고 보고 국어 수업 절차는 학생이 국어 수업 목표를 가장 효과적으로 학습하도록 구성되어야 한다고 하였다.

이러한 목표 중심 수업이 이루어지기 위해서는 우선 수업 목표를 정확하게 기술하는 것이 필요하다. 수업 목표는, 수업 내용과 행동 특성(수업 내용이 학습될 또는 학습된 상태)의 두 가지 요소로 구성된다. 따라서 수업 목표를 설정하려면, 수업 내용과 행동 특성을 분류하여야 하고 이러한 두 요소가 정확하게 드러나도록 서술하여야 한다.

수업을 설계할 때 목표에 대한 확인을 하였다면, 이를 중심으로 수업 변인(교사,

학습자, 환경) 분석, 수업 내용 상세화, 수업 방법 계획, 평가 계획이 이어지게 된다. 이러한 단계는 일반적인 수업 설계 과정으로, 읽기 수업의 설계에서도 적용된다. 다만 이러한 단계로 수업을 설계하고 실행하되 그 과정에서 읽기 수업만의 개별적 특성을 반영하는 것이 필요하다(박태호, 2004; 류보라, 2017).

읽기 수업만의 고유한 특징은 수업과 읽기가 동시에 이루어지는 현상이라는 점에서 발생한다. 따라서 읽기 수업을 하는 교사는 읽기의 특성을 이해하고 이를 수업에 반영하여야하며, 학습자가 독자로서 어떤 사고 과정을 하는지를 수업 설계에서 고려할 필요가 있다. 읽기 수업에서 교육 내용은 주로 읽기의 지식과 전략이 되며, 이러한 읽기의 자료로서 '제재'가 수업의 한 변인으로 작용하게 된다. 따라서 읽기 수업 설계에서는 일반적인 국어 수업 설계 요소와 함께 제재에 대한 분석과 읽기 과정, 읽기 전략에 대한 고려가 필요하게 된다.

읽기 수업은 수업 내용의 상세화 과정에서 제재에 대한 분석과 읽기의 전·중·후 과정, 읽기 전략에 대한 고려가 필요하다는 점에서 다른 수업과 구별되는 특수성이 있다. 읽기 수업에서 텍스트의 내용 그 자체는 수업의 내용은 아니다. 그러나 읽기 수업에서 활용되는 텍스트 자체가 갖고 있는 내용, 구조, 난도 등이 수업에 영향을 미치게 되기 때문에 읽기 수업의 양상은 복잡해진다. 따라서 읽기 수업에서는 국어 수업의 일반적 특징과 함께 읽기 과정과 전략, 텍스트의 특성을 함께 고려해야 한다. 예를 들어, 읽기 수업의 과정을 계획할 때에는 도입, 전개, 정리라는 수업 단계와 읽기의 과정인 읽기 전, 중, 후의 전략과 활동을 고려하는 것이 필요하다.

이러한 내용들을 포함하여 읽기 수업 설계에서 고려해야 할 요소를 구조화하면 다음 [그림 7-2]와 같다.

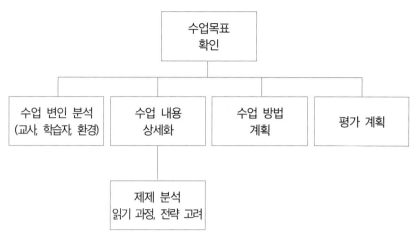

[그림 7-2] 읽기 수업 설계의 요소(류보라, 2017 : 45)

수업 설계는 수업을 하기 위한 전반적인 계획을 수립하는 과정으로 이러한 수업 계획을 문서로 작성한 것을 '수업지도안'이라고 한다. 수업지도안을 작성하며 교사는 수업 계획을 구체화하게 되며, 수업지도안을 통해 수업의 계획을 다른 사람과 공유할 수 있게 된다. 수업지도안의 구체화 정도는 필요와 상황에 따라 이루어질 수 있으며, 간략하게는 수업의 흐름을 확인할 수 있는 수준에서부터 상세하게는 수업 발화 수준까지 작성하기도 한다. 수업지도안에 포함되는 수업에 대한 정보도 지도안을 공유하는 필요에 따라 달라질 수 있으며, 기본적으로는 단원명, 차시, 교재와 수업 자료에 대한 정보를 제공하고 구체적인 수업 내용으로 수업 단계, 학습 내용, 교수·학습 활동, 자료 및 유의점 등을 담고 있다.

[수업 지도안 예시][53)]

단계 (시간)	학습 내용	교수·학습 활동	자료(▶) 및 유의점(※)
설명 하기 (20분)	동기 유발	■ 중심 문장과 뒷받침 문장의 개념 확인하기 ○ **중심 문장과 뒷받침 문장의 개념 확인하기** • 글쓴이가 쓴 문단에서 문단 내용을 대표하는 문장은 무엇인가요? (저는 떡볶이를 좋아합니다.) • 떡볶이를 좋아하는 까닭을 뒷받침해 쓴 문장은 무엇에 대한 내용인가요? (좋아하는 간식인 떡볶이에 대한 내용입니다.) ○ **배경지식 활성화하기** • 자신이 아는 전통 과자의 종류나 전통 과자를 먹어 본 경험을 말해 봅시다. (언니가 시험을 볼 때 부모님께서 엿을 사 주셔서 엿을 먹은 적이 있습니다.)	▶ 지도서 146쪽 '참고 자료' ※ 중심 문장과 뒷받침 문장이 잘 드러나는 학생 작품 (일기, 생활문 등)을 활용할 수 있다. ※ 자신이 아는 전통 과자의 종류나 전통 과자를 먹어 본 경험이 없는 경우에는 전통 과자 사진을 보여 줄 수 있다.
	학습 목표 확인하기	■ 학습 목표 확인하기 중심 문장과 뒷받침 문장을 파악하며 글을 읽을 수 있다.	
	내용 파악하기	■ 글의 내용 파악하기 ○「옛날에는 어떤 과자를 먹었을까요」를 읽고 내용 파악하기	
	개념 확인하기	■ 개념 확인하기 ○ 문단의 중심 문장과 뒷받침 문장의 개념 확인하기	
시범 보이기 (20분)	방법 시범 보이기	■ 중심 문장과 뒷받침 문장을 찾는 방법 시범 보이기 ○ **중심 문장과 뒷받침 문장을 찾는 방법 확인하기** • 선생님과 함께「옛날에는 어떤 과자를 먹었을까요」에서 각 문단의 중심 문장과 뒷받침 문장을 찾아봅시다.	※ 학습자 나름대로 중심 문장과 뒷받침 문장을 찾는 방법을 생각해 보도록 유도한다.
질문 하기 (15분)	학습 내용 및 방법 재확인 하기	■ 중심 문장 찾기 ○ **각 문단의 중심 문장 찾아보기** •「옛날에는 어떤 과자를 먹었을까요」에서 각 문단의 중심 문장은 무엇인가요? ○ **문단의 중심 문장과 뒷받침 문장의 개념 확장하기** •「옛날에는 어떤 과자를 먹었을까요」의 각 문단에서	※「옛날에는 어떤 과자를 먹었을까요」를 한 문단씩 읽으면서 각 문단의 중심 문장을 구별하도록 한다.

단계 (시간)	학습 내용	교수·학습 활동	자료(▶) 및 유의점(※)
	개념 확장하기	중심 문장은 어디에 있나요? (각 문단의 앞부분에 있습니다.) • 글을 간추릴 때에도 중심 문장과 뒷받침 문장을 활용할 수 있습니다. 문단 내용을 가장 짧고 간단히 전하려면 어떤 내용을 전해야 할까요? (중심 문장만 전합니다.)	※ 중심 문장과 뒷받침 문장의 개념을 적용할 수 있는 질문도 함께 해 개념을 이해시킨다.
활동 하기 (25분)	적용하기	■ 중심 문장과 뒷받침 문장 정리하기 ○ 한 문단에서 중심 문장과 뒷받침 문장 구분하기 • 「옛날에는 어떤 과자를 먹었을까요」의 마지막 문단 ④의 중심 문장과 뒷받침 문장을 정리해 봅시다. • 문단 ④에서 말하고자 하는 중심 문장은 무엇인가요? (엿은 곡식이나 고구마 녹말에 엿기름을 넣어 달게 졸인 과자입니다.) • 문단 ④에서 중심 문장을 뒷받침하는 뒷받침 문장들은 무엇인가요? (엿을 만드는 데 쓰이는 곡식으로는 쌀, 찹쌀, 옥수수, 조 따위가 있습니다. / 엿을 만들 때 호두나 깨, 콩 따위를 섞으면 더욱 맛있습니다.) ○ 중심 문장과 뒷받침 문장을 활용해 자신이 좋아하는 전통 음식 이야기하기 • 자신이 좋아하는 전통 음식을 친구들과 이야기해 봅시다. (전통 음식 가운데에서 대표적인 건강식품인 김치를 좋아합니다. 김치는 조금 맵기는 하지만 씹었을 때 아삭아삭하고 맛이 좋습니다. 김치는 발효 식품으로 유산균이 많아 건강에 좋습니다.)	※ 뒷받침 문장의 순서는 고려하지 않는다. ※ 자신이 좋아하는 전통 음식이 무엇인지를 문단으로 말하기 어려워하면 좋아하는 음식과 그 까닭을 간단히 발표하도록 할 수도 있다.
	적용 및 연습 하기	■ 적용 및 연습하기 ○ 문단의 중심 문장과 뒷받침 문장 파악하기 • 「내가 좋아하는 음식」을 읽고 문단의 중심 문장과 뒷받침 문장을 파악하여 정리해 봅시다.	※ 앞에서 공부한 내용을 상기하는 수준에서 이루어지므로 개념적인 설명보다는 직접 한두 문단 정도의 내용을 가지고 중심 문장과 뒷받침 문장을 구별하도록 한다.
	학습 내용 정리하기	■ 학습 내용 정리하기 ○ 공부한 내용 되돌아보기 • 이 시간에 무엇을 공부했나요? (중심 문장과 뒷받침 문장을 파악하며 글 읽기를 공부했습니다.) • 문단 내용을 대표하는 문장을 무엇이라고 하나요?	

단계 (시간)	학습 내용	교수 · 학습 활동	자료(▶) 및 유의점(※)
		(중심 문장이라고 합니다.) • 중심 문장을 덧붙여 설명하거나 예를 드는 방법으로 도와주는 문장을 무엇이라고 하나요? (뒷받침 문장이라고 합니다.)	

---

53) 2015개정 초등 국어 3학년 교사용 지도서 수록 자료를 재구조화하였음.

더 생각해 보기

⊙ 내용 탐구 활동

(가)는 김 교사가 설계한 국어 수업에 대한 정보이고 (나)는 수업을 한 후 작성한 수업 성찰 일지이다. ㉠과 관련된 수업의 원리가 무엇인지 쓰고, ㉡을 실현하기 위한 지도 방안을 서술하시오.

(가)

대상	□□중학교 2학년 1반
학습목표	글에 사용된 다양한 논증 방법을 파악하며 읽는다.
제재	건의문
수업 개관	주장하는 글을 읽고 사실적 이해하기 글에 사용된 논증 방법 파악하기

(나) 오늘 2학년 1반에서 진행한 수업에서 몇몇 보완할 필요가 있는 부분이 발견 되었다. 우선 ㉠읽기 제재와 관련하여 문제점이 발견되었다. 수업에서 선정 한 제재는 여름 교복은 생활에 편리한 간편복으로 교체하자는 주장에 대해 쓴 건의문을 선정하였다. 학습 목표와 관련된 갈래이고, 글의 소재가 학교에 서 발생한 문제 해결을 다루고 있어 학생들이 익숙하게 접할 수 있는 제재일 것이라고 기대했다. 그런데 학생들은 글 속의 문제 상황에 대해 공감하지 못하여 제재에 대해 흥미가 높지 않았고, 필자의 주장과 관련된 쟁점에 대한 반응도 피상적인 수준에 그쳐 ㉡적극적인 반응이 이루어지지 않았다.

해결 방법 : ㉠ 실제성의 원리

㉡ 실제 언어 생활에서 다루어지는 읽기 제재를 선정한다. 또는 학생들의 실제 생활과 관련된 읽기 목적을 설정한다.

이 문제는 국어 수업의 원리 중 '실제성의 원리'에 대해 질문하고 있는 문항이다. 교육의 목표와 내용은 학생들의 실제 삶을 반영하여 교육과 현실이 괴리가 없도록 이루어져야 한다. 국어 수업에서는 제재, 과제를 학생들의 실제 언어 생활과 관련지으며 실제성을 확보할 수 있다.

⊙ 모둠 탐구 활동

<국어과 교육과정의 읽기 영역을 중심으로 한 교과 융합 수업>에 대해 탐구해 보자.

1. 교과 융합 수업의 원리에 대해 조사하기

2. 국어과 교육과정의 읽기 영역 성취기준 중 타 교과와 융합을 통해 교육적 효과가 있는 내용 탐색하기

3. 타 교과 교육과정의 성취기준 중 국어과와의 융합을 통해 교육적 효과가 있는 내용 탐색하기

4. 두 교과의 교육과정의 내용을 적절한 융합 수업의 원리를 적용하여 융합 수업 설계하기

⊙ 더 읽을거리

• 서혁(2006). 국어과 수업설계와 교수·학습모형 적용의 원리. 국어교육학연구 26, 199-225.

이 연구는 국어과 수업 설계에 대한 전반적인 절차를 보여주고 있으며, 수업 변인들을 분석하고 모형 선택의 기준과 적용 원리를 제시하여 주는 연구이다. 이 연구는 수업과 교수·학습 모형과 관련된 주요 용어를 정리하여 주고 있어 주요 개념을 정립하고 좋은 수업이란 무엇인가에 대한 이해를 깊게 하는 데에 도움을 주는 연구이다.

제8장 독서 전략의 활용과 지도

독서 전략은 현행 교육과정을 구성하고 있는 교육 내용이다. 교육과정에는 독해 수준별 독해 전략을 제시하고 있으며 사실적 이해, 추론적 이해, 비판적 이해, 감상적 이해, 창의적 이해를 하기 위한 전략을 제시하고 있다. 또한 독해 전략 지도는 학생의 인지적 정의적 능력이 활성화되도록 읽기 전, 중, 후의 과정 중심으로 접근할 필요가 있다. 능숙한 독자가 어떤 독서 전략을 사용하여 글을 읽고 있는지 알아야 독서 지도를 잘 실행할 수 있다는 점에서 독서 전략은 독서 교사 교육의 중요한 내용으로 채택하고 있다. 이 장에서는 독서 전략에는 어떤 것이 있는지를 교육과정에 실린 내용을 중심으로 살펴보고, 구체적인 지도 방법을 알아보게 된다.

1. 독서 수준별 독해 전략과 지도

가. 독해 능력의 구분과 하위 전략

이 절에서는 정보 텍스트(informational text)를 읽는 방법과 지도법에 대해 살펴보고자 한다. 정보 텍스트는 흔히 실용문이라고 하는 비문학 글(nonfiction)을 뜻하며, 텍스트 이론에서는 설명적 글(expository text)을 가리키는 말로 쓰이기도 하지만, 이 장에서는 설득을 목적으로 하는 글(persuasive text) 유형과 정보 전달을 목적으로 하는 글(informative text) 유형을 아울러 지칭하는 것으로 쓰고자 한다.

읽기 연구는 인간이 어떻게 기호를 해독(decoding)하고 글 내용을 이해(comprehension)하게 되는지에 대한 심리학적 연구에서 시작되었다. 이 과정에서 독해 과정이 모형화 되었고, 인간의 기호 해득 과정에 사용되는 사고들이 인지 전략(cognitive strategy)들로 기술되었다. 이후 이러한 전략들은 읽기 방법으로서 독서 교육에 활용되었다.

읽기 연구자들이 개발한 일반적인 독해 이론은 대개 정보 텍스트를 전제로 한다. 글을 읽는 과정에는 글자 읽기에서 시작하여 단어, 문장, 글로, 즉 작은 단위에서 보다 큰 언어 단위로 의미를 결합해나가는 '상향식 독해(bottom-up model)'와, 독자의 배경지식을 적극적으로 활용하여 글 전체의 의미를 예측하고 글을 읽으면서 그 내용을 확인하거나 수정하는 '하향식 독해(top-down model)' 방식이 있다.

독자가 글을 읽고 내용을 이해하는 주된 방식이 무엇인가에 따라, 또한 글과 관련된 독자의 배경지식이 많은지 적은지에 따라, 상향식이나 하향식 독해 중에 어떤 방식을 더 선호할 수 있으며, 그 결과에 따라 독해 전략에도 차이가 난다. 그러나 대개 독자는 상향식 이해와 하향식 이해를 동시에 상보적으로 사용하여 글을 읽는 상호작용적 이해 모형(interactive model)을 사용한다. 예를 들어 글에 대한 전체적인 맥락과 단서를 활용하여 글 내용이나 장르에 관한 자신의 배경지식과 경험을 떠올려, 이러한 스키마를 바탕으로 글 내용을 예상한 뒤에, 혹은 이와 동시에 글을 읽어 나가면서 음소를 인식하고, 단어를 인지하며, 단어가 결합된 문장의 의미를 파악하는 상향식 이해를 병행한다. 이를 통해 얻게 된 정보들을 통해 글 내용이나 이야기를 응집성 있게 엮으면서 강력한 주제/이야기 연결(a strong theme/story-line)을 구성해 나간다.

반면, 인지심리학에서는 능숙한 독자가 글을 읽을 때 사용하는 인지 전략을 추출하였는데, 이러한 전략들은 위의 독해 모형에 따르기보다는 '독해 수준(levels of reading comprehension)'이라는 기준에 따라 분류되었다.

읽기를 수준에 따라 분류하는 방식은 음운이나 철자의 재인 기능에서 출발하여 고차원적인 이해 기능까지 상향식 단계로 세분화한 바렛(Barrett, 1976)의 읽기 기능 분류와 비슷한 점이 있다. 읽기 능력이 무엇인가에 대한 질문은 곧 읽기 능력은 무엇으로 구성되어 있는가 하는 문제로 연결되고, 이는 읽기 능력을 세분화 하여 기술한 '읽기 기능'의 확인으로 이어질 수 있다. 이에 따라 바렛은 읽기 능력을 읽기 기능에 따라 단계적으로 제시했는데, 그것은 ① 축어적 재인 및 회상(literal recognition or recall), ② 재조직(reorganization), ③ 추론(inference), ④ 평가(evaluation), ⑤ 감상(appreciation) 등 5가지 수준으로 유목화 하였다. 이는 오늘날까지 읽기 기능 분류의 기초가 되었다.

이후 인지심리학 기반 읽기 연구에서는 읽기(독해)를 독자의 의미 구성 과정으로 보고, 독해를 학습 전략의 측면에서 단계화했다(Anderson, Hiebert, Scott, & Wilkinson, 1985 : 7-9에서 아래 재인용). 먼저 Smith(1963)는 독해를 '글의 표면적 의미를 파악하는 축자적 이해(literal comprehension), 세부 정보들의 관계를 파악하는 해석적 이해 (interpretive comprehension), 글에 대한 타당성을 판단하는 비판적 이해(critical comprehension), 글에서 여러 가지 아이디어나 새로운 관점을 얻는 창의적 이해 (creative comprehension)'의 네 단계로 나눴다. 또 허버(Herber, 1965, 1970, 1978, 1985)는 독해 수준을 '글에서 기본 정보와 세부 정보를 찾는 축자적 이해(literal comprehension), 글에 제시된 세부 사항들 간의 관계를 독자가 찾으면서 생각을 얻는 해석적 이해(interpretive comprehension), 독자의 선행 지식을 작가의 생각에 적용하 여 좀더 넓고 추상적으로 일반화하는 적용적 이해(applied comprehension)'로 제시했 다. 또한 피어슨과 존슨(Pearson & Johnson, 1978)은 '글에 명시된 정보를 확인하는 명시적 이해(text-explicit comprehension), 글에서 추론될 수 있는 생각들을 확인하는 암시적 이해(text-implicit comprehension), 글에서 끌어낸 정보와 독자선행 지식을 관 련짓는 배경지식 적용 이해(scripturally implicit comprehension)'의 세 종류를 제안했다.

반면, 어윈(Irwin, 1991)은 독해 수준보다는 독해 과정에 따라 구분했는데, 그는 기존의 독해 기능 분류는 수동적이고 정적이며 위계적으로 설명하므로 독서의 실제성을 반영하는 데 한계를 가진다고 보고, 다양한 기능들이 단계적이 아니라 동시적이고 상호작용하는 양상으로 실현된다고 하였다. 이에 따라 독해를 독자가 개별 문장에서 아이디어를 이해하여 선택적으로 회상하는 '미시 과정(micro-processes)', 절이나 문장 사이의 관계를 이해하거나 추론하는 '통합 과정(integrative processes)', 회상한 아이디어를 중심 내용으로 조직하거나 종합하는 '거시 과정(macro-processes)', 필자가 의도하지 않은 정보를 추론하고 정보 간의 관계를 보다 구체적으로 파악하는 '정교화 과정(elaborative processes)', 독서 목적에 맞추어 전략을 선택하고, 독해 과정들을 점검하고 조정하여 평가하며, 새로운 전략으로 수정하는 등 전략을 조절하는 '상위인지 과정(metacognitive processes)' 등으로 나눴다. 후에 어윈(Irwin, 2007)은 독해력에 미치는 사회문화적 영향을 강조하였고, 독해 과정을 '문장 이해 과정', '문장 통합 과정', '글의 전체적 이해 과정', '정교화 과정', '상위인지 과정'이라는 개념으로 수정하기도 하였다. 이러한 독해 과정은 상보적으로 작용하므로, 각각의 과정은 다른 과정이 성공적으로 수행하는 데 일정 부분 기여한다. 예를 들어, 글의 조직(구조)을 이해하는 것(거시 과정)은 문장 사이의 관계를 추론하는 것(통합 과정)을 도우며, 세부 사항을 정교화하는 것(정교화 과정)은 다른 세부 사항을 선택적으로 회상하는 것(미시 과정)을 촉진할 수 있다. 이렇게 독해의 각 과정들이 상보적으로 작용하는 것을 어윈(1991)은 상호작용 가설(interactive hypothesis)로 명명했다.

이상의 연구들을 종합해 보면, 독해 수준에 독해 전략을 구분할 때는, 주로 '표면적 이해(literal comprehension)', '추론적 이해(inferential comprehension)', 그리고 '비판적 이해(critical comprehension)'와 '감상적 이해(appreciative comprehension)' 등 대략 3층위 수준으로 분류한다는 것을 알 수 있다. 이때, 비판적 이해와 감상적 이해는 같은 수준으로 보며, 다만 글 유형에 따라, 주로 정보 텍스트일 때는 비판적 이해를, 서사적(문학적) 텍스트일 때는 감상적 이해가 작동된다고 본다.

이러한 이론을 읽기 교육의 내용에 반영하여, 제6~7차 국어과 교육과정에서는 '내용 확인, 추론, 평가 및 감상'이라는 용어로 체계화하였다. 나아가 2009 개정 고등학교 교육과정부터는 위의 명칭을 '사실적 이해('내용 확인'에 해당), 추론적 이해

('추론'에 해당), 비판적 이해와 감상적 이해('평가 및 감상'에 해당)'로 고쳤으며, '창의적 이해'를 추가하여 총 5가지 독해 전략으로 범주화 하고 있다. 위의 5가지 대표 전략은 각각의 하위 전략들을 포괄하는 상위 개념으로서, 각 하위의 전략들은 읽기의 구체적인 방법이 된다. 국어과 교육과정에 소개된 대표적인 전략을 제시하면 다음과 같다.54)

1) 사실적 이해와 하위 전략

사실적 이해란 텍스트에 표면적으로 드러난 내용의 이해, 있는 그대로의 의미를 파악하는 것을 말한다. 대개 사실적 이해라 함은 중심 생각이나 글의 요지(gist)를 파악하거나, 필자가 제기한 주장(논지)의 흐름 혹은 내용의 전개 방식을 파악하는 것 등이 포함된다. 그 하위 전략은 다음과 같다.

> ㉠ 단어, 문장, 문단 등 글을 구성하는 각 단위의 내용과 그들 사이의 관계를 파악한다.
> ㉡ 지식과 경험, 글에 나타난 정보, 맥락 등을 이용하여 글의 중심 내용을 파악한다.
> ㉢ 글의 전개 방식과 구조적 특성을 파악한다.
> ㉣ 독서 목적에 따라 글의 특정 부분을 선별하여 정보를 파악한다.
> ㉤ 글의 내용을 자기 말로 목적에 맞게 필요한 분량으로 요약한다.

2) 추론적 이해와 하위 전략

추론적 이해란 글에 직접 드러나 있지 않고 암시적으로 나타나는 내용이나 필자

---

54) 아래 내용은 박영목(1996), 국어이해론(법인문화사)을 주로 참조하여 정리한 것이다.

에 의해 의도적으로 숨겨진 내용 등을 예측하거나 추론하여 글 내용을 보다 정교하게 이해하는 것을 말한다. 필자는 독자가 이미 알고 있거나 충분히 예측할 수 있는 내용은 생략하는 경우가 많은데, 그러므로 추론은 글과 관련된 독자의 배경지식이나 경험을 근거로 하여 글에 드러난 정보를 단서로 하여 이루어진다. 이러한 생략된 정보를 재구(再構)하는 것은 물론, 상징적이거나 암시적인 주제, 숨겨진 의도 등 일부러 직접 드러내지 않은 내용들도 적극적으로 추론할 수 있다. 그 하위 전략은 다음과 같다.

⑦ 지식과 경험, 표지, 문맥 등을 이용하여 생략된 내용을 추론한다.
㉯ 필자의 의도, 목적, 숨겨진 주제 등을 추론한다.
㉰ 글에 묘사된 내용을 근거로 인물의 특성을 파악하고, 장면과 분위기를 상상한다.
㉱ 글의 내용을 여러 가지 관점에서 분석하고 종합한다.
㉲ 독서의 목적, 독서 과제, 독자의 상황 등과 연결하여 의미를 구성한다.

3) 비판적 이해와 하위 전략

비판적 이해란 필자가 제시한 주제나 주장, 자료나 증거, 논증 과정, 인물의 성격, 작품의 가치, 필자의 의도와 글의 표현 방식 등에 대해 일련의 준거에 의해 타당한 것으로 수용할 것인가, 아니면 불합리한 것으로 반박할 것인가에 대한 판단을 내리면서 읽는 것을 말한다. '비판적 이해'라는 용어는 독해 전략을 지칭하는 반면, '비판적 문식성(critical literacy)'이란 이데올로기 비판의 관점에서 텍스트를 분석하는 능력 또는 그러한 성향을 말한다. 비판적 문식성에는 서구의 '비판 이론' 전통과 '비판적 담화 분석(critical discourse analysis)'이라는 방법론이 전제된다.

특히 내용의 타당성과 효용성을 판단한다는 것은 텍스트 내적으로 볼 때, 글의 주제나 목적에 비추어 내용이 적절하게 쓰였는지를 평가하는 것을 뜻하기도 하지만, 텍스트 외적 맥락과 관련지어 읽는 것, 즉 글이 소통되는 당대의 건전한 상식이나 사회 통념, 윤리적 가치, 미적 가치 등에 비추어 내용이 타당하고 적절한지를 평가하는 것을 뜻한다.

이때 평가 준거로는 타당성, 신뢰성, 공정성 등을 따지는데, 타당성은 주장이나 의견이 사회적 통념이나 건전한 상식에 비추어 보편적으로 인정할 만한 것인지를, 신뢰성은 근거가 되는 자료가 믿을 만하며, 객관적인 것인지를, 공정성이란 내용이 어느 한 쪽에 치우치지 않고 균형적인지를 판단하는 기준이다. 비판적 이해는 크게 내용, 조직(구성), 표현 측면의 적절성과 효과를 평가하는 것이 포함된다. 그 하위 전략은 다음과 같다.

⑦ 내용의 타당성, 공정성, 근거 자료의 신뢰성 등을 판단한다.
⑭ 글에서 공감하거나 반박할 부분을 찾고, 필자의 생각을 비판한다.
⑮ 필자의 가치관이나 글의 배경이 되는 사회·문화적 이념을 비판한다.
⑯ 글의 구성 및 표현의 적절성과 효과를 비판한다.
⑰ 글감이나 주제가 유사한 글을 찾아 읽고, 관점이나 구성 등을 비교한다.

4) 감상적 이해와 하위 전략

감상적 이해란 글 내용에 공감하거나 감동하며 읽는 것을 말한다. 감상적 이해는 주로 문학적인 글에서 독자의 감성에 호소하는 읽기로 생각될 수 있지만, 좋은 글이란 이성적 사색의 대상이 된다는 점에서 정보 텍스트(실용문)라고 하더라도 필자의 생각과 경험에 공감하거나 글에 드러난 발상과 표현 방식에 충분히 감동하며 읽을 수 있다. 그 하위 전략은 다음과 같다.

㉮ 인물이나 사건에서 공감하거나 동일시되는 부분을 찾으며 읽는다.

㉯ 글에서 감동적인 부분을 찾아 그 내용을 내면화한다.

㉰ 필자의 개인적 배경, 시대적 배경, 집필 상황 등과 관련지어 글을 감상한다.

㉱ 독서를 통해 일어나는 독자 자신의 정서적 변화를 인식하며 글을 감상한다.

㉲ 사회적 공동체의 독서 행위에 참여하여 다른 사람과 교감하며 글을 읽는다.

5) 창의적 이해와 하위 전략

창의적 이해란 글과 관련하여 새롭고 창의적인 아이디어를 떠올리며 읽는 것을 말한다. 글을 읽으면서 의미를 정교화 하고 깊이 이해하는 데에서 나아가, 글 내용을 자신이 속한 사회나 세계와 연결 지음으로써 글의 의미를 새롭게 재구성하고, 새로운 관점을 얻는 발상의 전환점으로 삼을 수 있다. 이에는 필자의 생각이나 주장에 대한 '대안'을 제시하거나 글을 통해 개인적 삶의 문제 혹은 사회가 안고 있는 문제에 대한 '해결의 실마리(아이디어)를 떠올리는 것' 등이 포함된다. 그 하위 전략은 다음과 같다.

㉮ 글의 화제나 주제, 관점 등에 대하여 자기의 생각을 논리적으로 재구성한다.

㉯ 글에서 자신과 사회의 문제를 해결하는 방법을 찾는다.

㉰ 필자의 생각을 보완하거나 대체할 수 있는 방안을 찾는다.

㉱ 주제, 필자, 글감, 배경 등 여러 측면에서 관련되는 글을 비교하고 분석하여 읽고 재구성한다.

㉲ 독서 자료에 나타난 사고나 가치와 다른 창의적 사유의 세계를 가진다.

위의 5가지 독해 방법은 임의적 구분일 뿐, 사실상 글을 읽을 때는 사실적 이해, 추론적 이해, 비판적·감상적 이해, 창의적 이해가 동시에 관여하며, 읽기 목적이나 상황에 따라 특정 읽기 전략들이 더 집중적으로 작용할 수 있다.

나. 독해 전략을 적용한 독서 방법

어떤 독서든 독서 목적이 있다. 예를 들어, 지식이나 정보 획득의 목적, 학습이나 학문 탐구의 목적, 여가를 보내기 위한 목적 등으로 글을 읽는다. 따라서 독자는 구체적인 독서 목적을 정했다면, 그 목적을 달성하기 위해 적절한 독서 방법, 즉 독서 전략을 사용하여 글을 읽고자 한다.

글의 내용을 이해하기 위해서는 사실적 이해부터 추론적 이해를 위한 전략들이 다 사용되겠지만 독서 목적이나 독서 상황에 따라 특정 전략들이 더 강조되기도 한다. 예를 들어, 최근에는 미디어의 발달로 종이책보다는 인터넷과 같은 디지털 미디어 독서를 하는 경우가 늘고 있다. 그런데 이러한 디지털 미디어에서는 지식이나 정보가 지나치게 넘쳐나고, 동시에 잘못된 지식이나 정보도 많아서, 독자가 매체를 읽을 때에는 자신에게 필요한 정보인지, 지식이나 정보가 믿을 만한 것인지 등을 판단하는 비판적인 독해 태도가 요구된다.

그러나 아무리 전략적이고 비판적인 독서를 하더라도, 문자 기호를 해독하고 거기로부터 의미를 구성하는 기본적인 독해 절차나 단계를 건너뛰기 할 수는 없다. 예컨대, 글을 접하게 되면 맨 먼저 화제나 중심생각을 파악해야, 글 내용이 자신의 독서 목적에 부합하는 것인지 혹은 자신의 생각에 비추어 글 내용이 타당한지를 평가할 수 있다. 이와 같이 우리가 글을 읽을 때 머릿속에서 무엇을 하는지를 반추해보면, 역으로 독서의 전략과 순서들을 이해하기 쉽다.

다음은 정보 텍스트를 읽는다고 가정하고 자주 사용되는 구체적인 전략들을 소개하고자 한다.

첫째, 글의 화제를 파악한다. 독자가 가장 먼저 하는 일은 자신이 읽으려는 글이 '무엇'에 관한 글인지를 파악하려고 노력하는 것이다. 이때, 설명의 대상이 되는 그 무엇을 '화제(topic)'라고 하는데, 글의 '중심 제재'에 해당한다. 일반적으로 화제는 제목, 소제목, 표지 등을 단서로 추측할 수 있으며, 글의 도입부, 글의 처음 또는 첫 번째 문단 등에 나타날 확률이 높다.

둘째, 글의 중심 생각을 파악한다. 먼저 화제를 파악했다면, 다음에는 화제에 대해 '어떠하다'고 말하고 있는지, 이야기 글의 경우에는 '누가 무엇을 하였다'고 하는지를 파악한다. 이때, '어떠하다' 혹은 '누가 무엇을 하였다'라는 것은 화제에 대한 '설명(comment)'인데, 화제와 설명을 결합하면 글 전체의 중심 생각(main idea)이 된다. 때로 글 전체의 중심 생각은 글을 끝까지 다 읽어야 드러난다.

따라서 긴 글의 경우 중심 생각을 파악하려면 먼저 문단별 중심 생각을 파악해야 한다. 이를 위해서는 글을 읽으면서 중심 내용과 이를 지지하는 세부 내용들을 구분할 줄 알아야 한다. 글은 한 개 이상의 문단으로 연결되어 있는데, 대개 하나의 문단에는 하나의 중심 생각이 있다. 각 문단의 중심 생각은 명시적인 문장으로 드러나기도 하지만, 비명시적 즉 암시적으로 표현되기도 하고, 때로는 여러 문장에 걸쳐서 분산되어 나타나기도 한다. 문단에서 가장 중요한 명제(내용)가 중심 생각이 되는데, 이렇게 중심 생각을 담고 있는 문장을 주제문이라고 하고, 이 주제문을 뒷받침하는 세부 명제(내용)들을 담고 있는 문장들을 뒷받침 문장이라고 한다.

이때, 주제문이라고 한다면 글 전체의 주제와 헷갈릴 수 있으므로, 이 둘을 구분하기 위해 각 문단별 주제문을 '소(小)주제문'이라고 부른다. 소주제문은 문단의 맨 앞이나 뒤에 자주 나타나는데, 명시적으로 드러나는 소주제문의 경우에는 그 문장을 선택하면 되지만, 표면적으로 드러나지 않거나 여러 문장에 걸쳐 있을 때는 독자가 구성해야 한다. 이렇듯 각 문단마다 주제문과 뒷받침 문장을 구분하며 문단의 중심 생각을 파악한다.

각 형식 문단별로 중심 생각을 파악하게 되면, 문단 간의 연결 관계를 알기 쉽게 되어 내용 문단으로 묶는 데도 도움이 된다. 또한 내용 문단의 파악은 글의 흐름 파악이나 요약 등을 하기 위한 하위 전략이 되며, 궁극적으로는 글 전체의 중심 생각을 파악할 수 있도록 상보적으로 영향을 미친다.

셋째, 논지 전개 과정을 파악한다. 논지는 필자의 생각이나 주장을 말하는데,

이를 파악하기 위해서는 각 문단의 화제와 중심 생각들이 문단마다 어떻게 이어지는지를 그 관계를 이해해야 한다. 필자의 주장이 어떻게 전개되는지를 파악하는 것은 글의 흐름이나 글의 내용 구조를 이해하는 것과 같다.

논지 전개 과정을 파악하면서 읽게 되면, 주장이 무엇인지, 주장을 뒷받침하기 위해 무엇을 근거로 들고 있는지, 혹은 원인이나 문제점은 무엇이며, 그 결과나 해결책은 각각 무엇인지 등을 구분하며 파악하기 쉽다. 이때 수형도와 같은 도식을 이용하여 문단별 주요 내용을 정리하면, 정보의 위치와 내용을 기억하거나 글을 구조적으로 이해하는 데 도움을 준다.

넷째, 글을 요약한다. 여기서 요약(summarization)이란 흔히 생각하듯이 요약문을 작성하는 것을 뜻하진 않는다. 질적인 왜곡이나 누락 없이 정보를 양적으로 축소하여 기억하는 것을 뜻한다. 흔히 요약 지도를 위해, '절반으로 줄여 쓰기' 방법을 반복적으로 실시하는 경우가 있는데, 글의 분량을 무조건 절반으로 줄이는 것은 정보의 편중, 중요한 정보의 누락이 생길 수 있기 때문에 유의해야 한다.

요약은 이해의 필연적인 결과이다. 글을 읽다보면, 지식과 정보의 양이 기억의 용량을 초과하는 경우가 많다. 어려운 내용은 한두 쪽만 이어져도 앞에 나온 내용을 다 기억하지 못한다. 반면 쉬운 내용이라고 하더라도 100~200 쪽을 넘어가면 앞에 읽었던 내용을 다 기억할 수 없다. 그렇다면 독자는 어떻게 글을 읽어 나갈 수 있으며, 글을 읽었다고 말할 수 있을까? 그것은 글을 읽으면서 글 내용을 요약하기 때문이다.

Kintsch & van Dijk(1978), van Dijk(1980)와 같은 텍스트 언어학자는 중요한 정보들을 중심으로 글 내용을 압축하는 것을 요약이라고 하고, 이를 위해 '삭제, 선택, 일반화, 구성'과 같은 거시 규칙(macro-rule)을 제안하였다. 이에 따르면, '삭제(deletion)'는 중요하지 않은 정보, 부수적인 명제를 기억하지 않는 것이고, '선택(selection)'은 삭제와 동시에 일어나며 중요하다고 판단한 정보를 기억하는 것이다. '일반화(generalization)'는 하위 개념들을 상위 개념어로 바꿔서 기억하는 것이다.

또한 '구성(construction)'은 흔히 재구성이라고도 번역하는데, 명확히 할 필요가 있는 일련의 정보(명제)들에 대해 조건, 구성 요소, 결과 등을 설명하는 하나의 단순한 명제로 대체하는 것을 말한다.

다섯째, 생략된 내용을 추론한다. 독자는 자신의 배경지식, 담화 표지와 같은 텍스트 단서, 사회문화적 맥락 등을 활용하여 글에 직접적으로 드러나지 않은 정보들을 추론한다. 글에는 독자가 충분히 예측할 수 있는 내용뿐만 아니라, 필자의 의도, 글을 쓴 목적, 암시적인 주제 등이 숨겨져 있다. 따라서 독자는 어휘나 문장 표현과 같은 텍스트 단서들, 글 내용에 대한 독자의 배경지식, 텍스트가 소통되는 사회의 거시적이고 미시적인 맥락 등을 활용하여 글의 의미를 적극적으로 추론해야 한다. 예를 들어 다음 광고문을 보자.

이 광고는 시각적 텍스트와 함께, '돈을 내고 쓰시겠습니까? 지금의 무절제한 물사용이 10년 후, 우리의 모습을 이렇게 만들지도 모릅니다.'라는 짧은 글이 제시

되어 있다. 이 광고는 단순히 진술을 하고 있는 듯이 보이지만, '물을 아껴써야한다'는 필자의 주장을 숨기고 있다. 독자는 표면적으로 드러나 있지 않지만, 여러가지 단서들을 주의깊게 주목하면 이 텍스트의 목적을 추론할 수 있다. '물을 틀때마다 돈을 내고 쓰시겠습니까?'와 같은, 독자에게 질문하는 형식의 수사적 언어표현, 수도꼭지 위의 동전 주입구 그림 등을 통해, 물을 틀 때마다 동전을 넣어야하는 물부족 상황이 되지 않도록 하기 위해서는 지금부터 물을 아껴야 함을 강조한다는 것을 추론할 수 있다. 이를 통해 생략된 필자의 주장까지 예측할 수 있다.

여섯째, 비판적으로 텍스트를 읽는다. 만약 설득을 목적으로 한 글이라면, 주장이 무엇인지 파악한다. 그리고 주장을 뒷받침하기 위한 근거로 무엇을 들고 있는지를 조사한다. 이를 토대로 내용의 타당성과 자료의 신뢰성을 평가해 본다. 김혜정(2002)은 내용의 타당성이나 자료의 신뢰성과 같은 비판적 이해 전략들은 논리적으로는 내용 파악이 선결된 다음에 이루지는 고차적 단계라고 하였다. 사실적 이해, 추론적 이해, 그리고 비판적 이해가 읽기 과정에서 동시에 이뤄진다 하더라도 논리적으로는 선후 관계가 있다는 것이다. 독자는 사실적 이해와 추론적 이해로 어느정도 글 내용을 파악한 다음, 그러한 필자의 주장이나 견해가 타당한지, 이를 뒷받침하기 위해 제시한 근거 자료가 믿을 만한지 등을 평가하게 된다. 다음 예문에서 '인류의 삶은 점차 나아지고 있다'는 필자의 주장의 뒷받침하기 위해 어떤 근거들과 이유를 들고 있는지 살펴볼 수 있다.

스티븐 핑커의 책 '지금 다시 계몽'이라는 책에 따르면, 인류의 삶은 예전보다 한층 나아졌다고 한다. 전쟁 발병률이나 테러 등이 줄어들고 있으며 사회는보다 안전해지고 있다는 것이다. 아메리카 대륙의 경우를 볼 때, 1650년 식민지시대 뉴잉글랜드, 1900년 미국 남서부, 1950년 멕시코 등은 개국 당시 폭력의현장이었지만 현재 연간 살인 사건 사망자 수가 크게 줄었다고 한다. 국가가발전하면서 법률 체계를 갖춰나가자 각 나라의 폭력은 이전보다 줄어든 것이다.

그 근거로, '아메리카 대륙의 연간 살인 사건 사망자수'를 들고 있는데, 근거 자료도 정확하지 않을뿐더러, 단순히 살인사건 사망자 수가 인류의 삶이 나아지고 있다는 주장의 지표가 될 수 있는지에 대해 비판적으로 평가해 볼 수 있다.

일곱째, 글이 사회에 미칠 영향과 글의 사회문화적 의미를 비판적으로 해석한다. 이는 위에 제시한 일반적인 독서 전략에는 포함되지 않지만, 무수한 이미지와 글로 넘쳐나는 현대 사회 읽기에 필요한 전략이라고 할 수 있다. 이는 일종의 기호학적 해석으로, 필자의 가치관이나 글의 배경이 되는 사회·문화적 이념(ideology)을 비판하는 과정과 맥을 같이 한다는 점에서 비판적 이해의 일종이다. 즉 글 내용에 대한 타당성과 신뢰성, 표현의 적절성과 효과 등을 독자의 입장에서 비판하는 '의미론적 관점'에서 더 나아가, 그 글이 어떤 맥락에서 생산과 소비되었으며, 이 글의 소통으로 인해 어떤 결과가 초래될 수 있는지, 궁극적으로 그 글은 하나의 메타적 기호로서 실제 삶에서 어떤 의미를 지니는지를 비판하는 '해석론적 관점'으로 읽는 것이다.

바르뜨(R. Barthes)는 그의 신화학(mythology, 1957)에서, '신화'란 우리가 사용하는 '기호'를 다시 전유(appropriate)하여 그것을 자신의 '기표(signifiánt)'로 삼고, 그 기표를 어떤 의도로 이용하려는 개념, 즉 '기의(signifié)'를 통해 또 새로운 차원의 '기호(sign)'를 만들어내는 것이라고 하였다. 즉 1차적인 기표와 기의의 결합을 통해 기호가 만들어지는데, 이 기호가 다시 상위의 기표가 되어 또 다른 기호를 만들어내므로, 신화란 기존에 의미화된 언어를 다시 이용하는 언어 뒤의 언어(metalanguage)인 2차적 기호 체계라고 하였다.

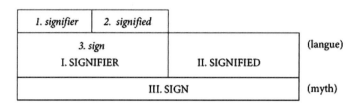

[그림 8-1] Barthes의 신화학에서 신화의 기호학적 틀

    따라서 독자는 글에 나타난 기표에 기의를 결합하여 글이라는 기호를 해석하였다면, 이 글 자체가 하나의 '기표'로서 어떤 기의를 지니고 있는지를 분석하여 그 글의 2차적 의미를 해석해야 한다.

    특히 오늘날 상업 광고를 예로 들면, 광고의 의미는 단순히 소비자의 구매 주장(충동)에만 그치지 않는다. 광고는 그 사회의 주류 문화를 유행시키고, 궁극적으로 삶의 방식을 의도한 방향으로 이끌고 가며, 소비자를 획일화 한다. 나아가 그것은 물신주의와 배금사상을 표현하기도 한다. 따라서 독자는 단순히 광고 내용의 타당성, 신뢰성 등을 비판하는 것과는 다른 차원의 비판적 이해가 필요하다.

    예를 들어 다음 광고를 기호학적 관점에서 분석해 보자. 이 광고는 '이 아파트를 사라'는 구매 혹은 분양을 촉구 홍보 광고이다. 그런데 이러한 광고가 미칠 사회적 영향은 단순히 소비를 설득하는 것을 넘어서 있다. 특히 이 광고가 내세운 '당신이 사는 곳이 당신을 말해줍니다'와 같은 문구는 물질주의 혹은 배금주의를 낳을 뿐 아니라, 인간의 주거 수준 혹은 부(富)의 수준이 그 사람의 인격이나 정체성과 대치될 수 있음을 보여줌으로써 인간성의 상실을 야기할 수 있다. 이런 광고에 의하면, 집이 없거나 좋은 집에 살지 못하는 누군가는 '자기 자신'에 대해 말해줄 것도 보여줄 것도 없을 만큼, 아무것도 아닌 존재처럼 느껴지도록 하기 때문이다.

[그림 8-2] 아파트 광고

이상의 전략들은 대표적인 몇 가지만 제시한 것이고, 사실 독서의 목적과 과제, 독서 환경, 등 독서 상황에 따라, 또 텍스트의 유형에 따라, 독서에 임하는 독자의 태도 등에 따라 각기 다른 전략들이 사용될 수 있다. 독자가 표면적인 의미만을 파악하려는 태도를 지닌다면, 위에 제시한 것들 중 몇 가지 기본적인 읽기 전략들만 동원될 것이고, 적극적으로 의미를 구성하려고 한다면 위에 제시한 것 외에도 독자가 자기 나름대로 개발한 읽기 전략들을 동원하여 해석할 수도 있다. 따라서 독서 태도는 전략 사용과 이해 결과를 좌우하는 중요한 기제이다. 당연한 얘기지만 독자는 적극적 태도로 읽어야 할 것이다.

2. 독서 과정별 독해 전략과 지도

가. 과정 중심 읽기 접근법의 배경

앞서 살펴본 독해 전략은 글을 읽을 때 요구되는 읽기의 전략들이다. 이 절에서는 글을 읽기 시작할 때부터 글을 읽고 난 뒤에 어떤 인지 전략들이 필요한지를 살펴보고자 한다.

과정 중심 읽기 지도란 인지 과정에 기반한 지도(cognitive process-based instruction)이다. 과정 중심 접근이 나오게 된 배경에는 인지주의가 있다. 인지주의 학습이론에서는 능숙한 학습자와 미숙한 학습자의 머릿속의 인지 과정상의 차이를 분석하고자 하였다. 그 결과 능숙한 독자와 미숙한 독자를 구별짓는 요인들을 찾아내었다. 또한 스키마 이론을 바탕으로 능숙한 독자의 읽기 과정에 대해서도 기술하게 되었다. 능숙한 독자는 텍스트를 학습할 때 또는 글을 읽을 때 도대체 어떤 인지 과정을 보이는가? 행동주의 심리학에서는 인간의 머릿속 과정을 '블랙박스'라고 칭하며 사고나 심리 과정을 기술할 수 없다고 보았다. 그러나 인지주의 심리학에서는 학습 과정에서 일어나는 인지 과정을 기술하기 위해 사고를 입 밖으로 소리내어 말하게 함으로써 그것을 통해 머릿속에 어떤 일이 일어나는지를 밝히려고 했다. 이렇게 개발된 실험 방법이 '사고 구술법(think-aloud method)'이다. 일종의 연구 방법론에 해당하는 것이다. 실험에 참가한 독자는 글을 읽으면서 떠오르는 생각들을 글을 읽는 동시에 중얼중얼 입 밖으로 말하게 하였는데, 이를 녹음하고 전사하여 분석하는 방법(protocol analysis)을 사용하였다.

그 결과 능숙한 독자의 머릿속의 인지 과정들을 일정 부분 파악할 수 있었다. 능숙한 독자는 다음과 같은 특징을 보였다.

① 능숙한 독자는 텍스트의 의미를 구성하기 위해 배경지식을 활용한다.
② 능숙한 독자는 읽기의 전 과정을 통해 자신의 독해 과정을 조정한다.
③ 능숙한 독자는 자신이 읽고 있는 텍스트에서 무엇이 중요한지를 결정할 수 있다.
④ 능숙한 독자는 읽기 과정에서 정보를 체계적으로 종합한다.
⑤ 능숙한 독자는 읽기의 과정에서는 물론 읽기 후에도 끊임없이 추론을 생성한다.

⑥ 능숙한 독자는 읽기의 과정에서 끊임없이 질문을 생성한다.

⑦ 능숙한 독자는 능동적으로 의미를 구성한다.

⑧ 능숙한 독자는 독서의 목적과 과제에 적절한 읽기 전략을 잘 이용한다.

요컨대, 능숙한 독자는 글을 읽기 전에도 글과 관련된 배경지식이나 경험을 떠올리고 글에 대한 지식을 활성화 하는 등 활발한 인지 작용을 하며, 글을 읽는 중에도 자신의 인지 과정과 인지 전략들을 점검하면서 글 이해를 돕기 위한 다양한 전략들을 사용한다. 이러한 광범위한 연구 결과들을 바탕으로 읽기 능력을 효과적으로 신장시킬 수 있는 읽기 교육 방법을 마련하게 되었다. 이것이 과정 중심 읽기 지도의 시작이라고 볼 수 있다. 따라서 과정 중심은 인지주의 이론을 바탕으로 한다고 볼 수 있다.

이러한 접근법이 등장하기 이전에는 결과 중심 읽기 지도를 했다고 할 수 있다. 교사는 독서 지도를 할 때 일단 학생이 책을 다 읽어야지 지도가 가능하다고 생각했다. 무엇인가를 읽고 난 후에야 주제나 줄거리에 대해 물어볼 수 있기 때문이다. 그러나 과정 중심 읽기 지도는 독자가 글을 읽기 전에 그리고 글을 읽는 중에도 교수법이 개입될 수 있으며, 오히려 읽기 전이나 읽는 중에 가르치게 되면 독자의 이해가 더욱 효과적으로 일어나게 된다고 주장한다.

이에 따라 읽기 지도에 있어서 읽기 전-읽기 중 지도의 중요성을 새롭게 인식하게 되었고, 그 결과 과정 중심 읽기 접근이 매우 중요한 지도법으로 대두되었다. 우리나라의 경우, 2007 개정 국어과 교육과정에서 '예측하기', '질문 생성하기', '참고 자료 활용하며 읽기', '메모하며 읽기' 등 읽기 전이나 읽기 중 전략들이 적용되었으나, 이후 교육과정의 내용이 축소되면서 서서히 빠지게 되었다. 그러나 읽기 수업에서는 과정 중심 읽기 지도는 매우 중요한 수업의 원리로 작용하고 있다.

나. 과정 중심 읽기 지도 전략

과정 중심 독서 지도에서 '과정'은 독자의 사고 과정, 문제 해결 과정, 의미 구성 과정을 말한다. 즉, 과정 중심 읽기에서는 독자가 무엇을 얻었느냐에 대해서 관심을 가지지 않는다. 독자가 어떤 사고 과정을 거쳐 의미를 획득했느냐, 어떤 과정을 거쳐 읽었느냐에 대하여 관심을 가진다. 학습자의 능동적인 역할과 문제 해결 과정을 중시하는 것이다.

과정 중심의 독서 지도는 대개 독서 전 활동, 독서 중 활동, 독서 후 활동 지도로 나눈다. 외국은 물론 국내에서도 학자들에 따라 여러 가지 전략들이 다양하게 소개되고 있어서, 이 절에서는 대표적인 몇 가지 전략들만 사례로 제시하고자 한다.

1) 독서 전 전략

책을 읽기 전에 주로 글의 화제나 개념에 대한 학생들의 배경지식을 형성하고 활성화 시키는 활동이 주가 된다. 이는 인지주의 교육학에서 Ausubel(1963)의 선행학습자(advance organizer) 이론과도 밀접한 관련을 가진다. Ausubel은 학습에서 학습 과제(글)와 인지 구조(스키마) 등 두 가지 변인들을 서로 연결시킴으로써 유의미 학습(meaningful learning)이 이뤄질 수 있도록 하는 것이 중요하다고 보았다. 이때 유의미 학습을 위해서는 선행조직자를 제시하는 것이 효과적이라고 보았는데, 선행조직자란 새로 배울 과제들을 제시하기 전에 학습자들에게 미리 제시하는, 보다 추상적이고 일반적이며 포괄적인 학습 자료들을 말한다.

따라서 글을 읽기 전에 독서의 목적을 결정하고, 관련 정보를 예측하며, 배경지식을 활성화하여 전체 글에 대한 안내와 학습자들의 학습 동기를 불러일으키는 활동을 하는 것이 중요하다. 이와 관련된 읽기 전 전략으로는 '배경지식 활성화 하기', '읽기 목적 확인하기', '제목, 표지, 목차 등을 단서로 내용 예측하기' 등이 있다. 이를 다음과 같이 크게 '예측하기'와 '배경지식 활성화 하기'로 구별하기도 한다.

① 예측하기(Predicting) : 독자는 앞에서 읽을 내용을 자신의 배경지식을 활용해 예측한다. 표지, 제목(소제목), 그림이나 사진(삽화), 목차 등을 단서로 예측할 수도 있다. 자신의 예측이 맞았을 경우와 그렇지 못할 경우가 다양하게 발생하겠지만 결과 면에서는 두 가지 경우가 반복적으로 나타날 때 독서의 재미가 더해진다. 예측하기는 독서 전 활동에서 하는 경우가 대부분이지만, 능숙한 독자의 경우 독서 중에도 왕성하게 예측하기를 하게 된다.

② 배경지식 활성화 하기(Using Prior Knowledge/Previewing) : 배경지식 활성화는 학생들이 읽거나 학습해야 할 내용과 관련된 경험이나 지식을 떠올리도록 유도하는 전략이다. 흥미 유발 차원에서 관련 기사를 이야기해주거나, 역사적 사례를 들려주는 것도 좋다. 사회나 과학, 기술 등 정보가 필요한 경우에는 관련 지식을 제공해주는 게 좋다. 다만 본격적으로 책을 읽기 전에 너무 많은 배경지식을 노출하면 학생들이 책의 내용에 흥미를 못 느낄 수 있으므로, 적절하게 내용 수준과 양을 조정하는 것이 바람직하다.

③ 연상하기(associating) : 이 전략은 책의 종류와 특성에 별다른 제약 없이 두루 쓸 수 있다. 학생은 책을 읽기 전에 책의 제목, 표지, 삽화 등을 훑어보며 자유롭게 연상하면 된다. 학생들이 자유로운 연상 과정을 통해 이야기하는 것을 들으면서 교사는 학생의 배경지식 정도를 점검해 볼 수 있다. 책을 읽는 데 문제가 없을 정도로 배경지식이 풍부한지, 아니면 학생이 책을 읽는 데 문제가 없도록 채워 줘야 할 정보는 무엇인지 판단할 수 있어야 한다. 이때 중요한 것은 학생들이 연상한 내용을 나열하는 데 그치지 말고, 그러한 생각을 떠올려 보게 된 이유나 근거를 말하게 하는 것이다. 학생들이 생각나는 대로 나열한 연상의 결과를 표로 정리해서 범주화 해 보는 것도 생각 정리에

도움이 된다. 예를 들어 제목 읽고 연상하기, 핵심어를 선정하여 연상하기, 그림이나 삽화를 보며 연상하기 등으로 구분지어 정리해 볼 수 있다.

2) 독서 중 전략

읽기 중 활동으로는 독자가 글을 읽고 텍스트에 대하여 개인적인 반응을 하게 하는 것이 중요하다. 독서 중에는 예측한 내용을 확인하면서 글의 중심 생각을 찾고, 질문과 점검을 통해 글의 의미를 찾아내는 활동을 한다. 교사는 학생들이 머릿속으로 질문을 만들며 계속적으로 그 내용에 관심을 갖도록 하고, 처음에 예측한 것이 맞는지 계속 점검하면서 읽도록 도와주는 것이 필요하다. 예를 들어, 글을 읽으면서 궁금한 내용이나 의문점에 대해 '질문 생성하기', 잘 모르는 부분이나 이해가 되지 않는 부분에 대해서는 참고 자료를 찾아가며 이해를 하면서 읽는 '참고 자료 활용하기' 등을 사용할 수 있으며, 전체적으로 자신이 글 내용을 제대로 잘 이해하고 있는지, 자신이 사용하는 읽기 전략이 적절한지를 판단하면서 잘 맞지 않을 때는 다른 전략을 적용해 본다든지 함으로써 자신의 읽기 과정을 통제하고 조절하는 '점검 및 조정하기' 등의 상위인지 전략을 사용할 수 있다. 이를 다음과 같이 크게 '질문하기'와 '참고자료 활용하기' 등으로 나눌 수 있다.

① 질문하기(Questioning) : 보통 학생들이 하는 질문이라는 것은 교육 수준에 따라 정교화, 전문화가 가능해진다. 질문은 크게 텍스트에 표면적으로 드러난 내용을 질문하는 명시적 질문과 겉으로 드러나지 않은 내용을 파악해야 하는 암시적 질문으로 나눠진다. 암시적 질문의 경우 생각하고 탐색해야 답을 찾을 수 있는데, 그 과정에서 학생들은 사고력 증진이라는 결과를 얻게 된다.

② 참고 자료 활용하기(Study guide) : 참고 자료란 학습과 이해에 도움이 되는 관련 자료를 말한다. 따라서 참고 자료 활용(study guiding)을 위해서는 사전,

인터넷, 관련 도서 등에서 개념이나 사례 등을 찾아 이해되지 않는 부분을 개선하며 읽는 것을 말한다.

③ 시각화 하기(Visualizing) : 글 내용이나 정보들의 관계를 표, 부호, 수형도, 도식, 벤다이어그램, 이미지 등 시각적으로 표현하면서 읽는 것을 말한다. Pressley (1977)는 독서를 하면서 시각화하는 학생들이 그렇지 않은 학생들보다 더 잘 기억한다는 것을 보여주었다. 독자들은 삽화가 없는 텍스트를 읽을 때 텍스트에 내장된 그림을 이용하거나 자신만의 이미지나 그림을 머릿속에 그릴 수 있다.

④ 점검 및 조정하기(self-monitoring) : 자신의 읽기 과정이 적절한지를 점검하는 것을 말한다. 글 내용을 이해하는 것이 '인지'라면, 그러한 인지를 상위에서 조정하고 통제하는 또 다른 인지를 '상위 인지(meta cognition)'라고 하는데, 점검 및 조정하기는 상위인지 전략이다. 자신의 읽기 과정을 점검하고 조정할 때는 보통 읽기 목적에 맞게 읽고 있는지, 읽기의 맥락에 맞게 이해하고 있는지 등을 기준으로 하여 자신의 읽기 과정을 점검한다.

3) 독서 후 전략

독서 후 활동으로는 독서 목적에 대해 평가하고, 내용에 대해 요약하며, 새로운 상황에 적용해 보는 활동을 한다. 독후 활동은 다양한 방법으로 실행이 가능하다. 읽기 후에는 독해 전략 즉 사실적 독해, 추론적 독해, 비판적 독해, 감상적 독해, 창의적 독해가 모두 가능하다. 그러나 이러한 독해 전략은 읽기 중에도 사용하므로 독해 수준에 따른 독해 전략을 독서 과정별로 구분짓는 것은 바람직하지 못하다. 다만 비판적 독해나 감상적 독해는 읽기 후 단계에서 주로 사용할 수 있다. 대표적인 것만 뽑으면, '요약하기'와 '비판하기/감상하기' 등의 전략이 있다.

① 중심 내용 파악(Identifying the Main Idea) 및 요약하기(Summarization) : 글 내용의 중요도를 평정(評定)하고, 중요한 내용과 그렇지 않은 내용을 활용하여 범주화하는 작업까지 할 수 있다. 실제로 중요한 내용과 그렇지 않은 내용을 구별하는 것은 최종적으로 요약하기를 할 수 있는 밑바탕이 된다. 선정하기에서는 글 쓰는 작업을 하기보다는 그래프 그리기, 마인드맵 작성하기, 한 장면으로 그려보기 등의 활동이 좋다.

책의 내용과 장르에 따라 요약하는 방법은 달라진다. 처음에는 길게 요약하는 연습으로 시작하여, 차츰 중요한 내용만을 넣은 요약을 할 수 있게 연습하면 좋다. 최종적으로 한 문장 요약을 연습하여 주제문도 직접 써 볼 수 있는 단계에 이르면 바람직하다.

② 내용 구조 파악하기(The Structure of Expository Text) : 설명 텍스트는 일반적으로 정보 구조에 관한 명확한 단서를 제공하는 제목, 소제목, 목차 등의 시각적 단서로 구성된다. 단락의 첫 문장은 일반적으로 단락이 무엇에 관한 것인지 명확하게 설명하는 주제 문장이다. 또한 설명 텍스트는 흔히 다섯 가지 일반적인 텍스트 구조(원인과 결과, 문제와 해결, 비교 혹은 대조, 수집/기술, 시간 순서 혹은 과정) 중 하나를 구성 원리로 사용한다는 사실을 이용하여 글 내용을 연결 짓는다. 이러한 구조를 가르치는 것은 학생들이 아이디어와 글 전체의 의도 사이의 관계를 인식하는 것을 돕는다.

③ 비판적 읽기/감상적 읽기(critical reading/appreciative reading) : 장르에 따라 글 내용을 비판적 태도로 읽을 수도 있고, 감상적인 태도로 읽을 수도 있다. 비판적 읽기의 경우는 글을 다 읽고 난 뒤에 필자의 주장이나 근거에 대해 비판할 수 있다. 감상적 읽기의 경우는 글을 다 읽고 난 뒤에 깨달은 점이나 감동적인 점 등을 다시 회상하며 내면화 할 수 있다. 이 부분에 대해서는 앞 절에서 상세히 언급하였으므로 여기서는 생략한다.

이상의 전략들을 바탕으로, 읽기 수업에서의 학습 활동을 전제로 한 '읽기 활동'을 구성해 볼 수 있다. 읽기 수업에서 많이 사용하는 읽기 활동들을 표로 정리해 보면 다음과 같다.

[표 8-1] 읽기 수업에서 활용하는 읽기 활동의 예

읽기 전	• 등장인물의 모습 상상하기 • 등장인물 또는 중심소재에 관한 경험 떠올리기 • 제목을 보고 어떤 내용일지 예측해보기 • 핵심어를 선정하여 연상하기 • 앞부분의 내용만 대강 듣고 뒤에 이어질 내용 상상해보기 • 글에 나오는 새로운 단어나 다의어에 대해 학습하기 • 목차(차례) 살펴보기 : 제목(소제목)을 살피며 전체적인 흐름 파악하기 • 그림이나 삽화를 보며 연상하기 • 새롭게 알고 싶은 내용 정리해보기
읽기 중	• 글 전체의 뜻이나 작가의 의도 파악하기 • 작가만의 스타일 찾아보기 • 글 전체 줄거리 파악하기 - 주요 장면 나열하기 • 인물의 성격, 인물 구조 파악하기- 인물 지도 만들기(인물 관계도) • 단어나 문장 학습하기 • 인상 깊었던 부분 찾기 • 기억해야 할 필요성이 있는 부분에 밑줄 긋거나 메모하기
읽기 후	• 요약문 쓰기 • 독서 전이나 중에 기대했던 것과 비교하기 • 관련 지식을 넓히기 • 이해 안 되는 부분이나 오류 찾기 • 주변의 일이나 인물에 대입해보기 • 결말 내용 바꿔 쓰기와 결말 이어쓰기 • 다른 장르로 바꿔 쓰기(소설→시, 수필→소설 등) • '나'의 일로 생각해보기 - 내면화 작업 • 더 나은 해결방안이나 결말을 창의적으로 생각해보기 • 벤다이어그램(비교하기) • 관련 문제에 대해 토론하기 - 독서토론

3. 기타 독서 전략

가. 학습 독서 전략

1) KWL(H) 전략

Ogle(1986)는 학습 독서 전략으로 KWL(H) 전략을 개발하였다. 표(chart)를 만들어 학생이 알고 있는 것(K), 학생이 알고 싶어하는 것(W), 학생이 정보를 찾는 방법(H) 및 주제에 대해 배운 것(L)을 추적하는 그래픽 조직자(graphic organizer)이다. 과제나 연구를 수행하거나 글을 읽기 전과 후에 사용할 수 있다. 학생들은 W란에 알고 싶은 내용을 질문 형식으로 쓰고, 글을 읽으면서 그 질문에 대한 답을 찾아 L란에 쓸 수 있으며, 그 외 새로 알게 된 내용도 적을 수 있다. 모든 학생들이 글을 읽고 난 후에는 교사가 질문과 대답에 대한 토론을 이끌 수 있다.

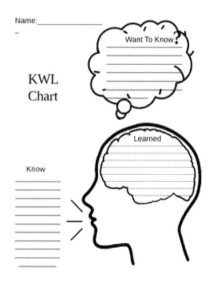

[그림 8-3] 다양한 방식의 KWL표

2) 도해 조직자(Graphic Organizers) 전략

그래픽 조직자는 설명적 텍스트에 든 개념을 시각적 표현으로 바꾸는 것을 말한다. 흔히 의미시각화법이라고 하기도 한다. 아이디어와 관계를 그래픽으로 표현하는 것은 학습자들이 정보를 이해하고 기억하는 것을 도울 수 있다.

학생들에게 그래픽 조직자를 개발하고 구성하는 방법을 가르치려면 모형화(modeling), 안내(guidance), 피드백(feedback)이 필요하다. 교사들은 학생들이 교사 지도에 따라 스스로 그것을 연습하기 전에 먼저 그 과정을 예시로 증명해야 하고 학생은 독립적으로 글을 읽고 개념을 추출하여 도해 조직자를 완성해야 한다. 그래픽 조직자의 종류는 다음과 같다.

첫째, 범주 및 위계를 나타내는 수형도(트리 다이어그램, Tree diagrams)

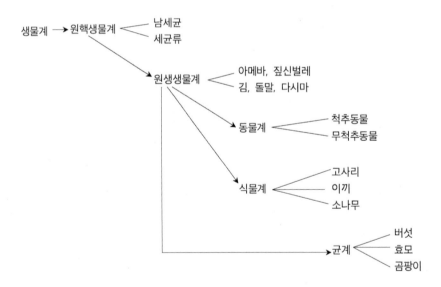

[그림 8-4] 생물계 분류 수형도

둘째, 자료를 비교 혹은 대조하여 보여주는 표(Tables)

두 가지 생체방어 반응		
자연면역 (선천성 면역)	매번 똑같이 일어난다	빠르지만 약하다
획득면역 (후천성 면역)	두 번째 감염 때 강하게 일어난다	느리지만 강하다

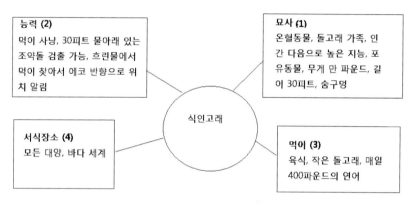

[그림 8-5] 다양한 대조표

셋째, 사건의 순서를 나타내는 시간 기반 다이어그램(Time-driven diagram)

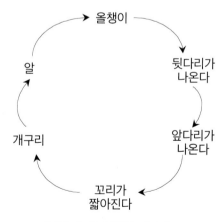

[그림 8-6] 다양한 대조표

넷째, 과정의 단계를 나타내는 흐름도(Flowcharts)

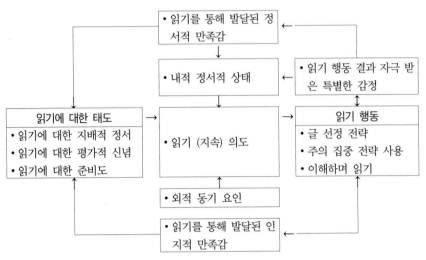

[그림 8-7] 읽기 태도 발달 단계

3) SQ3R

SQ3R은 조사(훑어읽기), 질문, 읽기, 암송, 복습의 다섯 단계로 이루어진 학습 전략이다. 이 방법은 가능한 한 많은 정보를 기억하는 데 목적을 둔다.

첫째, 훑어읽기 단계는 본격적으로 지식과 정보를 얻기 전에 사전 조사를 하는 단계이다. 초점을 맞추고 목표를 달성하는 데 필요한 정보를 최대한 많이 수집한다. 예를 들면, 제목 읽기를 통해 글의 주제를 예측한다. 머리말 또는 표지의 앞뒤에 나온 요약문 읽기를 통해 각 장이 저자의 목적에 어떻게 부합하는지 파악하고 가장 중요한 점에 대한 저자의 진술에 집중한다. 또한 각각의 굵은 표제어와 부제목 읽기를 통해 앞으로 다가올 생각과 세부 사항을 머릿속에 구성하도록 한다. 이것은 인지의 조직화(organizing)를 위해 중요하다. 뿐만 아니라 차트, 지도, 다이어그램 등 모든 그래픽에 주의 기울이기를 통해 글 내용을 예측한다.

그 외, '이탤릭체, 굵은 글자의 인쇄, 장의 목적 및 장 끝의 질문 등이 모두 글의 이해 및 기억에 도움을 줄 수 있는 표지들이다.

둘째, 질문하기 단계는 글에 집중하도록 돕는다. 각 절의 굵은 표제를 중심으로 떠오르는 질문을 구성할 수 있다. 질문이 더 좋을수록, 독자의 이해력은 더 좋아질 것이다. 글을 읽어가면서 질문을 추가할 수도 있다. 글을 읽으면서 질문에 대한 답을 적극적으로 찾을 때, 그것은 학습에 관여하게 된다.

셋째, 읽기 단계이다. 앞서 세운 여러 가지 가설과 미리 작성한 정신 구조(스키마)를 글을 읽어나가면서 구체적으로 채우는 단계라고 할 수 있다. 또한 앞서 만든 여러 가지 질문에 대한 답을 찾아가며 읽는다.

넷째, 암송하기 단계는 흔히 읽고 난 다음, 질문을 상기하여 읽은 내용을 다시 회상하여 질문에 답하는 것이다. 그러나 이 외에도 글을 읽으면서 하나의 절이나 장이 끝날 때마다 중요 내용을 암기하고, 그것이 완벽해지면 다음 절로 넘어가기도 한다. 정신을 집중해서 읽으면서 주요 내용을 암기할 수 있도록 훈련하는 단계이다. 배우도록 다시 훈련하라.

다섯째, 검토하기 단계는 반드시 비평을 하기보다는 정신 조직을 다듬고 기억력을 강화시키는 단계라고 할 수 있다. 이전까지의 단계를 사용하여 전체 글 읽기를 마쳤으면 모든 장들의 제목에 대해 작성한 질문을 다시 살펴보고 여전히 답을 할 수 있는지 검토하고, 그렇지 않은 경우, 읽은 내용을 다시 살펴보면서 기억을 새로 고치는 작업을 한다.

나. 주제 통합적 독서 전략

주제 통합적 독서란 하나의 주제(topic)를 중심으로 다양한 분야에서 다양한 관점으로 쓰인 글을 종합적으로 읽고 주제를 새로 재구성하는(syn-topical) 독서 방법이다.

이러한 독서의 장점은 첫째, 어떤 주제에 대해 균형 있고 깊이 있는 이해에 도달할 수 있고, 둘째, 다양한 분야나 관점의 풍부한 독서 경험을 쌓는 데 도움을 주며, 셋째, 즉각적이고 단순한 읽기 능력이 아닌 고도의 전문적 읽기 능력을 요하기 때문에 비판적이고 창의적인 사고력이 동반 증진하며, 넷째, 상호텍스트성 (intertextuality)에 기반한 읽기이므로 관련된 많은 글들을 읽음으로써 독서량을 증가 시킬 수 있을 뿐만 아니라, 다섯째, 글 속에 들어 있는 지식과 정보를 통합해야 하므로 지식 재구성 능력을 기를 수 있다. 여섯째, 다양한 관점의 글을 읽음으로써 주제를 심층적으로 이해함은 물론, 편견이나 치우친 관점을 지니지 않고 세계에 대한 균형잡힌 시각을 지닐 수 있게 된다.

절차는 다음과 같다. 첫째, 읽기 과제 및 쟁점을 확인한다. 이때 읽기 목적과 관련된 질문을 만들면 효과적이다.

둘째, 글과 자료를 선정하거나, 교사가 미리 선정해 준 읽기 자료들을 읽는다.

셋째, 글을 읽으면서 각 읽기 자료들의 관점과 주요 내용, 글의 독특한 형식이나 장르적 특징을 정리한다.

넷째, 각 글의 공통점과 차이점을 중심으로 관점, 주요 내용, 형식적 특징 등을 비교, 대조하는 표를 작성한다.

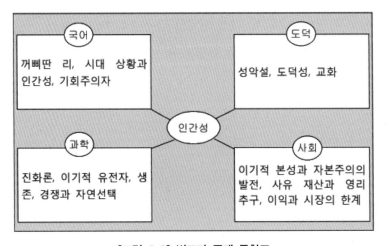

[그림 8-8] 범교과 주제 통합표

다섯째, 자신의 관점을 수립하고, 글 내용들을 종합하여 자신의 관점에 근거하여 주제를 새로 형성하고, 이에 따라 내용을 재구성한다. 이때 자신의 관점과 생각을 비판적이고 창의적으로 재구성해야 한다.

이와 같이 주제 통합적 독서를 하게 되면, 글에 대한 이해가 깊어짐은 물론, 글쓰기를 위한 풍부한 자료를 얻게 되며, 나아가 여러 가지 다양한 시각에서 읽기 때문에 세계를 이해하는 폭넓은 관점을 지니게 된다.

더 생각해 보기

⊙ 내용 탐구 활동

1. 다음은 교사와 학생의 수업 중 대화이다. 이 수업에 사용된 두 가지 읽기 전략의 공통점과 차이점을 쓰고, 밑줄 친 부분에 교사가 어떤 교정 처방을 내릴 수 있을지, 그 지도 내용을 쓰시오.

> 교사 : 지난 시간에는 KWL 방법을 이용하여 글을 읽어 보았지요. 오늘은 SQ3R 방법을 활용하여 '사서(四書)를 어떻게 읽을 것인가'라는 글을 읽어 보았는데, 어땠어요? SQ3R 방법을 사용한 과정을 한번 이야기해 볼까요?
>
> 학생 : 선생님, 저는 글을 본격적으로 읽기 전에 이 글이 어떤 내용인지를 간단하게 살펴보았어요. 제목과 대략적인 내용을 살펴보았는데요, 사서를 읽는 방법을 설명한 글이라는 생각이 들었어요. 그리고 제목이나 대강 살펴본 내용을 보면서 궁금한 점들을 떠올려 보았어요.
>
> 교사 : 어떤 점들이 궁금했지요?
>
> 학생 : 사서는 어떤 순서로 읽어야 하지? 이 순서를 따라야 하는 이유는 무엇일까? 이런 점이 궁금했어요. 그런 다음 글을 읽기 시작했어요.
>
> 교사 : 글은 어떻게 읽었어요?
>
> 학생 : 글을 읽으면서 질문에 대한 답을 찾으려고 했어요. 각 단락의 핵심어와 중심 내용이 무엇인지 파악하며 글을 읽었어요.
>
> 교사 : 글을 다 읽고 난 뒤에는 어떤 활동을 했나요?
>
> 학생 : 되새기기(암송) 활동을 수행하였어요. <u>글을 읽기 전에 만든 질문 말고 이 글을 이해하는 데 필요한 질문을 몇 가지 더 만들어 보았어요.</u>
>
> 교사 : 그 다음에는 무엇을 했나요?
>
> 학생 : 검토하기 활동을 했어요.
>
> 교사 : 네 잘했어요. 그런데 지금까지 수행한 읽기 활동을 들어 보니 보완해야 할 활동이 있네요. 선생님이 알려줄게요.

예시 답안 : 공통점 : 읽기 전 단계로 배경지식을 활성화 하는 것과 궁금한 점에 대해 질문을 만드는

활동이 있다.

차이점 : KWL은 학습한 내용을 정리하고 기록하는 데 반해, SQ3R은 주요 내용의 암송과 기억 훈련을 강조한다.

지도 내용 : 되새기기 활동을 하는 단계에서는 질문을 더 만들기보다는 중요한 내용을 회상하고 기억하는 활동을 하도록 지도한다.

⊙ 모둠 탐구 활동

1. 학습을 위한 읽기 전략(Read to Learn)과 텍스트 읽기 즉 독해를 위한 읽기 전략(Learn to Read)을 구분하고 각각의 차이점이나 강조점에 대해 조사해서 발표해 보자.

2. 마인드 맵핑, 도해 조직자, 내용 구조도의 각각의 차이점 혹은 강조점을 찾아 발표해 보자.

⊙ 더 읽을거리

- 천경록·이경화·서혁 역(2012). 독서 교육론 : 독해 과정의 이해와 지도. 박이정.

  위의 책은 읽기 수준(level of comprehension)에 따른 읽기 지도가 아닌, 읽기의 인지 과정에 따른 읽기 지도 방법에 대해 이론화 하였다. 이를 통해 새로운 관점을 접할 수 있는데, 읽기의 정보 처리 및 그에 따른 인지 과정별 독해 지도에는 어떤 것들이 있는지 정리하여 볼 수 있다.

제9장 텍스트 유형별 독서 지도

텍스트 유형은 텍스트 종류의 상위 개념이다. 각 유형마다 글을 전개하는 방식이나 표현 방식 나아가 텍스트의 문체가 다르다. 이로 인해, 텍스트의 유형에 따라 글을 읽는 방식도 달라진다. 독자가 어떤 글을 읽으려면 제일 먼저 그 텍스트가 어떤 종류의 글인지, 혹은 어떤 매체로 쓰였는지를 생각한다. 이 장에서는 텍스트 유형을 크게 설명적 텍스트(expository text), 서사적 텍스트(narrative text), 디지털 텍스트(digital text)로 구분하고, 각 텍스트의 유형에 따라 어떻게 읽을지, 즉 독서 전략을 살펴보고자 한다. 독서 전략은 현행 교육과정을 구성하고 있는 읽기 교육의 내용이다. 능숙한 독자가 사용하는 독서 전략이 교육의 중요한 내용이 된다.

따라서 이 장에서는 독서 전략에는 어떤 것들이 있는지 교육과정에 실린 내용을 중심으로 살펴보고, 구체적인 지도 방법에 대해 알아보고자 한다.

1. 설명적 글 독해 전략과 지도

독해 기능(전략)은 독서의 목적이나 글의 유형(혹은 종류)에 따라서 달라진다. 일반적으로 독서의 목적은 여가와 학습으로 크게 구분한다. 독자가 어떤 목적을 가지고 글을 읽으려면 제일 먼저 그 텍스트가 어떤 종류의 글인지, 혹은 어떤 매체로 쓰였는가를 맨 먼저 파악한다. 그것은 글의 종류가 글을 읽는 방식에 영향을 미치기 때문이다. 이 장에서는 텍스트 유형을 크게 설명적 텍스트(expository text), 서사적 텍스트(narrative text), 디지털 텍스트(digital text)로 구분하고, 각 텍스트의 유형에 따른 읽기 방법의 사례를 살펴볼 것이다.

1980년대 후반 언어교육의 패러다임이 바뀌면서 국어교육 이론은 학습자의 실제적인 언어능력을 신장시키기 위한 방향으로 전환되었다. 즉 기능(skill) 중심 교육이 시작된 5차 교육과정(1987-1992) 이전에는 주로 독본(讀本) 형식의 국어 교과서를 훈고주석(訓詁注釋) 식으로 분석하는 학습 방법을 사용했다면, 그 이후에는 글을 읽는 것 그 자체(learning language itself)의 교육이 강조되면서, 어떤 글이라도 읽어낼 수 있는 '독해 방법'의 중요성이 부각되었다.

여기서는 설명적 글(expository text) 유형 중에서도 '설명문'과 같은 정보 중심의 글(informative text), 그 중에서도 대학수학능력시험의 국어 영역, '독서 지문'을 예로 들어, 설명적 글 읽기를 위한 독해 기능(전략)들을 설명하고자 한다. 그 이유는 학교 현장의 요구에 비해 상대적으로 지문의 독해 방법이 잘 소개되어 있지 않고, 설사 소개되어 있다 하더라도 경험 많은 교사나 유능한 강사들과 그렇지 못한 교사들 사이에 편차가 있기 때문이다.

문단을 인식하거나 전체 글의 요지를 파악하거나 숨겨진 의도를 추론하는 등의 읽기는 상위 수준의 학생들에게는 매우 쉬운 독해 전략일 수 있지만, 읽기 부진아를 포함한 대부분의 학생들에게는 여전히 어려운 전략이다. 따라서 분절적 기능을 하나씩 따로 가르칠 수도 있겠지만, 학생이 어떤 하나의 완전한 글(a whole text)을 읽는 과정에 동원되는 여러 가지 기능들을 글을 읽어나가면서 차근차근 가르치는 방법도 필요하다. 게다가 빠듯한 진도나 여러 가지 학교 상황으로 인해 텍스트에 대한 체계적 분석이 제대로 이뤄지지 않고, 읽기 기능 혹은 읽기 전략도 현시적 (explicit)으로 가르쳐지기보다는 주로 글 내용에 대한 해설 중심으로 빨리 지도되는 경우도 많다. 따라서 교사는 한 편의 글을 학생들과 읽어나가면서, 교사 자신이 독자가 된 듯이, 독해에 필요한 기능들을 어떻게 꺼내쓰고 어떻게 의미를 통합하고 구성해나가는지를 학생들에게 말로 시범 보여 주는 지도법이 필요하다. 이를 교사의 사고구술을 활용한 지도법이라고 부를 수 있겠다.

따라서 교육과정의 성취기준처럼 분절적인 독해 기능(전략)을 하나씩 이해하고, 이를 글 제재에 적용해 보는 것이 아니라, 하나의 지문을 중심으로 이에 동원되는 기능(전략)들을 모두 망라하여 글 내용을 어떻게 이해할 수 있는지를 설명하고자 한다.

가. 설명적 글의 분류와 분석 이론 개관

앞의 8장에서는 독해 기능들을 중심으로 독해 방법을 설명했는데, 이 장에서는 국어교육에 이미 적용된 몇 가지 텍스트 이론(text science)을 바탕으로 지문을 분석해 보고자 한다.

그간 설명적 텍스트의 독해 원리로 텍스트언어학을 비롯한 텍스트 이론들이 많이 활용되었다. 그러나 텍스트 이론이 바로 독해 전략으로 적용될 수 있는 것은 아니라서, 교수법적 변용을 거쳐야 독해 전략이 될 것이다. 텍스트 분석은 체계 지향적인 엄밀한 규칙을 설명하기보다는 독자의 입장에서 글을 해석하는 인지적인 관점으로 변화되었다. 그렇기 때문에, 많은 텍스트 이론들은 텍스트 수용자(독자)의 심리적 과정, 예컨대 머릿속에 떠올리는 의미의 표상(representation)이나 인지 전략(cognitive strategy) 등을 중요한 설명 도구로 하고 있다. 여기서는 텍스트 분석에 사용되는 텍스트 이론을 가볍게 살펴보고자 한다.

첫째, 텍스트 유형에 관한 이론이 있다. 글의 유형은 일반적으로 설명글과 서사글로 나눌 수 있다(Meyer, 1985 : 14). 설명적인 글(expository text)은 사실을 토대로 하여 비교적 객관적인 서술 태도로 쓴 글로서, 일명 실용문이라고 부른다. 반면, 서사적인 글(narrative text)은 필자의 사상이나 감정을 이야기하듯이, 혹은 이야기 방식으로 지어낸 글로서, 문학작품과 같은 문학적인 글이 이에 속한다. 이 두 유형의 구조상의 차이는 설명글은 정보들 간의 '논리적 관계'를 바탕으로 위계적인 응집성을 추구한다면, 서사글은 정보들 간의 '시간 순서 혹은 인과적 관계'를 바탕으로 연쇄적인 응집성을 지향한다는 데 있다(Ibid., p.14).

그 중 읽기 연구 분야나 텍스트 이론에서는 주로 설명적 글을 대상으로 연구한다. 설명적인 글은 설명(exposition), 논증(argument), 묘사(description) 등을 포함하는 상위 개념이다. 그 하위에 논문, 안내서, 보고서, 신문과 잡지의 기사, 정부 기록물, 저널, 지시문 또는 규약 등의 텍스트 '종류'를 포함하고 있는데, 주지하다시피, 텍스트의 기능(function)을 기준으로 나누면 설명적 글은 '정보 전달을 목적으로 하는 글'과 '설득을 목적으로 하는 글'로 다시 잠정 양분할 수 있다.[55]

둘째, 글 구조 이론이 있다. 독자가 글을 이해한다는 것은 머릿속에 글 내용을 떠올리는 것과 같다. 이렇듯 의미를 표상한다는 것은 여러 층위가 있을 수 있다. 글에서 미시적인 작은 정보들을 모두 뽑아 머릿속에 의미 관계를 고려하여 연결한 구조인 '미시 구조' 차원도 있을 수 있겠지만, 중요한 정보만을 뽑거나 여러 정보들을 통합하거나 보다 효율적인 정보로 바꾼 뒤, 그 정보들의 의미 관계를 고려하여 연결한 구조인 '거시 구조' 차원도 있다. 이들 미시 구조와 거시 구조는 글의 내용과 직접 관련이 있으므로 '의미 구조(semantic structure)'라고 할 수 있다. 또한 의사소통 상황에서 자주 또 널리 쓰이다 보니 글의 관습으로 굳어진 일종의 수사적 구조인 '상위 구조(super structure)'[56] 차원도 있다. 이렇듯 글의 이해 과정을 3가지 층위로 분석하는 것은 텍스트언어학의 대부분 이론에서 일반적으로 동의하는 기본 측면이다(Hutchins, 2004 : 4, 재인용).

그 결과, 미시구조는 문장 내 또는 인접한 문장 또는 절 사이의 관계를 나타내고, 거시구조는 문장 연결체, 문단, 글의 하위 분절체(예컨대 소제목별 내용) 간 관계를 나타내며, 상위구조는 하나의 일관된 주제 하에 주요 내용 문단 혹은 주제 문단들과 글 전체 간의 전국적(global) 관계를 나타내는 구조라 할 수 있다. 따라서 독해에서 미시구조는 텍스트에 드러난 세부 정보의 파악, 거시구조는 주요 정보의 요약, 상위구조는 내용 조직과 관련된다고 할 수 있다.

---

55) 하나의 텍스트 종류는 여러 가지 기능을 담당하므로 텍스트 종류를 상호배타적으로 구분하기보다는 지배적인 의사소통 기능을 중심으로 잠정적으로 구분한다.

56) van Dijk(1977, 1980)는 상위구조를 Schema라 하고, 논증과 이야기의 구조만 예시하였다.

또한 요약은 글에서 중요한 정보들을 뽑은 것인데, 이는 머릿속에서 미시구조로부터 '거시구조'를 만드는 과정과 같다. 그 결과 국어과 교육에서는 van Dijk(1980)가 제기한 '삭제와 선택, 일반화와 재구성'이라는 '거시구조(를 만드는) 규칙'을 요약의 하위 전략으로 도입하여 설명하였다.

이뿐만 아니라, 상위 구조는 글의 조직과 관련되기에 유형화가 가능하다. 학자들마다 조금씩 다르긴 하지만, 대개 기술(description), 과정(sequence or procedure), 열거(enumeration), 인과(causation), 문제해결(problem/solution), 비교/대조(compare/ contrast), 연대기(chronology) 등의 기본적인 구조(Meyer & Freedle, 1984, Hall et al., 2005 : 212, 재인용)가 밝혀져 있다. 예를 들어, Carrell(1984)은 기술의 집합(collection of description), 인과, 문제 해결, 비교의 4가지 유형으로, Hillman(1990)은 기술(description), 분류(classification), 연대기적 서술(chronological narration), 원인과 결과(cause and effect), 정의(definition), 예증(assertion with examples)의 6가지 유형으로, Arnaudet & Barrett(1990)은 열거(enumeration), 원인과 결과(cause and effect), 비교와 대조(comparison & contrast), 정의(definition)의 4가지 유형으로, Langan, Bader & Anton(1992)은 시간 순서(time order), 항목 나열(list of items), 비교와 대조(comparison & contrast), 원인과 결과(cause and effect), 정의와 예시(definition and examples)의 5가지 유형으로, Mikulecky & Jeffries(1996)는 열거(listing), 연쇄(sequence), 비교와 대조(comparision & contrast), 원인과 결과(cause and effect)의 4가지 유형 등으로 구분하였다. 이에 반해 서사적 글은 이야기 문법(story grammar)만이 잘 알려져 있다.

이상의 논의들은 국어과 교육과정에서 '글의 구조'라는 개념으로 도입되면서 상위 구조의 유형에는 '원인-결과 구조, 문제-해결 구조, 비교 또는 대조 구조, 나열 구조, 수집 구조, 연대기식 구조' 등을 '설명적 글의 (내용) 구조'로 소개하고 있다.[57]

---

57) 이에 2009 개정 고등학교 선택과목, '독서와 문법' 과목의 교육과정에서는 '설명적 글의 구조'라는 개념으로 '문제-해결, 비교대조, 인과'와 같은 상위구조를 다루고 있다.

한편, 하향식 독해(top-down model)를 지지하는 연구자들에 의하면, 독자는 선지식(prior knowledge)을 활용하여 글 전체 내용에 대한 가설을 세우고, 거기에 맞춰서 세부 내용을 예측하면서 조직해 나간다고 한다. 이때 독자가 장르에 관한 지식을 갖고 있으면, 글의 내용을 장르, 즉 글의 형식에 맞춰 내용을 예측하기 때문에 글을 보다 체계적이고 잘 이해하도록 돕는다.

셋째, 화제 전개 이론이 있다. 설명적 텍스트는 글마다 독특한 논지 전개 방식을 지니기 때문에 이러한 논지를 파악하기 위해서는 '화제 전개 방식'을 알고 있다면 도움이 된다(이삼형, 1994). 글은 화제, 즉 주제부(Thema)에 대한 설명부(Rhema)가 연속적으로 연결되거나 설명부가 발전되는 구조로 이루어져 있다. 또한 주장하는 글은 화제에 대한 문제점을 제기하고, 그 문제에 대한 여러 가지 해결 방안을 제시하는 경우가 많다. 해결 방안은 주로 필자의 주장이 되는데, 이러한 해결 방안의 타당성을 높이기 위해 필자는 그렇게 생각하는 이유와 자신의 주장을 뒷받침하는 근거를 구체적인 자료로 제시하면서 글이 전개된다. 한편, Toulmin(1958)의 논증(argument) 구조 이론에 의하면, 주장하는 글은 특정한 요소들이 의미적 연결 관계를 이루고 있는데, 그 요소로는 '주장(claim)'과 그러한 주장을 하게 된 '이유(warrants)'와 주장을 뒷받침하는 '근거(grounds 또는 evidences)'가 화제의 전개 과정 속에서 구조적 관련성을 맺고 있다고 한다.

앞선 '상위 구조(super structure)'의 분석이 문단(주제문) 간의 의미론적 관계나 하나의 문단이 다른 문단과의 관계에서 어떤 역할을 하는지에 대한 분석을 통해 '정적 구조'를 나타낸 것이라면, '화제 전개(topic development)' 분석은 화제가 종착지인 주제(theme)를 드러내기 위해 어떤 설명(comment)들을 내세우면서 논리적 구조를 갖추어 나가는지를 화제-논평(topic-comment)의 연결 관계를 중심으로 '동적 구조'를 보여주려는 것이라고 할 수 있다. 즉 화제(topic)에 대한 새로운 정보가 연이어 제시되면서 점차 화제에 대한 설명이 상세화 되고, 반복, 부연되거나 구체화 되는 등 화제에 대한 정보를 연쇄적인 사슬 관계로 제시하게 되는데, 이러한 과정을 통해서 정보의 설명은 체계적인 구조를 이루게 되고, 독자로 하여금 필자의 주장 즉 논지가 전개된다는 인식을 갖게 한다. 이러한 '화제(topic)'와 '설명/논평(comment)'에 대한 이론은 국어과교육의 읽기 지도법에 응용되어, 글의 '중심 제재'와 '중심 생각'을 찾는 전략을 지도하는 데에 도움을 줄 수 있다.

예를 들면, 화제는 글의 전반적인 설명이 집중되는 대상이라는 점에서 '중심 제재'를 찾는 데 도움을 주고, 중심 생각을 구성하는 것은 이러한 화제에 대한 설명이기 때문에 '중심 생각(main idea)=화제(topic)+설명/논평(comment)'이라는 공식이 성립하여 학생들에게 설명하기가 용이하게 되었다. 만약, '홍길동전'의 중심 생각을 구성해보면, '얼자 신분[58]인 홍길동이[화제] 봉건적인 사회를 비판하면서 신분 차별이 없는 평등한 세상을 만들고자 했다.[논평]' 정도로 정리할 수 있겠다. 넷째, 응집성(cohesion) 이론도 텍스트를 분석하는 데 중요한 도움을 준다. 글이란 정보를 담고 있는 명제들이 긴밀한 관계 속에서 연결되어 있다. 처음에는 새로운 정보가 제시되지만, 뒤에 따라 나오는 문장은 앞에 나온 정보에 대한 설명을 이어받아 부연, 심화, 구체화, 반론의 부정 등을 통해 정보가 연결된다. 따라서 앞서 등장한 정보와 뒤의 정보가 어떤 관계를 지니는지를 파악하는 것이 글을 분석할 때 중요하다. 정보의 재수용(reception of information) 방법으로 사용되는 '지시(reference), 접속(conjunction), 대용(substitution), 생략(ellipsis), 어휘적 결속(lexical cohesion)' 등의 응집성을 높이는 기제들(cohesive ties)을 이해하는 것이 중요하다. 이들을 분석함으로써 정보가 어떻게 연결되어 있는지를 파악할 수 있기 때문이다.

본고는 이상의 다양한 텍스트 분석 방법의 원리를 활용하여 지문을 분석해 보고, 이를 토대로 읽기 전략들을 추출하여 일별하고자 한다.

---

58) 얼자란 양반과 종(천민) 신분 사이에서 태어난 사람으로, 양반의 신분으로 인정받지 못하였다. 조선 시대에는 서자와 얼자를 합하여 '서얼'이라는 신분 계층이 있었다.

나. 설명적 텍스트의 독해 전략 실제

이 장에서는 '문제와 해결, 비교나 대조, 원인과 결과, 수집 혹은 나열'의 구조를 지닌 정보 전달 글 몇 편을 분석하고, 그 과정에 쓰인 독해 전략을 추출할 것이다. 글을 읽는 첫 단계는 문장(sentence)을 읽으며, 그 속에 들어 있는 정보 단위인 '명제(proposition)'들을 분석해 내어, 이들을 의미적 관계에 따라 연결하여 미시적 정보 단위로 이루어진 구조라고 할 수 있는 '미시 구조(micro structure)'를 머릿속에 구성하는 것이다.

이를 위해서는 주로 어휘 항목(lexical items) 간의 '공지시(co-refer)'를 파악하는 것이 필요하다. 즉 '지시'를 담당하는 어휘나 '대용(代用)'을 담당하는 어휘가 각각 무엇을 가리키는지를 파악하는 것, 또 '접속'을 담당하는 접속사나 연결 어미의 뜻을 파악하는 것, '생략'된 내용을 앞에 나온 부분에서 찾는 것, 유의미하게 '반복'되는 어휘를 인식하는 것, 문단과 문단 간의 연결 관계를 암시하는 '예컨대, 반면, 요약하자면, 결론적으로' 등과 같은 담화 표지 등 문법적 기능을 보여주는 다양한 어휘적 단서들(lexical cues)의 기능을 파악하여 내용 간의 의미 관계를 파악하는 것 등이고, 이를 토대로 한 거시구조 구성에 있어서는 주제 일관성, 즉 통일성(coherence)을 갖추기 위해 주요 정보를 선택하고 재구성하여 전체적인 요지를 파악하는 것 등이다.

1) 미시구조 수준의 독해

① 글의 화제와 목적 예측하기

능숙한 독자는 글을 읽을 때 무엇을 제일 먼저 확인해야 하나? 독자는 첫 문단, 첫 문장을 읽을 때부터 글의 문체와 서술 방식을 분석하여 글의 내용, 종류, 글의 성격과 목적 등을 예측해야 한다. 그 중에서도 이 글이 무엇에 관한 글인지, 화제를 파악하는 것은 매우 중요한데, 이는 글의 목적, 글의 유형을 예측하는 데도 도움을 주기 때문이다. 예컨대, 화제가 공적이며, 시사적인 것이라면 글의 유형이나 텍스트의 목적도 그와 관련되기 때문에, 정서 표현의 글보다는 설명적 글일 가능성이 높다는 것이다.

또한 첫 문단을 읽으면서 글의 형식과 구조에 대해 예측하며 이를 활용해야 한다. <예문1>과 같은 설명적 글이라면, 그러한 글의 구조에 대한 지식을 떠올리게 된다. 첫 번째 문단을 읽고 설명문과 비슷하다고 판단했다면, 첫 번째 문단이 '머리말, 혹은 도입부'의 역할을 할 것이라고 생각하고 글의 내용도 화제를 소개하고 문제를 제기하는 것이라고 짐작할 수 있어야 한다.

<예문1>

(1)일찍이 경제학자 클라크는 **산업**을 자연으로부터 원료를 채취하거나 생산하는가, 그 원료를 가공하는가, 가공된 원료를 유통하는가에 따라 1차, 2차, 3차 **산업**으로 **분류**했다. 그러나 이 방식으로는 설명할 수 없는 **산업**이 생겨나고 있다. **가령**, 제조업자와 서비스업을 모두 포함하는 정보 통신 산업은 어디에 속할까? 이처럼 기술이 진보하고 산업 구조가 변화함에 따라 새로운 **분류 기준**이 필요해졌고, 실제로 산업을 바라보는 관점과 목적에 따라 다양한 **분류 기준**이 존재한다.	[머리말] 새로운 분류 기준의 필요성 ☞ '문제' 제기

(2)**[먼저]**, 국가에서 제정한 <u>표준**산업분류**</u>가 있다. 이 분류는 소비자의 관점에서 재화 또는 서비스의 특성이 얼마나 유사한지, 생산자의 관점에서 투입물이나 산출물의 물리적 구성 및 가공 단계가 얼마나 유사한지를 모두 고려하여 작성된 것으로, 이 기준으로 분류된 제품이나 서비스의 집합을 동일한 산업으로 정의한다. 대분류, 중분류 등 모두 다섯 단계로 구성된 이 분류 방법은 주로 통계적 목적을 위하여 사용되고 있다. 그러나 각 산업의 기술 수준을 판단할 정보는 포함하지 않는다.	[본문]
	☞ '논증' 과정
	┌<기존 분류 기준>
	│
	│ ┌(1)표준산업분류
	│ │
	│ │
	│ └(2)OECD분류
	│
	│
	└<분류의 변화>
	  : 산업의 등장
	  →새로운 분류

(3)기술 수준에 따른 **분류** 체계의 대표적인 것으로 <u>경제협력개발기구(OECD)의 **기준**</u>이 있는데, 이 기준은 연구 개발 투자가 많은 산업을 첨단 기술 산업으로 본다. 기술 수준을 측정하는 지표로는 기업의 총 매출액 대비 연구 개발 투자액의 비율로 정의되는 '연구 개발 집약도'를 사용하며, 그 평균이 4% 이상이면 그 산업을 첨단 기술 산업으로 분류한다. 이 방법은 첨단 기술 산업을 객관적으로 규정해 준다는 점에서	

유용하다. 그러나 산업의 평균을 토대로 하기 때문에 산업 전체로는 첨단 기술 산업이지만 그 안에 얼마든지 저급 기술 기업이 있을 수 있다.

(4)[**한편**], 기술이 진보한 결과 새로운 기술 영역이 출현하는 경우도 있다. 이렇게 등장한 기술 영역은 신속한 실용화의 요구 때문에 **그대로** 새로운 산업으로 형성되는 모습을 보이기도 한다. [**예를 들어**] 정보 기술에서 비롯된 정보 기술 산업은 이미 핵심적인 산업으로 자리 잡았고, 바이오 기술, 나노 기술, 환경 기술 등도 미래의 유망 산업으로 부각되고 있다.

(5)[**요컨대**], 앞으로 **산업**을 정의하거나 **분류**할 때에는 고정된 **기준**이나 체계보다 신축적이고 실질적인 접근 방식을 많이 사용할 것으로 보인다. 또 기술 혁신이 가속화되고 구매력을 가진 인구의 구성이 달라지면 새로운 산업이 생겨나고 오래된 산업이 사라지는 현상도 더 활발히 일어나게 될 것이다. 이제 **산업**의 정의나 **분류**도 유연하고 전략적인 관점에서 접근해야 할 시대가 도래한 것이다. (2007 수능)

[맺음말]
산업 분류의 유연성
요구(요약)
☞ '해결책' 제시

그래서 첫 번째 문단 (1)에서 확인할 가장 중요한 전략이 '화제'를 예측 또는 확인하는 것이다. 그런 의미에서 첫 문단의 첫 문장부터 주의를 기울여 읽을 필요가 있다. 비교적 긴 문장에서부터, 주어 '클라크는'에 대해 '~산업으로 분류했다'라는 서술어가 짝임을 확인하여, 이 글이 '산업 분류'에 대한 내용임을 예측한다. 이러한 화제에 대한 예측은 수정될 수도 있지만, 이러한 확인은 이어지는 글의 의미를 파악하는 데 도움을 준다.

② 반복되는 어휘의 중요도 인식하기

단어의 빈도에 주의를 기울이며, 자주 등장하는 단어가 무엇인지 인식해야 한다. <예문1>의 (1)문단에서는 '산업' '분류' '기준' 등의 단어가 계속 높은 빈도로 등장하는데 그 이유를 생각해 보아야 한다. 대개 자주 등장하는 어휘는 중요도가 높으며, 또한 화제일 가능성도 높다. 독자는 이렇게 반복되는 어휘를 화제로 잠정 결정하는 경우가 많다. 예컨대, <예문1>의 경우, '분류', '분류 기준', '산업 분류 기준'이 계속 반복되는데, 이를 통해 응집성(cohesion)도 높아지지만, 이 글의 각 문단이 의미상 서로 관련되어 있음을 보여주기 때문에 글의 통일성(coherence)도 높이게 된다. 따라서 전체 문단에서 자주 등장하는 '산업 분류 기준'은 화제나 핵심어일 가능성이 높게 된다.

③ 담화 표지를 통해 의미구조 파악하기

담화 표지를 통해 문단 간의 관계를 파악할 수 있어야 한다. 담화 표지는 텍스트 구조표지어(text structure marker)라고도 하는데, 이에 대한 국내 연구로는 김봉순(1998)이 선구적이다. 본고에서 '담화 표지'라고 쓴 이유는 보다 포괄적 개념으로 사용하기 위해서이다.

담화 표지는 '첫째, 둘째, 셋째, 끝으로,... 요컨대, 결론적으로, 이상으로... 예컨대, 예를 들면, 구체적으로,... 반면, 한편, 이와 달리, 다음과 같이, (문단 연결에 쓰이는) 그러나, 그리고, 또한 등'인데, 그 기능은 내용의 예고, 강조, 요약, 예시, 열거 등이 있으며, 글 내용의 구별, 정리, 기억 등에 도움을 주기 때문에 읽기 전략으로 중요하게 간주된다. 그러나 교육과정에서는 텍스트 내의 언어적 표지 외에, 제목, 소제목, 목차, 표지, 삽화, 그림까지도 담화 표지에 포함시켜 설명하고 있으므로 구별할 필요가 있다.

위의 <예문1>을 보면, (2)문단에서 담화 표지 '먼저'가 등장하는 것으로 보아, 다음에 이와 대등한 다른 내용이 등장한다는 것을 예측해야 한다. 또한 '먼저', '첫째', '우선'과 같이 순서를 뜻하는 표지어 다음에 이어지는 문장은 일반 진술일 경우가 많다는 것도 이해해야 한다. <예문1>의 (2)문단에서 '~가 있다(there is ~)'는 첫 문장은 새로운 정보를 제시하는 문형이므로, '먼저'와 같은 담화 표지 다음에 등장하는 개념어를 중요한 정보로 인식해야 한다.

<예문1>의 (4)문단의 '한편'도 매우 중요한 담화 표지이다. 이 단어의 쓰임으로 이 문단의 기능과 이어지는 앞 문단과의 관계를 파악할 수 있기 때문이다. 이 문단

은 논지 흐름상 '전환점'을 보여주기 때문에 앞의 내용과 다른 무엇을 새롭게 말하고자 하는지에 중점을 두어야 한다. 여기서는 '새로운 기술이 새로운 산업 분야로 형성된다.'가 소주제문인데, 이것이 앞서 제시된 '산업 분류 기준'과 무슨 관계가 있는지 그 의미가 모호하게 표현되어 있어서, 이와 같이 독자의 의미 결정이 유보되기도 한다.

또한 <예문1>의 (5)문단의 '요컨대'는 문단간의 관계를 파악할 수 있는 중요한 담화 표지이다. 이 문단은 요약, 정리 기능을 하며, 글 전체에서 마무리 역할을 한다. 따라서 독자는 앞에서 읽어 왔던 자신의 독해 결과들이 제대로 이루어진 것인지를 확인하며, 자신의 독해를 조정할 수 있어야 한다.

문단 시작 부분의 담화 표지 외에도 문단 중간에 등장하는 담화 표지도 문단의 성격이나 내용 간의 관계를 암시한다. 예컨대, <예문1>의 (1)문단의 '가령'이 예시 기능을 하며, 앞 문장의 구체화된 진술임을 알려준다.

④ 문장 구조를 활용하여 문단 간 관계 파악하기

담화 표지가 없을 때 문단 간의 관계는 어떻게 알 수 있을까? 당연히 문단의 내용을 파악하여 의미의 경중을 비교하는 방법이 있을 것이다. 이는 통일성(coherence)을 파악함으로 달성할 수 있다. 그런데 이런 방법 말고도 문장의 구조가 비슷한 패턴으로 되어 있는지, 주제부(thema)가 무엇인지를 비교함으로써 문단 간 의미 관계를 파악할 수도 있다.

예컨대, <예문1>의 (3)문단은 어떠한 담화 표지도 없어서 문단의 성격과 기능을 예측하기 어렵다. '분류 체계의 대표적인 것으로'라는 표현에서 '~대표적인 것'이라는 어휘 표현이 '예시' 기능을 함을 짐작할 수 있지만 그 이상은 확정하기 어렵다. 이때 이 문장이 앞서 나온 문장 (2)문단의 첫 번째 문장과 구조가 비슷하다는 것을 알 수 있다.

(2)문단 : 국가에서 제정한 표준산업 분류가 있다, 이 분류는 ~

(3)문단 : 경제협력개발기구의 기준이 있는데, 이 기준은 ~

이 둘은 '~가 있다. 이것은 ~(there is ~, it is~)' 구문으로, 새로운 정보의 소개와 재수용을 통한 상세화를 보여주는 문형 패턴이다.

또한 (2)와 (3)문단은 동일한 문장 구성으로 되어 있다. 지정 진술 뒤에는 '그러나'라는 접속어를 사용하여 '단점'을 기술하는데, 앞 내용과 상반된다. 즉 (2)와 (3)문단은 모두 '분류법 소개-개념 정의-기능-단점'으로 이어지는 반복된 문장 연쇄 구조로 이루어져 있음을 알 수 있다. 이를 통해 (2)문단과 (3)문단이 모두 산업 분류 기준을 소개하는 내용의 대등한 관계임을 알 수 있다.

⑤ 기능적 어휘의 역할 파악하기

어휘 표현 중에는 앞말의 내용을 정리, 구별, 강조하는 역할을 하는 어휘들이 있는데, 이렇게 문법적 기능을 담당하는 어휘를 기능(적) 어휘라고 하겠다. 이는 크게 보면 일종의 담화 표지로 구분되기도 한다. 예컨대, '문맹은 글을 읽거나 쓰지 못하는 상태이다'로 하지 않고, '글을 읽거나 쓰지 못하는 상태를 문맹이라고 정의한다'라고 한다면, '~정의한다'는 앞말의 내용을 메타적으로 구별하는 역할을 한다. 이와 같이 문법적 기능을 담당하는 기능 어휘를 통해 문장 또는 문단 간의 관계를 파악할 수 있다.

<예문1>의 (2)문단의 두 번째 문장, '이 분류는~'이란 표현을 통해 앞 문장이 '하나의 분류 기준'임을 제시한 것임을 파악할 수 있는데, 맨 끝의 서술어, '~정의한다'나, 세 번째 문장의 '~(라)는 목적을 위하여' 등의 어휘 표현을 보면, 각각의 문장이 어떤 기능을 담당하는지 파악할 수 있다.

예를 들어, (2)문단의 첫 번째 문장이 분류 기준을 소개했다면, 두 번째 문장은 그것을 '개념 정의'하고, 세 번째 문장은 '그 목적'을 설명하고 있다고 볼 수 있다.

이와 같이 기능어휘를 통해 문장의 역할을 메타적으로 인식할 수 있어야 한다.

⑥ 부사어의 의미 기능에 유의하기

때로는 부사어의 특별한 사용이 문단 또는 문장의 의미를 강조하거나 부각시키는 역할을 하기 때문에 주의해서 읽을 필요가 있다.

<예문1>의 (3)문단에서 '첨단 기술 산업'으로 분류하는 지표는 수치를 동원해 꽤 까다롭게 설명되어 있다. 또 이어지는 (4)문단에서도 '정보 기술 산업'을 예시하고 있다. 이와 같이 비슷한 내용의 '기술 산업'이 왜 두 문단에서 반복되는지 그 의도가 밝혀지지 않았다. 그런데 이는 (4)문단의 '신속한 실용화의 요구 때문에 그대로 새로운 산업으로 ~'라는 부분에서 추론할 수 있다. 즉 '그대로'라는 부사어 때문에 '첨단 기술 산업은 지표에 따라 재분류되는 것이 아니라, (분류하려고 해도 첨단 분야라서 기준이 없기 때문에) "그대로" 산업 기준이 된다.'는 뜻이 숨어 있다. 이때 독자는 '그대로'라는 부사어를 유의해서 읽어해 하는데, 이는 '재분류되지 않는다'는 중요한 의미를 담고 있기 때문이다.

이를 파악했다면, 산업 분류 기준을 따르는 (2)~(3)문단과는 달리, (4)문단은 산업 분류 기준을 따르지 않고 바로 산업 분류로 간주되는 기술에 대해 얘기하고 있기 때문에 (4)문단이 '한편'이라는 내용 전환의 표지를 사용했음까지도 이해할 수 있게 된다.

⑦ 마지막 문단에서 글의 요지 파악하기

마지막 문단은 첫 문단처럼 주의를 기울여야 한다. 필자의 견해나 의도를 밝히거나 새로운 주장이 제언처럼 추가되기도 한다. 특히 '~해야 한다'는 식의 어휘 표현은 자주 등장하는 식상한 표현이지만 필자의 주장을 드러내므로 요지나 주제문 파악을 위해 주의를 기울여 읽어야 한다. 또한 마지막 문단에서 갑자기 어조가 바뀔 때도 있다. 짧은 글에서 마무리를 해야 하기 때문에, 강하던 어조가 마치 문학 수사법인 돈강법처럼 갑자기 부드러운 어조로 변하기도 한다.

그러나 대부분은 마지막 문단에서 글의 내용을 요약하고 요지를 밝히기 때문에 의미 구성을 위해 문단을 통해 주제를 재확인할 필요가 있다.

2) 거시구조 수준의 독해

앞서 미시구조 층위의 독해는 글 내용을 꼼꼼하고 자세히 분석하며 읽는 것으로 영어권 읽기 전략 중 '세심한 읽기(close reading)'와 비슷하다. 그러나 세부 정보 파악이 어느 정도 이루어졌다면, 독자는 보다 거시적으로 글을 개관하여 파악하는 단계를 거친다. 즉 미시구조의 정보를 파악하며 글 내용을 이해하는 동시에 입력한 정보들 중에서 보다 중요한 정보들을 선택하고 재구성하여 머리 속에 글 전체에 대한 요약적 의미를 새로 형성해 나간다. 이를 거시구조 수준의 독해 즉 정보의 요약적 독해라고 할 수 있다. 이는 글의 미시적 이해와 동시에 일어나며 '상위인지' 가 작동해야 한다.

흔히 읽기 평가에서 '요약하기'를 상위인지 평가로 구분하는 이유가 바로 이 때문이다. '요약'이라는 것을 읽기 후 글 내용을 회상하며 쓰는 '결과 평가'로 생각하기 쉽지만, 본질적으로 요약이라는 것은 글을 읽으면서 정보를 선정하고 재구성하는 동시적 과정이기 때문에 상위인지(평가)로 분류되는 것이다. 따라서 미시구조 분석과 거시구조 분석이 시간적 선후 관계를 뜻하기보다는 논리적 선후 관계에 있다고 보는 것이 더 타당하다. 이 둘은 동시에 이루어지기 때문이다.

이러한 거시구조 층위의 독해는 주로, 글 전체에 대한 요약이나 논지 흐름을 파악하는 단계이다. 이는 자신의 미시적인 정보 파악을 재확인 하며, 화제가 어떤 방식으로 전개되었는지를 전체적인 눈으로 빠르게 확인하는 작업이다. 주지하다시피 van Dijk(1980)에 의하면 요약은 정보의 '삭제 선택 일반화 재구성'과 같은 규칙에 의해 도출된다. 그러나 요약은 도식화가 어렵기 때문에, 본고는 '화제 전개 방식' 이론을 적용하여 논지의 전개를 그려봄(혹은 화살표로 연결해 봄)으로써 이를 예시해 보았다.

① 논지 전개 방식 파악하기

필자의 논지가 어떻게 전개되는지를 파악하기 위해, 미시구조 층위에서 파악했던 '담화 화제'를 확인하고, 이 담화 화제에 대한 주요 진술(서술부, 논평에 해당)이 각 문단마다 어떻게 전개되고 있는지 연결 짓는다.

위에 나왔던 <예문1>의 화제 전개 방식을 그려보면 아래와 같다. 이러한 거시적 관점의 독해를 하기 위해서는 주요 정보 단위들의 위치와 논평(comment)의 순서 등을 확인해야 한다. 이때 글의 주요 화제들의 전개 방식을 효과적으로 표현하기 위해 다음과 같이, 밑줄이나 다양한 약자, 화살표 등을 이용할 수 있다. 아래 표에서 'T'는 'Thema(獨)'의 약자로 화제를 의미하고, 'R'은 'Rhema(獨)'의 약자로 화제에 대한 설명 혹은 논평을 뜻한다. 이 둘을 합쳐서 텍스트언어학에서는 '테마-레마 분석'이라고 부르는데, 이는 글 전개 과정에서 주요 화제가 어떻게 이어지며, 중심 내용(화제와 논평)이 어떻게 전개되어 가는지, 또 새로운 정보를 추가하면서 어떻게 펼쳐져 나가면서 발전되는지를 한눈에 보여주는 기능을 한다.

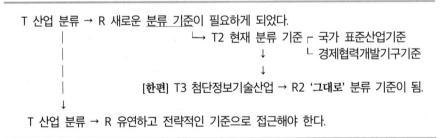

[그림 9-1] <예문1>의 화제 전개표

예컨대, 주제부와 서술부에는 밑줄이나 동그라미를 쳐서 정보의 위치를 표시해 두고, 각 문단의 주제문들 간에는 화살표로 연결할 수 있다. 이렇듯 밑줄 긋기, 화살표 연결하기를 하면 필자의 논지 흐름 외에도, 핵심어의 위치, 문단별 소주제 문이나 주요 주장 등 정보의 위치가 눈에 잘 띄게 되고, 글의 구조를 한눈에 파악할 수 있어서 중요한 읽기 전략으로 쓰인다.

② 내용 요약하기

논지 전개 방식을 통해 글의 개요를 파악했다면, 이를 얼개로 하여 글 내용을 요약할 수 있다. 각 문단별 소주제문을 연결하거나, 담화 화제에 대한 서술부들을 종합하여 요약할 수 있다.

위에 제시된 표의 주제부 전개 방식을 중심으로 '중요하지 않은 정보의 삭제, 중요한 정보의 선택, 하위개념의 상위개념으로의 일반화, 정보의 재구성' 과정을 거쳐 <예문1>을 요약하면 다음과 같다.

"산업 분류는 새로운 산업이 등장함에 따라 새로운 기준이 요구된다. 현재는 국가표준산업기준과 경제협력개발기준을 따르고 있는데, 첨단 정보기술 산업이 발달하면서 산업 자체가 그대로 분류 기준이 되어 혼선을 낳는다. 따라서 유연하고 전략적인 기준의 산업 분류가 요구된다."

이러한 요약은 '삭제, 선택, 일반화, 재구성'과 같은 요약 규칙을 적용했다고 할 수 있지만, 쉽게는 화제 전개 방식에 의해 글의 주요 개념이 드러나면, 이를 골격으로 하여 살(내용)을 붙이는 방법으로 할 수도 있다.

3) 상위구조 수준의 독해

거시구조 층위의 이해가 어느 정보 이루어졌다면, 이제는 글 전체적인 측면, 즉 글의 수사적 구조를 파악하여 글의 목적이나 기능과 연관 지어 이해할 수 있어야 한다.

물론, 우리는 글의 담화 관습에 대한 지식을 갖고 있기 때문에 글을 다 읽지 않아도 그 글이 어떤 구조인지를 처음부터 어느 정도 예측할 수 있다. 따라서 상위 구조 독해가 제일 끝에 이루어지는 것은 아니다. 전술한 바와 같이, 이는 논리적인 설명일 뿐, 거의 동시에 일어난다고 할 수 있다.

① 글의 조직(상위구조) 파악하기

<예문1>은 '첨단 산업이 빠른 속도로 등장하다보니, 기존 분류법으로는 이를 분류하기가 어렵다. 따라서 이를 해결할 수 있는 유연한 산업 분류 기준이 필요하다'는 내용이다. 이는 '문제-해결' 구조로 볼 수 있다.

독자가 상위구조 유형에 대한 스키마가 있다면 글 내용을 여러 가지 구조에 대입하면서 읽을 수가 있다. 글을 읽어나가면서 점점 '문제-해결' 구조에 가장 잘 들어맞는다는 것을 알게 되면, 앞부분에서 문제점을, 뒷부분에서 필자의 주장이나 요지를 찾으며 읽게 된다. 이것이야말로 독자의 의미 구성(constructing meaning of reader)이라고 할 수 있다.

또한 상위구조에 맞춰 글 내용을 파악하게 되면 정보의 표상이나 기억에도 도움이 된다. 크게는 '문제-해결' 구조지만, 그 안에는 '정의(혹은 지정)- 예시'의 구조를 안고 있다는 것도 파악하게 된다.

② 문종별 형식을 활용하여 전체 내용 파악하기

일반적인 문체론적 지식도 글 이해에 도움이 된다. 전술한 바와 같이, 설명적 글은 '머리말-본문-맺음말' 구조를 지니고 있다는 것을 알게 되면, 이러한 구조에 맞춰 정보들을 재배열 할 수 있다.

독자가 첫 문단을 머리말에, 마지막 문단을 맺음말에 대응시키면, 첫 번째 문단을 머리말의 기능, 즉 '화제 혹은 쟁점 제시'에 맞춰 읽게 되고, 마지막 문단은 맺음말의 기능, 즉 '요약이나 제언 제시'의 기능에 맞는지 생각하며 읽게 된다. <예문1>을 '머리말-본문-맺음말'에 연결지으면 다음과 같다.

머리말	본문	맺음말
산업 분류 기준의 문제점	표준산업분류와 경제협력개발기구의 분류	산업 분류에 대한 유연하고 전략적인 접근 필요
	새로운 산업의 출현과 분류의 난제	
문제	논지 전개 방식	해결

[그림 9-2] <예문1>의 글 형식

이와 같이, 상위구조('문제-해결')나 형식적 구조('서-본-결')와 관련지어 읽게 되면, 정보의 역할이나 글 내용의 중요도를 파악하는 데 도움이 되고, 나아가 글 전체의 요지를 파악하는 데도 유리하다.

예컨대, 서론에서 나온 정보보다 결론에 나온 정보를 더 중요하게 판단함으로써 정보의 가치 경중을 파악하게 하고, 나아가 머리말과 맺음말의 내용을 연결함으로써 글 전체의 내용과 목적을 일관성 있게 파악하도록 한다.

4) 기타 전략 : 그림, 어휘 표지, 유추를 활용한 독해 전략

이 절에서는 <예문1>을 읽는 과정에서는 다루지 못했지만 텍스트 분석 과정에서 도출될 수 있는 다른 독해 전략들을 몇 가지 더 제시하고자 한다.

① 그림과 글을 연결 지어 생략된 내용 정교화하기

아래 <예문2>와 같이, 그림이 제시된 글(보고서, 통계 자료 등)을 읽을 때는 그림을 글과 관련지어 의미를 보다 정교하게 구성해야 한다. 정교화 하기는 일종의 추론 전략으로 알려져 있다.

<예문2>

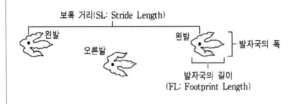

(1)공룡 발자국의 형태로부터 공룡의 종류를 알아낸다. 남해안 일대에서 발견된 공룡 발자국은 초식 공룡인 용각류와 조각류, 육식 공룡인 수각류의 것으로 대별된다. 용각류의 발자국은 타원형이나 원형에 가까우며 앞발이 뒷발보다 작고 그 모양도 조금 다르다. 이들은 대체로 4족 보행렬을 나타낸다. 조각류의 발자국은 세 개의 뭉툭한 발가락이 앞으로 향해 있고 발뒤꿈치는 완만한 곡선을 이룬다. 이들은 대개 규칙적인 2족 보행렬을 보인다. 수각류의 발자국은 날카로운 발톱이 달린 세 개의 발가락과 좁고 뾰족한 발뒤꿈치를 보인다. 조각류처럼 2족 보행렬을 나타내지만 발자국의 길이가 발자국의 폭보다 더 길다는 점이 조각류와 다르다.

(2)다음으로 공룡 발자국의 길이로부터 공룡의 크기를 추정할 수 있다. '발자국의 길이(FL)'에 4를 곱해 '지면으로부터 골반까지의 높이(h)'를 구하여[h=4FL], 그 크기를 짐작할 수 있다. 4족 보행 공룡의 경우에는 일반적으로 뒷발자국의 길이를 기준으로 한다. 단, h와 FL의 비율은 공룡의 성장 단계나 종류에 따라 약간씩 다르게 적용된다.

(3)또한 '보폭 거리(SL)'는 보행 상태를 추정하는 기준으로 사용된다. 여기서 SL은 공룡의 크기에 따라 달라지기 때문에 SL을 h로 나눈 '상대적 보폭 거리[SL/h]'를 사용한다. 학자들은 SL/h의 값이 2.0 미만이면 보통 걸음, 2.0 이상 2.9 이하이면 빠른 걸음이었을 것으로, 2.9를 초과하면 달렸을 것으로 추정하고 있다.

(4)남해안 일대에서는 공룡 발자국 외에도 공룡의 뼈나 이빨, 다른 동식물의 화석 등도 발견된다. 공룡 발자국과 함께 발견되는 물결 자국이나 건열(건조한 대기로 인해 땅 표면이 말라서 갈라진 것) 등의 퇴적 구조를 분석하여 발자국이 만들어진 당시의 기후나 환경을 짐작할 수 있다. (2009 수능)

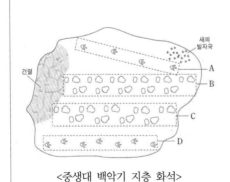

<중생대 백악기 지층 화석>

[조사결과]

ㄱ. 발자국의 길이
  - A : 평균 25cm, D : 평균 25cm

ㄴ. 뒷발자국의 길이
  - B : 평균 30cm, C : 평균 36cm

ㄷ. 보폭 거리
  - A : 평균 230cm, D : 평균 150cm

ㄹ. 발자국 모양
  - A와 D 모두 발톱 자국이 보이며, 발자국의 길이가 폭보다 깊.

ㅁ. 동일한 지층에서 공룡 발자국, 건열, 새의 발자국이 발견됨.

상단의 왼쪽 그림은 글 내용에 대한 보완적 기능을 하는 그림이므로, 그림과 글 내용을 종합하여 이해해야 한다. '보폭 거리', '발자국의 폭, 길이' 등이 명확하지 않으면 글 내용을 이해하는 데 혼란이 생기기 때문에 이를 제시하였다고 볼 수 있다.

또한 하단에는 [조사 결과]를 제시하였는데, A~D가 각각 서로 다른 공룡 발자국임을 보여준다. 먼저 (1)문단에서 '수각류는 날카로운 발톱이 달린 세 개의 발가락과 좁고 뾰족한 발뒤꿈치'를 찾아내어, A는 수각류인 것을 짐작할 수 있다. 또 '용각류는 타원형이나 원형에 가깝고 앞발이 뒷발보다 작다'는 정보에서 C가 용각류인 것을 알 수 있다.

(2)문단을 보면, 공룡의 크기는 '(뒷)발자국 길이×4 = 골반까지의 높이'라고 한 부분을 찾아, '조사 결과'의 'ㄴ'에 제시된 수치를 비교하면 C가 B보다 더 골반이 높으며 따라서 몸집이 더 크다는 것을 짐작할 수 있다.

또한 (3)문단에서 '보폭거리(SL)를 골반까지의 높이(h)로 나눈 값이 2.0미만이면 보통, 2.0~2.9 사이는 빠른 걸음, 2.9 이상은 달리기 속도'라고 한 부분을 토대로, A와 D의 골반 높이가 모두 100임을 알 수 있다. 이어 '조사 결과'의 'ㄷ'에 제시된 보폭거리에서 100을 각각 나누니, A는 230/100, D는 150/100으로, A가 빠른 걸음, D가 보통 걸음이라는 것을 알 수 있다.

또한 그림의 건열, 새 발자국이라는 아주 작은 단서들에도 주의를 기울여야 한다. 이는 (4)문단의 '물결 자국이나 건열 등의 퇴적 구조로부터 당시의 기후나 환경을 짐작할 수 있다'는 부분에서 '건열'이라는 세부 특정 정보, 즉 기후가 매우 높음과 연결된다는 것을 알 수 있다. 이와 같이 그림은 글과 밀접한 관련이 있다.

② 세부 정보의 위치 파악하기

어려운 글, 즉 독자의 배경지식이 부족한 글은 낯선 개념이 많은 글이다. 이렇게 낯선 개념어들이 많을수록 특히 정보의 위치를 기억하는 것이 중요하다. 뒷부분을 읽다가도 이해가 되지 않을 때는 반복해서 되돌아가서 확인해야 하기 때문이다.

이러한 특정 세부 정보의 위치 파악은 중요한 읽기 전략이다. 다양한 읽기 평가[59]를 보면, '특정 정보 또는 세부 정보 추출하기' 또는 '특정 정보에 접근하여 확인하기'가 늘 포함되어 있다. 이것만 보아도 세부 정보의 위치 파악과 기억은 매우 중요한 읽기 전략임을 알 수 있다.

③ 시간적 순서로 서술된 글에서 시간 어휘를 통해 구조 파악하기

다음 <예문3>과 같이 연대기식 상위구조를 지닌 글이다. 이러한 글을 읽을 때 독자는 시간을 나타내는 어휘 단서에 유의해야 한다. '연대기식 구조'는 시간적 경과에 따라 서술되어 있기 때문이다.

다음 예문에서 이러한 연대기식 구조를 짐작하게 해주는 단서는 '20세기 후반 → 고대 → 12세기 무렵 → 18세기 중반' 등의 표지들이다. 내용상, '현대' 내용이 맨 마지막에 와야 하지만, 역순으로 쓰였음을 파악할 수 있다.

이러한 시간을 나타내는 어휘는 글이 시간적 흐름에 따라 쓰였음을 보여주는 단서이므로 이를 통해 글의 구조를 파악할 수 있다.

<예문3>

(1)**20세기 후반부터** 급격히 보급된 인터넷 기술 덕택에 가히 혁명이라 할 만한 새로운 **독서 방식**이 등장했다. **검색형 독서**라고 불리는 이 방식은, 하이퍼텍스트 문서나 전자책의 등장으로 책의 개념이 바뀌고 정보의 저장과 검색이 놀라우리만치 쉬워진 환경에서 가능해졌다. 독자는 그야말로 사용자로서, 필요한 부분만 골라 읽을 수 있을 뿐 아니라 읽고 있는 텍스트의 일부를 잘라 내거나 읽던 텍스트에 다른 텍스트를 추가할 수도 있다. 독서가 거대한 정보의 바다에서 길을 잃지 않고 항해하는 것에 비유될 정도로 정보 처리적 읽기나 비판적 읽기

---

59) 미국의 국가수준 학업성취도 평가(NAEP, 2004), 미국의 국가 수준 읽기 평가(NAER, 2005), 국제 읽기 문식성 연구학회(PIRLS, 2000), 국제 학업성취도 평가 프로그램(PISA, 2010, 2015), 국제 성인 역량 조사(PIAAC, 2012) 등

가 중요하게 되었다. 그렇다면 과거에는 어떠했을까?

(2)**초기**의 독서는 소리 내어 읽는 **음독** 중심이었다. **고대** 그리스인들은 쓰인 글이 완전해지려면 소리 내어 읽는 행위가 필요하다고 생각했다. 또한 초기의 두루마리 책은 띄어쓰기나 문장 부호 없이 이어 쓰는 연속 기법으로 표기되어 어쩔 수 없이 독자가 자기 목소리로 문자의 뜻을 더듬어 가며 읽어 봐야 글을 이해할 수 있었다. 흡사 종교 의식을 치르듯 성서나 경전을 진지하게 암송하는 낭독이나, 필자나 전문 낭독가가 낭독하는 것을 들음으로써 간접적으로 책을 읽는 낭독-듣기가 보편적이었다.

(3)그러던 **12세기 무렵** 독서 역사에 큰 변화가 일어나는데, 그것은 유럽 수도원의 필경사*들 사이에서 시작된, 소리를 내지 않고 읽는 **묵독**의 발명이었다. 공동생활에서 소리를 최대한 낮춰 읽는 것이 불가피했던 것이다. 비슷한 시기에 두루마리 책을 완전히 대체하게 된 책자형 책은 주석을 참조하거나 앞부분을 다시 읽는 것을 가능하게 하여 묵독을 도왔다. 묵독이 시작되자 낱말의 간격이나 문장의 경계 등을 표시할 필요성이 생겨 띄어쓰기와 문장 부호가 발달했다. 이와 함께 반체제, 에로티시즘, 신앙심 등 개인적 체험을 기록한 책도 점차 등장했다. 이러한 묵독은 꼼꼼히 읽는 분석적 읽기를 가능하게 했다.

(4)음독과 묵독이 공존하던 **18세기 중반**에 새로운 독서 방식으로 **다독**이 등장했다. 금속 활자와 인쇄술의 보급으로 책 생산이 이전의 3~4배로 증가하면서 다양한 장르의 책들이 출판되었다. 이전에 책을 접하지 못했던 여성들이 대거 독자로 유입되었고, 독서 조합과 대출 도서관 등 독서 기관이 급격히 증가했다. 이전 시대에는 제한된 목록의 고전을 여러 번 정독하는 집중형 독서가 주로 행해졌던 반면, 이제는 분산형 독서가 행해졌다. 이것은 필독서인 고전의 권위에 대항하여 자신이 읽고 싶은 것을 골라 읽는 자유로운 선택적 읽기를 뜻한다.

(5)이와 같이 **오늘날** 행해지는 다양한 독서 방식들은 장구한 시간의 흐름 속에서 하나씩 등장했던 것이다. 그래서 거기에는 당대의 지식사를 이끌었던 흔적들이 남아있다. (2011 9모)

* 필경사 : 글씨 쓰는 일을 직업으로 하는 사람

④ 보조사에 유의하여 신정보 파악하기

새로운 정보의 등장을 알리거나, 독자의 이목을 끌거나 특정 정보를 강조하기 위해 필자는 종종 보조사를 사용한다. 따라서 독자는 보조사와 같은 '통사적 단서'에 유의하여 신정보를 파악할 수 있다.

앞선 <예문2>의 (1)문단 첫 번째 문장에서는 '공룡 발자국의 형태로부터 공룡의 종류를 알아낸다'는 앞으로 전개될 내용이 '공룡 발자국의 형태'와 관련됨을 짐작하게 한다. 그런데 이어지는 두 번째 문장은 앞서 나온 '공룡 발자국의 형태' 중 먼저 '공룡 발자국의 모양'에 대해 설명하겠다는 뜻을 밝히기 위해 보조사 '은'을 사용하였다. 나아가 세 번째 문장은 '용각류'를, 다섯 번째 문장은 '조각류'를, 일곱 번째 문장은 '수각류'를 각각 설명할 때 보조사 '은/는'을 사용하였다.

전체적으로는 정보가 세분되고, 대등하게 연결됨을 보여주고 있는데, 다소 복잡하게 연결된 문장들을 나열할 때 독자가 논지 흐름을 놓치지 않도록 하기 위해서 보조사 '은/는'을 사용하여 주제부를 강조하고 있다. 이렇듯 보조사가 사용된 문장의 주제부는 필자가 강조하는 부분이므로 글의 흐름에 유의하여 읽어야 한다.

---

(1)공룡 발자국의 형태로부터 공룡의 종류를 알아낸다. 남해안 일대에서 발견된 **공룡 발자국은 초식 공룡인 용각류와 조각류, 육식 공룡인 수각류의 것으로 대별된다.** 용각류의 발자국은 타원형이나 원형에 가까우며 앞발이 뒷발보다 작고 그 모양도 조금 다르다. 이들은 대체로 4족 보행렬을 나타낸다. 조각류의 발자국은 세 개의 뭉툭한 발가락이 앞으로 향해 있고 발뒤꿈치는 완만한 곡선을 이룬다. 이들은 대개 규칙적인 2족 보행렬을 보인다. 수각류의 발자국은 ~

<예문3>도 마찬가지인데, 특정한 세부 화제 혹은 주제부를 표현하기 위해 보조사를 사용하였음을 알 수 있다.

문단의 담화 화제를 드러내기 위해서 보조사 '은/는'은 첫 번째 문장에서도 사용되지만, 주로 두 번째 문단에서 사용되는 경우가 많은데, 이는 앞서 제시된 문장에서 내용이 특별히 세분되거나, 두 번째 문장에서 새로운 정보를 제시하는 경우에 앞의 내용과 구분시킴으로써 주의를 초점화 한다.

---

(1)**20세기 후반부터** 급격히 보급된 인터넷 기술 덕택에 가히 혁명이라 할 만한 새로운 **독서 방식**이 등장했다. **검색형 독서**라고 불리는 이 방식은, 하이퍼텍스트 문서나 전자책의 등장으로 책의 개념이 바뀌고 정보의 저장과 검색이 놀라우리만치 쉬워진 환경에서 가능해졌다. 독자는 그야말로 사용자로서, 필요한 부분만 골라 읽을 수 있을 뿐 아니라 읽고 있는 텍스트의 일부를 잘라 내거나 읽던 텍스트에 다른 텍스트를 추가할 수도 있다. 독서가 거대한 정보의 바다에서 길을 잃지 않고 항해하는 것에 비유될 정도로 정보 처리적 읽기나 비판적 읽기가 중요하게 되었다. 그렇다면 과거에는 어떠했을까?

예컨대, 위에서 '검색형 독서라고 불리는 이 방식은'을 보면, 지시어를 사용하여 앞 문장의 서술부의 '새로운 독서 방식'을 지시하고 있어서 이미 등장했던 구정보 임을 알려주지만, 동시에 수식어구를 사용함으로써 단순히 내용이 반복되는 것이 아니라, 보다 더 상세화, 구체화되었음을 보여준다. 또한 보조사 '은/는'을 사용하여 주제부를 강조함으로써 독자의 주의를 환기시키고 있다. 이 문단의 화제는 '검색형 독서'인 것이다.

요컨대, 새로운 정보를 제시할 때, 그래서 주의를 환기할 때는 '단독, 강조'의 의미를 지닌 보조사 '은/는'을 사용하여 '주제부(Thema)'에 관심을 집중시키고, 새로운 정보를 부각시키는 경우가 많다. 미시적 독해의 경우에는 보조사의 사용도 유의해서 보아야 한다. 이는 독자가 매우 유의해서 읽어야 할 일종의 '담화 표지'라고 할 수 있다.

⑤ 유추나 결론을 통해 낯선 개념 추론하기

과학 분야의 글은 재미있는 것도 많지만, 대개 인문계열 학생의 경우 배경지식이 부족하다보니, 개념이 낯설어서 어렵게 느끼는 경우가 많다. 이럴 경우에는 유추나 비유를 통해 낯선 개념을 이해하거나, 결론에 드러난 주제문을 중심으로 낯선 개념 어들이 어떤 관계에 있는지 거꾸로 대입하여 생각해 볼 수 있다.

다음 <예문4>가 어렵다면, 그 이유는 아마도 불확정성의 원리를 설명하기 위해 '본다'는 개념을 끌어들여왔기 때문일 것이다. 이 글은 새로운 개념(용어)들이 중간 중간에 끼어들 듯이 등장하여, 전체적으로 개념어들 간의 관계를 연결하기 어렵다. 독자는 '본다'는 것은 '대상에 반사된 빛'을 본다는 것이고, '그 반사된 빛'은 '광양자'라는 것을 파악해야 한다. 그런데 이 '광양자'라는 화제는 왜 끄집어냈느냐 하면 이것이 전자로부터 튀어나올 때 '물체에 교란을 일으킨다'는 것을 말하기 위해서이다. 그렇다면 '교란'이라는 화제를 왜 제시했는가 하면, '전자의 교란은 줄일 수 있다고 믿었지만, 교란은 줄일 수 없다'는 것을 말하기 위해서이다. 그러나 (5)문단에서는 '교란을 왜 줄일 수 없는지'를 설명하기 위해 이제까지 한 번도 안 나온 '운동량과 위치에너지의 관계'를 새로 제시하면서 이 둘을 동시에 교란 없이 측정할 수는 없으니 '불확정성'이라는 것이다.

이렇듯, 계속, 결과부터 먼저 제시하고 원인이나 이유를 그 다음에 제시하는 진술 방식을 사용하게 되면, 독자는 적잖이 인지 부담이 생긴다. 이 글은 인과 순서도 문제지만, 주제부-서술부의 연결이 연쇄적으로 연결되어 있지 않고, 즉 앞 문장의 서술부가 다음 문장에서 주제부로 이어지지 않고 끊겨 있다. 물론 잘 쓰인 글이라 할지라도, 논지 전개를 파악하기 쉽지 않은 글이다.

\<예문4\>

(1)양자 역학의 **불확정성 원리**는 우리가 물체를 '**본다**'는 것의 의미를 재고하게 한다. 책을 보기 위해서는 책에서 반사된 빛이 우리 눈에 도달해야 한다. **다시 말해** 무엇을 본다는 것은 대상에서 방출되거나 튕겨 나오는 <u>광양자를 지각하는 것</u>이다.

(2)광양자는 대상에 부딪쳐 튕겨 나올 때 대상에 충격을 주게 되는데, 우리는 왜 글을 읽고 있는 동안 책이 움직이는 것을 볼 수 없을까? 그것은 빛이 가하는 충격이 책에 의미 있는 운동을 일으키기에는 턱없이 작기 때문이다. 날아가는 야구공에 플래시를 터뜨려도 야구공의 운동에 아무 변화가 없어 보이는 것도 마찬가지이다. 책이나 야구공에 광양자가 충돌할 때에도 <u>**교란**이 생기지만 그 효과는 무시할 만하다.</u>

(3)어떤 대상의 물리량을 측정하려면 되도록 그 대상을 교란하지 않아야 한다. 측정 오차를 줄이기 위해 과학자들은 주의 깊게 실험을 설계하고 더 나은 기술을 사용함으로써 이러한 **교란을 줄여 나갔다**. 그들은 원칙적으로 측정의 정밀도를 높이는 데 한계가 없다고 생각했다. 그러나 물리학자들은 소립자의 세계를 다루면서 <u>**이러한 생각이 잘못**임을 깨달았다.</u>

(4)'전자를 보는 것'은 '책을 보는 것'과 큰 차이가 있다. 우리가 어떤 입자의 운동 상태를 알려면 **운동량과 위치**를 알아야 한다. 여기에서 운동량은 물체의 질량과 속도의 곱으로 정의되는 양이다. 특정한 시점에서 특정한 전자의 운동량과 위치를 알려면, 되도록 <u>전자에 교란을 적게 일으키면서</u> 동시에 두 가지 물리량을 측정해야 한다.

(5)이상적 상황에서 전자를 '보기' 위해 빛을 쏘아 전자와 충돌시킨 후 튕겨 나오는 광양자를 관측한다고 해 보자. 운동량이 작은 광양자를 충돌시키면 전자의 운동량을 적게 교란시켜 운동량을 상당히 정확하게 측정할 수 있다. 그러나 운동량이 작은 광양자로 이루어진 빛은 파장이 길기 때문에, 관측 순간의 전자의 위치, 즉 광양자와 전자의 충돌 위치의 측정은 부정확해진다. 전자의 위치를 더 정확하게 측정하기 위해서는 파장이 짧은 빛을 써야 한다. **그런**

데 파장이 짧은 빛, 곧 광양자의 운동량이 큰 빛을 쓰면 광양자와 충돌한 전자의 속도가 큰 폭으로 변하게 되어 운동량 측정의 부정확성이 오히려 커지게 된다. 이처럼 관측자가 알아낼 수 있는 전자의 운동량의 불확실성과 위치의 불확실성은 반비례 관계에 있으므로, 이 둘을 동시에 줄일 수 없음이 드러난다. 이것이 불확정성 원리이다. (2012 수능)

그러나 마지막 문단의 마지막 문장에서 '이것이 불확정성의 원리이다.'라는 표현을 보면, 이 글이 처음 제시한 담화 화제인 '불확정성'의 개념을 분석적으로 설명하는 '인과 분석'임을 예측할 수 있다. 즉 이 글은 '교란 없는 물리량 측정이 왜 불가능한가?'를 설명하기 위해 그 원인을 '보다'는 현상을 들어 설명하였다고 이해할 수 있다.

이를 다음과 같은 거시 구조로 요약해 볼 수 있다. 담화 화제는 첫 문단 첫 문장에서 '불확정성의 원리'임을 짐작할 수 있다. 이 글은 계속해서 '질문-답변-다시 반문'을 통해 논지를 전개해 나간다. 그 과정에서 '광양자' → '교란' → '운동량과 위치' → '전자 보기' → '교란' → '측정' → '반비례 관계' 등의 유인가 있는 단어들을 계속해서 쫓게 된다. 그 결과 (4)문단에서 '운동량과 위치'라는 핵심어가 (5)문단의 가운

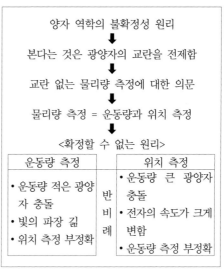

[그림 9-3] <예문4>의 내용 구조

데에 있는 '그런데'라는 전환의 접속사 다음에 다시 등장한다는 것을 알게 된다.

이 단서의 포착으로 불확정성의 원리는 '운동량과 위치'의 관계 속에서 설명되고, 앞서 만난 정보들도 그 관계 속에서 재구성된다.

이상으로 다양한 수능 지문을 예로 들어 설명적 글 읽기를 위한 독해 전략을 제안해 보았다. 이들은 주로 사실적·추론적 독해 전략에 치우친 것은 본고의 제한 점이라 할 수 있다. 또한 비록 이들 독해 전략들은 상당 부분 밝혀진 것들이 많다. 그러나 본고는 구체적인 예문을 중심으로 체계적으로 분석하고 하나의 지문을 중심으로 이에 관여하는 독해 전략들은 어떤 것들이 있는지를 탐색하여 일별하려고 했다.

수능 지문에 사용되는 설명적 글은 글 길이의 제한이 있어서 주제를 가장 명료하게 담아내기 위해 여러 번 수정된 글이다. 이 때문에 자연스러운 글이 아닌 인공적인 글이라고 할 수도 있지만, 모든 글은 갈고 다듬어야 한다는 점에서 어쨌든 많이 다듬어진 전형적인 글이라고 할 수 있다.

이러한 지문들은 설명적 글의 특징을 잘 보여준다. 화제가 공적이고, 시사적이며, 인문사회, 과학기술의 주제를 담고 있으며, 객관적이고 논증적인 문체로 쓰였다. 또한 논지 전개가 분명하고 각 문단의 내용이 쓸데없이 반복되지 않고 효율적으로 연결되어 있어서 글이 간결하면서도 주제가 명료하다. 따라서 독해 연습을 위한 교육용 자료가 될 수 있다.

본고는 이러한 수능 지문의 장점을 십분 활용하여 설명적 글에서는 세부 정보를 어떻게 파악하는지, 논지를 어떻게 이해하는지 등을 살펴보았다. 이에 다음과 같은 전략들이 설명적 글을 읽는 데 자주 활용될 수 있을 것으로 생각하였다.

① 글의 형식적 구조(서-본-결)를 활용한다.
• 특히 첫 문단에 해당하는 머리말은 화제를 제시하는 기능을 하고, 마지막 문단에 해당하는 맺음말은 정리 또는 새로운 정보를 추가하는 기능을 하기 때문이다.
② 보조사에 유의하여 화제를 파악한다.
• 특히 첫 문단은 화제와 그에 대한 전체적인 논평을 제시하는 경우가 많으므로

주의를 기울인다.

• 또한 첫 문장의 주어는 '주제부(Thema)'일 때가 많은데, 대개 보조사 '은/는'을 사용함으로써 주의를 집중시키는 경우가 많다.

③ 상위구조의 지식을 활용하여 글 구조를 파악한다.

• 다양한 구조 유형과 그 특징을 알고 있어야 한다.

④ 담화 표지를 문단 간 의미 관계를 파악하는 데 활용한다.

• 담화 표지가 나타나 있을 때는 이를 적극 활용하고, 그렇지 않더라도 문장에 나타난 기능어에 유의해야 한다.

⑤ 핵심 문장이나 핵심어를 중심으로 전체 논지의 흐름을 파악한다.

• 미시적인 수준에서 읽고 난 뒤에는 화제가 어떻게 전개되어 나가는지, 즉 논지 흐름을 파악하기 위해 각 문단별로 어떤 핵심어들이 드러나는지 핵심어 또는 핵심 문장을 중심으로 연결지어 본다. 이때 주제부-서술부 분석을 통해 정보의 흐름을 파악한다.

⑥ 부사어, 기능 어휘, 시간 등의 표현에 유의하며 의미 관계를 파악한다.

• 내용의 구분, 정리, 강조를 나타내는 기능적 어휘 표현(예컨대, ~로 정의된다, ~목적을 위해, ~견해에 따르면 등), 특별한 의미를 드러내는 부사어(예컨대, 그대로, 전혀, 특별히, 마찬가지로 등), 시간을 나타내는 표현(예컨대, 처음, 고대, 현대, 초기, 후기 등)유의하며 문장 및 문단의 의미 관계를 파악한다.

⑦ 유추나 결론을 통해 낯선 개념을 추론한다.

• 낯선 개념이 등장하면, 자신이 알고 있는 익숙한 개념에 대입하여 글 내용을 이해하거나, 상대적으로 분명히 드러나는 결론부나 주제문을 중심으로 어려운 개념이 주장을 드러내기 위해 왜 사용되었는지를 역으로 대입하여 이해하려고 노력한다.

⑧ 담화 화제의 연결 구조를 파악하여 필자의 논지 전개를 이해한다.

• 각 문장은 주제부-서술부 분석을 통해 주제부가 어떻게 연결되는지, 각 서술부

의 신정보가 다음 문장이나 문단에서 어떻게 이어지는지 파악한 뒤, 글 전체의 담화 화제를 중심으로 논지의 전개 과정을 그려본다.

⑨ 밑줄, 동그라미, 화살표 등을 활용하며 읽는다.

• 핵심어나 핵심 문장에 밑줄을 긋는 것은 매우 중요한 독해 전략이다. 밑줄, 동그라미는 특기할 만한 정보의 위치를 눈에 띄게 하여 재인에 도움을 준다. 또 화살표는 논지 전개의 흐름을 한눈에 보여주기 때문에 이를 선으로 연결 짓는 것도 글 내용을 구조화하는 데 도움을 준다.

현재 읽기 평가에서는 텍스트의 정보를 얼마나 빨리 처리하느냐가 읽기 능력을 좌우하는 관건이 된다. 문단 간의 의미 관계, 화제의 전개 과정, 주요 정보의 위치 등을 빨리 정확하게 파악하는 독해 능력이 그 어떤 읽기 전략보다 중요하게 요구 된다.

이를 위해서는 기능을 담당하는 어휘, 보조사와 같은 통사적 단서, 문단의 담화 표지 등에 대한 언어적 민감성을 갖고 있어야 하며, 글의 상위구조 유형에 대한 지식, 주제부-서술부 파악을 통한 담화 화제의 전개 과정에 대한 지식 등을 갖추어 야 할 것이다.

2. 서사적 글 독해 전략과 지도

가. 서사적 글 독해를 위한 이론 개관

설명적 텍스트의 전개 원리(mechanism)가 '논리성(logicality)'이라면, 서사적 텍스 트의 전개 원리는 '정서성(affectivity)'이라고 할 수 있다. 따라서 설명적 텍스트는 본질적으로 사실에 기반을 두며 사실의 형태를 띤 많은 세부 정보들(details in the form of fact)을 지닌 글로서, '정보 전달'이나 '설득'의 의도를 지닌 기술적(descriptive) 글이라면, 서사적 텍스트는 비유적 표현(figures of speeches)을 지니며 훨씬 유동적인 글로서, '정서 표현'의 목적을 지닌 이야기다.

그러므로 설명적 텍스트를 읽을 때는 어떤 '정보'를 담고 있는지 파악해야 하고, 필자가 무엇을 '설득'하려는지에 주의하며 읽어야 한다. 반면 서사적 텍스트를 읽을 때는 어떤 '깨달음이나 즐거움(교훈이나 쾌락)'을 주는지, 필자가 어떤 '감정이나 정서'를 표현하려고 하는지를 이해하며 읽어야 한다. 물론 서사적 텍스트라도 특정 목적이나 과제를 해결해야 하는 읽기 과제 상황(예컨대, 작가의 세계관 비판, 인물 및 구조 분석 등)에서는 비판적이고 분석적으로 읽을 수도 있다. 예를 들어, 회고록과 소설은 때로 보편적인 사상, 사건, 그리고 사회적 쟁점들을 다루는 복잡한 이야기들을 담고 있기도 한다. 게다가, 강연자, 광고주, 그리고 정치인들은 청중을 설득하기 위해 이야기를 사용한다. 그렇지만, 일반적으로는 서사적 글을 읽으면서 지나치게 논리를 앞세워 사실인지 아닌지를 판단하거나 글 내용을 따지면서 읽지는 않는다.

서사적 텍스트 읽기의 장점은 많다. 서사적 텍스트를 한마디로 말하면 '이야기(story telling)'라고 할 수 있는데, 이야기는 독자에게 '재미(즐거움)와 감동(교훈)'을 주기 지니기 때문에 쉽게 몰입할 수 있다. 반면, Coté, Goldman, & Saul(1998)과 Meyer & Ray(2011)는 설명적 텍스트는 낯설고 추상적인 개념과 복잡한 관계성을 지니며, 정보 밀도(한 텍스트 내에 많은 정보를 담고 있거나 그렇지 않은 정도)가 높은 경향이 있기 때문에 서사적 텍스트보다 더 복잡한 경향이 있다고 하였다. 또한 McCormick & Zutell(2015)는 설명적 텍스트는 그 구조가 학생들에게 익숙한 전형적인 이야기 구조와 다르고, '전문 어휘, 고밀도 사실, 익숙하지 않은 내용, 인지적으로 까다로운 개념' 등 때문에 어려울 수 있다고 하였다. 따라서 독서 발달 단계의 초기에는 설명적 텍스트가 아닌 서사적 텍스트를 읽는 것이 유리하며, 설명적 텍스트보다 서사적 텍스트에 더 큰 흥미와 몰입도를 보인다고 하였다.

그런데도 서사적 텍스트를 읽는 읽기 방법이나 전략은 많이 개발되어 있지 않다. 문학 작품 중 시, 소설, 희곡, 수필과 같은 문학 장르의 특성이나 이론을 분석하는 것을 읽기 방법이나 전략으로 생각하기 때문이다.

예를 들면, 소설의 3요소는 '주제, 구성, 문체'이므로, 소설을 읽을 때는 '주제 파악하기, 구성 분석하기, 문체 표현과 효과와 의도 분석하기' 등을 읽기의 주요 전략으로 생각한다. 이 가운데 구성의 3요소는 '인물, 사건, 배경'이기 때문에, 구성을 분석할 때는 '주인공과 등장인물 간의 관계 파악하기, 이야기의 시공간적 배경 파악하기, 갈등의 원인이 되는 중심 사건과 결과 파악하기' 등을 전략으로 삼을 수 있다.

또한 시의 경우는 시의 요소인 운율, 심상, 주제 등을 중심으로 '운율을 이해하기, 주요 심상을 떠올리기, 주제 파악하기' 등을 파악할 수 있고, 심상의 파악을 위해, '시적 화자의 어조를 감상하기'나 '시에 쓰인 비유나 상징의 의미 파악하기', '시의 의미 구조 분석하기' 등을 지도할 수 있다.

할리우드의 시나리오 작가이자 학자인 Robert McKee는 이야기란 어떤 사건에 의해 삶의 균형이 무너진 주인공이 그 균형을 회복하고자 여러 적대적인 것들과 맞서면서 자신의 욕망을 추구해 나가는 것이라고 했다. 이에 따르면 주인공을 중심으로 주인공이 삶의 균형을 찾아가는 과정이 이야기이므로, '갈등과 그 해결 방안을 찾기'라는 전략을 사용하여 서사적 텍스트를 읽어나갈 수 있다.

한편 국어과 교육과정에서는 서사적 텍스트의 읽기 전략을 따로 규정하기보다는 읽기 기능과 전략 중에서 '감상적 이해' 전략으로 설명하고 있다. 감상적 이해의 핵심은 '공감'과 '내면화'라고 할 수 있다. 글 내용을 비판적으로 분석하기보다는 등장인물의 생각과 행동에 독자 자신의 경험을 투영함으로써 '동일시'를 통해 '감정 이입'을 하고, 그 결과 텍스트의 주제나 등장인물의 사상에 깊이 공감하고 그러한 깨달음과 즐거움을 내면화 하여 자신의 경험과 사고를 확장시켜 나가는 것이다. 이것이 서사적 텍스트 읽기의 매력이라고 할 수 있다.

나. 서사적 텍스트의 독해 전략 실제

1) 반응 중심 읽기

반응 중심 읽기 전략은 흔히 반응 중심 학습 모형이라고도 불리며, Louise Rosenblatt(1938, 1978)의 문학작품의 독자 반응 이론(Reader-Response Theory of Literature)에서 나온 교수법으로, 독일의 수용 미학이나 예술 반응 이론에 근거하고 있다. 이 모형은 문학 작품을 가르칠 때에 학습자 개개인의 반응을 중시하는 독자 지향적 접근을 취하고 있다. 문식성을 개선하기 위해 독자 반응 접근법을 사용하는 경우, 독자와 텍스트 사이에서 발생하는 교섭(transaction)의 중요성을 강조함으로써 모든 학습자를 읽기에 몰두하게끔 한다.

반응 중심 읽기 전략(모형)의 방법은 다음과 같은 단계를 지닌다.

[표 9-1] 반응 중심 읽기 모형의 단계와 하위 전략

반응 준비하기	• 읽기 목표 확인
	• 배경지식 활성화
반응 형성하기	• 작품 읽기(텍스트에 대한 이해)
	• 작품에 대한 개인 반응 정리
반응 명료화하기	• 작품에 대한 개인 반응 공유 및 상호작용
	• 자신의 반응 정교화 및 재정리
반응 심화하기	• 다른 작품과 관련짓기 (주제, 인물, 사건, 배경이 유사한 작품)
	• 일반화하기

이러한 단계는 절대적인 것이 아니라, 수업 상황과 목적에 따라 유동적으로 바뀔 수 있다. 그러나 독자의 반응을 촉진하도록 격려하는 것과 독자에게 자신의 반응이

어떠한 성질의 것이며, 어디서부터 그러한 반응이 나왔는지, 즉 반응의 이유와 원인을 확인할 수 있도록 질문하여 자신의 반응 결과를 스스로 인식할 수 있도록 질문하고 격려하는 것이 매우 중요하다.

반응 중심 읽기 전략의 장점은 텍스트에 대한 올바른 해석을 강요하거나 일방적으로 수용하도록 하는 것이 아니라, 설령 틀린 내용을 구성했다고 하더라도 독자 자신의 주체적이고 독창적인 반응, 그 자체가 교육적으로 의의가 있다고 보는 것이다. 따라서 독자 개개인의 반응을 최대한 존중함으로써 독자의 역동적인 참여와 텍스트에 대한 흥미 발달을 이끌 수 있다.

다만, 독자의 자유로운 반응을 중시하느라 작품 읽기와 이해 과정이 소홀히 다루어질 수 있기 때문에 이에 대해 유의할 필요가 있다. 또한 자기중심적인 편협한 텍스트 이해나 해석의 무정부 상태(anarchism of interpretation)에 빠질 수 있다.

따라서 텍스트의 의미를 작위적으로 비합리적으로 구성하지 않도록 토의 토론을 병행하는 것이 바람직하다. 또한 교사의 역할이 매우 중요한데, 학습자 개개인의 반응이 최대한 존중될 수 있는 학습 분위기를 조성하는 것은 물론 타당하고 명료한 반응, 심화되고 확장된 반응이 되도록 학습의 활동을 이끈다. 나아가 충분한 사회적 상호작용을 거쳐 학습자가 스스로 자신의 반응을 성찰할 수 있는 학습 경험을 제공하도록 한다.

2) 구조 중심 읽기 : 스토리 맵(이야기 지도)

교사는 필자가 이야기를 구성하기 위해 어떤 서사적 텍스트의 내용 요소(content elements), 즉 인물, 배경, 문제/갈등, 플롯 및 해결 방법에 대한 인식을 높이기 위해 학생들에게 텍스트의 이야기 문법을 도표로 그리게 할 수 있다. 이를 이야기 문법(story grammar) 활용 읽기 또는 이야기 지도(story maps) 구성하기 전략이라고 할 수 있다.

이야기 문법은 앞의 2, 4장에서 설명했듯이, 이야기 스키마의 중요한 특성을 포착하기 위한 형식적 장치로서, 이야기 문법은 이야기의 각 범주들과 그들의 관계가 나타나고, 다시쓰기 규칙(rewriting rule)을 통해 명제 사이의 관계를 구체화하는 이야기의 내적 구조를 말한다. 즉, 이야기는 일련의 구성 요소로 이루어진 비교적 굳어진 구조를 갖는데 이러한 구조는 문법과 같은 규칙에 의해 드러날 수 있다고 보았고, 그 규칙을 다시쓰기 규칙이라고 보았다. 이야기 문법에서 이야기 분석의 단위는 여러 관련 정보를 한 데 묶는 일종의 범주(카테고리)로 규정된다. 이야기 문법에서의 범주는 전체 이야기 속에서 독특한 기능을 담당하며, 시간적 관계와 인과적 관계에 의해 서로 연결되어 있어서 이어져 전체적으로는 위계적 구조망을 형성한다(구인환, 2006).

이야기 문법은 주로 민담, 신화, 전설 등 설화를 중심으로 적용되었으며, 일반적으로 인물, 배경, 문제/갈등, 플롯 및 해결 방법, 그리고 주제 등이 포함된다. 즉 이야기는 문제 해결의 상황에 직면한 주인공, 그 주인공이 달성하고자 하는 목표, 그 목표를 달성하기 위한 주인공의 이야기 행위 구조, 목표 성취 여부를 위주로 한 행위의 결과 등으로 이루어진다는 것이다. 이러한 이야기 문법의 요소는 대부분의 내러티브를 위한 필수적인 텍스트 구조를 뒷받침한다. 따라서 이야기의 구조를 이해하며 읽는다는 것은 아래와 같은 이야기의 각 요소들을 파악하는 것과 같다.

[표 9-2] 이야기 문법 요소

배경	이야기가 언제 어디서 일어나는지 설명한다. 단, 이야기의 진행에 따라 배경은 바뀔 수 있다.
등장인물	주인공(주인공)을 포함한 이야기 속 인물이나 동물들, 그 동기와 행동이 이야기를 이끌어간다.
줄거리	줄거리(혹은 플롯 plot)는 일반적으로 주인공이 해결해야 할 하나 이상의 문제나 갈등을 포함한다.
주제	필자가 독자들이 이야기에서 얻기를 원하는 가장 중요한 교훈 또는 주요 아이디어를 말한다. 이것은 이솝 우화에서와 같이 명시적으로 언급되거나 독자에 의해 추론될 수 있다.

이와 같이 이야기 문법을 이해하기 위해 이야기의 구조나 내용 요소를 표현한 그림을 이야기 지도(story maps)라고 하는데(Adler, 2004), 이야기 문법을 도식화 한 것이다. 이야기 지도는 학생들이 책이나 이야기의 요소들을 배우는 것을 돕기 위해 그래픽 조직자(graphic organizers)를 사용하는 전략이다. 학생들은 이야기 등장인물, 줄거리, 설정, 문제, 해결책을 확인함으로써 세부 사항을 배우기 위해 주의 깊게 읽는다. 따라서 이야기에 따라 다양한 유형을 개발할 수 있다.

교사는 텍스트를 미리 읽은 뒤에 특정한 이야기 틀에 들어맞는 구조를 미리 그림이나 도식으로 만들고 그 내용은 비워둔다. 그 다음 학습자가 텍스트를 읽는 동안 글의 구조 도식을 채워 나가도록 지도한다. 스토리 맵스는 독자가 이야기를 이해하고 기억하는 데 도움을 준다. 우리는 어떤 이야기를 접하면 그 이야기를 이해하기 위해 나름대로 알맞다고 생각되는 도식, 즉 이야기 문법을 선택하고, 이 틀을 사용하여 어떤 세부사항들이 중요하고, 어떤 정보를 찾아야 하며, 어떤 것을 기억해야 하는지 결정하게 된다. 이 도식은 이야기가 어떻게 전개되어야 할지에 관한 이론과도 같은 역할을 해준다. 독자가 글의 내용을 검토하고 반드시 있어야만 할 세부적인 정보들을 채워 넣게 함으로써 이야기가 의미 있는 것이 되도록 만드는 역할을 한다. 홍길동의 스토리 지도를 예로 들면 다음과 같다.

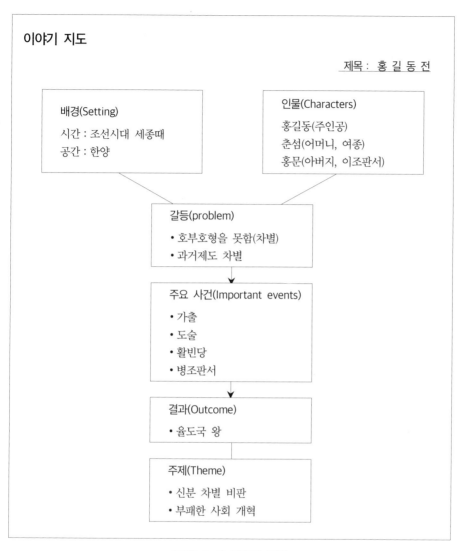

이야기 지도

제목 : 홍 길 동 전

배경(Setting)

시간 : 조선시대 세종때
공간 : 한양

인물(Characters)

홍길동(주인공)
춘섬(어머니, 여종)
홍문(아버지, 이조판서)

갈등(problem)

• 호부호형을 못함(차별)
• 과거제도 차별

주요 사건(Important events)

• 가출
• 도술
• 활빈당
• 병조판서

결과(Outcome)

• 율도국 왕

주제(Theme)

• 신분 차별 비판
• 부패한 사회 개혁

[그림 9-4] 이야기 지도

그 외에도 다양한 이야기 지도들이 있다. 플로차트 같은 것이 있는가 하면 학습자의 발달 단계와 흥미를 고려하여 다양한 그래픽을 개발할 수 있다.

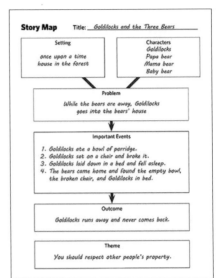

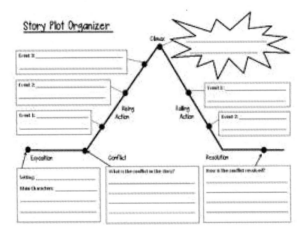

[그림 9-5] 다양한 이야기 지도 모형

3) 기타 세부적인 독해 전략

서사적 텍스트를 이해하기 위한 전략들은 다음과 같은 것들이 개발되어 있다.
아래의 전략들은 Tierney(1982)에 제시된 것을 추린 것이다.

① 다시 말하기(retelling)

다시 말하기는 읽은 내용을 다시 회상하여 말하는 것이다. 학습자들에게 자신의 언어로 이야기를 다시 하라고 지도하게 되면, 무엇이 중요한지를 결정하기 위해 내용을 분석하게 된다. 교사들은 학생들이 표면적 내용을 그대로 말하는 것을 넘어, 스스로 이야기의 결론을 내리거나 또는 주제를 말할 수 있도록 인지적 중재(cognitive intervention)를 사용하여 격려할 수 있다.

이때 인지 중재적 교수법은 수준 높은 혹은 약간 어려운 단어로 개념을 표현할 수 있도록 해당 단어의 힌트를 주면서 단어 재인을 돕거나, 철자를 명확히 발음할 수 있도록 반복적으로 말하도록 하거나, 생각할 시간을 주거나, 텍스트 속에 나왔던 핵심어나 단어들을 말할 수 있도록 비슷한 종류의 단어를 언급함으로써 단서를 주거나, 참고 자료를 제시하거나, 일부러 엉뚱하거나 틀린 답을 제시하여 적절한 답을 유도하는 등의 활동을 말한다. 이렇게 교사 혹은 우수한 학습자의 도움으로 텍스트의 내용을 회상함으로써 글을 전반적으로 이해할 수 있도록 돕는다.

② 예측하기(predicting)

예측하기는 제목과 표지, 삽화와 같이 이용 가능한 단서들을 바탕으로 텍스트 내용에 대해 예측하는 것이다. 교사들은 독자들에게 글을 읽기 전에 먼저 내용을 예측하게 하고 그것을 적은 뒤, 글을 읽고 나서는 글에서부터 자신의 예측을 지지하거나 반박하는 부분을 찾도록 지도할 수 있다.

③ 질문 생성과 답변 찾기

글을 읽으면서 궁금한 점을 질문 목록으로 만들고 그에 대한 답변을 찾으며 읽도록 한다. 이때, 답은 학습자들이 텍스트에서 표면적으로 드러난 문자 그대로의 답을 찾을 수도 있지만, 가급적 자신의 배경지식을 바탕으로 한 다음, 텍스트에 드러난 내용들을 단서로 활용하여 답을 추론하여 적을 수 있도록 하는 것이 더 좋다.

④ 교사의 안내에 따라 읽기(guided reading)

글을 한꺼번에 다 읽는 것이 아니라, 교사의 설명과 지도를 받으며, 글의 부분부분을 조금씩 나누어 읽어나가는 방식이다. 교사가 먼저 큰소리로 읽고 학습자들이 따라 읽을 수도 있고, 학습자가 주어진 부분만큼 읽고 내용에 대해 토론하고 학습할 수 있다.

이 방법에는 학습자들의 참여를 유도하는 '3-2-1 전략(Employ the 3-2-1 Strategy)'과 같은 방법을 개발하여 체계적으로 접근하는 것이 좋다. 예를 들면, 학습자들은 한 페이지를 읽고, 거기서 알게 된 것 3가지, 재미있거나 흥미를 끄는 것 2가지, 읽은 부분에 관해 궁금한 것, 질문 1가지를 쓰도록 한다. 이는 텍스트를 꼼꼼히 이해하도록 돕고, 독해 과정에 대한 자기 인식, 즉 독해의 상위인지 활동을 돕는다.

⑤ 시각화(visualizing)

Pressley(1977)의 연구에서는 독서를 하면서 시각화하는 학생들이 그렇지 않은 학생들보다 더 잘 기억한다는 것을 보여주었다. 독자들은 삽화가 없는 텍스트를 읽을 때 텍스트에 내장된 그림을 이용하거나 자신만의 정신적 표상(mental image)이나 삽화 또는 도해(illustration)을 만들 수 있다. 따라서 이를 이용하여 서사적 텍스트를 읽을 때 특별한 장면이나 갈등 상황 등을 그림을 그려서 이해하도록 하면 독자의 글 이해도를 높일 수 있다.

다음은 하근찬의 소설 '수난이대'의 내용 중 중요한 소재와 장소를 중심으로 간략히 시각화 한 것이다. 수난이대의 내용은 이렇다. 젊은 시절 태평양 전쟁에서 한쪽 팔을 잃게 된 아버지 '만도'가, 한국전쟁에 나갔다가 살아서 돌아오는 아들을 만나러 갔다가 상이군인이 된 모습에 슬프고 화가 난다. 그러나 따로 떨어져 오던 부자는 곧 외나무다리를 만나게 되는데, 다리를 잃은 아들을 한쪽 팔로 업고 아들 주겠다며 가던 길에 샀던 고등어는 등에 업힌 아들이 들고서 외나무다리를 건넌다.

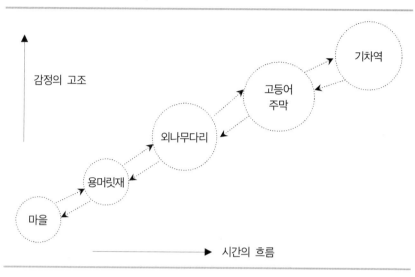

[그림 9-6] 공간의 이동에 따른 갈등의 변화화

⑥ 중심 소재의 의미 찾기

소재 찾기란 텍스트에 등장하는 소재들 중 의미를 구성하는 데 중요한 기능을 하거나 함축적인 의미를 지니고 있는 것들을 찾아 정리하는 것이다.

3. 디지털 텍스트의 독해 전략과 지도

가. 디지털 텍스트 독해의 이론 개관

디지털 텍스트 읽기란 전통적인 종이책의 읽기 관습과 대치되는 개념으로, 인터넷 온라인을 기반으로 한 디지털 자료의 읽기를 말한다. 따라서 종이 위에 문자로 인쇄된 매체가 아니라, 하이퍼텍스트(hypertext)에 다양한 양식(modes)의 기호들이 기술적으로 구현된 디지털 매체이다. 또한 이는 음성언어, 문자언어, 시각자료, 동영상 자료, 음악 등 여러 가지 '양식'이 표현되므로 복합양식 텍스트를 전제한다.

이재현(2013)은 전자적 글쓰기가 확대되면서 전통적 읽기 관습인 음독과 묵독에 이어, 새로운 읽기 관습이 등장하고 있는데, 그것은 여러 개의 텍스트들을 넘나들며 읽는 '다중 읽기', 읽는 과정 자체에서 실시간으로 다른 사람과 의견이나 정서를 교환하는 '소셜 읽기', 그리고 텍스트에 부가 정보가 덧붙여진 증강 텍스트를 읽는 '증강 읽기'로 구분하며, 이들을 디지털 시대의 새로운 읽기 관습이라고 하였다. 그는 그렇다고 해도 전통적인 묵독의 지배적 위치가 약화되는 것은 아니라고 했다. 서혁 외(2021)에서도 문자 텍스트 읽기와 복합양식 텍스트 읽기 능력이 유사한 경향성을 보일 뿐만 아니라, 두 읽기 능력 간에 긴밀한 상관성이 나타났다고 하였다.

이재현(2013)의 연구 결과에 따르면, 현재 묵독이 당연한 것으로 간주되는 지배적인 읽기 관습이지만 음독 또한 특정한 목적과 맥락에서는 여전히 유지되고 있다고 보았다. 그는 문어가 구어화 되는 현상으로 댓글, 전자메일, 휴대전화 문자와 같은 전자적 글쓰기(Electronic Writing)에 의해 새로운 텍스트 양식이 등장하게 되면서 새로운 읽기 관습들을 만들어가고 있다고 보았다. 그는 디지털 텍스트에 대해 지배적인 읽기 관습인 묵독이 실행되는 가운데, 디지털 텍스트의 고유한 특성 때문에 유의미한 행동 및 감각 양식의 변화가 함께 일어나고 있다고 보았다.

그는 새로운 읽기 관습으로는 '다중 읽기(multiple reading)', '소셜 읽기(social reading)', '증강 읽기(augmented reading)' 등 세 가지를 들고 있는데, 이는 국어교육 분야에서 '다문서 읽기(multiple documents reading)', '사회적 읽기(social reading)', '하이퍼텍스트 읽기(hypertext reading)'로 명명된다.

첫째, '다문서 읽기'는 하나의 텍스트만 읽는 것이 아니라, 여러 개의 텍스트를 넘나들며 읽는 방법을 말한다. 이는 비선형적(non-linear) 읽기이다. 여러 텍스트에 일시적인 주의(attention)를 기울이는 식으로 읽기가 진행된다. 이 때문에 한 권을 통째로 통독하는 독서의 몰입과 집중을 경험하지 못하는 단점도 있다. 이재현(2013)은 텍스트를 넘어 텍스트가 표상하는 세계로 들어가는 읽기(looking-through)가 아닌 텍스트의 표면에 머무는 읽기(looking-at)가 이루어지므로, 텍스트에 대한 몰입을 특징으로 하는 전통 텍스트와 달리 비선형적이고 다중적인 텍스트는 통제의 목적에서 조작이 간단없이 이루어진다는 점에서 그런 갈등, 나아가 읽기의 피상성은 필연적임을 비판적으로 바라보았다. 또 다른 특징은 읽기에 촉각이 동원된다는 것이다. 이를 이재현(2013)은 '촉각적 읽기(haptic reading)'라고 했는데, 터치 스크린이 지원되는 태블릿PC나 스마트폰으로 텍스트를 읽는 경우 손이 동원되는 특징이 있다.

이러한 읽기 방법은 윈도우 시스템(windows)라는 인터넷 상의 인터페이스의 변화에 기인한다. 이전에도 이러한 다문서 읽기가 있었다. 16세기 이탈리아의 아고스티노 라멜리(Agostino Ramelli)가 고안한 '책 바퀴(Book Wheel)'나 우리가 일상적으로 여러 문서를 놓고 작업을 하는 경우에서 보듯 디지털 텍스트가 등장하기 이전에도 있었지만 지금처럼 극단적일 정도로 이루어진 것은 아니다(이재현, 2013).

다문서 읽기는 하나의 화제나 주제에 대해 다양한 형식과 관점을 지닌 서로 다른 내용의 글을 접할 수 있기 때문에 정보를 종합하고 요약하는 과정, 이를 통해 새로운 지식으로 재구성하는 과정 등을 거치게 되는데, 그 과정에서 독자의 지식의 폭이 넓어지고 편견이 수정되며 세계관이 넓어지는 장점이 있다. 이를 위해서는 글 내용을 무조건 수용하기보다는 비판적으로 읽는 전략이 요구된다.

둘째, '사회적 읽기'는 텍스트를 읽기 전과 후, 그리고 읽는 과정에서 텍스트를 둘러싸고 다른 독자 공동체 혹은 필자 또는 필자를 둘러싼 필자 공동체와의 정보, 지식, 정서 등의 상호작용 및 교류가 이루어지는 것을 말한다. 책 추천이나 비평, 작가와의 만남 등이 이러한 사회적 읽기의 예라고 할 수 있지만, 인터넷 기반의 쌍방향 소통이 기술적으로 이루어지면서 읽기 전이나 후는 물론, 텍스트를 읽고 있는 중에도 정보나 지식의 교류가 동시에 이뤄지는 것이다. 예컨대, 아마존의 전자책인 킨들(Kindle) 2.5 이상 버전이 제공하는 'Popular Highlights' 기능의 경우, 킨들로 책을 읽다 보면 다른 사람들이 밑줄 친 부분이 표시되고 몇 명이 밑줄을 그었는지도 알 수 있다. 이것은 도서관이나 다른 사람에게서 빌린 책을 읽다가 밑줄 친 부분에 주목하는 경우처럼, 밑줄이 쳐진 텍스트의 특정 부분에 주목하게 된다는 점에서 사회적이다(이재현, 2013).

이러한 사회적 읽기는 텍스트의 확장성을 여실히 보여준다. 인터넷 신문 기사 밑에 어마어마한 댓글들이 달리는 현상을 보면, 하나의 텍스트를 중심으로 독자 공동체가 순식간에 만들어지는 것을 알 수 있다. 때로 댓글을 보면서 신문 기사의 내용을 다시금 이해하게 되기도 하고, 다른 독자가 붙인 검토(review)를 보며 그들의 의견에 따라가게 되기도 한다. 이러한 사회적 읽기는 클라우드 컴퓨팅이나 콘텐츠 동기화(synchronization)로 대표되는 기술 발전으로 앞으로 더 확대될 것이다(이재현, 2013).

셋째, '하이퍼텍스트 읽기'란 '증강 텍스트(augmented text)'에 의해 실현되는 읽기로서, 텍스트의 특정 문구에 하이퍼링크로 연결되어 있어 새로운 페이지, 즉 노드(node)가 열리면서 전혀 다른 새로운 형식과 내용의 텍스트로 연결되어 있는 텍스트를 읽는 것을 말한다.

2000년 초반, 독일의 인공지능 연구소(German Research Center for Artificial Intelligence, DFKI)는 스웨덴의 토비(Tobii)가 만든 아이 트래커(eye-tracker)를 활용해 일종의 증강 텍스트를 실현시킨 바 있다. 이것은 우리의 안구 움직임을 추적해 현재 읽고 있는 단어의 뜻풀이를 제공하거나 우리가 읽다가 중단한 부분을 알려주기도 하고, 유의미하지 않은 단어들은 희미하게 처리해 보다 빠른 읽기를 가능케 해주는 기술이다.

하이퍼텍스트 읽기도 디지털 매체 기반이므로, 비선형적 읽기의 특징을 지닌다. 다문서 읽기와 마찬가지로 주의 집중을 놓치기 쉬울 뿐만 아니라, 자칫 읽기 목적을 잃고 전혀 다른 내용을 검색하고 예상치 못한 읽기 결과에 도달할 수도 있다.

따라서 하이퍼텍스트 읽기는 정보의 바다에서 읽기 목적을 상실하지 않고 제대로 항로를 찾아 항해를 해나가는 데 비유되기도 한다. 따라서 독자가 읽기 목적을 잃지 않는 상위인지를 작동하며 읽는 것이 중요하다. 또한 그러한 상위인지를 활용하여 읽기 목적을 달성하는 데 필요한 정보의 검색과 통합이 중요한 읽기이다.

요컨대, 디지털 텍스트에서 다루는 텍스트는 대부분 이미지와 같은 시각적 요소를 결합한 복합양식 텍스트 형식을 띤다. 그 예로는, 인터넷 상의 광고, 인터넷 신문, 소설, 백과사전식 정보글 외에도, 만화/그래픽 소설, 영화, 그림책, 브로셔, 인쇄 광고, 포스터, 스토리보드, 디지털 슬라이드 프레젠테이션(예 : 파워포인트), 전자 포스터, 전자책 및 소셜 미디어 등이 모두 포함된다.

따라서 이러한 디지털 텍스트를 이해하는 과정은 일반적으로 필요한 정보의 탐색을 위한 텍스트의 선정, 텍스트 내용에 대한 분석과 추론, 텍스트의 적절성에 대한 평가 및 성찰의 순서로 이루어진다고 볼 수 있다.

또한 이러한 복잡다단한 텍스트의 양식들을 읽기 위해서는 텍스트에 사용되고 있는 다양한 기호 양식을 파악할 수 있어야 하며, 읽기 목적을 확인하고 읽기 목적에 적절한 텍스트를 검색하고 선정해야 하며, 텍스트 생산의 의도와 텍스트가 소비되고 읽혀지는 맥락을 비판적으로 이해해야 하며, 텍스트가 지니는 사회문화적 기호 의미에 대해서도 깊이 통찰하는 읽기 전략들이 요구된다.

나. 디지털 텍스트의 독해 전략 실제

1) 글의 내용을 여러 가지 관점에서 분석하고 종합하기

다문서를 읽을 때는 제시된 글이나 자료를 분석하여 종합적인 결론이나 예상 가능한 결과를 추론한다. 이때 정보의 흐름이나 정보 간의 의미 관계에 유의하여 종합적인 논의를 이끌어낼 수 있어야 한다.

다음 글들을 각각 분석한 뒤, 제시된 다른 글들과의 내용과 관점의 차이, 나아가 필자의 의도나 글의 목적의 차이를 파악해야 한다.

<예문5>

한국사 연구에서 임진왜란만큼 성과가 축적되어 있는 연구 주제는 많지 않다. 하지만 그 주제를 바라보는 시각은 지나치게 편향적이었다. 즉, 온 민족이 일치단결하여 '국난을 극복'한 대표적인 사례로만 제시되면서, 그 이면의 다양한 실상이 제대로 밝혀지지 않았다. 특히 의병의 봉기 원인은 새롭게 조명해 볼 필요가 있다.

종래에는 의병이 봉기한 이유를 주로 유교 이념에서 비롯된 '임금에 대한 충성'의 측면에서 해석해 왔다. 실제로 의병들을 모으기 위해 의병장이 띄운 격문(檄文)의 내용을 보면 이러한 해석이 일면 타당하다. 의병장은 거의가 전직 관료나 유생 등 유교 이념을 깊이 체득한 인물들이었다. 그러나 이러한 해석은 의병장이 의병을 일으킨 동기를 설명하는 데에는 적합할지 모르지만, 일반 백성들이 의병에 가담한 동기를 설명하는 데에는 충분치 못하다.

미리 대비하지 못하고 느닷없이 임진왜란을 당했던 데다가, 전쟁 중에 보였던 조정의 무책임한 행태로 인해 당시 조선 왕조에 대한 민심은 상당히 부정적이었다. 이러한 상황에서 백성들이 오로지 임금에 충성하기 위해서 의병에 가담했다고 보기는 어렵다. 임금에게 충성해야 한다는 논리로 가득한 한자투성이 격문의 내용을 백성들이 얼마나 읽고 이해할 수 있었는지도 의문이다. 따라서 의병의 주축을 이룬 백성들의 참여 동기는 다른 데서 찾아야 한다.

의병들은 서로가 혈연(血緣) 혹은 지연(地緣)에 의해 연결된 사이였다. 따라서 그들은 지켜야 할 공동의 대상을 가지고 있었으며 그래서 결속력도 높았다. 그 대상은 멀리 있는 임금이 아니라 가까이 있는 가족이었으며, 추상적인 이념이 아니라 그들이 살고 있던 마을이었다. 백성들이 관군에 들어가는 것을 기피하고 의병에 참여했던 까닭도, 조정의 명령에 따라 이리저리 이동해야 하는 관군과는 달리 의병은 비교적 지역 방위에만 충실하였던 사실에서 찾을 수 있다. 일부 의병을 제외하고는 의병의 활동 범위가 고을 단위를 넘어서지 않았으며, 의병들 사이의 연합 작전도 거의 이루어지지 않았다.

의병장의 참여 동기도 단순히 '임금에 대한 충성'이라는 명분적인 측면에서만 찾을 수는 없다. 의병장들은 대체로 각 지역에서 사회·경제적 기반을 확고히 갖춘 인물들이었다. 그러나 전쟁으로 그러한 기반을 송두리째 잃어버릴 위기에 처하게 되었다. 이런 상황에서 의병장들이 지역적 기반을 계속 유지하려는 현실적인 이해관계가 유교적 명분론과 결합하면서 의병을 일으키는 동기로 작용하게 된 것이다. 한편 관군의 잇단 패배로 의병의 힘을 빌리지 않을 수 없게 된 조정에서는 의병장에게 관직을 부여함으로써 의병의 적극적인 봉기를 유도하기도 했다. 기본적으로 관료가 되어야 양반으로서의 지위를 유지할 수 있었던 당시의 상황에서 관직 임명은 의병장들에게 큰 매력이 되었다.

먼저, 각 글의 중심 내용을 파악한다. 이때 다음과 같은 점에 유의한다.

- 반복되는 어휘에 유의하며 화제가 무엇인지 아래에 찾는다.
- 접속사, 어휘나 문장 표현 등 글의 표지를 단서로 하여 핵심 내용을 찾는다.

이 글은 <인과> 구조를 지닌다. 즉, (가) 문제 제기 (나) 주장(결과) (다) 부연 상술(뒷받침 내용) (라) 논거1(원인) (마) 논거2(원인)의 구조로 되어 있다. 한편 이와 다른 관점의 글 A와 B가 있다. 이들이 위 글의 주장을 뒷받침하는 논거로 사용될 수 있는지, 즉 주장을 강화하는 자료가 될 것인지 혹은 그 반대로 주장을 약화시키는 반증이 될 것인지 등을 평가하며 같은 방법으로 중심 내용을 파악한다.

[표 9-3] 상반된 주장의 글들

A	당시 기록을 보면 다음과 같이 실려 있다. "진실로 기운을 내고 펼쳐 일어나, 우리 조상 임금님들께서 남기신 은덕을 저버리지 않는다면, 창고에 가득한 물건과 벼슬자리를 나는 아끼지 않을 것이다. 살아서는 아름다운 칭송이 있을 것이고, 자손에게까지 은택이 흘러 전해질 것이니 어찌 훌륭하지 않으랴!"
B	당시 기록을 보면 다음과 같이 실려 있다. 왜적이 대동강변에 나타나자 조정의 대신들은 피난을 떠나기 위해 먼저 평양성을 나섰다. 이에 성안의 아전과 백성들이 난을 일으켜 칼을 빼어 들고 그 길을 막으면서 크게 꾸짖어 말하였다. "너희들은 평소에 나라의 녹봉만 훔쳐 먹다가 이제 와서는 나랏일을 그르치고 백성들을 속임이 이와 같으냐?"

마지막으로, 관점이 다른 글과 비교하며 이제까지 읽은 내용과 어떻게 통합할 수 있는지 생각하며 읽는다. 예컨대, 전쟁을 승리로 이끈 것은 지도자의 충성심뿐만이 아니라, 이름 없이 스러져간 민중들이 자신의 가족과 마을을 지키려는 노력 덕분임을 여러 가지 문서를 통해 읽어낼 수 있다. 또한 아래의 다른 문서의 글을 통해 역사적 사실을 쉽게 단정 짓거나 드러난 것만으로 속단하는 것은 신중하지

못한 관점임을 알 수 있다. 따라서 이러한 모든 내용들을 통합하여 '역사란 주관적 서술이다'는 말의 내용을 깊이 있게 이해하며, 역사를 바라보는 독자의 관점을 새롭게 정립할 수 있다.

<예문6>

> 문서 이외의 사료 역시 마찬가지로 결함을 지닌다. 세계적으로 이름난 고대와 중세의 역사 유적, 예컨대 이집트의 피라미드, 중국의 만리장성과 자금성, 유럽의 성당과 거대한 성, 우리나라의 경복궁과 비원 따위는 모두 지배자를 위해 만든 것이다. 이러한 건축물과 귀중품들은 지배층의 권력의 크기나 그들이 누린 부귀영화에 대해 많은 것을 이야기한다. 그러나 그것을 만드는 일에 동원된 사람들에 대해서는 별로 말이 없다. 그들이 살았던 보잘 것 없는 주거는 흔적도 없이 사라져버렸고, 문자를 이용할 수 없었던 그들은 자신들에 대해 아무런 기록도 남기지 못했다. <u>이런 사정 때문에 역사가는 아무리 많은 사료를 모아도 또 아무리 열심히 사료를 연구한다 할지라도 과거의 사회, 과거의 문명, 과거의 시간을 '실제 있었던 그대로' 서술하는 데에 한계가 있는 것이다.</u>
>
> (유시민, '내 머리로 생각하는 역사 이야기' 중에서)

2) 글이 미칠 사회적 영향에 대해 평가하기

인터넷의 신문 기사나 광고 등 설득을 목적으로 생산되는 텍스트의 경우는 비판적 읽기가 필요하다. 디지털 텍스트 중에서 신문의 만평을 예로 들어 보자. 만평과 같이 필자의 견해가 들어가는 글이나 여론을 형성할 목적으로 쓰인 글은 필자의 의도를 추론하는 데서 나아가 그 글이 미칠 사회적 영향에 대해서도 짐작해보는 것이 중요하다. 다음 만평과 기사를 보면서 중간에 제시된 질문을 생각해 보아야 한다.

[그림 9-7] 지옥이 따로 없다(출처 : 박용석 중앙만평, 11/29, 2014)

이와 같은 복합양식 텍스트를 읽을 때에는 다음과 같은 다양한 읽기 맥락을 고려하여 읽어야 한다. 이를 질문 형식으로 제시하면 다음과 같다.

- 위 텍스트의 중심 생각(main idea)은 무엇입니까?
- 위 텍스트를 읽도록 예상된 독자는 누구입니까?
- 위 텍스트를 만든 작가의 의도는 무엇입니까?
- 위 텍스트에서 글자와 그림은 어떤 역할을 합니까?
- 위 텍스트를 해석하기 위해 필요한 배경지식은 무엇입니까?
- 위 텍스트를 제대로 해석한 사람은 어떤 변화를 일으킬 것으로 가정됩니까?

3) 글이 지닌 사회적 관계와 힘에 대해 평가하기

디지털 읽기는 글이 지닌 사회문화적 맥락을 기호학적으로 분석하는 읽기가 필요하다. 이 사회문화적 맥락은 때로는 특정 정치 사회 제도 속에서는 권력이나 사회적 이데올로기 등을 뜻할 때가 많다. 다음에 예로 든 광고를 읽으면서 광고의 목적과 의도, 광고가 미칠 사회적 영향에 대해 생각해 볼 수 있다. 여기서는 베블린 효과(가격이 높을수록 소비를 자극한다)를 광고 표현의 전략으로 사용하고 있는데, 현대인이라면 이를 비판적으로 읽어낼 수 있어야 한다.

> 당신이 사는 집이 당신이 누구인지를 말합니다.
> 대한민국 상위 1%가 사는 집,
> 레스턴빌.
> 지금 계약하십시오.

[그림 9-8] 주택 광고 포스터

이를 지도할 때는 다음과 같은 지도 절차를 따를 수 있다. 먼저 사실적 이해 전략을 사용하여 주장과 근거를 분석한 뒤에 텍스트 생산자의 의도와 이 텍스트가 사회에 미칠 파장(효과)을 비판적으로 평가하며, 텍스트에 대한 가치 판단을 내릴 수 있다.

단계	지도 내용	학습활동
1	광고의 지시적 의미 파악하기	
2	주장과 근거 분석하기	주장 : 근거 :
3	주장과 근거 간의 논리적 타당성 분석하기	
4	함축 의미 또는 제작자의 의도 분석하기	
5	사회문화적 기호 분석하기	

더 생각해 보기

⊙ 내용 탐구 활동

1. 다음은 '매체 특성을 고려하여 텍스트를 읽고 쓰기' 단원에 대한 수업 계획의 일부이다. 이러한 수업에서 고려해야 할 '교수·학습 활동 및 유의점'에 대해 토론해 보자.

학습 목표	영상이나 인터넷 등의 매체 특성을 고려하며 매체가 전달하는 내용을 비판적으로 읽는다.
학습 활동	영상 광고를 선정하여, 매체 특성을 파악하고, 매체가 전달하는 내용에 과장이나 왜곡이 있는지 분석하여 비판적으로 평가한다.

교수-학습 활동 및 유의점

차시	교수-학습 활동	교수 내용 및 유의점
1	광고 매체의 특성을 이해하고, 분석 과정을 학습한다.	■ 직접교수법 적용 • 광고 매체의 특성이란… • 분석 과정 : 　- 주장과 근거 파악하기 　- 설득 전략 분석하기
2~3	* 영상 광고를 한 편 선정하여, 비판적으로 읽고 모둠원들과 토론을 통해 공유한다. (1) 영상 광고의 주장 파악하기 (2) 영상 언어의 구성 요소 설명하기 (3) 광고의 설득 전략 분석하기 (4) 광고의 사회문화적 영향 설명하기	■ ■ ■ 논리적 설득, 감성적 설득, 인성적 설득 전략을 분석한다. ■

⊙ 모둠 탐구 활동

　다음 인터넷 광고를 읽고 텍스트의 특성 및 비판적 읽기 방법을 따라 텍스트를 분석하고, 사회문화적 맥락을 고려하여 광고의 의도, 광고가 사회에 미칠 영향 또는 사회적 효과에 대해 토론해 보자.

(젊고 예쁜 여자가 한 남자와 함께 커피숍으로 들어가는데, 중년으로 보이는 한 여자가 젊고 예쁜 여자를 손으로 가리키며)

여성 1 : "새서울 여중 신선애?"

여성 2 : (반가운 듯 안기며) "선생님"

여성 1 : "나 동창인데..."

여자 NA : "전용 목장에서 관리하셔야죠." (서울우유, 광고)

⊙ 더 읽을거리

• 박수자(2019). 과제 기반 다문서 읽기활동을 위한 학습독자의 읽기 목적 지도 탐색. 교육연구 76집. 성신여자대학교 교육문제연구소, 35-52.

이 논문은 과제 기반 다문서 읽기 활동에서 학습 독자의 읽기 목적이 지닌 위상에 대하여 이론적으로 탐색하고, 학습 독자의 읽기 목적 수립 지도가 가능한 사례를 추출하여 읽기 과제의 관련성 분석이나 학습 독자의 질문생성을 통한 읽기 목적 수립 지도에 대해 논의한 연구이다.

제10장 독서 평가의 개념과 방법

평가는 교육의 한 과정이다. '평가가 좋으면, 교육도 좋다(test better, teach better).'는 말에서 보듯 평가가 교육에 미치는 영향은 크다. 따라서 교사는 독서 평가에 대해 기본적 이해를 토대로, 평가 도구를 개발하고 평가를 실행할 수 있어야 한다. 이 장에서는 먼저, 독서 평가의 개념과 교사의 역할을 알아본다. 검사, 측정, 평가, 총평, 진단과 같은 용어들을 비교하고, 독서 평가의 개념을 정의한다. 독서 평가의 목적과 내용, 독서 평가를 기획하고 시행하는 교사의 역할과 책무성의 문제를 다룬다. 그리고 독서 평가 설계에 관련되는 준거와 독서 평가를 기획하고 추진하는 절차를 점검한다. 끝으로, 독서 평가의 방법에 대하여 전통적 선다형 평가와 대안적 평가로 구분한 후에 각각의 특징과 사례를 살펴보게 된다.[60]

1. 독서 평가의 개념과 교사의 역할

교육 측정 및 평가 연구에서 사용되는 평가 관련 용어를 정리하면서 독서 평가의 개념을 알아보고, 독서 평가의 문제점과 개선 방향을 알아보면 다음과 같다.

가. 독서 평가의 개념과 문제점

1) 평가 관련 용어와 독서 평가

교육 분야에서 평가와 관련된 용어들로는 다음과 같은 것들이 있다(교육평가연구

---

60) 이 장의 내용은 '천경록(1999). 독서교육과 독서 평가, 독서연구 4, 7-37'의 내용을 토대로 수정 보완한 것임.

회, 1995). 사용자에 따라 다소 달리 사용되기는 하지만, 대체로 '검사 ⊂ 측정 ⊂ 평가 ⊂ 총평' 순으로 의미가 포괄적이다([그림 10-1]).

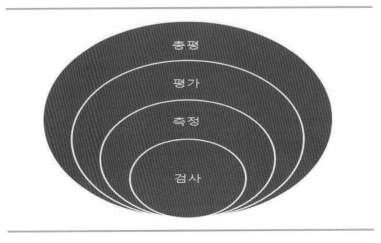

[그림 10-1] 평가 관련 용어들의 관계

• 검사(test)

조건을 제한한 후, 피험자들에게 검사 도구(체계적인 과제나 질문)를 제시하고 반응하게 하여 학생의 지식, 능력, 태도 등과 같은 심리적 상태에 대해 결과를 얻는 것을 말한다. 검사는 외적 변인의 개입이 최소화 되도록 통제 상태를 지향하며, 학생에 대한 정보의 수집에 관심이 있다.(예 : 독서 부진아 진단 검사)

• 측정(measurement)

학생의 독서 능력이나 태도를 판단하기 위해서, 검사, 관찰, 면접, 질문지 등을 통해 얻은 정보에 대하여 기준이 되는 척도(scale)에 따라 점수를 부여하는 절차를 말한다. 측정 결과는 양화(量化)되어 양적 정보가 산출된다. 측정은 어느 시점에서의 학생의 능력이나 태도가 비교적 안정적이라는 가정 하에 실시하므로 신뢰도 및 객관도 유지에 관심을 갖는다.

• 평가(assessment)

측정 결과를 통하여 학생의 지식, 능력, 태도, 흥미 등과 같은 특성을 판단한다. 측정 결과에 바탕을 두고 등급 매기기, 심사하기, 자격 부여하기, 선발하기, 재지도 등과 같은 '의사결정'을 하게 된다. 사람을 대상으로 사용한다.(예 : 학생의 독서 능력 평가)

• 총평(evaluation)

평가와 개념이 중복되는 부분이 많다. 어떤 목적을 갖고 아이디어, 작품, 방법, 소재 등에 관하여 가치 판단을 한다. 평가는 사람을 대상으로 사용하지만 총평은 사람뿐만 아니라 교육 제도, 교재, 교육과정, 시설, 정책 등과 같을 대상에 대해서도 정보를 수집하고 의사결정을 내린다. evaluation을 '사정(査定)'이라고 하기도 한다. (예 : 독서 교과서 평가)

• 진단(diagnosis)

관찰과 검사 등을 통해 학생의 독서 발달, 장애(disability) 여부, 독서 과정의 어려움(disorder) 등을 확인하는 과정, 절차, 행동을 말한다. '진단 평가 → 형성 평가 → 총합 평가'에서 보듯이 교실에서는 본격적인 교수학습 이전에 학생의 상태나 준비 정도를 확인할 때 진단을 하게 된다. 국가수준에서는 기초학력 진단 검사 등과 같이 전체 학생들의 학력 추이(推移)를 파악하고 정책을 수립하기 위해 시행하기도 한다. 검사나 관찰 결과를 토대로 향후 교육하거나 정책을 수립하기 위해 학생을 일정한 기준에 따라 특정의 범주에 분류하는 과정을 말한다.

이상에서 살펴본 대로 평가와 관련된 용어들이 여럿 사용되고 있다. 검사와 측정은 심리적 특성을 물리적으로 관찰(observation)하여 수량적 정보를 수집하는 데 초점이 있고, 평가와 총평은 검사나 측정에서 얻은 정보를 토대로 교육적 혹은 사회적 의사결정(decision making)을 하는 데 초점을 둔다.

이러한 평가 관련 개념 검토를 기초로 독서 평가를 '학생의 독서 능력이나 태도와 같은 심리적 특성에 관한 정보를 수집하고 의사결정을 내리는 과정'이라고 정의할 수 있다. 독서 평가는 정상적 독서 발달을 보이는 학생들을 대상으로 교수학습의 전·중·후 단계에서 모두 사용되지만, 독서 진단은 주로 읽기 부진아(underachiever), 난독증(dyslexia), 비독자(aliterate reader) 등과 같이 독서 발달의 장애나 지연을 겪는 학생들을 대상으로 교수학습 전 단계에서 대상자들을 판별할 때 주로 사용된다.

2) 독서 평가의 문제점과 개선 방향

독서 평가에 관한 연구는 그동안 국어교육에서 평가를 연구하는 사람들이 주도하였다. 독서 평가는 지문 텍스트를 제시하고 읽게 한 후에 평가를 하였기 때문에 말하기, 듣기, 쓰기 등과 같은 영역에 비해 일찍부터 조명을 받았다. 이런 연구의 결과로 독서 평가에 제기된 비판은 다음과 같다.

 ① 독서 평가 목적이 불분명한 채 시행되었다.
 ② 독서 평가의 타당성과 신뢰성이 낮다.
 ③ 독서 능력과 태도를 균형 있게 평가하지 못한다.
 ④ 독서 평가 도구가 선다형 검사 일변도이다.
 ⑤ 수행형 평가에 수반되는 자료(예 : 평가기준)가 불충분하다.
 ⑥ 독서 평가와 교수학습이 따로따로였다.
 ⑦ 독서 평가 결과가 제대로 활용 되지 않는다.
 ⑧ 독서 교사의 전문성을 향상시키지 못하였다.

위와 같은 독서 평가를 개선하기 위해서는 다음과 같은 방향으로 독서 평가가 시행될 필요가 있다.

첫째, 독서 평가는 독서교육의 한 과정이므로 단순히 학생의 독서 능력에 대한 '검사'에서 그쳐서는 안 된다. 검사를 위한 검사는 곤란하다. 검사나 관찰 결과를 토대로 실질적으로 학생들의 독서 능력을 향상시키는 데 이바지해야 한다. 결과 활용에 있어서도 그동안 학습자를 서열화하고 분류하는 것과 같은 사회적 기능에 치우쳤다. 앞으로는 학생의 독서 능력과 태도를 실질적으로 발달시키는 교육적 기능에 더 주목해야 한다.

둘째, 독서 평가의 타당도와 신뢰도를 높여 나가야 한다. 그동안 성취기준보다는 글 내용 중심으로 평가하거나 직접 평가보다는 간접 평가*를 많이 사용하는 바람에 타당도의 문제가 제기되었다. 학교 교실에서 교사가 직접 개발하여 사용하는 선다형 검사 도구는 타당도가 체계적으로 검증되지 않았다. 수행형 평가 도구에서는 평가기준, 예시 답안 등을 체계적으로 제공하여 신뢰성을 더욱 높여 나가야 한다.

> * 간접 평가는 평가 내용을 바로 측정하는 것이 아니라 평가 내용과 상관성이 높은 내용을 측정함으로써 평가 내용을 추론하는 것이다. 예를 들어, 독해력을 측정하기 어려운 상황이라면 독해력과 상관이 높다고 생각되는 독서에 관한 지식을 측정하여 독해력을 추론하는 방법이다. 비유하면, 체중을 알고 싶은데 체중계가 없으니, 줄자로 체중과 상관성이 높은 신장을 측정해서 체중이 얼마나 될지 추론하는 것과 같다.

셋째, 독서의 인지적 능력과 정의적 능력을 균형 있게 살펴보도록 해야 한다. 그동안 독서 과목의 학습 내용에 제시된 태도나 흥미와 같은 내용을 제대로 평가하지 못하고 인지적 능력 중심으로 평가되었다. 앞으로 정의적 영역과 관련된 표준화된 검사 도구가 개발되어야 하고, 교실에서는 과정 평가를 활용하여 정의적 능력에 대한 평가나 관찰도 함께 진행되어야 한다.

넷째, 선다형 검사와 수행형 검사를 상호 보완하여 사용할 필요가 있다. 선다형 검사는 장점도 있지만 단점도 있다. 지식 평가로 흐르거나 성취기준 중심의 평가가 아니라 지문(글) 중심으로 문항이 개발될 소지가 많다. 교실 외부에서 제작되어 교실 내로 부과되는 선다형 검사에서는 교사가 고사 감독관이나 채점자 역할 밖에는 할 수 없기 때문에 평가와 관련된 교사의 전문성을 향상시키지 못하였다. 선다형 검사뿐만 아니라 다양한 수행형 검사 도구를 학습 과정에서 보완적으로 사용하여 교사의 전문성을 높이고, 학습의 과정과 결과를 함께 관찰할 수 있어야 한다.

다섯째, 수행형 평가에 사용되는 부수 도구들을 개발해야 한다. 수행형 평가를 위해서는 평가 문항, 평가기준, 채점 기준, 예시 답안, 관찰 기록지 등이 필요하다. 이러한 부수 도구 개발과 사용 매뉴얼들이 준비되어야 한다.

여섯째, 평가의 정합성을 높여 나가야 한다. '학습 내용 따로, 교과서 따로, 수업 따로, 평가 따로'와 같은 현상을 방지해야 한다. 가르친 것을 평가해서 '학습 내용 ↔ 교재 ↔ 교수학습 ↔ 평가' 사이에서 정합성(alignment)[61]을 높여 나가야 한다(천경록, 2009a : 116). Wiggins & McTighe(2005/2008)가 역방향 설계에서 '바라는 결과의 확인 → 수용할만한 증거의 결정 → 학습 경험과 수업 계획'으로 교육과정 설계를 제안한 것도 교수학습 내용과 평가의 정합성을 높이려는 시도에 해당한다.

일곱째, 평가 과정에서 얻게 되는 정보는 기록되고, 관리되고, 활용되어야 한다. 독서 평가는 학생의 독서 발달과 관련된 정보를 체계적으로 모아야 한다. 이를 위해 학기 초나 말에 보는 정기 검사(예를 들어, 일제고사)뿐만 아니라 교실에서 교수학습 장면에서 나타나는 학생의 독서 결과를 모아서 누가 기록(예를 들어, 포트폴리오)할 필요가 있다. 이러한 기록을 보고 학생의 성장과 강약점을 진단할 수 있다. 비유하면, 병원에 가서 혈당 검사를 하고 기록해 두면 자신의 혈당 추이를 알 수 있는 것과 같다. 평가에서 얻은 기록은 적절한 형태로 정리되어, 필요한 사람들에게 필요한 정보가 적절한 형태로 제공되어야 한다.

끝으로, 독서 교사의 평가 전문성(expertise)을 향상시켜 나가야 한다. 교사는 학생과 가장 가까운 위치에서 학생의 독서 발달을 진단하고 재지도해야 한다. 여기에 필요한 독서 평가의 계획 수립, 도구 개발, 시행, 해석, 의사결정, 결과보고 등은 매우 전문적 과정이다. 교사가 이러한 평가 전문성을 높여 나갈 수 있도록 체계적

---

61) alignment를 '일체화'로 번역하는 연구자들도 있다.

인 교사교육이 있어야 한다.

나. 독서 평가의 목적과 교사의 역할

1) 독서 평가의 목적과 평가 내용

독서 평가에 대한 개념을 토대로 독서 평가의 목적을 정리할 필요가 있다. 독서 교육은 초중등 보통교육의 시작과 함께 한다. 초등학교에 입학하면 맨 먼저 국어 문자 읽기를 시작한다.[62] 이것은 독서의 기초기능에 해당하는 해독(解讀)에 해당한다. 학생들은 초등학교 저학년에서 독서에 입문한 후에 점점 독립적 독자 (independent reader)로 발달해 나아간다.

독서 발달 과정에서 어떤 학생들은 또래 아동의 평균적인 발달보다 앞서거나 뒤쳐질 수 있다. 초중등 보통 교육 기간의 독서교육의 목적은 교육의 대상이 되는 학생들로 하여금 각 단계의 발달에 뒤쳐지지 않도록 지도하여 긍극적으로 능숙한 독립적인 독자의 단계로 안내하는 것이다. 이를 위해 독서 평가의 목적을 다음과 같이 설명할 수 있다.

첫째, 교실에서는 개별 학생의 독서 능력에 대한 정확하게 진단하고 평가하여 그 결과를 교수·학습에 제공함으로써 학생의 독서 발달을 돕도록 해야 한다. 이를 위하여 독서 지도 전에 독서 능력에 대한 준비도 평가가 필요하며, 독서 지도 과정에서는 수시로 형성 평가를 실시하고, 독서 지도 후에 독서 발달에 대한 총괄 평가를 실시하여, 그 결과를 후속 교수·학습에 반영하여야 한다. 독서 평가를 통해 교육 공동체가 학생의 독서 발달에 대하여 진단적 정보를 공유하고, 교사가 독서 지도와 관련된 중요한 결정을 내릴 수 있어야 한다.

---

62) 독서 발달은 유치원 이전 시기부터 시작된다. 독자들은 초등학교 시기에 앞서서 발생적 문식성 (emergent literacy), 초기문식성(early literacy) 시기를 거친다.

둘째, 독서 평가는 우리나라 초중등 학생들 전체의 독서 능력과 태도를 평가하여 국민의 독서 능력의 추이(推移)를 파악할 수 있어야 한다. 국민의 독서 능력은 학력, 직무 능력, 노동력 등과 상관이 있다. 우리나라 학생들의 독서 능력이 경쟁국보다 높아지면, 우리나라의 산업 생산성도 올라가고 국가 경쟁력이 향상될 수 있다.

이를 고려하여 OECD에서는 PISA라는 평가 프로그램을 통해 읽기(독서) 능력 평가를 실시한 후에 그 결과를 각국 지도자들에게 제공하고 있다. 지금은 시행되고 있지는 않지만 국가 수준의 초등학교 3학년을 대상으로 한 기초학력진단검사나 중학생과 고등학생들을 대상으로 표집 검사로 시행되는 학업성취도 평가에서도 읽기는 주요 평가 내용이다.

다음으로 독서 평가의 내용은 평가 목적에 따라 달라질 수 있지만 초중등학교 교실에서 이루어지는 읽기(/독서) 평가의 내용은 읽기(/독서) 교육과정에 제시된 성취기준이 평가 내용이 되어야 한다. 그렇게 해야 교육과정과 평가의 정합성이 높아지고, 독서 평가의 타당도가 높아진다.[63]

이 밖에 한글 해독 검사, 독서 능력 진단 검사, 읽기 부진아 진단 검사, 난독증 검사, 비독자 검사, 독서 태도 검사, 독서 흥미도 검사 등과 같은 표준화된 검사에서는 해당 검사에서 측정하고자 하는 내용의 구성 개념(構成槪念)을[64] 찾아낸 후에 구인에 따라 검사 도구가 개발되어야 한다.

2) 교사의 역할과 책무성

독서교육이 학습자의 독서 발달을 촉진하는 것이고, 독서 평가는 독서발달에 대한 진단이라면, 이러한 관점에서 독서 교사의 역할이 재조명되어야 한다. 전통적

---

63) 독서교육의 내용에 대해서는 이 책의 5장에서 다루었다.
64) 혹은 구인(構因)이라고 한다.

인 관점의 독서 교사는 지식의 '전달자'이고 평가에서는 합격과 불합격을 가르는 '심판자' 역할을 수행하여 왔다.

그러나 독서교육의 궁극적 목적이 학생들로 하여금 독립된 독자로 만드는 것이라면, 앞으로 교사는 독서 평가와 관련하여 학생의 독서 발달에 대한 사려 깊은 '진단자'와 '관찰자'가 되어야 하며, 그 자신 능숙한 독자로서 독서 능력을 학생에게 실연(實演)해 보일 수 있는 '시범자'와 학생의 독서 참여 동기를 북돋우는 '촉진자(facilitator)' 역할을 수행해야 한다.

교사는 독서 평가를 통해서 학생이 정상적인 독서 발달 단계에 견주어 어느 정도의 단계에 있으며, 어떤 독서 기능에 문제점을 가지고 있는지 파악할 수 있어야 한다. 이를 위해 형식적 및 비형식적 검사 도구를 제작하고 사용할 수 있어야 하며, 그 결과를 해석할 수 있어야 한다. 검사 도구가 갖는 한계점에 대하여도 명확하게 알고 있어야 하며, 검사 결과를 학생에 대한 직접적인 관찰 결과와 함께 상보적으로 활용할 수 있어야 한다.

교사의 역할과 관련하여 독서 평가를 실시함에 있어서 평가 결과에 대한 책임은 누가 져야 하는가에 대한 물음을 점검할 필요가 있다. 학업성취도평가와 같은 평가의 결과는 학생이나 학부모, 교사, 교장, 학교 행정가, 교육장, 교육감, 국민들에게 제공된다. 평가 결과가 좋거나 나쁠 때는 누구의 책임인지를 묻게 된다. 학생이 노력을 안 한 건지, 학생의 학습 능력이 낮아서인지, 교사가 제대로 가르치지 못해서 그런지 등과 같이 평가 결과에 대한 책임을 묻는 것을 책무성(accountability)이라고 한다.

교사의 지도 여하에 따라 평가 결과가 달리 나타나지만(즉, 교사 효과가 있지만), 그렇다고 평가 결과의 책무성을 전적으로 교사에게만 돌려서는 안 된다. 평가 결과에 영향을 미치는 요인은 교사뿐만 아니라, 가정환경, 학습자의 발달과 노력, 학교의 행정, 교재, 지역 간의 학교 차이 등으로 다양하기 때문이다.

앞으로 평가 결과를 활용할 때에는 평가 결과를 가지고 학교나 학생, 교사의 우열(優劣)을 판단하기보다는 평가 결과에 미치는 원인을 찾아내고 해결책을 모색하는 데 주안점을 줘야 한다. 그러자면 학교 교육에서의 평가 체제는 교사를 지원해 주는 방향으로 나아가야 한다.

교사는 교수·학습·평가 장면 속에서 학생과 가장 가까운 위치에 있다. 교사는 수업 중에 학습자의 독서 수행 정도에 대한 직·간접적인 관찰을 계속하고 있다. 이 과정은 매우 통찰적이고 지속적이다. 평가와 관련된 교사의 결정을 존중해 주고 교사에게 평가권을 회복해 주어야 한다.

평가 전문가로서의 교사의 능력에 대하여 과신을 해서도 불신을 해서도 안 될 것이다. 과신을 하는 쪽은 지금까지 지나치게 교사의 권위를 존중하여 타당성 없는 평가 문항을 출제하여도 독서 평가로 수용하고 넘어 갔었다. 불신을 하는 입장에서는 교사의 판단에 대하여 끊임없이 의심을 함으로써 평가 전문가로서 교사의 입지를 축소하였고, 평가의 타당성보다는 객관성, 무오류성을 중시하여 왔다. 그 결과, 교사들은 책임을 피하기 위해서 선다형 검사 일변도로 평가하게 되었다.

교사는 의사에 비유할 수 있다. 의사는 환자에 대하여 진단 결과를 말할 때에 과학적 검사 도구를 사용한 결과를 존중하지만 최종적인 판단은 의사 자신의 오랜 임상 경험을 근거로 내린다. 교사도 마찬가지다. 학생의 독서 능력에 대한 진단은 선다형 검사와 같은 표준화 검사의 결과도 중요한 자료가 되지만 결국 교사 자신의 판단에서 나온다. 이러한 판단의 실마리나 증거가 될 수 있는 것은 매우 많다. 교사는 이런 다양한 증거를 종합적으로 이해해야 한다. 교사의 평가 전문성을 점점 높여가는 정책을 시행해야 한다.

2. 독서 평가 설계의 준거와 추진 절차

독서 평가를 잘하기 위해서는 평가를 설계(design)하는 준거들을 먼저 이해해야 한다. 어떤 평가가 되던지, 그것의 이면에는 다음과 같은 준거들이 명시적이건 암시적이건 간에 존재한다.

가. 독서 평가 설계의 준거

다음에 소개하는 준거나 관점은 교육평가 분야에서 발전되어 왔다. 준거나 관점 사이에 특성이 다소 겹치는 부분도 있지만, 각각의 준거들이 갖는 특성을 잘 이해해 두면 독서 평가를 설계할 때 유용하다.

1) 타당도와 신뢰도

타당도(validity)는 검사 도구가 측정하고자 하는 능력이나 특성을 충실하게 측정하는 정도를 말한다. 타당도는 내용 타당도, 구인 타당도, 준거 타당도로 분류하고, 준거 타당도는 다시 예측 타당도와 공인 타당도로 나눈다(교육평가연구회, 1994 : 165). 내용 타당도는 가르친 것과 평가한 것의 일치를 말한다. 가르친 것과 평가한 것의 괴리는 타당한 평가를 보장하지 못한다.

타당도는 평가를 통해 측정하고자 하는 것을 과연 제대로 측정하는 것인가의 문제이기 때문에, 학교에서 독서 성취도를 타당하게 평가하기 위해서는 먼저 각급 학교의 독서 교육과정과 교과서 내용을 정밀히 분석하여 독서 평가를 설계해야 한다.

교사들이 선다형 검사 방법을 사용할 때 자주 범하는 오류 중의 하나는 해당 학년군의 성취기준에 맞는 독서 능력을 측정한다는, 즉 타당도를 중심으로 문항을 구성하는 것이 아니라 글(지문) 중심으로 문항을 구성한다는 점이다. 예를 들어, 독서 평가의 목적은 비판적 읽기 기능을 검사하는 문항을 만들고자 하였으나 평가 지문으로 선택된 글이 사실적 이해 기능을 측정하기가 좋아서 사실적 읽기 문항으로 개발하였다면 타당성이 낮아지게 된다.

신뢰도(reliability)란 검사가 사물이나 인간의 특성을 오차 없이 정확하게 측정하는 정도로 측정의 일관성과 안정성을 말한다. 신뢰성 있는 검사는 능숙한 학생은 높은 점수를 받게 하고, 미숙한 학생은 낮은 점수를 받게 한다. 평가를 반복하였을 경우, 비슷한 결과가 나온다면 신뢰도가 높다고 할 수 있다.

신뢰도와 구별하여 객관도를 들기도 하지만 이것은 평가자 사이의 신뢰도 문제이므로 결국 신뢰도에 포함된다. 이 밖에도 실용도를 생각할 수 있다. 실용도는 현실에서 사용 가능성의 준거를 말하는데 경제성과도 밀접한 관련을 맺고 있다.

2) 절대 평가와 상대평가

절대 평가(혹은 준거지향 검사, criterion-referenced test)는 목표 지향 평가이고, 상대평가(혹은 규준지향 검사, norm-referenced test)는 평가 집단내의 서열 정보를 중시하는 평가 방법이다.

상대 평가는 선발적 교육관에 근거를 두고 있다. 여러 사람들에 대하여 계속적으로 선발을 해 나감으로써 어떻든 능력이 있는 사람을 골라내겠다는 교육관에 근거하고 있다. 상대 평가는 각 학생들의 개인 차이를 규준 집단과 비교하여 우열에 관한 차이에는 관심을 가지고 있으나, 한 개인의 발달 측면의 개인 차이에는 관심이 적다. 상대 평가로는 상대적인 서열 정보만을 알지 누가 무엇을 잘하고 무엇을 못하는지 파악하기가 쉽지 않다.

이에 반해, 절대 평가는 발달적 교육관에 근거를 두고 있다. 발달적 교육관은 모든 학생이 각기 적절한 교육적 경험이 제공된다면 나름대로 주어진 교육 목표를 달성할 수 있다고 본다. 곧, 이전에는 학습을 잘하지 못하던 학생도 교수·학습 여하에 따라 새롭게 더 잘할 수 있다는 변화의 가능성을 믿는다. 그리고 평가에 참여한 모든 학생이 다 교육 목표를 도달했다면 우수한 점수를 받을 수 있다. 교수·

학습의 가능성이 열려 있다. 절대 평가는 학생의 성취에 대한 진단적 정보가 제공되기 때문에 독서 평가의 새로운 전기를 마련할 수가 있다. 절대 평가를 실시하기 위해서는 절대 평가의 목표점이 되는 기준 체계가 준비되어 있어야 한다.

평가 결과의 활용 측면에서 상대 평가는 상급학교 입시와 같은 선발 목적에 주로 사용되고 있고, 절대 평가는 형성 평가나 진단 평가와 같은 교수학습적 목적에 주로 사용되고 있다.

3) 형식 평가와 비형식 평가

형식 평가(formal assessment)는 대단위 표준화된 검사를 말한다. 이에 비하여 비형식 평가(informal assessment)는 관찰 평가나 포트폴리오법과 같은 규격화되지 않은 다양한 평가 방법을 말한다.

독서 평가에서 형식 평가를 무조건 신봉하는 것은 재고되어야 한다. 비형식 평가가 더욱 타당성이 높을 수 있다. 문제는 비형식 평가의 결과를 어떻게 일반화할 것인가이다. 비형식 평가가 평가 장면에 가장 가까운 위치에 있는 교사의 판단이란 면에서 타당성이 높은 평가 방법임에도 불구하고, 그것이 중시되지 않는 이유는 상급학교 진학을 위한 평가기록부의 작성과 그에 따라 평가가 좀 더 신뢰성 있고 객관적이기를 요구받았기 때문이다.

그러나 평가가 무엇이냐에 대한 논의와 평가 결과를 어떻게 활용할 것인가는 구별해서 접근하는 것이 바람직하다. 지금까지 형식 평가가 우선시되어온 이유는 평가의 결과 활용이 주로 상급학교 진학에 맞추어졌기 때문이다. 이러한 평가 목표가 고수되는 한, 독서 평가를 개선하기는 힘들 것이다. 이 장에서 평가의 목표로 계속 학습자의 독서 성취 정도에 대한 진단을 강조하는 이유도 여기에 있다.

그럼에도 불구하고 평가 결과가 상급학교 선발 목적으로 사용되는 것은 엄연히 현실적으로 존재하는 문제이다. 이 문제를 해결하기 위해 앞으로 상급학교 입학을 위한 평가도 이원화하는 것이 바람직할 것으로 본다. 곧, 학교 밖의 전국적인 수준이나 시도 교육청, 지역 교육청 수준에서 일괄하여 보는 시험은 표준화된 선다형 검사 위주로 실시하고, 학교 내에서 실시하는 시험은 절대 평가적인 접근에 기반을 두고 교사에 의한 비형식적 평가로 나아가고, 이 두 방향의 평가 결과를 상호 보완하여 선발에 활용하여야 할 것이다.

형식 평가와 비형식 평가와 관련된 것으로 평가 방법을 양적 평가와 질적 평가로 구분할 수 있다. 양적 평가는 독서 결과 독자의 기억 속에 남게 되는 지식의 양이나 독서 능력에 관련된 선언적 지식을 측정하는 데 관심이 있다. 이에 반해 질적 평가는 독서 능력을 발휘하여 실제적으로 글을 읽을 수 있는 수행 능력을 중시하는 평가 방법이다.

4) 과정 평가와 결과 평가

독서의 과정(process)을 평가할 것인가, 독서의 결과(product)를 평가할 것인가, 향상도(progress)를 중시하여 평가할 것인가에 대한 논의가 심도 있게 진행되었다. 이러한 논의는 최근에 성취평가제 정책에 많이 반영되고 있다.

독서 평가에서는 독서하는 과정 자체를 측정하는 것이 타당한가 아니면, 독서한 결과 기억에 남게 된 것을 측정하여도 독서 능력이라고 일반화할 수 있는지가 문제가 된다. 이 밖에도 초인지 평가가 있는데, 여기서는 초인지 평가를 독서 과정 평가에 포함되는 것으로 본다. 그러므로 크게 보면, 독서 평가에서 독서 결과를 중심으로 평가할 것인가, 독서 과정을 중심으로 평가할 것인가로 구분할 수 있다.

Johnston(1983 : 2)은 독서 결과는 독서 과정을 반영하며 매우 밀접하게 관련되어 있다는 이유로 독서 과정에 대한 직접적인 평가가 불가능하다면, 독서 결과에 대한 평가를 통해 독서 능력을 판단하는 것은 차선의 방법이 될 수 있다고 제안하고 있다. 곧, 독서 과정에 대한 직접적 관찰이 어려울 경우, 독서 과정이 반영된 독서 과업이나 독서 활동을 한 후, 그 결과를 평가할 수 있다고 주장하였다. 독서 결과 평가에 비하여 독서 과정 평가는 통제하기가 상대적으로 어렵다.

5) 교실 평가와 고부담 평가

교실 평가(classroom assessment)는 교실 내에서 교사 중심으로 진행하는 평가를 말한다. 교사가 자신이 담당하는 학생들만 대상으로 평가한다. 교사는 이들의 배경 정보나 독서 발달에 관한 정보를 많이 가지고 있다. 교사가 평가 전반을 기획하고, 검사 도구 개발, 시행, 결과 해석, 결과표 작성, 재지도, 상담 등 평가를 주도한다. 교사는 학생의 정보를 수집하여 학부모 상담 등을 통해 교실 밖으로 내보낸다. 교실 평가는 교수학습, 재지도, 상담 등과 같은 평가의 교육적 기능에 초점을 맞춘다.

이에 비해 고부담 평가(high stake assessment)는 교실 외부에서 평가 도구가 만들어져 교실 내부로 부과된다. 고부담 평가는 그 결과에 따라 학생에게 합격과 불합격 등과 같은 큰 영향을 미치기 때문에 학생은 긴장하게 된다. 고부담 평가는 평가 상황을 통제하고, 형식 평가 방법으로 시행된다. 고부담 평가의 예로 일제고사를 들 수 있다.

고부담시험에서 평가 계획, 평가 도구 개발, 채점, 결과표 작성 등과 같은 평가 과정의 대부분은 외부 전문가에 의해 이루어진다. 교사가 하는 일은 제한적이다. 평가 시행 과정에서 감독관 역할을 하는 것이 대부분이다. 교실 외부의 고부담 시험은 선발, 책무성, 정책 수립 등과 같은 평가의 사회적 기능에 초점을 맞춘다.

이 밖에도 평가의 주체에 따라 교사에 의한 학생 평가, 학생에 의한 자기 평가와 동료 평가 등으로 구분할 수 있다.

나. 독서 평가의 추진 절차

독서 평가는 즉흥적으로 실시하기보다는 계획을 세워서 추진하는 것이 좋다. 다음은 독서 평가의 추진 단계를 설명한 것이다. 교사가 주도하는 교실 평가에서는 [그림 10-2]의 어떤 단계는 교수학습과 통합되어 진행될 수 있다.

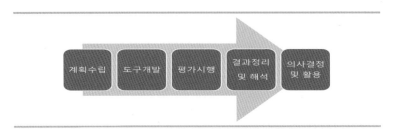

[그림 10-2] 독서 평가의 추진 절차

1) 계획 수립

독서 평가에 대한 전반적인 계획을 학기 초에 세울 필요가 있다. 독서 평가만을 따로 떼어내기보다는 독서교육 전체의 목표, 교재, 부가적으로 읽을 책, 교수학습 활동 등과 함께 계획을 세우는 것이 좋다. 이때 독서 평가를 언제 실시할 것인지, 어떤 방법으로 할 것인지, 평가의 목적은 무엇에 둘 것인지 등을 개략적으로 포함시키는 것이 좋다.

2) 도구 개발

독서 평가를 시행하려면 먼저 평가 도구가 있어야 한다. 평가 도구는 선다형 평가에서부터 수행형 도구, 교사의 관찰과 같이 다양하다. 이들에 대해서는 다음 절에서 살펴보게 된다. 교사는 표준화된 검사지를 선택할 수도 있고, 교사가 직접 도구를 만들 수도 있다.

평가 도구에는 평가 문항뿐만 아니라 문항을 설계하는 이원목적분류표, 평가기준, 채점기준, 예시 답안, 관찰 기록지, 결과 기록부 등 다양하다. 선다형 평가 문항 개발과(이정찬 외, 2020) 수행형 문항 개발(김선 외, 2017)에 필요한 일반적인 주의사항도 매우 많다. 이러한 내용은 별도의 평가 관련 서적을 참고하는 것이 좋다.

여기서는 이원목적분류표의 사례로 대학수학능력시험에 사용되는 이원분류표의 양식을 참고로 제시한다(이승철, 2006 : 132). 교실 평가에서는 교사들이 내용 영역과 행동 영역을 자신의 독서교육 목표와 내용에 맞추어 재구성할 수 있다.

[표 10-1] 수학능력시험 언어영역 이원목적분류표(양식)

내용 영역 \ 행동 언어		어휘·어법	사실적 사고	추론적 사고	비판적 사고	창의적 사고	비율(%)
듣기·말하기							
읽기	인문·사회						
	과학·기술						
	문학·예술						
	생활·언어						
쓰기							
비율(%)							

3) 평가 시행

검사 도구가 마련되었으면 평가를 시행(adminstration)해서 자료를 모아야 한다. 형식 평가 혹은 고부담 검사와 같은 것은 학생들에게 평가 시기, 방법, 주의사항 등을 미리 안내해야 한다. 수업과 함께 진행되는 비형식 평가 혹은 수행평가 등은 수업 과정에서 산출되는 자료나 증거들을 모으도록 해야 한다. 시각 장애 학생들을 위한 점자 시험 문제지 개발 등과 같이, 학생 중에서 장애 학생이 있으면 검사 도구를 이들에게 맞도록 적응(adaptation)시켜야 한다.

4) 결과 정리 및 해석

검사나 관찰을 통해 결과가 나오면 교사는 이들을 정리하여 정보를 산출해야 한다. 채점, 질적 정보의 양화, 기록이 이 단계에서 진행된다. 아울러 학생의 수행 결과가 왜곡되지 않았는지를 살펴보아야 한다. 어떤 학생의 수행 결과가 예상보다 지나치게 높다면, 학생의 내적 상태가 그러한지 아니면 우연적인 결과인지(예를 들어, 시험 부정행위의 결과인지)를 점검한다. 검사나 평가 결과를 바탕으로 학생의 독서 능력이나 태도에 대해 해석해 보도록 한다.

5) 의사결정 및 활용

독서 평가 결과를 토대로 교육적 사회적 의사결정을 내릴 수 있다. 교육적 의사결정과 관련하여 모둠 편성, 재지도, 교수학습, 도서 선정, 피드백 등과 같은 활동에 활용할 수 있다. 사회적 의사결정과 관련하여 선발, 합격/불합격, 진학, 책무성 등과 같은 활동에 활용할 수 있다. 관련 정보는 적절한 결과 기록부(reporting card)를 통해, 학생, 학부모, 교장, 지역 사회, 국가 등에 제공할 수 있다.

3. 독서 평가 방법과 사례

독서 능력은 뇌 속에서 진행되는 심리적인 사고 현상이다. 사고 과정을 직접

들여다볼 수 없기 때문에 정확하게 측정한다는 것은 매우 어렵다. 독서 평가는 '관찰'이 선행되어야 한다. 그런데 관찰하려면 물리적 현상이어야 한다. 따라서 독서 현상을 물리적으로 관찰하기 위해 다양한 검사 도구와 평가 방법들이 개발되었다. 전통적으로 선다형 평가 방법이 사용되어 왔고, 그에 대한 대안적 평가 방법이 등장하였다.

전통적 방법과 대안적 방법이 독서의 개념, 독서 평가의 목적과 강조점, 평가 과정에서 교사의 역할과 어떻게 관련되어 있는지를 요약하면 [표 10-2]와 같이 제시할 수 있다. 실제의 독서 평가 방법은 어느 한 방법만을 사용하기보다는 다양한 방법을 사용하여 관찰하는 것이 권장된다.

[표 10-2] 독서 평가에 대한 신구관점의 비교

구 분	전통적 독서 평가관	대안적 독서 평가관
1. 독서의 개념	글 내용에 대한 기억	의미의 구성
2. 중점 사고 기제	장기 기억	작용 기억
3. 평가 대상	사고의 결과	사고의 과정
4. 평가의 목적	• 학생 선발 • 교사 책무성	• 학생 진단, 성취 정도 확인 • 교수 학습 개선
5. 평가의 중점	신뢰도(객관도)	타당도
6. 배경 교육관	선발적 교육관	발달적 교육관
7. 평가 방식	상대 평가 중시	절대 평가 중시
8. 교사의 역할	• 지식의 전달자 • 당락의 심판자	• 발달 상태에 대한 진단자 • 기능과 전략의 시범자 • 기능 내면화의 조력자
9. 교사의 책무성	전적으로 교사	교육 공동체 구성원 모두
10. 독서 평가 방법	평가 방법 단일 (주로 선다형 검사)	평가 방법 다양 (포트폴리오법, 중요도 평정법, 프로토콜 분석법, 오독 분석법, 관찰평가법, 빈칸 메우기법 등)

가. 전통적인 선다형 검사

선다형 검사(multiple-choiced test) 방법은 가장 보편적이고, 교육 현장에서 흔히 사용되는 독서 평가 방법이다. 선다형 검사는 표준화된 검사로 많이 쓰이는 형식 검사를 말한다. 과정 평가와 결과 평가의 측면에서 볼 때, 선다형 검사는 독서 그 자체의 과정보다는 결과 중심의 평가로 흐르기 쉽다.

선다형 검사의 장점은 무엇보다 집단검사가 가능하다는 점과 경제성을 들 수 있다. 대학 수학 능력 시험과 같은 국가고시에서는 한꺼번에 많은 학생들이 시험을 보기 때문에 선다형 검사가 활용되고 있다. 선다형 검사는 주로 평가의 타당도보다는 신뢰도를 우선할 때 사용되어 왔다. 그러나 이 말은 선다형 검사의 문항은 모두 타당도가 없다는 뜻은 아니다. 대학 수학 능력 시험과 같은 국가고시에서는 많은 예산을 사용하여 선다형 검사를 출제하며, 이때는 타당도가 높은 문항들이 출제된다. 그러나 교실에서 흔히 쓰이는 선다형 검사나 상업적인 학습 자료에서 볼 수 있는 선다형 검사들이 모두 타당도가 높은지는 의심스럽다.

일반적으로 선다형 검사의 단점은 타당성 있는 문항 구성이 어렵고 주어진 글에 담긴 수많은 정보 중에 어떤 것을 어느 수준으로 물어야 하는가에 대한 이론이 부족하며, 학생의 답이 맞았거나 틀렸을 경우에 왜 맞았는지, 또는 왜 틀렸는지 진단하기 힘들다는 것이다(노명완 외, 2000).

선다형 검사가 분절적 접근을 취하고 있다는 점도 비판의 대상이 되고 있다. 분절적 평가란 독서 능력을 이루는 여러 요소를 분석해 내고, 하나하나의 요소를 문항으로 제작해 측정해 내는 것이다. 그러나 독서 능력은 각각의 요소의 단순 총합이 아니라는 견해가 제기되고 있다. 이 때문에 선다형 검사를 비판하는 사람들은 독서 능력을 이루는 각각의 기능을 측정한 선다형 검사 점수가 독서 능력을 타당하게 예언하지는 못한다고 비판한다. 그리고 선다형 검사는 주로 독서의 기초 기능을 검사하기 때문에 학생의 독서 능력을 이루는 핵심인 고급한 독해 능력을 측정하는 데는 바람직하지 못하는 것도 단점이다. 그러므로 좋은 선다형 검사 문항을 구성하도록 교사들을 연수하는 것도 필요하고, 선다형 평가를 대신하거나 보완할 수 있는 교사 중심의 교실 평가를 활용하는 것도 필요하다.

다음은 선다형 평가의 사례이다.[65] 사실적 이해에 속하는 '내용 확인하기' 계열의 문항이지만 내용을 단순하게 확인하는 대신 '질문 만들기'를 요구하여 사고력을 높이고 있다.

[16~20] 다음 글을 읽고 물음에 답하시오

⊙ 많은 전통적 인식론자는 임의의 명제에 대해 우리가 세 가지 믿음의 태도 중 하나만을 ⓐ가질 수 있다고 본다. (…중략…) 이 관점에서는 실용적 효율성을 추구한다면, 특별한 이유가 없는 한 기준의 믿음의 정도를 유지하는 것이 합리적이다.

16. 윗글에서 답을 찾을 수 있는 질문에 해당하지 않는 것은?

① 믿음의 정도와 관련하여 상식적으로 당연하게 여겨지는 생각을 어떻게 정당화할 수 있을까?
② 특별한 이유 없이 믿음의 정도를 바꾸어야 하는 이유는 무엇일까?
③ 믿음의 정도를 어떤 경우에 바꾸고 어떤 경우에 바꾸지 말아야 할까?
④ 믿음의 정도를 바꾸어야 한다면 어떤 방식으로 바꾸어야 할까?
⑤ 임의의 명제에 대해 어떤 믿음의 태도를 가질 수 있을까?

나. 대안적 독서 평가 방법과 사례

선다형 평가를 대체할 수 있는 다양한 독서 평가 방법을 모색하면 다음과 같다. 이러한 평가 방법들은 대체로 평가의 타당도를 중시하고, 평가 장면과 교수·학습 장면이 통합되어 있으며, 학생의 독서 수행을 중시하는 것이 특징이다.

---

65) 2020학년도 대학 수학 능력 시험 국어 홀수형 16번 문항.

1) 회상검사

회상검사(recall test)는 텍스트를 제시하고 읽는 내용을 말해보거나 글로 적게 하는 방법이다. 학생은 읽은 글을 자유스럽게 회상한다. 그리고 검사자는 녹음된 것이나 회상된 글을 분석하여 기억의 양, 회상 내용, 내용 조직 방법, 재구성 방법, 기억 내용 인출 전략, 추론 능력 등을 판단한다.

글로 하는 회상은 쓰기 능력이 개입될 수 있다는 점을 고려해야 한다. 다시 말해, 표현 능력의 제약으로 이해는 하였지만 글로 쓰지 못하기 때문에 독서 능력이 제대로 평가받지 못할 수도 있다. 교사는 학생의 글로 된 회상 결과를 볼 때, 이해 능력의 부족에 기인한 것인지 표현 능력(쓰기 능력)에 기인한 것인지를 점검해야 한다. 따라서 글로 하는 회상검사는 어느 정도 글쓰기가 학습된 초등학교 3학년 이후에 실시하는 것이 좋다. 이에 비해 말로 하는 회상은 녹음을 해야 하고, 평가자가 반복해서 녹음을 들으면서 평가해야 하는 애로점이 있다.

회상검사는 자유회상검사(free recall test)와 단서회상검사(cued recall test)로 구분된다. 자유회상은 아무 조건 없이 회상을 해 보게 하는 것이고, 단서회상은 제목, 시작하는 몇 개의 어절, 주요 단어 등과 같은 단서를 제시한다.

다음은 단서회상검사의 사례이다(천경록, 2013 : 353). 단순 기억에 의한 회상을 막고 학생이 이해한 것(다시 말해, 재구성한 것)을 파악하기 위해서 회상 내용과 관련 없는 간단한 계산 문제를 제시하였다. 제목을 제시하고 회상을 유도하였다는 점에서 단서회상검사에 해당한다.

[회상검사 문제지]

※ 다음 글을 읽으세요. 글의 내용을 잘 이해하려고 노력하세요.

그 네

그네는 '추천'이라고도 하는데, 우리의 옛 기록을 보면, '근의', '글위', '그리', '근듸'라고 되어 있는 것을 볼 수 있다.

(…중략…)

한식부터 시작하여 한가위까지 행해지던 그네뛰기는, 아이들과 여자들이 즐겨 왔던 우리의 대표적인 민속놀이의 하나이다.

[회상검사의 답지]

※ 다음 계산 문제에 답하세요

1) 6 + 5 = _____   2) 7 - 3 = _____

※ 앞에서 읽은 글의 제목은 "그네"입니다. 가능한 많이 글의 내용을 떠 올려서 써 보세요. 글의 순서대로 쓰지 않아도 됩니다.

회상검사의 채점은 단어(혹은, 개념)나 명제(proposition) 단위로 한다. 명제는 텍스트의 표면 구조인 문장(정확히는 절)에 상응하는 의미의 단위를 말한다. 천경록(2004 : 522-523)에서는 회상검사의 채점 기준과 사례를 제시하고 있다.

2) 요약하기 검사

요약하기(summarizing)는 독서 평가에서 권장되는 방법이다. 독서 능력과 요약하기 능력의 상관성이 높다는 선행 연구들이 많이 제출되었다. 따라서 요약하기 방법을 통해 독서 능력을 평가하고자 하였다.

요약하기는 글의 중심 내용(main idea) 파악하기 능력을 평가하기에 좋다. 실제로 '중심 내용, 요지, 핵심내용, 주제, 중심 문장, 핵심어' 등은 글의 내용 요약하기와 같은 계열에 있다. 어떤 때는 위의 용어들을 서로 넘나들며 사용되기도 한다. 요약한 내용에서 글의 거시구조(macrostructure), 필자의 중심 생각, 글의 중심 문장 등이 잘 나타나 있으면 요약이 잘 된 것이다. 반면에 부분적인 내용, 지엽적인 내용, 뒷받침 내용 등이 많이 나타나거나 내용 간의 연결이 잘되지 않았으면 요약이 부실한 것이다.

앞서 살펴본 회상검사는 글 전체의 내용을 자유롭게 재구성하기 때문에 회상 내용에 독자의 생각이 많이 개입될 수 있다. 이에 비해 요약하기는 글의 내용을 압축하는 것이기 때문에 글 중심으로 내용이 재구성된다. 요약하기 검사에서 요약 문을 분석하고 해석해야 하므로 교사의 전문성이 요구된다.

요약하기 검사에는 요약 조건이 제시될 수 있다. 요약 분량에 따라 요약하기, 글의 구조에 따라 요약하기, 글의 화제나 내용에 따라 요약하기, 문단의 위계를 고려한 요약하기, 시간 순서에 따라 요약하기 등이 그러하다.

다음은 서종훈(2012)의 연구에서 고등학교 학생들을 대상으로 문단의 위계를 이용한 요약하기 평가를 적용한 사례 중에서, 요약하기 평가 방법 이해를 위해 일부를 재구성하여 제시한다. 회상검사와 마찬가지로 평가기준은 따로 마련해야 한다.

---

1) **글 제시** : (정보 전달) 아프리카 고릴라는 핸드폰을 미워해
　　　　　　(설득) 현대 과학 기술의 속성
　　　　　　(수필) 구두

2) **방법** : 50분 동안에 제시된 글 두 편을 읽고, 아래와 같이 문단의 위계를 도식화 한 후에 한 문단 정도의 요약문을 쓰시오.

반 :	번호 :	이름 :

▶ 왼쪽 칸에는 글에 대한 그림을 그리고, 오른쪽 칸에는 1문단 정도로 요약하세요.

\<글1\>	▶

3) 결과(일부)

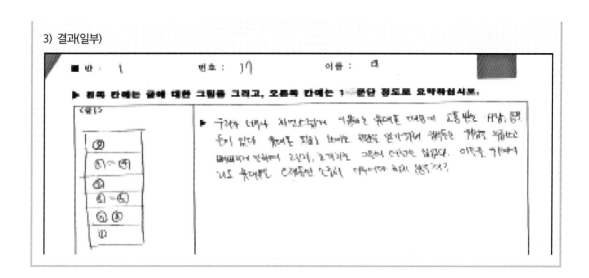

3) 오독 분석법

오독 분석법(reading miscue analysis)은 독서 과정에서 음성적으로 잘못 읽는 부분을 분석하여 그 학생의 독서 상태를 평가하는 것이다. 이 방법은 독서 발달 단계 중에 독서 입문기(beginning reading)나 기초 기능기에 해당하는 초등학교 저학년 학생의 독서 평가, 독서 부진 학생들의 음독 능력 평가, 특수교육 분야에서 읽기 장애를 보이는 학생들을 평가할 때 많이 사용된다. 최근에는 한국어교육 분야에서 한국어 학습자들의 읽기 발달을 진단하기 위해 사용이 증가하고 있다.

오독(誤讀) 분석은 음독(音讀) 단계에서 아동이 정확하게 낱말을 읽는지를 평가하기에 좋은 방법이다. 교사는 학생들에게 글을 소리내어 읽도록 한 다음에 기록지에 학생의 오류를 기록한다. 이경화(1995 : 42)에서는 다음과 같이 오독의 유형과 판단 기준, 표시 방법을 제시하였다.

[표 10-3] 음독 오류의 형태와 판단기준

오류 유형	판단 기준	표시 방법	점수화
무반응	10초 내 읽지 못한 상태	'무'로 표시	1
삽입	단어나 일부를 넣는다.	삽입 표시(∨)	1
생략	단어나 일부를 생략한다.	(○)으로 표시	1
무의미 단어	의미가 없는 단어를 대치	중간 줄 긋고 이기	1
의미 대치	전체 의미의 단어를 대치	중간 줄 긋고 이기	1
자기 수정	자발적으로 단어를 수정	위 괄호 안에 이기	1
반복	단어를 반복한다.	물결선으로 표시	0
더듬거림	첫 음을 반복 내지 더듬거림	'더'로 표시	0
반전	단어나 음절 순서가 바뀜	(∽)반전 표시	0
건너뜀	두 단어 이상을 건너뜀	중간줄 긋기	0

오독 분석을 채점할 때는 텍스트 단어와 아동이 실제로 오독한 단어 사이의 어형·음소의 유사성 정도에 따라 유사성이 매주 적은 경우(하), 공통적인 것을 포함하는 정도(중), 매우 유사한 경우(상)과 같이 구분하여 채점하기도 한다. 그리고 의미의 문맥적 허용 정도에 따라 허용 불가, 부분 허용, 전체 허용 등과 같이 구분하여 채점할 수 있다.

교사는 아동의 오독을 분석하여 아동이 정음법(phonics)을 제대로 익히고 있는지, 어떤 글자나 단어에서 어려움을 겪는지, 어구 단위의 끊어 읽기, 배경지식을 사용한 예측 여부 등을 알아볼 수 있다.

4) 프로토콜 분석법

프로토콜(protocol) 분석법은 독서의 과정을 연구하고 평가하는 데 많이 사용된다. 독자는 글을 소리내어 읽으면서 그 순간 머릿속에 떠오르는 생각도 함께 말한다. 이를 사고구술(think aloud)라고 하고, 피험자가 자신을 사고를 구술한 자료를 언어 자료를 프로토콜이라고 한다. 다음 [그림 10-3]에서 작용 기억에서 프로토콜로 향하는 화살표가 사고구술에 해당한다(천경록, 1999a : 21). 평가자는 이 자료를 살펴봄으로써 독자의 사고 과정을 짐작해 볼 수 있다.

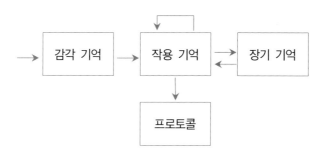

[그림 10-3] 사고구술과 프로토콜

프로토콜 분석법을 평가에서 사용할 때에는 학생의 프로토콜을 녹음해 두었다가 전사(轉寫)한 다음 그것을 분석하여 독자의 독서 상태에 대하여 진단하게 된다. 해독 단계보다는 독서 전략, 초인지 등을 수행 정도를 관찰할 때 많이 사용한다.

프로토콜 분석법은 의미가 형성되는 과정의 모습을 생생하게 드러내 주고, 독서 과정에서의 연상이나 추론 양상을 파악하는 데에도 유용하다. 그러나 이 방법을 사용하려면, 피험자에게 사고구술 방법을 설명하고 안내해야 하는데, 나이 어린 독자의 경우 이것이 어렵고, 성인 독자들의 경우에는 의도적으로 자신의 사고를 검열(檢閱)하여 마음속에 일어난 생각을 제대로 말하지 않거나 왜곡해서 말할 수 있다. 또한 분석을 위해서는 연구자가 전문적 지식을 갖추어야 한다는 제한점이 있다. 다음 사례를 보자.

[표 10-4] 사고구술 사례

텍스트 원문	독자의 사고구술 프로토콜
소 나 기 황순원 　소년은 개울가에서 소녀를 보자 곧 윤초시네 증손녀 딸이라는 걸 알 수 있었다. 소녀는 개울가에다 손을 담그고 물장난을 하고 있는 것이다. 서울서는 이런 개울물을 보지 못하기나 한 듯이. 벌써 며칠째 소녀는, 학교에서 돌아오는 길에 물장난이었다. 그런데 어제는 개울 기슭에서 하더니, 오늘은 징검다리 한 가운데 앉아서 하고 있다. 소년은 개울둑에 앉아 버렸다. 소녀가 비키기를 기다리자는 것이다. 요행 지나가는 사람이 있어 소녀가 길을 비켜 주었다.	1) 제목이 소나기이네. 소나기가 만난 이야기인가? 글의 종류가 소설인 것 같아. 2) 이 작가를 알아. '목념이 마을의 개'를 읽은 기억이 나. 3) 소년, 소녀가 등장인물, 개울가는 공간적 배경, 그런데, 이름을 사용하지 않고, 소년, 소녀라고 객관적 단어를 사용한 이유가 뭘까? 4) 며칠째 라고 한 것으로 보아 마주치지는 않았지만 둘은 서로를 의식하는 것 같아. 5) '개울 기슭 → 징검다리 한 가운데'의 공간 이동으로 보아 소녀가 소년에게 다가가려는 것 같아. 6) 소년은 소녀가 비켜주기를 기다리는 것으로 보아 성격이 소심하고 소극적인 같아.

　독자의 프로토콜을 보면, 1)에서는 예측하기가 나타난다. 독자는 '소나기 만난 이야기' 곧, '사건'을 예측하였고, 글의 장르도 '소설'로 예측하고 있다. 2)에서는 작가에 대한 '배경지식 활성화'가 나타나고 있다. 3)에서는 작가의 의도에 대한 추론하기가 나타난다. 이름을 사용하지 않고, 소년, 소녀라는 중립적이고 객관적 명사를 사용하여 인물을 지칭하는 것을 보고, 작가가 객관적 관찰자 시점에서 이야기를 이끌어 갈 것이라는 '의도' 추론으로 볼 수 있다. 4)와 5)에서는 사건의 전개를 예측하고 있다. 6)에서는 등장인물의 성격을 추론하고 있다. 이처럼 독자의 프로토콜을 분석하여 독자의 독서 기능, 전략, 초인지 능력, 배경지식 등을 진단하게 된다.

　다음은 사고구술 방법을 사용하기 위해 만든 검사지와 기록지의 예시이다.

① 검사 개요

본 검사 도구는 사고구술 활동을 통해 대상자의 독서 능력을 확인하는 것입니다. 대상자의 학년에 따라 검사 도구를 선택하여 검사할 수 있습니다.

② 검사 진행 방법

(1) 교사와 대상자(학생)는 마주 앉습니다.

(2) 대상자는 지문을 받습니다.

(3) 교사는 지문, 진행 발문 예시, 반응 유형 체크리스트가 필요합니다.

(4) 대상자로 하여금 지문을 한두 문장씩 소리 내어 읽으면서(/표시에 따라 끊어 읽고, 사고구술하게 함) 머릿속에 떠오르는 생각을 말하게 합니다.

(5) 교사는 학생이 사고구술한 내용을 범주화하여 체크리스트에 표시합니다.

(6) 체크리스트의 표시를 바탕으로 독서능력 단계를 구분합니다.

(7) 본 검사 전, 검사 방법에 익숙해지기 위해 사전 검사를 실시할 수 있습니다.

③ 검사 지문 예시(6학년 설명체)

떡볶이, 한 그릇에 영양이 듬뿍

떡볶이는 학교 앞 작은 가게, 포장마차에서 사 먹는 간편한 음식이지만, 제대로 만들면 한 그릇에 균형 잡힌 영양이 가득한 요리예요. / 길거리에서 쉽게 사먹을 수 있는 군것질거리라는 이유로 떡볶이를 정크푸드로 오해하는 경우가 종종 있어요. / 정크푸드는 열량은 높고 영양가는 낮은 음식을 말해요. /

(지문 중간 생략)

/ 마지막으로 설탕과 소금은 우리 몸에 꼭 필요한 조미료라고 할 수 있어요. / 설탕은 사탕수수나 사탕무로 만들어요. / 소금은 쓴 맛을 없애면서 음식 향을 살려 주고 씹히는 맛을 좋게 해요. 음식을 보존하는 데도 꼭 필요하지요.

준비	오늘 함께 읽어 볼 글은 **'떡볶이, 한 그릇에 영양이 듬뿍'** 이야. 한 문장씩 소리 내어 읽으면서 머릿속에 떠오르는 생각을 말해주길 바래요. 생각을 떠올리는 방법에는 요약하기, 장면 상상하기, 자기 말로 바꾸어 말하기 / 일어날 일 예측하기, 추측하기, 짐작하여 말하기 / 내 생각 덧붙이기, 자기 말로 바꾸어 말하기, 궁금한 점 질문하기 / 경험과 관련짓기, 자기 상태와 느낌 말하기가 있어. 그럼 시작해볼까?
문장1	떡볶이는 학교 앞 작은 가게, 포장마차에서 사 먹는 간편한 음식이지만, 제대로 만들면 한 그릇에 균형 잡힌 영양이 가득한 요리예요.
유도질문	떡볶이를 먹어본 적이 있니? 포장마차에서 파는 것을 본 적이 있니?
문장2	길거리에서 쉽게 사 먹을 수 있는 군것질거리라는 이유로 떡볶이를 정크푸드로 오해하는 경우가 종종 있어요.
유도질문	떡볶이는 건강에 좋은 음식일 것 같니? 아니면 안 좋은 음식일 것 같니? 정크푸드가 무엇인 줄 알고 있니?
문장3	정크푸드는 열량은 높고 영양가는 낮은 음식을 말해요.
유도질문	정크푸드에는 어떤 것들이 있을까요?
문장4	하지만 떡볶이는 갖가지 채소와 고기, 면을 한데 모아 비빔밥처럼 먹을 수 있어서 얼마든지 영양을 듬뿍 담을 수 있는 음식입니다.
유도질문	떡볶이에 들어갈 수 있는 재료들을 말해볼까? 먹어본 떡볶이를 생각해봐.
	(지면 관계로 중간 생략)

문장14	마지막으로 설탕과 소금은 우리 몸에 꼭 필요한 조미료라고 할 수 있어요.
유도질문	설탕과 소금은 어떤 맛을 내지?
문장15	설탕은 사탕수수나 사탕무로 만들어요.
유도질문	설탕이 만들어지는 과정에 대해 알고 있는 것이 있니?
문장16	소금은 쓴 맛을 없애면서 음식 향을 살려 주고 씹히는 맛을 좋게 해요. 음식을 보존하는 데도 꼭 필요하지요.
유도질문	소금은 음식 맛에서 어떤 역할을 한다고 했지?

문장 \ 유형	무반응	내용 확인 반응	추론적 반응	창의적 반응	점검적 반응	읽기 유창성 (○, △)
1						
2						
3						
4						
		중간 생략				
14						
15						
16						
소계						

5) 빈칸 메우기

빈칸 메우기(Cloze test)[66]은 글의 n번째 부분을 공란으로 만든 다음 피험자로 하여금 그 공란을 채우게 하는 검사이다. 빈칸 메우기는 형태 심리학에 근거를 두고 있다(Marzano 외, 1987). 곧, 사람들은 어떤 것을 인식할 때 기존의 배경지식을 이용하여 미완성된 부분을 채워서 인식하려는 성향이 있다는 것이다.

1, 2, (   ), 4, 5, (   ), 7, 8, (   ), 10, ……

---

66) 낱말 깁기 검사라고 하기도 한다.

정상적인 독자는 위의 예가 자연수의 배열인 것을 파악한다. 그리고 괄호 안에는 그 전과 후의 수 배열을 토대로 추측하여 '3, 6, 9'라는 수가 들어가리라 예측한다. 이처럼 글에서 규칙적으로 빈칸을 만들어 검사지를 만든다. 배경지식 활성화를 위하여 글의 맨 첫 문장과 끝 문장에서는 빈칸을 만들지 않는다. 글의 한두 부분을 빈칸으로 한 후에 들어갈 말을 묻는 문항을 볼 수 있는데 빈칸 메우기 검사의 변형으로 볼 수 있다. 이렇게 하면 채점이 용이하다.

빈칸 메우기 검사는 글 속의 어떤 부분을 공란으로 두느냐에 따라 음절 삭제형, 어절 삭제형, 내용어 삭제형, 기능어 삭제형 등으로 변형시켜 사용할 수 있다. 보통은 내용어(체언이나 용언) 중심으로 빈칸을 만든다. 그리고 채점 방법으로, 원문의 내용과 꼭 같을 경우에만 정답으로 처리하는 '정확 단어 채점법'과 문맥으로 보아 의미가 통하는 단어는 모두 정답으로 하는 '허용 단어 채점법'이 있다(이희세, 1989).

독자 입장에서 빈칸을 메우려면 빈칸의 전후 정보를 분석한 후, 독자 자신의 사전 지식을 통합하여야 한다. 이를 위해서 독자는 글의 의미 관계를 파악하고 있어야 한다. 따라서 독자의 글 이해를 전제로 하는 빈칸 메우기 검사는 고등 사고 기능으로서 독서 능력을 측정할 수 있다고 보고되었다(전병만, 1985).

빈칸 메우기 검사는 독해력 검사 방법으로서 타당도와 신뢰도가 높은 것으로 알려져 있다. 그리고 문항 제작이 비교적 쉽고, 채점이 용이하기 때문에 독서 평가 방법으로 활용 가치가 높은 방법이다. 검사의 사례를 보이면 다음과 같다.

※ 다음 지문을 읽고, 빈칸에 알맞은 말을 넣으세요.

자기 꾀에 넘어간 양반

옛날 어느 마을에 욕심 많은 양반이 살았어요. 눈이 많이 내린 어느 날, 양반은 사냥하기 (①) 날이라서 신이 나서 머슴인 돌쇠를 데리고 (②)사냥을 나갔어요.

양반과 머슴은 (③)눈밭에 난 꿩 발자국을 따라 이 산 저 산을 헤맸지만 겨우 꿩 한 마리밖에 잡지 못했어요. 지칠 대로 지친 양반과 돌쇠의 (④)에서는 꼬르륵 소리가 (⑤) 났어요.

채점을 할 때는 검사 도구에서 빈칸에 들어갈 정확 단어는 2점, 원본 지문과 일치하지 않아도 문맥상 적절한 표현 단어로 허용단어(유사단어)는 1점, 그 외에 관련 없는 단어는 0점으로 처리한다(다음 표 참조).

번호	정확 단어	허용단어 / 유사단어	관련 없는 단어
1	좋은	평안한 / 괜찮은	나쁜
2	꿩	산계 / 까투리	참새
3	하루종일	온종일 / 전일(全日)	한나절
4	배	복부 / 배지	입
5	요란하게	떠들썩하게 / 시끄럽게	조용하게
점수	2	1	0

6) 중요도 평정법

중요도 평정법(Importance Rating)은 일정한 글의 의미 단위를 제시하고 학생들로 하여금 중요한 정도를 판단해 보게 하는 방법이다. 독서란 글 속의 수많은 정보를 낱낱이 이해할 뿐 아니라, 글 전체의 주제나 목적에 비추어 각 정보가 갖는 중요도를 판정하는 과정이다. 글에 들어 있는 정보를 중요한 정보(중심 내용)와 그렇지 않은 정보(뒷받침 내용)로 가려낸다면, 그 자체가 벌써 글을 잘 이해하고 있다는 증거이다.

중요도 평정법에서는 우선 학생들에게 글 한 편을 이해하며 읽으라고 지시한다. 그런 후 평가자는 읽은 글을 의미 단위(보통은 절 단위)로 나누고, 학생들에게 각 단위가 글 전체의 주제 또는 독서 목적에 비추어 볼 때 얼마나 중요한가를 평가하게 한다. 보통은 "매우 중요하다", "조금 중요하다", "덜 중요하다" "중요하지 않다"와 같은 4단계 척도를 많이 사용한다. 학생들의 평정 결과를 전문가들의 평정(예 :

국어 교사 2, 3명의 평정을 평균한 것)과 비교해 본다. 그러면 학생들의 평정이 전문가의 평정에 얼마나 가까운지, 학생은 '매우 중요한 것'과 '중요하지 않은 것'을 구별할 수 있는 능력이 있는지 등에 대한 여러 종류의 정보를 얻을 수 있다. 다음은 김명순(1998 : 127)에서 중요도 평정을 응용하여 평가한 사례이다.

※ 다음은 조금 전 여러분이 읽은 글에 문장 번호를 매겨 놓은 것입니다. 글 전체에서 중요하다고 생각되는 문장(중심 문장)을 찾아 그 번호를 쓰시오.

(1) 최근 우리나라 자녀들 중에는 부모 부양을 기피하는 현상이 나타나고 있다. (2) 오늘날 우리나라 노인 중에는 자녀는 있으나 그들과 동거하지 못하는 노인이 이미 40%를 넘어서고 있다. (3) 그런데, 갈수록 노인 사회의 앞날은 어두워지리라 예상된다. (4)왜냐하면, 젊은이들의 노부모 부양 의식이 더욱 감퇴될 것으로 전망되기 때문이다. (5)이에 이 글에서는 과거의 노인과 오늘의 노인을 비교해 보고자 한다.

(…중략…)

(24) 이상에서 과거의 노인과 오늘의 노인이 다른 점을 몇 가지 측면에서 살펴보았다. (25) 만약, 현대 사회가 처한 위기의 원인을 가족제도의 붕괴에서 찾는다면, 이상의 고찰에서 하나의 해결책을 찾을 수 있을 듯하다. (26) 다시 말해 오늘의 노인들에게 과거 노인이 지녔던 위치를 되살려 주은 것이 필요하다.

( )번, ( )번, ( )번, ( )번, ( )번, ( )번, ( )번, ( )번

---

7) 포트폴리오법

포트폴리오법[67]은 독서평가로서 타당도가 높으며, 비형식 평가에 속한다. 그리고 독서 결과뿐만 아니라 독서 과정을 평가할 수 있다. 원래 포트폴리오(portfolio)는 작은 서류 가방이나 그림책을 의미한다(백순근, 1997).

---

67) '독서이력철'이라는 용어가 사용되기도 하는데, 같은 개념에 해당한다.

단골로 다니는 병원에 가면 의사가 환자의 진료 기록을 파일로 묶어 두었다가 그 기록을 보면서 환자를 진단하고 새롭게 파일의 내용을 갱신하거나 추가하는 것을 볼 수 있다. 환자의 진료 기록은 환자의 회복 과정을 보여주는 일종의 포트폴리오라고 할 수 있다. 이처럼 학습자의 독서 능력 성장을 촉진하기 위해 학생의 독서 수행(performance)에 관한 기록을 파일(file)로 정리할 수 있고,[68] 이것을 학기 동안이나 주로 학기말에 종합하여 성적에 반영하는 방법이 포트폴리오법이다.

포트폴리오의 내용에는 학생 각자가 읽은 책의 독서 목록, 읽어야 할 도서 목록, 책에 대한 감상문, 낙서, 그림, 자유롭게 쓴 글의 초고, 완성된 글, 동료의 비평, 토의 내용 등 학생들이 생성한 다양한 증거들이 모두 포함될 수 있다.

포트폴리오의 목적은 전시용(showcase) 포트폴리오, 평가용 포트폴리오, 기록용 포트폴리오, 과정용 포트폴리오, 작업용 포트폴리오 등 다양하게 구분할 수 있다(천경록, 2001 : 189). 교사는 포트폴리오의 종류와 목적을 고려한 후에 적합한 증거들을 포함시킬 수 있다. 대학입시에 사용되는 학생 생활기록부는 평가용 포트폴리오에 해당한다.

주의할 점은 포트폴리오를 '자료 상자(document container)'로 생각해서는 안 된다는 점이다. 학생의 수업 과정에서 다양한 결과물들이 나오지만 이를 단지 상자에 모으기만 해서는 교실이 자료로 넘쳐나고 관리하기도 어렵다. 그러므로 포트폴리오는 학생의 발달과 성장의 증거물이 될 수 있는 것 중에 교사가 선별하여 모아야 한다. 다시 말해, 포트폴리오에 포함되는 것은 학생이 생성한 다양한 증거 중에서 학생의 독서 능력과 태도의 변화를 보여주는 '대표 자료(entry)'여야 한다. 예를 들어, 학생이 요약문을 10개 생성하였다면 이 중에 몇 개를 뽑아서 발달을 보여주는 증거로 포트폴리오에 포함할 수 있다.

포트폴리오법의 장점은 첫째, 개인의 독서 능력 발달에 대한 발달적 정보를 종합

---

68) 'portfolio = performance + files'와 같이 생각할 수 있다.

적으로 파악할 수 있게 해 준다. 교사는 개별 학생의 포트폴리오를 봄으로써 그 학생의 구체적인 독서 발달 상태를 파악할 수 있어 개별화된 독서 지도가 가능하다. 그리고 교사는 독서 능력뿐만 아니라 쓰기와 같은 다른 언어사용 능력과 관련된 측면도 종합적으로 판단할 수 있다.

둘째, 평가 상황과 교수 학습 상황이 통합되어 있다는 점이다. 그래서 포트폴리오법을 생태적 평가(ecological assessment) 방법이라고도 한다. 지금까지 평가는 실제의 언어 수행과 별개의 작위적인 평가 장면 속에서 평가해 왔는데 이는 학습자의 진정한 독서 능력을 재는 데에는 제한점이 많았다. 그러나 포트폴리오법은 교수·학습과 평가가 통합되어 있고, 그 자체가 하나의 의미 있는 교수·학습 활동으로, 평가 과정에서 교사와 학생 간의 상호작용이 풍부히 이루어진다. 또한, 학생 간의 상호작용에 대해서도 관심을 가지게 되어 과정 중심 평가를 가능하게 한다는 점에서 의의가 크다.

끝으로, 포트폴리오법은 독서 수행의 질(quality)을 중시한 평가 방법이다. 포트폴리오 방법을 지지하는 연구자들은, 지금까지의 평가 방법들이 지나치게 양(quantity)에 대한 평가로 일관되어 학습자에 대한 구체적인 정보를 파악하는 데 실패했다고 지적하면서 질 평가로의 전환을 주장하고 있다. 이들은 교수 학습의 실제 상황에서 학습자의 수행을 중시한다. 따라서 포트폴리오법은 수행 평가의 한 방법이라 할 수 있으며, 지지자들은 수행 평가가 현존 평가의 대안이 될 수 있다고 주장한다 (Mclaughlin & Vogt, 1996).

포트폴리오법의 단점은 신뢰도 측면을 방어하기 곤란한 측면이 있고, 선발을 위한 대단위 검사 방법으로는 적당치 못한 평가 방법이다. 앞으로 포트폴리오를 구성하는 많은 관찰지, 면담지, 평가기준 등이 개발될 필요가 있다.

이밖에도 읽기 평가 방법으로는 관찰법, 토론법, 면접법, 프로젝트법, 체크리스트법 등이 있다. 학생들이 독서 수행을 하고, 교사가 이를 관찰한다는 점에서 수행형 평가 방법에 해당된다.

더 생각해 보기

⊙ 내용 탐구 활동

1. 다음은 읽기 평가에 대해 교과 협의회 장면이다. ㉠에 적절한 읽기 평가 방법이 무엇인지 쓰고, 평가 방법의 특징과 관련하여 '㉡단점'과 '㉢장점'을 각각 서술하시오.

> 김 교사 : 읽기 평가에서 수행형 평가가 많이 사용되고 있는 최근의 추세는 매우 적절하다고 생각합니다. 전통적인 평가 방법인 (㉠)은/는 독서 결과 중심의 평가이지만, 대안적 평가는 독서의 과정도 평가의 대상으로 삼을 수 있다는 점이 장점이라고 생각합니다.
>
> 이 교사 : 네. 그렇습니다. (㉠)은/는 평가 도구를 제작하기도 어렵고, 평가 결과의 활용 측면에서도 ㉡단점이 있습니다. 하지만 이 평가 방법에도 여러 ㉢장점이 있습니다.

예시 답안 : ㉠ 선다형 검사(선다형 평가) ㉡ 평가 결과를 토대로 학습자의 강점과 약점을 파악하는 것이 쉽지 않다. ㉢ 많은 사람을 한꺼번에 검사할 수 있어서 경제성이 높다. 신뢰성 있게 채점할 수 있다.

⊙ 모둠 탐구 활동

1. 읽기 평가 활동을 하나 고른 후, 평가의 목적, 평가 목표, 평가 유형, 이원목적분류표, 평가기준, 채점 기준, 결과 기록표, 결과의 활용 내용 등을 분석해 보자.

2. 교과서 단원을 임의로 골라, 다음 중에 하나의 평가 방법을 선택하여 읽기 평가 도구를 만들어 보자.

> 선다형 검사, 빈칸 메우기 검사, 오독분석, 중요도평정법,
> 요약하기 검사, 회상검사, 프로토콜분석법

⊙ 더 읽을거리

• 이도영(2009). 읽기 평가 틀 구성 방안. 한국초등국어교육 41, 212-236.

읽기 평가에서는 읽기 평가 문항을 산출하는 평가 틀에 대한 탐구가 필수적이다. 이 논문에서는 국내외 선행 연구를 검토한 후에 독자의 독해 과정과 텍스트를 결합하여 읽기 평가의 틀을 구성하는 방안을 제안하고 있다.

• 권태현·이정찬·김승현(2017). 수능 국어 영역 독서 평가 문항의 양호도 조사 연구. 독서연구 45, 131-159.

이 연구는 수능 독서 평가 문항을 평가한 연구이다. 교사가 개발하여 일반 학교에서 사용하는 선다형 독서 평가 문항에 대한 평가에 주는 시사점을 찾을 수 있다.

제11장 독서 프로그램의 개발과 운영

독서 교육의 목표는 능숙한 독자, 평생 독자를 양성하는 것이다. 이를 위해서는 독서의 전략과 기능에 대한 교육과 책을 찾아서 읽고 독서를 즐기는 경험을 할 수 있는 교육이 함께 이루어지는 것이 필요하다. 독서의 습관 형성, 독서의 생활화가 이루어지기 위해서는 독서 행위 자체를 경험해 볼 수 있는 교육이 이루어져야 하며, 이러한 독서 교육을 하기 위해 독서 프로그램을 개발하여 학생들에게 활용할 수 있다. 독서 프로그램은 독서 능력의 향상을 목적으로 운영하기도 하지만, 독서를 통해 문학적 감수성, 교과 학습, 인성, 진로 등의 교육을 하기 위한 목적으로 운영되는 등 그 목적과 내용이 다양하다.

11장에서는 독서 프로그램의 목적, 유형 등에 대해 이해하고 독서 프로그램을 개발하고 운영하는 방법에 대해 학습하며 실제 개발 및 운영하는 능력을 함양하도록 한다.

1. 독서 프로그램의 개발

독서 교육은 미시적 읽기가 이루어지기 위한 독서 전략의 교육과 함께 독자 스스로 책을 찾아 읽고, 자신에게 적합한 책을 찾아서 온책을 읽을 수 있는 거시적 읽기의 교육도 이루어지는 것이 필요하다. 학교에서의 읽기 교육이 읽기 전략과 기능의 교육을 집중적으로 다루게 되기는 하지만, 이와 함께 책을 읽는 기회와 시간을 제공하고 독립적 읽기를 할 수 있도록 지도하는 것도 필요하다. 국어 교과 수업 시간에 주로 읽기 전략과 기능 지도를 하게 된다면, 창의체험활동 시간과 학급 활동, 도서관 활용 수업 등을 통해 거시적 읽기에 대한 지도가 이루어질 수 있다. 그리고 이러한 지도를 통해 평생 독자의 양성이 이루어질 수 있을 것이다.

거시적 읽기 지도를 하기 위해서는 독자가 독서 목적을 갖고 자신에게 적합한 책을 선정하여 온전한 독서를 하는 경험을 제공하는 교육 내용이 필요한데, 이를 독서 프로그램이라고 한다. 독서 프로그램은 그 목적에 따라 내용과 유형, 절차가 다양하게 이루어질 수 있다. 독서 프로그램의 목적과 유형에 대해 알아보기로 하겠다.

가. 독서 프로그램의 목적

독서 프로그램은 글깨치기, 비판적 읽기 능력 등 읽기 능력 향상을 위해서도 개발되고 활용할 수 있지만, 독서와 독서 활동을 통해 문학적 감수성, 자아정체성, 공감 능력 등 다양한 능력을 신장시키기 위한 목적으로도 활용된다. 사회교육기관에서 이루어지는 독서 프로그램은 사고력, 독해력, 글쓰기, 전인교육, 학습 능력, 토론 능력, 흥미 및 태도 등의 신장을 목적으로 운영된다(정옥년, 2004). 이러한 프로그램들은 국어 교과의 도구적 특성과 학습을 위한 읽기와도 관련되며, 독서 자체가 인간의 삶 속의 여러 국면에서 활용된다는 차원에서도 이해할 수 있다. 독서 프로그램의 목적은 각 독서 프로그램별로 특정 목적을 갖고 운영될 수 있으며, 이에 따라 프로그램의 유형, 내용 및 활동 등이 달라진다.

독서 프로그램의 목적으로는 첫째, 독서 능력 향상을 들 수 있다. 독서 능력 향상을 위해 여러 읽기 전략 학습을 목적으로 독서 프로그램이 구성될 수 있다. 초기 문식성 습득 단계에서는 글 깨치기를 학습하기 위한 내용으로 독서 프로그램이 이루어질 수 있으며, 독서 습관 형성과 책에 대한 친숙함을 갖게 하기 위해서는 책 읽는 것을 들려주는 것을 내용으로 프로그램을 구성하기도 한다.

둘째, 독서 프로그램은 독서 능력뿐만 아니라 쓰기 능력과 토론 등 언어 능력 향상을 목적으로 운영된다. 언어 능력은 총체적으로 학습되어지기 때문에 독서 프로그램을 통해 전반적인 언어 능력 향상을 도모할 수 있으며, 독서 프로그램은 읽기를 한 후에 토론하기, 쓰기 등의 활동을 하는 통합적인 언어 활동을 내용으로 구성된다.

셋째, 독서 프로그램은 문학적 감수성과 같이 문학 감상 능력 향상을 목적으로 운영된다. 독서 프로그램에서 사용되는 독서 제재는 문학 분야의 도서가 많이 활용되며 이러한 문학 감상 기회를 갖게 되면서 학습자들은 문학 감상 능력을 향상시킬 수 있다. 나아가 문학적 글쓰기 활동을 통해 문학 창작 능력을 향상시킬 수 있다.

넷째, 독서 프로그램을 통해 학습 능력이 향상될 수 있다. 학습의 도구로서 읽기가 바탕이 되기 때문에 독서 프로그램은 학습을 하기 위한 읽기를 목적으로 활용할 수 있다. 다양한 분야의 제재 읽기와 읽기 전략의 학습은 교과 학습을 비롯하여 지식을 습득하고 학습 방법을 익히는 기회가 된다.

다섯째, 독서 프로그램은 진로 탐색, 자아정체성의 향상, 인성 함양 등 전인 교육을 목적으로 운영된다. 독서는 교과 학습의 도구일 뿐만 아니라 인간이 갖추어야할 소양을 배우는 기회가 된다. 이에 인지적, 정의적, 도덕적 소양을 두루 학습할 수 있도록 독서 프로그램을 운영할 수 있다.

여섯째, 교육적 목적이 아닌 치료의 목적으로 활용된다. 앞서 제시한 독서 프로그램이 교육적 차원의 목적을 갖고 있다면, 독서 치료 분야에서는 독서를 치료의 목적으로 활용한다. 독서 치료에서는 참여자의 적응과 성장을 목적으로 하여 독서를 중심으로 언어적, 비언어적 활동을 하는 것으로 프로그램을 구성한다.

나. 독서 프로그램의 유형

독서 프로그램은 다양한 목적으로 이루어지는 만큼 그 유형도 다양하다. 대상에 따라 취학 전 유아부터 취학 연령기에 있는 초등·중등학생, 대학생을 비롯한 성인까지를 대상으로 하며, 학생을 대상으로 이루어지는 프로그램은 학교 안과 밖에 따라서 그 유형을 살펴볼 수 있다. 학생 대상의 프로그램을 학교 독서 프로그램과 사회 독서 프로그램으로 구분한다면, 성인의 경우는 직장 내 독서 프로그램이 적용될 수 있다. 전 연령이 참여하게 되는 사회 독서 프로그램은 도서관에서 운영하는 프로그램이 대표적이며, 이외 행정 기관과 사회복지기관 중심의 다양한 프로그램이 운영되고 있다.

[표 11-1] 독서 프로그램의 유형

운영 주체	대상	유　　　형
학교	학생	• 교과 연계 독서 프로그램 • 아침 독서 프로그램 • 진로 독서 프로그램 • 학교 도서관 독서 프로그램
사회	유아, 학생, 성인	• 도서관 독서 프로그램 • 직장별 독서 프로그램 • 행정기관 및 사회복지기관의 독서 프로그램

독서 프로그램은 목적과 대상에 따라 다양한 유형으로 개발할 수 있으므로 개발자는 자신의 목적에 따라 프로그램을 개발할 수 있는 능력이 필요하고 프로그램 참여자는 프로그램의 특징을 이해하고 자신에게 적합한 프로그램을 선택하는 것이 필요하다.

1) 학교 독서 프로그램

학교 독서 프로그램은 다양한 목적과 내용, 활동으로 이루어진 독서 프로그램을 운영할 수 있으며 예를 들면 다음과 같은 활동들이 가능하다. 시 낭송과 시 창착을 통한 국어 수업 시간의 독서 활동과 같이 교과 시간에 이루어지는 독서 활동, 방과 후 동아리 독서활동, 소설 작품을 활용한 독서 활동, 그림 그리기 중심의 독서 활동, 교수·학습 모형을 활용한 독서 활동, 놀이 중심의 독서 활동 등(문득련·문승한, 2015). 이러한 다양한 활동들 중 대표적인 유형을 살펴보면 우선 학교에서 이루어지는 독서 프로그램은 교과 시간과 교과 시간외로 구분하였을 때 교과 시간에 이루어지는 교과 연계 독서 프로그램을 들 수 있다. 그리고 교과 시간 외 이루어지는 독서 프로그램들에는 학생들의 일과와 독서의 목적, 운영 주체 등에 따라 아침 독서 프로그램, 진로 독서 프로그램, 학교 도서관 독서 프로그램 등을 들 수 있다.

① 교과 연계 독서 프로그램

독서는 교과 학습의 도구이기도 하기 때문에 독서 프로그램은 교과와 연계하여 이루어질 때 상승효과가 있다. 국어과의 경우에는 독서 자체가 교육의 내용이기도 하기 때문에 독서 지도는 특히 국어과에서 주요 역할을 담당하기도 했다. 물론 학교 독서 교육은 교과의 경계를 넘어 범교과적으로 이루어져야 하고 특정 교과나 교사 개인의 담당을 넘어서 이루어져야 할 것이다. 교과와 연계하여 독서 지도가 이루어지는 대표적인 프로그램으로 한 학기 한 권 읽기, 주제 통합적 독서, 도서관 활용 수업 등이 있다.

'한 학기 한 권 읽기'는 2015 개정 국어과 교육과정에 제시된 독서지도 정책으로, 학교 독서 프로그램 활성화를 중점으로 하고 있다. 2015 개정 국어과 교육과정에서 '한 학기 한 권 읽기'는 초등학교 3학년부터 고등학교 3학년까지 한 학기 중 국어과 일부 수업 시간에 학생들이 책을 선택하여 읽고 그에 대하여 생각을 나누고 표현하는 활동을 하는 것을 의미한다(김영란, 2019b).

한 학기 한 권 읽기는 국어 교과서에 실린 파편적이고 분절적인 텍스트 읽기가 갖는 문제점, 학습을 위한 독서 강요로 인해 자발적으로 독서를 즐기는 평생 독자 육성에 소홀했다는 점 등 그 간의 독서 교육의 문제점을 해결하기 위해 반영된 것으로, 한 학기에 한 권 이상의 책을 수업 시간에 읽을 수 있도록 독려하고 책을 읽고 생각을 나누며 글을 쓰는 통합적인 독서 활동을 강조하는 정책이다(김창원 외, 2015 : 78-79). 한 학기 한 권 읽기는 교육과정 중 성취기준뿐 아니라 '교수·학습 방법 및 유의사항'이나 '평가 방법 및 유의사항'에 반영되었으며, 교과서에도 그 내용이 구현되었다. 이후 2022 개정 국어과 교육과정에서는 한 학기 한 권 읽기를 전면에 드러내지는 않았지만, 한 권의 책을 완독하는 독서에 대한 교육 내용이 <국어> 과목의 읽기 영역과 <독서와 작문> 과목에 다수 포함되어 있다.

[표 11-2] 2022 개정 국어과 교육과정 중 <국어> 과목의 '한 권 읽기' 관련 내용

구분	내 용
공통 교육과정 <국어> 초등학교 3-4학년 읽기 영역의 (나) 성취기준 적용 시 고려 사항	이 시기는 학습자가 바람직한 독서 습관을 형성하고 읽기에 대한 효능감을 형성하도록 함으로써 지속적으로 읽기에 참여할 수 있는 태도를 형성하는 데 매우 중요한 시기이다. 교사는 학습자가 자신의 수준과 흥미에 맞는 읽을 거리를 스스로 찾고, 독서 시간과 분량 등을 고려하여 독서 계획을 세움으로써 한 권의 책을 완독할 수 있는 습관을 형성할 수 있도록 지도한다. 또한 교사는 학습자의 읽기 어려움을 점검하고 이를 해결할 수 있는 피드백을 제공함으로써 학습자가 성공적인 읽기 경험을 통해 읽기 효능감을 높이도록 지도할 수 있다. 이때 읽기 효능감을 높일 수 있도록 어려움을 겪는 학습자의 독서 활동에 대해 교사와 동료 학습자들이 격려와 칭찬과 같은 긍정적인 피드백을 제공하도록 한다. 또한 교사는 수업 상황을 고려하여 학급 전체가 같은 책을 읽거나, 모둠끼리 같은 책을 읽거나, 학습자 개인별로 원하는 책을 읽도록 할 수 있다.
공통 교육과정 <국어> 중학교 1-3학년 읽기 영역의 (나) 성취기준 적용 시 고려 사항	진로나 관심 분야에 관한 자기 선택적 읽기를 지도할 때는 진로나 관심 분야에 대한 다양한 독서 경험을 통해 관심 분야에 대해 더 깊이 이해하고 자신의 진로를 개발하고 탐색할 수 있도록 한다. 자신의 진로 탐색 및 진로 개발, 관심 분야에 대한 깊이 있는 이해 등의 읽기 목적을 설정하여 읽을거리를 스스로 찾아 한 학기 동안 적어도 한 편의 완결된 글을 읽을 수 있도록 독려한다.(이하 생략)
공통 교육과정 <국어> 교수·학습 및 평가의 (1) 교수·학습의 방향	(사) '국어' 성취기준에 대한 통합적이고 깊이 있는 학습을 위해 한 권 이상의 도서를 긴 호흡으로 읽을 수 있도록 선정하고, 이를 다양한 성취기준의 통합, 영역 간 통합, 교과 간 통합 수업에 활용할 수 있다. 이를 위해 개별 관심사와 진로를 고려하여 학습자가 자기 선택적으로 도서를 선정하도록 하고, 종이책이나 전자책 등 상황에 적합한 도서 준비와 충분한 독서 시간 확보 등의 물리적 여건을 조성한다.
공통 교육과정 <국어> 교수·학습 및 평가의	'읽기' 영역에서는 지엽적인 지식이나 세부적인 기능, 전략에 대한 분절적인 학습을 지양하고, 상황 맥락과 사회·문화적 맥락을 고려하여 다양한 유형의 글이나 자료를 토대로 적절한 읽기 전략을 적용하고 그 효과성을 점검·조정

구분	내 용
(2) 교수·학습 방법	하며 읽는 활동을 강조한다. 학습자의 수준, 관심, 흥미, 적성, 진로 등을 고려한 자기 선택적 읽기 활동을 안내하고 특히, 읽기 상황과 학습자의 읽기 수준을 고려하여 읽을거리의 난도나 분량 등을 결정하되, 짧고 쉬운 글이나 자료에서 한 권 이상의 책 읽기로 심화할 수 있도록 지도한다. 또한 읽기 과정에서 학습자가 스스로 질문을 생성하고 학습자 간의 발표, 대화, 토론 등의 과정을 통해 다른 독자들의 다양한 반응을 공유함으로써 학습자가 개인적 읽기에 머무르지 않고 사회적 읽기에 참여하는 독자로 성장할 수 있도록 지도한다.

2022 개정 교육과정에서는 '한 학기'라는 기간을 한정하지는 않지만 한 권을 온전히 읽는 '온책 읽기'의 독서 경험을 통해 읽기에 대한 자신감을 기르고, 다양한 책을 스스로 찾아 읽는 자기 선택적 읽기 경험을 하며 주체적인 독자로 성장할 수 있도록 교육 내용을 제시하고 있다. 그리고 이러한 독서를 통해 주체적으로 진로를 탐색하도록 하고 있다.

'주제 통합적 독서'는 상호텍스트성에 근거하고 있는 독서 방법으로, 중학교<국어>와 고등학교 <공통국어1, 2>, <독서와 작문> 과목의 교육 내용으로 제시되어 있다. 교육과정에 제시되어 있는 관련 성취기준은 다음과 같다.

[표 11-3] 2022 개정 국어과 교육과정의 '주제 통합적 독서' 관련 성취기준

구분	내 용
중학교 <국어>	[9국02-06] 동일한 화제를 다룬 여러 글이나 자료를 주제 통합적으로 읽는다.
고등학교 <공통국어1>	[10공국1-02-02] 자신의 진로나 관심 분야와 관련한 다양한 글이나 자료를 찾아 주제 통합적으로 읽고 읽은 결과를 공유한다.
고등학교 <공통국어2>	[10공국2-02-02] 동일한 화제의 글이나 자료라도 서로 다른 관점과 형식으로 표현됨을 이해하며 읽기 목적을 고려하여 글이나 자료를 주제 통합적으로 읽는다.
고등학교 <독서와 작문>	[12독작01-13] 다양한 글을 주제 통합적으로 읽고 학습의 목적과 교과의 특성을 고려하여 학습을 위한 글을 쓴다.

정보와 지식의 습득을 목적으로 이루어지는 독서는 한 편의 글이나 한 권의 책을 읽는 방식이 아니라 다양한 읽기 자료를 읽고 내용을 통합하는 방식으로 이루어지게 된다. 이 때 읽기 자료는 화제, 주제 면에서는 관련이 있는 상호텍스트성을 갖고 있되, 형식면에서 인쇄 텍스트, 인터넷 문서, 영상 등 다양한 형식일 수 있으며 주제에 대한 관점도 다양할 수 있다. 주제 통합적 독서는 이러한 읽기 자료를 각각의 자료가 갖고 있는 특성과 학습자 자신의 읽기 목적에 적합한 읽기 방법으로 읽고 그 내용을 통합하는 읽기이다.

위의 두 독서 지도가 국어과에서 이루어지는 독서 지도라면 도서관 활용 수업은 범교과적으로 이루어지는 교과 연계 독서 지도이다. 학교도서관은 학교 내 독서 지도의 중심이 되는 공간으로 도서관에서 자체적으로 운영하는 독서 프로그램들도 있지만, 교과 수업과 연계하여 도서관을 활용할 수도 있다. 학업의 주를 이루는 교과 시간에 도서관을 활용하는 것은 교과 학습과 함께 독서 지도가 동시에 이루어지고, 학습자들이 독서를 자신에 필요에 따라 실제적으로 활용하는 기회가 된다는 점에서 교육적으로 유용하다.

② 아침 독서 프로그램

2005년 대구광역시교육청에서는 '아침 독서 10분 운동'을 도입하였는데, 이는 일본의 '아침 독서'를 적용한 것이다. 일본의 아침 독서 운동은 1988년 일본의 고등학교 교사 하야시 히로시에 의해 시작되었는데, 매일 10분 동안 전교생이 독서에 참여하는 방식으로 이루어졌으며 학생들에게 변화와 성장의 모습이 나타났다. 이러한 성과가 방송으로 소개되며 일본 전역으로 확산되었고, 2006년 조사에 따르면 일본 전체 소·중·고등학교의 54%인 20,970개 학교가 아침 독서 운동에 활발하게 참여하고 있는 것으로 나타났다.

우리나라에서도 대구의 아침 독서 운동이 성과를 거두자 서울, 경기도, 부산 등 각 지역 교육청에서도 명칭과 내용은 각기 다르지만 대구의 사례를 발전시켜 아침 독서를 실시하였다. 예를 들어 부산시교육청의 경우에는 '2050 운동'을 실시하였는데, 이는 아침에 20분씩 독서하여 일 년에 책 50권을 읽자는 운동이다. 아침 독서의 효과로는 독서량의 증가, 독서의 필요성에 대한 인식 향상, 독서 습관의 형성 등이 나타난 것으로 조사되고 있는데, 독서 능력 향상에 있어서는 조사에 따라 그 효과에 대한 결과가 달리 나타나 확정할 수는 없다(김명순, 2012).

대구의 아침 독서 운동의 원칙은 '교사와 학생 모두가, 매일 10분 동안, 좋아하는 책을, 단지 읽기만 한다.'였는데, 이러한 독서 활동을 지속적 묵독(SSR : sustained silent reading)이라고 한다. 이는 일정 시간 동안 자유롭게, 각자 선택한 인쇄 매체를 읽을 수 있는 기회를 부여하는 방식의 독서 활동으로, 이러한 활동은 미국, 캐나다, 영국, 뉴질랜드 등 여러 국가들의 학교 현장에서도 많은 인기를 얻으며 실시되었다.

아침 독서가 독서 능력과 독서 태도를 촉진하는가, 즉 아침 독서 활동의 효과성에 대해서는 일관된 결론이 내려지지 않고 있는데, 필그린(Pilgreen, 2000)은 아침 독서 활동에 대한 연구물 분석을 통해 아침 독서 활동의 효과성은 활동의 수행 자체보다는 활동의 수행 조건에 의해 결정된다고 하였다. 그리고 아침 독서 활동의 성공 요소로 '다양한 독서 자료, 흥미로운 독서 자료, 독서 분위기, 독서에 대한 격려, 교사 연수, 비책무성, 추수 활동, 빈번한 독서 시간' 등 8가지 요소를 제시하였다(장은미·윤준채, 2013).

[표 11-4] 아침 독서 활동의 성공 요소

성공 요소	내　　　　용
다양한 독서 자료 (access)	책, 잡지, 만화, 신문 등과 같은 다양한 독서 자료를 다양한 방법으로 학생들에게 제공하는 것
흥미로운 독서 자료 (appeal)	독서를 하고 싶어 하는 마음이 생기도록 하는 흥미로운 독서 자료를 제공하는 것과 학생들 스스로 그것을 선택하여 읽을 수 있는 기회를 제공하는 것

성공 요소	내　용
독서 분위기 (conducive environment)	방해받지 않고 독서할 수 있는 조용하고 편안한 환경을 제공하는 것
독서에 대한 격려 (encouragement)	독서에 유인하기 위해서 언어적·비언어적인 방법으로 적극적으로 독서를 권유하는 것
교사 연수 (staff training)	아침 독서 활동을 효율적으로 운영하는 데 필요한 관련 지식을 교사들에게 제공하는 것
비책무성 (non-accountability)	아침 독서 활동의 결과로 학생들에게 과제라는 인상을 줄 수 있는 독후감이나 독서 일지 등과 같은 책무를 요구하지 않는 것
추수 활동 (follow-up activity)	아침 독서 활동에 대한 책무(과제)로 여겨지지 않는 독서 후 활동을 하는 것
빈번한 독서 시간 (distributed time to read)	아침 독서 활동 동안 학생들에게 독서할 수 있는 시간을 제공하는 것으로 매주 여러 차례 규칙적으로 독서할 수 있는 시간을 제공하는 것

③ 진로독서 프로그램

진로독서란 진로를 돕기 위한 독서(reading for career)로 독서를 통해 삶의 나아갈 길을 이해하고 진로를 탐색하고 개척하는 데 목적이 있으며, 내용을 본위로 하는 성격이 강하다(김명순, 2014). 진로독서는 진로교육을 하기 위해 독서를 활용하는 것인데, 진로교육은 자아 이해와 직업 세계의 이해를 토대로 하여 자기의 진로를 탐색, 선택, 결정하여 자아를 성공적으로 실현할 수 있도록 도와주는 종합적인 교육이다. 우리나라 진로교육의 기초는 Super(1953)에 근거하고 있는데, 진로 발달 단계를 성장기(출생~14세), 탐색기(15~24세), 확립기(25~44세), 유지기(45~64세), 쇠퇴기(65세 이후)로 나누고 있다. 이러한 발달 단계에 따르면 중등학교 시기의 주요한 과업은 진로에 대한 탐색이라고 할 수 있다.

교육과정에서는 창의적 체험 활동에서 진로에 대한 지도가 이루어지도록 하고 있다. 2022 개정 교육과정은 교과(군)와 창의적 체험활동으로 편성되어 있으며,

창의적 체험활동은 자율·자치 활동, 동아리 활동, 진로 활동으로 되어 있다. 이에 진로 활동을 진행할 때에 진로독서 프로그램을 활용하여 진로 지도를 할 수 있다.

독서는 다양한 정보를 수용하여 자신의 기존 지식, 가치, 정서와 연결 지으며 새로운 자신의 의식 세계를 만들어 가는 작업이다. 독서를 통해 자아가 형성·발전하고, 지식의 세계가 넓어진다. 따라서 진로교육을 위한 '나의 발견'과 '직업 세계에 대한 이해와 진로의 탐색'에 절대적으로 중요한 영향을 미칠 수 있다(김봉순, 2014). 학생의 진로 발달 단계 과업에 도움이 될 수 있도록 독서가 활용되며 지도가 이루어져야 한다. 진로 독서 지도에서는 다음에 대해 유의하는 것이 필요하다(류보라·김소현, 2014).

첫째, 진로 탐색을 하기 위한 도구로서 인쇄 매체와 인터넷 매체를 그 특성에 따라 적절하게 활용할 수 있도록 방법을 안내하고 실제 활용으로 이어질 수 있도록 지도하는 것이 필요하다. 중학생들이 진로에 대한 정보 탐색에 있어 주요 정보원은 정보 접근성의 용이함 때문에 인터넷을 활용하는 것으로 나타났다. 그러나 피상적인 정보 탐색에 그치고 있기 때문에 인쇄 매체의 활용이 연결되도록 지도될 필요가 있다. 인터넷이 방대한 정보에 접근이 용이하고 편리하다면, 정확하고 신뢰되는 정보를 얻기 위해서는 인쇄 매체를 이용하는 것이 적절하다. 중학생들이 1차적 정보원으로 인터넷을 통해 광범위한 정보에 접근하였다면, 2차적 정보원으로 인쇄 매체를 활용하여 자신이 관심 있는 진로분야에 대한 상세 정보를 알아보고, 진로와 관련해서 스스로를 성찰하는 것이 필요하다.

둘째, 독서 경험을 자신의 진로, 자아 탐색과 연결할 수 있도록 하는 독서 지도가 필요하다. 독서를 하며 간접경험하게 되는 등장인물들의 삶의 모습이 중학생들의 진로 탐색에 많은 영향을 주는 것으로 나타났다. 이들의 모습이 구체성을 가지기에 독자들에게 간접경험의 기회를 제공하게 되어 직업에 대한 인식에 영향을 주게 되는 것으로 이해할 수 있다. 이러한 경험을 적극적으로 할 수 있도록 하기 위해 독서 경험을 진로에 대한 인식으로 연결 지을 수 있는 연결점이 필요하다.

셋째, 중학생들의 진로 발달 과업을 감안할 때 학생들이 자신이 관심 있는 진로, 직업에 대한 지식, 정보를 탐색할 수 있도록 독서가 활용되는 것이 필요하겠다. 설문 조사 결과에서 중학생들은 진로와 관련된 정보를 전달하는 도서를 읽고도 도움을 받지 못한 경우가 있는 것으로 나타났다. 이는 도서들의 수준이 중학생들에게 적절하지 않았기 때문이다. 독서를 활용한 진로 탐색에서 학생들이 많이 활용하는 글의 갈래는 전기문인데 이는 희망 진로에 대한 인식을 형성하는 데에 많은 영향을 주지만 현재 직업에 대한 구체적이고 사실적인 정보를 제공하기에는 한계가 있다. 진로 탐색을 구체화하기 위해서는 직업에 대한 구체적인 정보를 알려주는 내용, 그 직업을 갖기 위해 준비해야 할 일 등을 안내받을 수 있는 글이 제공되는 것이 필요하다.

④ 학교도서관 독서 프로그램

학생들의 독서 프로그램 중 중요한 역할을 하는 곳이 학교도서관이다. 이러한 중요성을 정책에도 반영하여 교육인적자원부(2002)는 '학교도서관 활성화 종합방안'을 발표하고 이후 학교도서관의 인프라 구축을 위한 지원이 이루어졌다. 그 결과 2010년까지 6천 개 이상 학교도서관의 신축·재단장, 전산화 작업, 사서교사를 비롯한 전담 인력 충원 등이 이루어졌고, 학생 1인당 장서도 3배 정도 증가하는 성과가 있었다(교육과학기술부, 2011). 이러한 기반을 토대로 독서 교육이 내실 있게 이루어지기 위해서는 운영되는 독서 프로그램의 질이 중요하다. 학교 도서관 정책도 이러한 방향으로 이루어져 2009년 '학교 독서교육 및 도서관 활성화 방안' 등의 정책은 도서관을 활용하여 학교의 교과 내용과 연계된 독서교육을 지향하는 방향으로 진행되고 있다(이순영·송정윤, 2012). 다음 [표 11-5]는 학교도서관에서 운영된 프로그램들을 유형별로 정리한 것이다.

[표 11-5] 중등 학교도서관에서 운영한 독서프로그램의 유형(이순영·송정윤, 2012 : 298)

대영역	소 영 역
도서관 이용과 운영	1. 도서관 이용 교육 및 체험 활동 2. 도서관 신문, 소식지 발간 활동 3. 도서관 운영 아이디어 공모 4. 도서관 관련 도서 동아리 운영 5. 학부모와 지역 주민 이용 프로그램
독서 흥미 및 도서관 이용 증진 행사	1. 독서계획표(독서리스트) 작성 활동 2. 대출자 이벤트(뽑기, 경품, 추첨) 3. 독서 캠페인 4. 도서관 열람실 개방과 이용 장려 5. 독서 캠프(학생 및 학부모 대상) 6. 작가와의 만남, 명사초청 강연 7. 시화전 행사 8. 시낭송 행사 9. 도서 전시회 프로그램 10. 윤독도서 운용, 아침 독서·학급도서 활용 11. 다독 학급·학생 시상, 사례 게시 12. 독서인증제 권장 행사와 홍보 13. 사제동행 추천도서 함께 읽기 14. 추천도서 작성과 권장 활동
독후 활동 (책 내용 관련)	1. 책제목 관련 활동(끝말잇기, 다행시 창작) 2. 독후감상화, 만화, 마인드맵 표현 활동 3. 북아트와 독서노트 제작 4. 책에서 인상 깊은 구절 찾기 5. 독서 신문 만들기 6. 독후감 쓰기 활동 7. 동료에게 책 추천하기 활동 8. 저자에게 편지쓰기, 저자 인터뷰하기 9. 책 홍보물 제작(표어, ucc, 광고, 포스터) 10. 책 내용 패러디, 바꿔 쓰기 11. 독서퀴즈·독서골든벨(제목, 주인공, 내용) 12. 독서 토론 및 논술
교과 학습	1. 국어과 도서관 활용 수업 2. 타교과 도서관 활용 수업

대영역	소 영 역
	3. 교과 학습 관련 자료 수집 및 활용 교육
	4. 교과 학습 관련 독서전략지도
기타 (독서 관련 문화 활동)	1. 외부 도서관이나 서점 견학
	2. 문학 기행
	3. 독서 심리 치료 프로그램
	4. 진로 지도 관련 독서 활동
	5. 뮤지컬, 연극, 영화 관람
	6. 음악회, 공연 개최
	7. 각종 만들기 활동(책가방, 필기구 등)
	8. 도서관 영화제

2) 사회 독서 프로그램

사회에서 이루어지는 독서 프로그램은 유아부터 성인까지 전 연령을 대상으로 하여 다양한 프로그램이 있고, 운영주체도 지역도서관, 사설도서관 등 도서관, 직장, 사회복지기관 등으로 다양하다. 이에 몇몇 대표적인 프로그램을 살펴보도록 하겠다.

① 북스타트

유아를 대상으로 이루어지는 독서 프로그램 중 대표적인 것이 '북스타트'이다. 북스타트는 영유아들에게 해당지역 도서관, 보건소, 평생학습정보관, 동사무소 등에서 그림책이 든 가방을 선물하는 지역사회 문화운동 프로그램이다. '책과 함께 인생을 시작하자'라는 취지로 북스타트코리아와 지방자치단체가 운영하고 있다. 이 운동은 1992년 영국 버밍햄에서 '아기에게 책을'이라는 모토로 전직 교사이자 도서관 사서였던 웬디 쿨링(Wendy Cooling)이 생후 첫 건강진단을 받으러 보건소에 오는 아이들에게 그림책이 든 가방을 무상으로 선물하자는 단순한 제안을 하면서 시작되었다. 영국 북스타트는 '북트러스트'라는 조직이 처음 시작했고 지금도 이 단체가 운영을 맡고 있다.

북스타트는 영유아 중 3개월~18개월 대상자에게는 북스타트 꾸러미를, 19개월~35개월 대상자에게는 북스타트 플러스 꾸러미를 제공한다. 꾸러미 가방에는 그림책 2권과 함께 책 읽어주기 가이드북, 프로그램 안내 책자, 지역시행기관 안내 책자 등을 함께 담아 제공한다. 가이드북에는 '아기를 안고 따뜻한 목소리와 리듬이 담긴 말로 천천히 읽어주세요.'와 같이 구체적인 책 읽어주는 방법, 연령별로 좋은 그림책 등에 대해 안내를 하고 있다.

북스타트는 책을 읽을 줄 모르는 아기들도 책에서 시각적 즐거움, 소리에 대한 민감성과 집중력을 키워 책과 친해지게 하고, 책을 매개로 아기와 부모가 풍요로운 관계를 형성하도록 돕는 역할을 한다. 또한 부모의 소득 격차의 영향 없이 평등한 문화적 기회를 누릴 수 있도록 지역사회가 양육의 책임과 비용을 분담하는 사회적 육아 지원 운동의 성격을 갖고 있다.

② 독서 동아리

전 연령 대상으로 학교, 직장 등에서 이루어지는 독서 프로그램으로 '독서 동아리'가 있다. 독서 동아리는 15명 내외의 일반인들로 구성되는 모임으로서, 자율적인 참여를 통해 정기적으로 책을 읽고 책에 대한 의견 교환과 토론을 갖는 모임이다. 독서 동아리는 독서 문화 활성화에 큰 기여를 하며, 특히 상대적으로 독서량이 부족한 직장인들의 독서 동기를 고취시키는 데 효과가 있는 것으로 알려져 있다(이용준, 2014). 문화체육관광부의 제3차 독서문화진흥기본계획(2019-2023)에서도 개인적 독서를 사회적 독서로 전환[69]하기 위해 독서 공동체, 독서 동아리를 활성화하

---

69) 여기에서 개인적 독서란 정서적이며 지식 습득을 목적으로 하여 개인적으로 읽는 독서를 의미하며, 사회적 독서란 함께 읽고 쓰고 토론하고 나누는 독서를 의미한다.

는 것을 주요 정책 중 하나로 제기한 바 있다. 독서 동아리를 지원하기 위해 독서동아리지원센터를 운영하고 있으며, 독서 동아리의 자발적인 활동과 교류를 위해 '독서동아리 한마당' 행사를 운영하고 있다.

성인 대상의 독서 동아리는 운영 목적에 따라 여러 가지 유형으로 나눠 볼 수 있는데, 크게 ① 정보 교류 및 토론, 독서 체험활동을 목적으로 하는 동아리, ② 지식 습득이나 인문학적 소양을 목적으로 하는 동아리, ③ 전문지식, 고전 독해 등 전문성 계발을 목적으로 하는 동아리, ④ 서평이나 저술 등 쓰기 목적의 독서 동아리 등으로 나누어질 수 있다(임영규, 2003).

독서 동아리의 활동으로는 독서토론이 가장 큰 비중을 차지하고 있는데, 기본적으로 다음과 같은 활동을 포함하고 있다. 첫째는 가장 기본이 되는 독서활동으로 동아리 구성원이 미리 선정된 도서를 읽게 된다. 둘째, 쓰기 활동으로 독서토론을 강화하는 도구로 활용된다. 독서일지 쓰기, 비평문 쓰기, 독서한 내용을 바탕으로 새로운 저작물 쓰기 등을 포함한다. 셋째, 독서 토론 활동으로 읽고 쓴 것에 대해 발표하고 토론하고 서로 의견을 나누는 상호작용 활동이다. 토론을 통해 책을 내용을 깊고 넓게 이해하게 되고, 자신의 생각을 정리하고 발전시키는 경험을 하게 된다. 넷째, 교육 활동으로 도서에 대한 폭넓은 이해력을 가질 수 있도록 강연을 듣는 등 다양한 교육프로그램을 수행하는 활동이다. 다섯째, 독서치료활동이다. 이 활동은 책과 독자 사이의 상호작용을 통하여 내면의 상처를 치유하고 성장하게 도와주는데 초점이 맞춰져 있다. 여섯째는 독서봉사활동이다. 이 활동에는 독서 멘토링, 도서관이나 독서행사에 대한 자원봉사 등이 포함된다(이용준, 2014).

③ 독서 치료

독서 치료는 사람들이 다양한 책들을 읽으면서 치료자와 일대일이나 혹은 집단으로 토론, 글쓰기, 그림 그리기 등의 여러 가지 방법의 구체적 활동과 상호작용을 통해서 자신의 적응과 성장 및 당면한 문제들을 해결하는 데 도움을 얻는 것을 의미한다(한국독서치료학회, 2006).

독서 치료의 목표는 독서 및 독서 활동을 통해 참여자의 문제 해결을 돕는 것이며 여기에는 발달과 성장과 적응을 돕는 것도 포함된다. 목표는 종합목표와 세부목표로 나눌 수 있는데, 종합목표는 치료사가 계획한 기간 동안 프로그램을 운영했을 때 이루고자 하는 목표이고, 세부목표는 주 1회 세션마다 이루고자 하는 목표이다. 세부목표는 프로그램을 운영하다 보면 참여자의 상황 및 상태 등에 따라 수정보완하는 것이 필요하다. 이때 치료사에게는 순발력과 융통성이 요구되며, 종합목표는 그대로 두고 세부목표, 선정 자료, 관련 활동까지 모두 수정할 수도 있다. 다음은 한부모 가정 아동의 양성평등 의식 함양을 위한 독서치료 프로그램의 목표 예이다(이희정, 2012).

[표 11-6] 독서 치료 프로그램의 목표 예시

종합목표	한 부모 가정 아동의 양성평등의식 함양
세부목표	첫째, 가정생활에서의 올바른 성 역할을 알고 이를 실천한다. 둘째, 학교생활에서의 성차별적인 요소를 찾아보고 자신의 성의 주체성을 알고 올바른 양성평등의식을 함양한다. 셋째, 직업생활에서 성 균형적인 시각으로 진로를 탐색하여 올바른 양성평등의식을 함양한다. 넷째, 사회·문화생활에서의 성 편견적인 시각을 찾아내고 이를 개선하려는 올바른 양성평등의식을 함양한다.

독서 치료는 독서 자료를 활용하여 마음의 상처를 치유하게 되므로, 독서 치료에서 활용되는 문학작품은 독자의 내면에 정서적 반응을 일으켜 실제 현실에서의 경험과 상호작용을 하게 하는 역할을 한다. 즉 책이 참여자의 마음을 열게 하고, 내면의 상처를 치유해주며, 자신의 문제를 해결해보고자 하는 의욕을 불러일으키는 일차적인 상담자의 역할을 담당하게 되는 것이다(임성관, 2012). 독서 치료를 위한

* 리딩 리커버리(Reading Recovery)는 영어권 국가들에서 이루어지고 있는 기초 문해력 교육 프로그램으로 1976년 뉴질랜드의 교육학자 클레이(Marie M. Clay)가 개발했다. 이 프로그램은 읽기에 어려움을 겪는 학생들의 문제를 조기에 발견하고 처치하는 것을 목표로 하며, 북미 리딩 리커버리는 읽기 능력 최하위 20%의 1학년 아동들을 대상으로 하여 매일 30분씩 주 5일 수업 기준으로 12주에서 20주에 이르는 일대일의 단기 프로그램으로 운영된다. 이 프로그램을 통해 75%의 학생들이 학급 평균 수준의 읽기 능력에 도달하게 되었다.

자료 선정을 할 때 고려한 요소들로는 독서 치료의 필요성 확인, 참여자의 개인적인 배경 확인, 문제의 증상 확인, 참여자의 흥미와 독해력 수준, 참여자가 지닌 문제의 성격, 참여자가 해결하고자 하는 문제의 해결책(Beth Doll & Carol Doll) 등이 있다.

독서 치료 과정에서는 선정한 자료를 읽고 발문을 통해 상호작용을 하게 되는데, 이 외 다양한 활동을 함께 하는 경우도 많다. 특히 언어적인 면에서의 상호작용이 원활하지 못한 참여자를 대상으로 할 때에는 언어적 상호작용을 대체하는 활동들로 음악, 미술, 연극, 작문, 놀이 활동 등을 포함할 수 있다. 한편 여기에서 설명하고 있는 독서 치료는 기초 문해력 교육 프로그램인 '리딩 리커버리'와는 구분되는 프로그램이므로 혼동하지 않도록 유의해야 한다.*

다. 독서 프로그램의 개발 방법

독서 프로그램을 개발할 때에는 일반적인 수업을 설계하는 것에 준하여 단계를 절차화할 수 있다. 서혁(2006)에서는 국어 수업 설계의 단계를 ① 교수·학습 목표 확인 ② 변인 분석(교수자, 학습자, 환경) ③ 교수·학습 내용 상세화 ④ 교수·학습 모형, 방법 선정 ⑤ 교수·학습 내용 조정 ⑥ 교수·학습 활동 구안으로 제시하고 있다. 이러한 일반적인 국어 수업에 비해 읽기 수업을 설계할 때에는 수업 내용을 상세화하는 단계에서 제재의 분석, 읽기 전·중·후의 과정, 읽기 전략에 대한 고려가 필요하다.

독서 프로그램의 개발 과정을 살펴보면 우선 프로그램의 목표를 확인한다. 교육을 할 때에는 목표를 우선적으로 확인하는 것이 필요하고 이 목표를 도달하기에 적절한 교육 내용과 방법을 결정하여야 한다. 독서 프로그램의 목표는 읽기 능력의 향상뿐 아니라 독서를 활용하여 교육 전반에 대한 다양한 목표 설정이 가능하다.

다음으로 프로그램에 영향을 주는 변인을 분석한다. 수업에 영향을 주는 변인에는 교사, 학습자, 환경 요인이 있으므로 이에 대한 분석이 필요하다. 이어 독서 프로그램의 내용을 상세화할 때에는 읽기 과정과 전략, 텍스트의 특성을 함께 고려해야 할 필요가 있다. 독서 프로그램의 내용에 따라 적절한 모형과 방법을 결정한다. 그리고 이러한 내용과 방법을 계획하는 과정에서 독서 프로그램을 실행한 후 학습자의 성취와 향상 정도를 평가하기 위한 평가계획을 수립한다. 수업에서 활용되는 독서 프로그램이 아닌 경우 평가에 대한 계획이 소홀한 경향이 있으나, 교육의 효과와 학습자의 성장을 확인하기 위해 평가를 하는 것은 필요하다. 또한 이러한 결과 확인을 하고 환류하는 절차를 통해 프로그램의 개선이 이루어져야 한다.

[표 11-7] 독서 프로그램 개발의 단계

단계	내용
목표 확인	독서 프로그램의 목표 확인
변인 분석	독서 프로그램의 변인(교사, 학습자, 환경 요인) 분석
내용 상세화	독서 프로그램의 내용(교육내용, 제재) 상세화
방법 결정	독서 프로그램의 모형과 방법 결정
평가 및 환류	독서 프로그램의 결과 평가 및 환류 계획

2. 독서 프로그램의 운영

가. 독서 프로그램 운영의 기본 원칙

1) 독자의 자율성 중심

독서 교육의 중요한 목표는 독립적인 독자, 평생 독자의 양성으로 책 읽기를 즐기고 지속적으로 책을 읽을 수 있는 독자로 교육하는 것이다. 이러한 독서 교육을 하기 위해 강조하는 것이 독자의 자율성에 대한 존중이다.

학습자의 자율성에 대한 강조는 자기결정성이론(self-determination theory)에 바탕을 두고 있는데, 자기결정성은 한 개인이 환경에 대해 어떤 행위를 취할 것인가를 스스로 결정하는 것을 의미한다(Ryan & Deci, 2000). 자율성(autonomy)은 행동의 근본 원인이 자신에게 있는 것이고, 상대적인 개념인 타율성(heteronomy)은 자신이 통제당하고 조종당하고 있다고 느끼는 것이다.

자기결정성이론에 바탕을 둔 독서 지도의 방법으로 자기 선택적 독서(SSR : self-selected reading)가 있다. 자기 선택적 독서는 학생들이 자기가 읽고 싶은 책을 스스로 선정하고 자율적으로 책을 읽도록 하는 독서 지도의 방법이다. 이 독서 활동은 학생들의 자율성을 지원하기 때문에 학생들의 읽기에 대한 내적 동기 신장에 긍정적인 영향을 줄 수 있다.

책 선정에 대한 기회를 부여하는 것이 학생들의 읽기 동기와 성취에 긍정적인 영향을 주는 것으로 알려져 있지만, 학생들은 책 선정에 어려움을 겪기 때문에 독서 지도에서 책 선정에 대한 지도가 함께 이루어져야 할 필요가 있다. 도서를 선정할 때 고려해야 할 요소들에 대한 지도 방법으로 북매치(BOOKMATCH)전략(Wutz & Wedwick, 2005; 박영민·최숙기, 2008)이 있다. 이 방법은 책을 선택할 때 책의 분량(Book length), 일상 언어(Ordinary language), 구조(Organization), 책에 대한 선행 지식

(Knowledge prior to book), 감당할 만한 텍스트(Manageable text), 장르 매력도(Appeal to genre), 주제 적합성(Topic appropriateness), 연관성(Connection), 흥미도(High interest) 등 책을 선택하기 위한 기준 9가지에 대해 자신의 의견을 생각하도록 하는 것이다.

[표 11-8] 북매치(BOOKMATCH)의 책 선택 기준

	책 선택 기준
B	**책의 분량(Book length)** • 책의 길이가 나에게 알맞은가? • 내가 집중해서 읽어낼 수 있는 분량인가?
O	**일상 언어(Ordinary language)** • 아무 쪽이나 펴서 읽었을 때 쉽게 읽히는가? • 글의 흐름이나 느낌이 자연스러운가?
O	**구조(Organization)** • 책 전체나 각 부분이 알맞게 구성되어 있는가? • 한 쪽당 글자 수와 글자 크기가 알맞은가?
K	**책에 대한 선행 지식(Knowledge prior to book)** • 제목, 표지, 요약 등을 살펴보았을 때, 주제나 필자, 삽화 등에 대해 이미 알고 있는 것이 있는가?
M	**감당할 만한 텍스트(Manageable text)** • 책에 쓰인 단어들이 내 수준에 적합한가? • 읽은 내용이 이해가 되는가?
A	**장르 매력도(Appeal to genre)** • 이런 장르의 책을 읽은 적이 있는가? • 이 장르를 좋아하거나 그럴 것 같은가?
T	**주제 적합성(Topic appropriateness)** • 주제가 나에게 적적한가? • 이 주제에 관해 읽을 준비가 되어 있는가?
C	**연관성(Connection)** • 책의 내용이 나와 관련이 있는가? • 이 책으로 인해 생각나는 사건이나 사람이 있는가?
H	**흥미도(High interest)** • 나는 이 책의 내용이나 필자에게 관심이 있는가? • 다른 사람이 이 책을 추천했는가?

2) 독자 반응 중심

독서의 개념이 텍스트 중심에서 독자 중심으로 이동하면서 의미 이해의 주도권은 글에서 독자로 넘어가게 되었다. 과거의 읽기가 글에 있는 의미를 찾는 과정이었다면 오늘날의 읽기는 독자가 자신의 의미를 구성하는 과정이다. 독자 각자가 갖고 있는 경험과 지식이 다르기 때문에 독자가 구성한 의미는 각각 개별성을 갖게 되며, 현대의 읽기는 독자 반응의 개별성을 존중한다. 이에 독서 프로그램의 운영에서는 이러한 읽기 개념의 변화를 반영할 필요가 있다.

읽기 과정 모형에서 상정하는 의미의 위치를 살펴보면 상향식 모형은 의미가 글에 위치하는 것으로 보는 반면에 하향식, 상호작용식, 교섭 모형은 독자가 의미를 구성하는 것으로 본다. 이 중 교섭 모형을 기반으로 하는 독서지도모형이 독자 반응 중심의 교수·학습 모형이다. 교섭 모형은 로젠블랫(Rosenblatt, 2004)에 의해 만들어졌으며, 이 이론은 읽기는 기능적 읽기(efferent reading)와 심미적 읽기(aesthetic reading)로 구별한다. 이러한 구분은 독자의 입장(stance)에 따라 결정되는데, 기능적 읽기는 글에서 사실적 정보나 주장을 파악하는 읽기이고, 심미적 읽기는 주제나 미적 내용을 파악하는 읽기이다. 이 모형에서는 읽기 자료로 다양한 유형의 책을 사용하며, 읽기 능력이 상이한 모든 학생들의 요구에 부응하도록 다양한 수준의 책을 고루 제공하는 것을 선호한다(천경록, 2008).

나. 독서 프로그램 운영과 독서교육전문가

학교에서 이루어지는 독서 교육의 경우 국어교사가 담당하는 경우가 대부분이지만, 독서 교육은 국어교과에 국한되어 이루어져서는 안 된다. 독서 교육의 담당, 주체가 확장될 필요와 함께 또 한편으로는 독서 교육에 대해 전문성을 지니고 학교 안팎에서 독서를 지도하는 역할도 필요하다. 이러한 역할을 하는 독서 전문가

(reading specialist)는 독서 부진아 및 지진아의 독서 문제를 진단하고 교정하는 전문적 지식을 갖추고 있거나, 일반학생들의 읽기에 대해 특별히 교육을 받은 교사이다(한철우, 2005).

독서 교육을 전문적으로 담당하는 독서 전문가는 세계독서학회가 규정한 기준에 따르면 교실에서 학생들과 직접 수업할 수도 있고, 별도의 프로그램을 진행할 수도 있다. 독서 전문가의 역할로는 진단평가, 수업계획에 대한 컨설팅, 지속적인 전문성 교육, 전략 수업 모델 보여주기, 교사와 공동 수업, 특수교육과 중재 프로그램 조정, 개인차를 고려한 프로그램 개발과 운영, 그리고 교사와 부모에게 문식성 관련 정보를 제공하는 것 등을 들 수 있다(IRA. 2006).

국내의 독서교육 전문가들의 역할에 대해서는 명백하게 규정된 것은 아니지만, 혁신학교에서 활동한 독서교육 전문가들의 업무로 독서교육 관련 요구조사, 독서 문화 조성 및 동기유발, 교과 학습 관련 독서/논술 활동 지원, 개인차를 고려한 독서 논술 프로그램 개발과 운영, 학교 정책을 반영한 특성화된 독서논술 프로그램 개발과 운영, 교사의 전문성 개발과 연수, 학부모를 위한 교육 프로그램 개발과 운영, 각 프로그램 운영에 대한 평가 보고서 작성 등의 8가지 영역으로 설정한 바가 있다(정옥년, 2012).

첫째, 독서교육 관련 요구조사 활동으로는 학생들의 읽기와 쓰기 능력 진단, 독서 태도 및 독서 습관 조사, 독서 흥미 및 관심사 조사, 학교 및 학급의 독서 환경 조사, 가정 독서 환경 및 학부모 요구 조사, 교사들의 독서 지도 실태 및 신념 조사, 도서관 활용 실태 조사 등이 포함될 수 있다.

둘째, 학교의 독서 문화 조성 및 동기 유발 활동은 아침 독서 혹은 매일 독서 활동 지원, 독서 일지 쓰기, 독서 포트폴리오 관리 및 평가, 독서 퀴즈 및 독서 토론, 독후감 대회, 도서관 연계 활동, 추천도서 목록 작성과 안내 등이 포함된다.

셋째, 교과 학습 관련 독서/논술 활동 지원으로는 정규 교과목 수업 지원, 독서논술 통합을 위한 교과 내용 분석, 교과학습 관련 보충 자료 개발, 교과목별 학습 전략 개발과 지도 등이 포함된다.

넷째, 개인차를 고려한 프로그램 개발과 운영 활동으로는 독서 동기 유발 프로그램, 독서 습관 및 태도 향상 프로그램, 읽기능력(어휘, 독해, 유창성 중심) 향상 프로그램, 자아존중감 향상을 위한 독서 프로그램, 사회성 개발을 위한 독서 프로그램, 교과 학습력 향상을 위한 독서 프로그램 등이 있다.

다섯째, 학교 정책을 반영하는 독서 프로그램 개발과 운영은 해당 학교의 정책적인 목적에 따라서 창의적 체험활동이나 방과 후 활동을 통해서 다양한 프로그램을 개발하는 것이다. 예를 들면 체험 활동 중심 독서 프로그램, 진로 탐색을 위한 독서, 토의능력 향상을 위한 독서, 논술능력 향상을 위한 독서, 학습력 향상을 위한 독서, 영재를 위한 독서, 다문화 가정의 아동을 위한 독서, 다양한 매체 활용 독서 프로그램 등을 개발하여 운영할 수 있다.

여섯째, 교사의 전문성 개발을 위한 연수 프로그램 개발과 운영에서는 읽기 학습 부진아 지도, 특정한 교과 영역에서의 독서 지도, 교과 학습을 위한 독서 자료 선정과 개발, 교사들의 독서 클럽 운영, 외부 전문가 초청과 관리 등의 활동이 포함된다.

일곱째, 학부모들을 대상으로 가정에서의 독서 지도 방법 연수, 독서 지도와 부모 역할 훈련, 학부모 독서클럽 운영, 도서관 자원봉사자 교육과 운영, 다문화 가정의 부모를 위한 교육 등을 독서교육과 연계해서 할 수 있다.

여덟째, 각종 프로그램을 개발하고, 운영하고, 평가하기 위해서 시행한 검사와 조사, 평가 자료들을 수집, 정리, 보고하는 일이다. 시행한 프로그램의 효과를 분석함으로써 향후 개발될 프로그램에 대한 피드백을 얻을 수 있으며, 이는 프로그램을 향상시키기 위해서 필요한 과정이다.

다. 독서 프로그램 운영의 예

1) 한 학기 한 권 읽기

한 한기 한 권 읽기는 온전히 책을 읽고 다양한 활동을 하며 독서 프로그램을 운영할 수 있다. 서평 쓰기, 주제별 책 읽고 발표하기, 쟁점이 있는 독서 토론, 질문으로 깊이 읽기, 책 대화하기, 시 경험 쓰기, 시 영상 만들기 등의 활동 내용을 예시로 제시하도록 하겠다.

[표 11-9] '한 학기 한 권 읽기' 운영 방법에 대한 예시(김영란, 2019b : 265를 재구성)

활동명	내　　　용
서평 쓰기	① 독서일지 작성하며 책 읽기 ② 질문지에 따라 내용 생성하여 초고 쓰기 ③ 동료와 교사의 피드백 받고 수정한 최종본 제출하기
주제별 책 읽고 발표하기	① 모둠별로 함께 읽을 책 선정 ② 독서일지 작성하며 책 읽고 모둠별로 서로 생각 나누기 ③ 독서일지를 바탕으로 발표할 내용을 작성한 뒤 발표하기
쟁점이 있는 독서 토론	① 모둠 구성과 토론 연습 ② 책을 읽으며 토의 개요 작성 ③ 토의 개요서를 바탕으로 모둠 토의(+모둠별 토론 주제 정하기) ④ 모둠별로 제시한 토론 주제를 바탕으로 학급 전체의 토론 논제 정하고 　토론하기 ⑤ 토론한 내용을 바탕으로 자기 입장 정립 후 설득적인 글쓰기
질문으로 깊이 읽기	① 질문 생성하며 책읽기 ② 모둠별 질문 해결하기 ③ 학급 전체 질문 해결하기(교사와 함께) ④ 남은 질문 또는 질문 해결 과정에서 도출된 주제에 대한 자기 생각쓰기
책 대화하기	① 모둠별로 책 선정하기 ② 책 대화하기 연습하기 ③ 이야깃거리를 메모하면서 책 대화하며 읽기(책과 대화) ④ 모둠별 이야깃거리에 대해 대화하고, 대화 기록하기(동료와 대화)

활동명	내　　용
	⑤ 대화 기록을 보며 의미생성과정을 점검하기 ⑥ 교사와 대화하며 책 대화하기 기록의 완성도를 높임(교사와 대화) ⑦ ④-⑥의 과정을 한 편의 보고서로 작성하기
시 경험 쓰기	① 마음에 드는 시집 읽기 ② 짝에게 어울리는 시 고르고, 이유 쓰기 ③ 마음에 드는 시집 읽고, 담임 선생님과 어울리는 시 고르고 그 이유 쓰기 ④ 마음에 드는 시집 읽고 그 중 자신의 경험과 연결 지을 수 있으면서 공감 　되는 시를 골라 연관된 자신의 경험 쓰기
시 영상 만들기	① 모둠별로 시인을 한 명 정해서 시집 읽기 ② 모둠별로 시집에 대한 생각과 감상 나누기 ③ 한 편의 시를 정해 시의 내용을 영상으로 만들기 ④ 시 영상제(모둠별 시 영상 발표 및 소통)

2) 진로 독서 프로그램

다음은 진로 독서 프로그램의 하나로 진로에 관한 도서를 읽고 서평쓰기를 하는 방법이다(송승훈 외, 2018). 이러한 독서 지도 방법은 일반적인 서평쓰기 활동과 지도의 과정 및 절차는 유사하지만, 독서의 목적이 학생들이 자신의 진로를 탐색하고 진로에 대한 정보를 습득하면서 진로에 대한 고민을 하는 기회, 진로를 구체화하는 기회가 된다는 점에서 특징이 있다.

진로 독서를 지도할 때에는 진로 탐색과 구체화라는 독서 목적을 인식하도록 안내하는 것과 이러한 목적에 적합한 도서 선정 지도에 초점을 두고 다른 일반적인 목적의 독서와 차별성을 두도록 해야 한다. 직업에 대한 책 목록에 대한 소개를 하기 위해 직업에 대한 정보가 필요한데, '한국표준직업분류'를 토대로 직업군별로 읽힐만한 가치가 있는 책 목록을 제시하는 방법도 있다(송승훈 외, 2018). 진로 독서와 서평 쓰기의 절차를 정리하면 다음과 같다.

[표 11-10] 진로 독서와 서평 쓰기 절차

읽기	도서 선정	추천도서 목록 안내 및 진로와 연관된 책 고르기
	책 읽기	독서 일지 작성하며 책 읽기
쓰기	서평쓰기	쓰기1 : 질문에 따라 내용 생성하기
		쓰기2 : 서평 초고 쓰기
		쓰기3 : 동료와 교사 피드백 및 고쳐쓰기

3) 독서치료 프로그램

임성관(2012)에서 소개하고 있는 독서치료 프로그램은 청소년의 성취동기 및 자존감 향상을 위한 독서치료 프로그램이다. 이 프로그램의 목표는 성취동기가 부족하고 자존감 또한 낮은 청소년들을 도와서, 자신이 원하는 바를 계획하고 점차 이루어나갈 수 있도록 하는 것이다. 성취동기는 과업을 달성하는 과정에서 만족을 느끼고 지속적으로 성취목표를 달성하기 위하여 노력하는 내적 의욕 또는 내적 성향으로, 성취를 해내면서 자존감이 향상될 수 있다.

이 프로그램의 대상은 중학생으로 인원은 10명 내외를 위한 것으로 계획되었으며, 운영시간은 세션 당 90분씩 총 4회로 진행하는 것으로 계획되었다. 프로그램에 사용되는 자료는 주로 읽기 자료이며, 세션에 따라 시청각 자료 등이 쓰일 수도 있다. 선정 자료는 참여자들이 학습 분량이 많은 학생 신분임을 고려해 간단히 함께 읽고 상호작용 할 수 있는 분량과 내용으로 선정하였고, 형태는 도서와 책을 포함하고 있고, 독서 후 각 세션에 맞는 활동까지 연결 짓도록 계획되었다.

[표 11-11] 독서치료 프로그램 계획표

세션	세부목표	선정 자료	관련 활동
1	마음 열기 및 친밀감 형성	도서 : 어디로 갔을까 나의 한쪽은	• 프로그램 소개 • 치료사 및 참여자 소개 나누기 • 집단 서약서 작성
2	과업 지향성 획득	도서 : 존 아저씨의 꿈의 목록	• 죽기 전에 꼭 해보고 싶은 50가지
3	모험심 배양	도서 : 네안데르탈인의 그림자	• 모험을 방해하는 나의 사고 모델 찾아 바꾸기
4	책임감 증진 및 자신감 함양	글 : 책임감의 이름으로 인류에 헌신한 과학자	• (꿈을 이룬 내 모습 상상 후) 미래 일기 쓰기 • 소감 나누기 및 종결

더 생각해 보기

◉ 내용 탐구 활동

다음은 독서 활동에 대한 협의회에서 김 교사와 박 교사가 나눈 대화이다. ㉠과 관련된 용어를 쓰고 ㉡을 지도하기 위한 방안을 서술하시오.

> 김 교사 : 도서관에서 독서 활동을 하였는데, 학생들이 책 읽기를 억지로 하고, 책을 읽기 싫어하는 모습을 보여서 안타까웠습니다. 도서관에서 수업이 진행된다는 점에 관심을 보이다가도 막상 책 읽기가 시작되면 지루해하는 모습을 보여서 고민입니다. 책 읽기를 즐기도록 지도하려면 어떻게 해야 할까요?
>
> 박 교사 : 네. 독자로서의 주체성을 갖도록 하는 방법이 필요합니다. 독자의 자율성을 존중하는 교육이 이루어져야 학교 교육을 마친 이후에서 계속 책을 읽을 수 있는 독자가 될 테니까요. 독자의 자율성을 존중하는 이론에서는 행위를 취할 것인가를 스스로 결정하는 것, (㉠)을/를 강조합니다.
>
> 김 교사 : 그렇군요. ㉡ 독서 지도 과정에서 학생들에게 자율성을 주는 방법에는 무엇이 있을까요?

해결 방법 : ㉠ 자기결정성 ㉡ 도서를 스스로 선택할 수 있도록 기회를 준다.

이 문제는 독서 지도에서 독자의 자율성 부여에 대한 내용을 질문하고 있는 문항이다. 독립적인 독자로서 양성하기 위해서 독서 교육에서 독자에게 자율성을 부여하는 것이 중요하다. 학습자의 자율성에 대해 자기결정성이론에서는 어떤 행위를 취할 것인가를 스스로 결정하는 것, 자기결정성을 강조한다. 독서 프로그램의 운영에서 자기결정성, 독자의 자율성을 부여하는 방법은 도서에 대한 선택권을 부여하는 방식이 대표적이다. 이 외에도 과제, 독서 행위의 지속 여부, 활동의 종류 등에 대해 선택권을 부여하여 독자의 자율성을 보장할 수 있다.

⊙ 모둠 탐구 활동

다음의 절차에 따라 <독서 프로그램>을 개발해 보자.

---

① 독서 프로그램의 목표 정하기
② 독서의 변인 분석하기
③ 독서 프로그램의 내용 결정하기
④ 독서 지도 방법 결정하기
⑤ 독서 지도에 대한 평가 및 환류

⊙ 더 읽을거리

• 한철우(2005). 학교 독서 지도의 방향과 과제. 독서연구 14, 9-33.

이 연구는 학교에서 이루어지는 독서 지도가 나아가야 할 방향과 이를 위한 해결 방안을 제시하여 주는 연구이다. 학교 독서 지도 전반에 대한 논의를 하고 있어 국어교사가 국어 수업을 넘어 독서 지도를 어떻게 해야 하는가에 대한 인식을 갖는 데에 도움을 주는 연구이다.

제12장 **학습을 위한 독서 지도**

이 장의 관심은 다른 장들과 사뭇 다르다. 다른 장들은 주로 학교교육에서 국어과 읽기 지도나 독서 관련 과목 지도를 다루었다. 따라서 대상은 국어 교사들이라고 할 수 있다. 그러나 학교교육에서 국어과나 독서 관련 과목 이외에도 독서가 이루어지고 있다. 사회과나 과학과 등과 같은 내용교과의 수업 시간에는 독서를 통해 교과 내용을 학습하고 있다. 따라서 내용교과 교사들도 익혀야 할 독서 지도 개념이 있는데, 바로 학습을 위한 독서, 곧 '학습 독서'이다. 학습 독서와 관련된 개념은 내용교과 독서, 범교과 독서, 교과 특수적 독서, 학업 독서 등 다양하다. 학습 독서는 초중등학교 밖의 생활 세계와 대학에서도 광범위하게 일어난다. 이 장에서는 학습 독서 관련 개념을 탐구하고, 학습 독서의 지도 방법과 지도 방향에 대해 알아보도록 한다.

1. 학습을 위한 독서의 개념

초중등학교에서의 독서교육 현상은 크게 세 가지로 구분할 수 있다. 첫째는 독서 능력을 기르기 위해 독서(혹은, 읽기) 그 자체를 배우는 것이다. 초중등 보통교육기간의 국어과 읽기 교육 시간의 모습이 여기에 해당한다.

둘째는 읽기 교육 시간에 배운 독서 능력을 활용하여 학습을 위해 독서를 사용하는 모습이다. 사회과나 과학과에서 보듯이 내용교과* 수업 시간에 교과서나 관련 서적을 읽으며 학습하는 모습이 여기에 해당한다. 이러한 독서는 시간적으로 보통교육 기관인 초중등학교를 졸업한 후에 고등교육기관인 대학에서의 독서(college reading)로, 나아가 직업 세계에서의 독서(career

> * 내용교과(content area subject)는 사회과, 과학과 등과 같이 주로 환경의 내용을 가르치는 교과이다. 환경의 형식을 가르치는 형식교과, 즉 국어과, 수학과에 대칭되는 교과이다. 형식교과는 도구교과라고 하기도 한다.

reading)로 발전하게 된다.

셋째는 학생들이 자율적으로 책을 선택하여 교양을 넓히고, 정서를 함양하고, 여가를 선용하는 독서 현상이다. 도서관 독서, 아침독서, 학교독서 프로그램 등이 여기에 해당한다. 이러한 독서는 공간적으로 학교 밖(out of school)의 생활 세계에서의 교양 독서, 진로 독서, 여가 독서, 치료 독서 등으로 연결된다.

여기에서는 위의 둘째 현상에 주목하여 학습을 위한 독서에 대하여 살펴보도록 한다. 우리나라의 6차와 7차 <독서> 과목 교육과정에는 다음 [표 12-1]과 같이 '독서와 학습 방법'을 다룬 내용이 있었다.

[표 12-1] 고등학교 <독서> 교육과정에 등장하는 학습 독서 관련 내용

차수	학습 독서 관련 내용
6차	**(라) 독서와 학습 방법** ① 읽는 목적과 자료의 특성에 따라 읽는 방법과 속도를 조절한다. ② 표제, 소표제, 내용 목차 등을 활용하여 효과적으로 읽는다. ③ 각종 사전류, 안내서, 설명문 등을 효율적으로 이용한다. ④ 그림, 도표 등을 바르게 읽는다. ⑤ 도서관, 공공기관, 연구소 등을 활용하여 필요한 정보를 얻는다.
7차	**④ 독서와 학습 방법** ① 여러 종류의 글을 읽고, 각 글의 주제, 글감, 내용, 구성 방식의 차이점을 이해한다. ② 글의 종류나 성격에 따라 글을 읽는 방법이 달라야 함을 이해한다. ③ 다른 교과 교과서의 글을 읽으면서, 내용 및 전개 방식의 특성에 맞는 적절한 읽기 전략을 찾는다.

현재 시각에서 볼 때, 읽기 학습과 변별이 되지 않은 것도 있지만 7차의 ③번 '다른 교과 교과서의 글을 읽으면서, 내용 및 전개 방식의 특성에 맞는 적절한 읽기 전략을 찾는다.'와 같은 내용은 학습을 위한 독서에 직접적으로 해당되는 내용이다. 현재, 연구 공동체에서는 학습을 위한 독서와 관련되는 개념들이 다양하게 사용되고 있다. 이들을 살펴보면 다음과 같다.

가. 읽기 학습과 학습 읽기

독서교육의 목적은 다양하다. 첫째는 독서 그 자체를 배우는 것, 다시 말해 학생들에게 읽는 방법을 가르치고 배우는 독서교육을 생각할 수 있다. 이것을 '읽기 학습(learning to read), 혹은 독서 학습'이라고 하는데, 국어과 교실의 읽기 시간에서 배우는 내용의 대부분은 여기에 해당한다.

여기서 잠시 사회과나 과학과와 같은 내용교과 교실을 들여다보자. 내용교과 교실에서도 독서가 왕성하게 일어난다. 교과서를 읽거나 수업과 관련된 자료를 더 찾아 읽고, 토의하고, 발표하고, 글을 쓰는 모습을[70] 보는 것은 어렵지 않다. 내용교과 교실에서 일어나는 독서의 공통점은 사회과나 과학과의 내용을 학습하기 위해 읽는다는 점이다. 이를 '학습 읽기(reading to learn), 혹은 학습 독서'라고 한다.[71]

학습 독서는 독해(讀解) 능력을 사용하여 학습을 목적으로(주로 지식의 획득, 문제 해결) 교과서, 교과 관련 참고 자료, 지도, 그래프, 인터넷 매체 자료 등과 같은 광범위한 자료를 읽는 것을 말한다. 학습 독서는 해독(解讀)과 같은 읽기의 기초 기능(basic skill)이 습득된 후에 일어난다.

우리나라에서는 초등학교 3학년부터 학습 독서가 시작되는 것으로 설계되어 있다(다음 [표 12-2] 참조). 2015 개정 초등학교 교육과정을 보면 교과(군)이 1~2 학년군에서는 국어과, 수학과, 통합교과로 되어 있다. 바른 생활, 슬기로운 생활, 즐거운 생활은 통합교과에 해당한다. 국어과와 수학과는 형식교과에 해당한다. 사회과나 과학과와 같은 내용교과들은 통합교과로 설계되어 있다. 그러다가 3~4학년군에서는 사회/도덕과, 과학/실과 등과 같이 내용교과가 등장한다. 중학교와 고등학교에

---

70) 이 장면에 등장하는 읽기뿐만 아니라 토의, 발표, 쓰기 등도 모두 학습 방법으로 사용되고 있다.
71) 읽기와 독서의 의미 관계는 이 책의 1장에서 살펴본 바 있다. 이 장에서는 읽기와 독서를 동의어로 사용하도록 한다.

서는 교과 명칭이 다소 달라지지만 이러한 흐름은 계열적으로 구성되어 있다.

[표 12-2] 2022 개정 초등학교 교과별 시간 배당 기준

구 분		1~2학년	3~4학년	5~6학년
교 과 (군)	국어	국어 482 수학 256 바른 생활 144 슬기로운 생활 224 즐거운 생활 400	408	408
	사회/도덕		272	272
	수학		272	272
	과학/실과		204	340
	체육		204	204
	예술(음악/미술)		272	272
	영어		136	204
소계		1,506	1,768	1,972
창의적 체험활동		238	204	204
학년군별 총 수업 시간 수		1,744	1,972	2,176

위의 표를 보면 3~4학년군부터 사회/도덕, 수학, 과학/실과, 예술(음악/미술) 등과 같은 교과(군)이 분화되는데 이러한 교과의 수업 시간에 광범위한 독서가 일어난다. 이들은 모두 독서의 목적이 학습에 있기 때문에 '학습 독서'로 개념화 할 수 있다.[72]

---

72) 표에 등장하는 교과(군) 시간 외에도 창의적 체험 활동 시간이나 그 밖의 비교과 시간(예를 들어, 아침 독서, 도서관 독서, 학교독서프로그램 등)에도 독서 현상을 관찰할 수 있다. 이는 교양 독서, 진로독서, 여가 독서 등의 개념으로 범주화할 수 있다.

나. 학습 독서 관련 개념의 비교

초중고의 학습 독서는 대학의 학업 독서, 직장의 직업 독서 등으로 발전한다. 이들을 비교하면 다음과 같다. 학습 독서와 관련된 개념들이 연구자에 따라 다소 달리 사용되는 경향이 있다. 아직 용어 사용이 연구자 사이에 보편적으로 정착되지는 않은 단계라 할 수 있다. 이 책에서는 다음과 같이 사용하고자 한다.

[표 12-3] '학습을 위한 독서' 관련 개념

	학습 독서	학업 독서	직업 독서
시기	초3-고등학교	대학	직장, 직업 세계
공간	초중등학교 교실	대학 강의실	직장 사무실
대상	교과 수업 시간	학업 시간	직무 시간
목적	교과 내용의 학습	전공 학문의 학습	직무 내용의 처리
관련 용어	범교과 독서, 내용교과 독서 교과 특수적 독서, 교과 독서	전공 독서 교양 독서	직무 독서 교양 독서

위의 표에서 보듯이 학습 독서(=학습 읽기)는 초중등 보통학교에서 이루어지고, 학업 독서(academic reading)는 대학의 강의실에서 이루어지며, 직업 독서(career reading)는 직장에서 이루어진다. 이처럼 초중등학교에서 배운 학습 독서는 공간적으로는 학교에서 학교 밖의 생활 세계 전반으로 확장되고, 시간적으로 대학과 직장을 거쳐 평생 독서의 세계로 확장된다. [표 12-3]에 등장하는 관련 용어를 부연 설명하면 다음과 같다.

• 내용교과 독서

학교의 교과(subjects)를 크게 도구교과와 내용교과로 구분할 수 있다. 국어과에서 언어 능력을 학습하면 다른 교과 학습에 사용된다. 수학과에서 배운 수리 능력은 과학이나 실과 학습의 수단이 된다. 국어과나 수학과처럼 교과의 내용이나 목적이 다른 교과의 수단이 될 때, 도구교과라고 한다.73) 이와 달리 배경 학문에서 연원한 지식을 가르치는 것이 목적인 교과가 있다. 예를 들어, 사회과는 지리학, 경제학, 법학, 정치학, 사회학, 역사학 등의 학문 분야에서 탐구된 내용을 교수학적변환을 거쳐 교과 내용으로 개발된다. 사회과는 이러한 지식 그 자체의 내용이 중시되는 교과이기 때문에 내용교과(content area subjects)라고 한다. 대표적인 내용교과로 사회과, 과학과를 들 수 있다.

이러한 교과 구분에 근거해 볼 때, 내용교과 독서(content area reading)는 내용교과의 학습에 동원되는 독서를 뜻한다. 그러나 내용교과 독서라는 용어로는 국어과에서 일어나는 학습 독서를 배제시킬 수 있기 때문에 제한점이 있다. 국어과는 자주 도구교과로 분류되기 때문에, 내용교과 독서라는 용어를 사용하게 되면 국어과 문학 영역이나 문법 영역의 독서를 설명하기가 어려워진다.

• 범교과 독서

범교과 독서(cross curricula reading)는 여러 교과의 학습에 공통적으로 사용되는 독서 방법을 뜻한다. 국어과에서 배운 읽기 능력을 사회과, 과학과, 실과, 음악과, 미술과, 국어과(예를 들어, 문법이나 문학 영역의 학습) 등 모든 학습에 '공통적으로' 동원할 수 있는데, 이것은 범교과적 독서에 해당한다. 범교과적 독서는 여러 교과에 적용이 가능하므로 효율성이 높다고 할 수 있다.

그러나 교과에서 일어나는 독서에는 '범(凡)'교과 독서뿐만 아니라 교과별 특성에 따른 독서 방법의 필요성이 제기되고 있다. 이러한 독서 방법은 각 교과의 배경

---

73) 물론 국어과의 내용이나 목적이 도구적 가치만을 가진 것은 아니다. 다른 교과와 차별화되는 국어과 고유의, 본질적 내용과 목적도 있다. 예를 들어, 국어과에서 문법을 배우는 것은 그 자체로 가치가 있는 국어과 고유의 내용이 될 수 있다.

학문에서 유래한 것으로 각 교과 공동체에서 고유하게 전수되어 온다.

• 교과 특수적 독서(disciplinary specific reading)

학년이 점점 올라갈수록 교과의 학습 내용은 배경 학문의 영향을 받게 되고, 배경 학문 분야에 가까워진다. 따라서 독서 방법도 교과 공통의 방법에서 배경 학문 분야에서 사용하는 교과 특수적 독서 방법이 나타난다.

예를 들어, <역사> 과목에서는 배경 학문인 역사학 분야에서 사용되는 독서 방법을 사용하여 독서해야 할 경우가 있다. 사료(史料)는 승자(勝者)의 기록이기 때문에 기록자에 따라 어떤 관점은 축소될 수 있고, 다른 관점은 강조될 수 있다. 따라서 누가 기록했는지, 어떤 관점에서 기록했는지, 사료는 신빙성이 있는지 등에 대해 비판적으로 독서해야 한다. 즉, 범교과적 독서 방법뿐만 아니라 그에 더해서 교과 특수적 독서 방법으로 읽을 필요가 있다.

• 학업 독서(academic reading)

학업 독서는 대학의 전공과목에서 요구되는 독서 능력을 말한다. 중등학교 이후 교육(post-secondary education)의 독서에 해당한다. 학업 문식성(academic literacy)과 관련된다. 학업 문식성은 대학 전공 수업에 관련되는 전문 용어, 내용 분석 방법, 토론 방법을 익혀 전공 분야(specific academic fields)에서 생산적으로 의사소통하고, 전공 분야의 의미 있는 발전에 기여할 수 있는 문식성 능력을 말한다.

• 직업 독서(career reading)

직업이나 직무 수행과 관련하여 일터(work space)에서 요구되는 독서 능력을 말한다. 직업의 종류나 특성에 따라 직업 독서는 다양해진다. 직업 문식성(job literacy)과 관련된다. 개인이 직업이나 직무 수행과 관련하여 문서 읽기, 자료 읽기, 문서 생성, 회의 및 토의·토론, 고객 응대, 의사결정 등에는 요구되는 독서 능력이라고 정의할

수 있다. 학업 독서와 마찬가지로 국민공통교육이 끝나는 중등학교 이후의 독서에
해당한다.

　지금까지 살펴본 것을 토대로 학교교육에서 학습 독서 개념은 다음 [그림 12-1]
과 같이 정리될 수 있다. 읽기 학습은 초등학교 입학부터 시작된다. 학습 읽기는
이에 기초하여 초등 3학년부터 시작된다. 범교과 독서는 학교 내의 교과 학습 중에
서 공통적인 부분에서 먼저 시작된다. 교과 특수적 독서는 교과 고유의 방법으로
작동되는 것으로 중등학교 후반기부터 시작되는 것으로 개념화 할 수 있겠다. 범교
과 독서와 교과 특수적 독서를 묶어서 '교과 독서'라고 할 수 있다.[74]

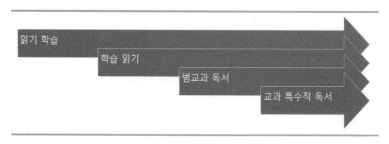

[그림 12-1] 학습을 위한 독서의 발전 과정

2. 학습 독서의 지도 방법

　독서교육 연구 분야에서 학습 독서의 지도 방법을 다양하게 모색해 왔다.
Buehl(2001/2002), 이경화 등(2007), Antonacci 등(2015), Elish-Poper 등(2016), 천경록
등(2021)이 그러하다. 학습 기능(study skills), 학습 전략(study strategy), 학습 가이드

---

74) 연구자에 따라서는 교과 특수적 독서(disciplinary specific reading)만을 '교과 독서(disciplinary
　　reading)'로 사용하기도 한다.

(study guide), 학습 기법(study technique) 등의 이름으로 분류되는 연구들도 학습 독서 연구와 관련된다.

이러한 연구에 의해 밝혀진 지도 방법은 수효도 매우 많고, 우리나라에 소개되면서 지도 방법의 명칭도 다소 다르게 소개되었다. 여기에는 이들 중에 몇 가지만을 골라서 학습 기능과 학습 전략으로 구별하여 소개하도록 한다. 학습 기능으로 분류된 것들은 행동주의 심리학에 기반을 두고 있고, 단일한 기능으로 초점화되어 있다. 이에 비해, 학습 전략으로 분류된 것들은 인지심리학에 기반하고 있으며, 몇 가지 기능을 통합하여 구성된 게 많다.

학습 기능과 학습 전략을 지도할 때는 책임이양모형에 의거하여 지도하는 게 좋다. 처음에는 교사가 주도하여 독서 방법을 설명하고 시범을 보인다. 이후 독서 방법을 사용할 때는 교사의 역할은 점차 줄이고 학생의 역할은 늘린다. 마지막에는 학생 스스로 학습 독서 방법을 독립적으로 적용할 수 있도록 격려한다.

가. 학습 기능의 지도

학습 독서 연구에서 학습 기능으로 주목한 것들에는 밑줄 긋기, 개요 짜기, 노트하기, 요약하기, 암기하기, 질문하기 등이 있다. 이들은 텍스트 정보의 중요도를 판단하고, 정보의 기억을 강화하는 목적으로 많이 사용된다.

1) 밑줄 긋기

밑줄 긋기(underlining) 혹은 강조하기(highlighting)는 정보의 중요도에 주목하게 하여 기억을 강화하고 회상을 향상시킬 수 있는 방법이다. 교실에서 쉽게 적용할 수 있지만 제대로 지도되지는 않고 있다. 독서를 할 때, 아무 생각 없이 마구잡이로 밑줄을 긋거나 아예 전혀 긋지 않는 학생도 있다. 이러한 밑줄 긋기로는 중요한 정보와 덜 중요한 정보를 구별할 수 없고, 인지가 분산되어 중요한 정보를 놓치게 될 수 있다.

교사는 언제, 어떻게, 왜 밑줄 긋기를 사용해야 하는지 정확하게 설명하고 시범을 보여주어야 한다. 교과서, 교재 등의 학습 자료를 읽으면서 중요한 단어(핵심어)나 중심 문장에 밑줄을 긋는 것을 먼저 보여준다. 교사가 시범적으로 학생들과 한 문단 정도를 읽으면서 문단의 핵심어나 중심 문장에 밑줄을 긋는다. 나머지는 학생들이 해 보도록 한다. 같은 텍스트에 대해 두 사람이 밑줄 긋기 한 것을 서로 보여주고, 빠뜨린 것을 보충하거나 지나치게 많은 밑줄은 삭제하게 해 볼 수 있다.

하나의 텍스트에서 밑줄을 지나치게 많이 긋지 않도록 한다. 이렇게 되면 중요한 정보를 찾을 수 없다. 이 경우, 세부 정보, 뒷받침 정보, 반복되는 정보에는 밑줄을 지워보도록 한다. 도서관에서 대출한 책, 사용하고 물려주어야 할 교과서 등에는 밑줄 긋기가 불가능한 경우도 있다. 이 때는 해당 부분을 복사해서 나누어 주고 밑줄을 긋게 하거나 포스트잇을 활용하여 해당 부분의 여백에다가 중요한 단어 등을 써 보게 할 수 있다.

2) 개요 짜기

개요 짜기(outlining)는 교과서나 교재의 장(章)의 내용을 시각적으로 재현해 내서 텍스트 내용을 위계적으로 파악할 수 있게 한다. 정보를 조직화하여 기억하는데 유용하다. 앞에서 다룬 밑줄 긋기는 개요 짜기에 응용이 된다.[75]

다음은 세계사 과목의 사례이다. '이슬람의 출현과 이슬람 제국의 등장'을 단원을 토대로 개요를 짠 것이다.

---

75) 또한, 개요 짜기는 다음에 설명할 노트하기의 한 유형으로 볼 수도 있다.

> 1. 이슬람교의 성립과 확산
> 　가. 이슬람교를 전파한 무함마드
> 　　1) 사막길(비단길)이 막히자 바닷길(아라비아 반도 홍해 연안 무역로)이 열림
> 　　2) 메카의 상인 무함마드가 알라의 계시를 받고 이슬람교를 전파
> 　나. 이슬람 공동체의 건설
> 　　1) 622년 무함마드는 메카 상인들의 탄압을 피해 메디나로 이주, 공동체 건설
> 　　2) 630년 무함마드는 세력을 키워 메카로 재입성
> 　　3) 아라비아 반도 전체 장악
>
> 2. 이슬람 제국의 건설
> 　가. 정통 칼리프 시대(1~4대)
> 　　1) 칼리프 : 무함마드의 계승자, 이슬람 세계의 지도자.
> 　　2) 합의를 통해 칼리프로 선출
> 　나. 우마이야 왕조의 성장과 한계
> 　　1) 우마이야 왕조는 칼리프를 세습하면서 성장.
> 　　2) 아랍인과 비아랍인 차별함.
> 　　3) 이슬람은 수니파와 칼리프 세습에 반대하는 시아파로 나누어짐.
> 　다. 아바스 왕조
> 　　1) 750 우마이야 왕조가 멸망하자 아바스 왕조가 등장
> 　　2) 아바스 왕조는 모든 무슬림을 평등하게 대우

개요 짜기를 할 때 주의할 점은 다음과 같다(Richardson & Morgan, 1990 : 292).

① 개요의 수는 텍스트 자료에 따라 결정한다.

② 하나의 제목에는 하나의 중심 내용만 담는다.

③ 목차의 위계 체계에 맞게 개요를 짠다. 예 Ⅰ, 1, 가, 1), 가), …

④ 하나의 제목의 하위 제목은 둘 이상으로 한다.

⑤ 하위 제목은 상위 제목과 관련되어야 한다.

3) 노트하기, 혹은 메모하기

노트하기(note-taking)는 교실에서 자주 관찰할 수 있는 학습 기능이다. 여기서는 메모하기와 같은 것으로 보고자 한다. 효과적으로 노트하는 학생과 그렇지 못한 학생이 있다. 교사의 말이나 책에 있는 내용을 글자 그대로 받아 적기 수준으로 하는 노트는 학습을 증진시키기보다는 방해한다. 교사가 말하거나 책에 있는 것을 선별적으로 노트해야 글에 대한 회상을 촉진하고 지식을 효과적으로 재구성할 수 있다. Conley(1992 : 268-271)는 노트하기 유형을 코넬 시스템(Cornell System)과 구조적 노트하기의 두 가지로 구별하였다. 간단히 소개하면 다음과 같다.

• 코넬 시스템 노트하기

코넬 시스템 노트하기는 미국의 코넬 대학교에서 토의나 교재에 있는 아이디어를 기록하는 방법으로 개발되었다고 한다. 다음과 같이 세 가지 단계로 진행된다.

1단계. 1차 노트하기 : 아래와 같이 페이지를 마음대로 꽂았다 뺐다할 수 있는 큰 노트를 준비한다. 가운데 세로로 선을 긋는다. 오른쪽 란에 강의나 교재에 있는 내용을 자유롭게 노트한다.

노트한 후에 사실이나 개념을 압축하여 핵심어, 구절, 요지로 만든다.	교재 읽기나 토의, 강의 도중에 이 란에 1차 메모를 한다.

2단계. 노트 재구성하기 : 교재를 읽은 후나 수업을 들은 후(혹은, 토의·토론이 끝난 후에) 오른 쪽 란의 메모를 보고 핵심어와 주요 구절을 간추려서 왼쪽 란에 재구성한다. '1, 2, 3…, 가, 나, 다…, A, B, C…' 대소 문자 등을 사용하여 위계적으로 정리한다.

3단계. 노트 점검하기 : 노트를 다시 살펴보고, 노트 내용을 통합하거나 텍스트에서 중요하지만 놓친 내용을 다시 보충한다. 중요한 정보에 밑줄을 긋거나 형광펜으로 표시해도 좋다.

• 구조적 노트하기

구조적 노트하기(structured notes)는 읽어야 할 텍스트의 구조를 고려하여 주요 내용을 시각적으로 재구성하는 방법이다. 교과에서 학습을 위해 제시하는 내용 텍스트는 대부분 설명체 텍스트(expository text)를 취하고 있다. 설명체 텍스트에는 인과, 비교/대조, 시간 순서, 문제와 해결, 열거 구조 등이 자주 사용된다. 이러한 구조의 특징을 사용하여 메모하는 것이 구조적 노트하기이다.

구조적 노트하기를 지도할 때는 구조가 분명하고 쉬운 글(예를 들어, 시간 순서 구조)을 제시하여 읽게 하고, 구조에 따라 노트해 본다. 이후 여러 다른 구조의 글을 소개해 주고, 글에서 구조가 달라짐을 이해시킨다. 이후 [그림 12-2]와 같은 글의 도해조직자(graphic organizer)*를 응용하여 글의 구조 특성에 맞추어 노트를 하도록 안내한다.

* 도해조직자는 선, 화살표, 공간 배열, 순서도, 동그라미, 세모, 화살표, 네모 등과 같은 그림을 사용하여 글의 내용 구조를 시각적으로 재구성한 것이다. 오스벨(Ausbell)의 선행 조직자(advance organizer)을 변형한 것이다. 선행 조직자가 글의 내용을 상위 위계로 요약한 것으로 추상적이며 개념 중심적이다. 이에 비해 도해조직자는 시각적이며, 구체적이고, 거시 구조를 반영한다는 장점이 있다.

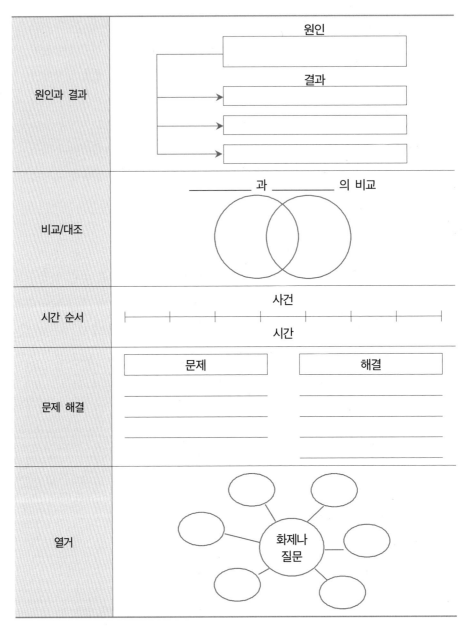

[그림 12-2] 구조적 노트하기에 사용되는 설명체 글의 도해조직자[76]

---

76) 천경록·조용구 역(2013)에서 재인용.

4) 요약하기

요약하기(summarizing)는 텍스트의 내용을 압축하는 과정이다. 요약하기 지도에서는 요약하기 규칙이라고 알려진 다음과 같은 하위 기능을 중심으로 지도해왔었다.

- 삭제하기 : 문장, 문단, 글에서 예시나 세부 정보를 삭제한다. 중요하더라도 반복되는 정보는 삭제한다.
- 선택하기 : 문장, 문단, 글에서 중심 내용, 중심 문장, 핵심어 등이 있으면 선택한다.
- 일반화하기 : 세부 정보를 상위 정보로 일반화 한다. 주로 체언에 초점을 맞추어 상하 관계로 재조직한다. 하위어의 나열을 상위어로 대치한다.
  예) 티셔츠, 청바지, 저고리, 블라우스 → 옷(의류)
- 구성하기 : 연결된 여러 하위 사건(이나 과정)을 하나의 사건이나 과정으로 통합한다. 주로 용언에 초점을 맞추어 사건이나 일의 내용을 상위의 내용으로 통합한다.
  예) 늦게 일어났다. 식사를 하는 둥 마는 둥하고 일어섰다. 버스 정류장까지 뛰어갔으나 버스는 막 출발하였다. 교실에 도착하였으나 수업은 이미 시작되었다. → 지각했다.

실제로 요약을 할 때는 기계적으로 위의 규칙을 적용하는 것이 아니라 독자가 학습 목적에 맞추어 정보를 재구성하고, 요약문을 자신의 언어로 가다듬어야 한다.

요약하기 규칙 중에 '삭제하기 → 선택하기 → 일반화하기 → 구성하기' 순서로 지도한다.[77] 학생이 한 번에 긴 글을 요약하기 힘들어하면, 먼저 긴 문장을 제시하고 세부 정보를 삭제하여 문장을 간추리게 한다. 문장 수준에서 삭제가 잘 되면,

---

77) 선택하기는 앞에서 다룬 밑줄 긋기의 연장선에 있다.

문단 수준에서 요약하기를 연습하고, 글 수준으로 확장한다.

요약하기를 베껴 쓰기 수준으로 텍스트를 반복하게 해서는 안 된다. 이럴 때는 잘 작성된 요약문과 그렇지 못한 요약문을 비교하여 보여주고 세부적으로 동원되는 요약하기 규칙을 연습시킬 필요가 있다.

글로 요약하기뿐만 아니라 구두로 요약하기를 연습할 수 있다. 꽤 긴 문장, 하나의 문단, 짧은 글을 제시하고 말로 요약하기를 해 보게 한다. 어느 정도 요약하기가 익숙해졌으면, 학습을 위해 읽게 되는 다양한 텍스트에 대해 분량을 제시하고 자신의 언어로 요약하기를 해 보도록 안내한다.

요약하기는 평가의 방법으로도 사용할 수 있다. 요약하기 과제를 내 준 후에 요약하기 결과물을 채점하여 독서 평가로 활용할 수 있다.[78]

5) 질문하기

질문하기(Questioning)는 독서와 학습에서 광범위하게 사용된다. 질문은 학습자의 이해 과정을 점검하고 학습을 촉진할 수 있다. 그럼에도 불구하고 질문이 올바른 학습을 방해할 수도 있다. 질문이 글의 내용에 대한 사실적 질문에 너무 치중하면 단순 확인이나 기억 유도로 작용할 수 있다. 다음 예시를 보자(천경록·조용구 역, 2013).

교사 : ○○야, 곰이 어디로 갔지?

○○ : 언덕으로 갔어요.

교사 : 틀렸어. □□야. 곰이 어디로 갔지?

□□ : 강가로 갔다고 되어 있어요.

교사 : 그렇지. 잘 했어.

---

78) 이에 대해서는 이 책의 '제10장 독서 평가의 개념과 방법'에서 설명하였다.

위의 예시에서 교사는 학생에게 글에 나타나 있는 사실적 질문을 하고 있다. 언제, 어디서, 누가, 무엇이 중심이 되는 질문은 사실적 이해를 요구하는 질문이고, 답이 닫혀 있는 폐쇄적 질문에 해당한다.

뿐만 아니라 위의 예시에서 교사는 학생(○○)이 자기가 기대하는 답을 하지 못하자 '틀렸어.'라고 부정적 평가 반응을 하고 있다. 이러한 질문은 일종의 심문적 말하기(interrogational talk)에 해당한다. '교사 질문 - 학생 반응 - 교사 평가(I-R-E : Initiation - Response - Evaluation)' 형식으로 진행된다. 심문(審問)은 경찰관이 피의자를 조사할 때 쓰는 방법과 유사하며, 사실적 질문이 중심이 된다.

학습을 촉진하기 위해서는 대화적 말하기(conversational talk)로 전환할 필요가 필요하다. 대화적 말하기는 심문적 말하기에서와 같이 교사가 주도권을 가지고 일방적으로 질문을 하고 학생은 답하는 것이 아니라, 교사와 학생이 서로의 생각, 개념, 가설, 반응을 나누는 것이며, 질문에 대한 답은 열려 있다. 왜(why?), 어떻게(how?), 그래서 무엇(so what?)이 중심이 된다. 교사는 학생의 다양한 사고를 촉진하고 권장해야 한다.

6) 기억하기

기억하기는 기억술(Mnemonics), 암기하기, 암송하기 등으로 불리기도 한다. 암기나 기억은 최근의 구성주의 교육 이론에서는 그리 선호되는 학습 방법은 아니다. 그렇지만 학습이란 것은 학생들의 기억, 특히 장기 기억의 재구성 과정이라고 볼 때, 학생들이 새롭게 얻은 지식이나 정보를 자신의 장기 기억에 통합하여 기억하는 것은 여전히 필요하다. 창의적 사고, 비판적 사고 등과 같은 고등한 사고도 기본적으로 사실적 기억 위에서 작동하는 것이다. 기억하기를 보조하는 방법들 중에 한두 가지를 소개하면 다음과 같다.

• 범주화(Chunking)

범주화는 기억하고자 하는 다양한 내용들을 몇 가지 그룹으로 범주화 하는 방법을 말한다. 사회과에서 '노동, 기계, 드릴, 나무, 컴퓨터, 물, 공장, 산림, 모래, 트럭, 원유, 빌딩, 노동조합, 태양광, 기차역'과 같은 15개의 내용들을 기억해야 할 때, 각각을 기억하는 것보다 다음과 같이 세 개의 범주로 묶어서 기억하면 기억이 수월하고, 나중에 회상할 때도 범주를 생각하면 추가적인 정보 회상이 가능하다.

자연 자원	자본 자원	인적 자원
태양광 원유 물 나무 모래 산림	기계 드릴 컴퓨터 빌딩 기차역 공장 트럭	노동 노동조합

• 두문자(Acronyms)

기억하고자 하는 단어나 구절들을 단어의 첫 글자나 음절을 이용하여 기억하는 방법이다.

- 조선의 왕 이름 : 태정태세문단세······
  태조, 정종, 태종, 세종, 문종, 단종, 세조, 예종, 성종, 연산군, ···
- 무지개의 색 : 빨주노초파남보
  빨강, 주황, 노랑, 초록, 파랑, 남색, 보라
- 미국에 있는 다섯 개의 큰 호수 이름 → HOMES
  Huron, Ontario, Michigan, Erie, Superior

나. 학습 전략의 지도

독서교육 연구에서는 학습 전략이라는 이름으로 사용되는 독서 전략들이 있다. 예를 들어, SQ3R, KWL과 같은 기법들이 그러하다. 이들은 몇 개의 학습 기능들이 결합된, 전략의 꾸러미(package)처럼 구성되어 있고, 상황에 따라 가변적으로 사용될 수 있다는 점에서 학습 전략으로 분류하였다.

이경화 등(2007 : 201)에서는 다음 [표 12-4]에서 보듯이 다양한 학습 전략들을 교과별로 분류하여 제시한 바 있다. 외국에서 나온 저서의 경우, Antonacci 등(2015)에서 내용교과 문식성을 위한 40개의 학습 전략을 소개하고 있고, Elish-Piper 등(2016)에서 교과 문식성을 위한 17개의 학습 전략을 소개하고 있다.

[표 12-4] 교과에 따른 학습 전략

국어과	사회과	과학과	수학과
플롯 조직표 순환 조직자	플롯 조직표 역사의 기억 주머니 의미 복합 지도	의미 복합 지도	픽토그래프

교과 공통		
미리보기	질문에는 답, 답에는 질문	밑줄 긋기와 메모하기
경계어휘 전략	예측 안내하기	노트하기
생각 그물	브레인스토밍	어휘 예상하기
요약하기	의미 지도 그리기	오류 찾기
의미자질 분석하기	질문의 답은 어디에	자석 요약하기
어휘 예상하기	빈 칸 메우기	KWL
피라미드 다이어그램	단어 분류하기	실마리 낱말로 유추하기
대조표	단어의 나무	중심생각 수레바퀴
앙케이트/질문표	정교한 질문	사진 속으로
닿소리표 채우기	대립 척도표	질문하기
글 구조 전략	상호 텍스트 전략	벤 다이어그램
자료의 신뢰성 판단하기	반성적 읽기	심상 형성하기
의미 구조도 그리기	가능한 문장 만들기	개념 정의 지도 그리기
손 그리기 활동	SQ3R	LEAD 어휘 학습

전략의 명칭은 연구자에 따라 달리 번역되기도 한다. 이 중에 대표적인 몇 가지를 골라 설명하면 다음과 같다.

1) KWL

KWL은 설명체 글의 읽기에 적용되는 학습 독서 전략이다. 내용교과 교과서의 대부분은 설명체 글 구조를 취하고 있기 때문에 내용교과의 학습에서 사용할 수 있다. 다음과 같은 학습지가 사용된다. KWL은 각 단계의 두문자(acronyms)를 조합한 것이다.

K (What I Know)	W (What I want to know)	L (What I have learned)

KWL 활동을 할 때는 학습지를 만들어 학생들에게 제시한다. 그리고 글의 제목이나 화제를 제시하고, 그것에 대해 각자 알고 있는 것을 K 란에 열거해 보도록 한다. 그 다음에는 제목이나 화제와 관련된 내용에 대해 더 알고 싶은 내용을 W 란에 적도록 한다. 그 다음에는 자기가 생성한 질문에 주목하여 글을 읽도록 한다. 글을 읽은 후에 새롭게 알게 된 것을 L 란에 쓰도록 한다. 학생들은 자신이 만든 KWL 활동을 토대로 서로 대화를 나누거나 토의(Discussion)를 할 수 있다.

KWL 활동은 읽기 이론의 기반을 두고 있다. K와 W는 읽기 전 활동에 해당하고, 그 다음에 책을 읽는 활동이 진행되며, L은 읽은 후 활동에 해당한다. 그러므로 이 활동은 '과정 중심의 읽기 이론'에 의해 지지된다. 뿐만 아니라 K는 독자의 배경 지식 활성화, W는 독자의 읽기 목적 상세화, L 활동은 텍스트 내 정보와 확인을 요구하고 있기 때문에 독자와 텍스트의 상호작용을 촉진하고 있다. 따라서 읽기 과정 모형 중에서 '상호작용 과정 모형' 이론에 기반하고 있다.

KWL 활동은 여러 학년, 여러 교과에 적용하여 학습을 향상시켰다는 연구 보고가 있다. 이 활동은 W를 생략하여 KL(알고 있는 것 + 새롭게 알아낸 것)의 두 단계로 진행할 수도 있고, KWLQ (KWL+Question), KWLS (KWL+Still want to know), KWLD (KWL+Discussion) 등과 같이 한 단계를 더 부과하는 것처럼 다양하게 변형하여 사용할 수 있다.

2) SQ3R

SQ3R은 개관하기(혹은, 훑어보기), 질문하기, 읽기, 암송하기, 다시 읽기(다시 살펴보기)의 단계로 진행되며, 여러 학습 기능들이 결합된 학습 독서 전략이다. SQ3R을 적용하는 동안에는 예측하기, 배경지식 활성화, 독자와 텍스트의 상호작용하기, 꼼꼼히 읽기, 중요한 정보 암송하기, 혼동되는 내용에 대한 성찰과 확인하기 등과 같은 여러 기능들이 복합적으로 요구된다. 이 학습 방법은 지식을 중심으로 하는 대부분의 내용교과에서 적용할 수 있다. 개관하기 대신에 예측하기(Preview)를 넣어서 PQ3R처럼 단계를 변형하여 실시할 수도 있다. 각 단계는 다음과 같다.

- 개관하기(Survey) : 학생은 읽어야 할 글, 책, 자료 등을 대략 훑어보면서 글의 구조나 개요를 파악한다. 책의 앞표지, 목차, 뒤표지, 중간중간의 그림이나 도표를 살펴본다. 글의 내용과 구조를 예측한다.
- 질문하기(Question) : 학생은 학습 목표나 학습 주제와 관련하여 질문을 제기한다.
  예) 이 글/책에서 새롭게 알아야 할 것은 무엇인가? 계절은 왜 바뀌는 것일까? 문명은 왜 강과 가까운 곳에서 발달했을까?

- 읽기(Read) : 앞에서 생성한 질문을 간직한 채, 탐구심을 가지고 책을 읽는다. 글의 정보와 자신이 제기한 질문 및 배경지식을 서로 연결시키며 읽는다. 글과 독자의 상호작용을 활발히 해야 한다.
- 암송하기(Recite) : 자신이 설정한 질문과 관련하여 찾은 답을 소리내어 암송하거나 메모한다. 글에서 새롭게 찾거나 확인한 정보를 독자의 장기 기억에 통합한다.
- 다시 읽기(Review) : 책의 부분 부분을 다시 읽으면서 질문에 대한 답을 정교화한다. 학습 목표나 주제를 점검하면서 여전히 이해되지 않는 점, 혼란스러운 점, 서로 상충되는 점을 해소해 나간다.

3) 개념 망 만들기

개념 망(concept mapping) 만들기는 학습해야 할 핵심 개념을 중심으로 관련되는 개념, 상위 개념, 하위 개념, 사례 등을 서로 연결하여 시각적으로 재구성하는 방법이다. 의미 지도(semantic mapping) 그리기, 개념 그물(concept webbing) 만들기 등으로 불리기도 한다. 절차나 원리는 대동소이하다.

학생의 뇌 속에 형성된 지식의 구조인 스키마를 직접 볼 수는 없지만 개념과 지식이 네트워크처럼 연결된 기억의 상태라고 가정해 볼 수 있다. 따라서 개념 망은 학생의 스키마와 유사한 구조이며, 학생의 스키마를 확장해 준다. 학생이 교과 관련 지식을 개념 망으로 만들어 학습하면 개념을 이해하고 파지(把持)하기 쉽다.

개념 망은 읽기 전, 중, 후로 구분하여 사용하면 효과적이다. 글을 읽기 전에 읽어야 할 글의 핵심어나 제목 등을 토대로 개념 망을 만들게 하면, 학생이 배경지식을 활성화할 수 있다. 교사는 학생이 산출한 개념 망을 보고, 학생의 배경지식 상태를 진단할 수 있다.

글을 읽는 도중에는 읽기 전에 만든 개념 망에다가 새롭게 내용을 추가하거나 삭제, 변경과 같은 활동을 할 수 있다. 이는 학생이 텍스트 내용에 대한 주의를 기울이게 하고, 독자와 텍스트의 상호작용을 촉진하며, 독자가 텍스트를 재구성할 수 있게 한다.

글을 읽은 후에 하는 개념 망은 핵심 개념 간의 관계를 확고히 하고, 새롭게 알아 낸 것을 확인하게 하며, 글의 내용에 대한 기억을 촉진한다. 그리고 개념 망을 가지고 토의하기와 같은 후속 활동의 자료로 사용할 수 있다. 다음은 읽기 전에 만든 개념 망의 사례이다(Antonnacci 외, 2015 : 26). 삼각형의 종류에 대한 개념 망을 각의 크기에 따라, 그리고 변의 길이에 따라 만들고 있다.

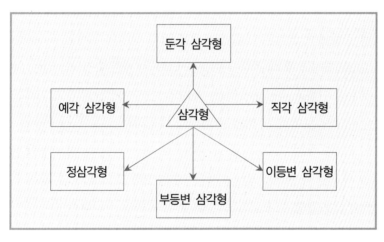

[그림 12-3] 개념 망 그리기 사례

4) QAR

교사의 질문이 사실적 이해 수준의 질문으로만 진행되는 것을 막고, 글과 상호작용을 왕성하게 하기 위해 개발된 것으로 QAR(Question Answer Relation) 방법이 있다.

이는 질문을 할 때, 질문과 답의 관계를 고려하여 균형 있게 질문함으로써 학습을 촉진하는 방법이다. 질문을 할 때, 혹은 질문에 답을 할 때, 먼저 답이 어디 있는지를(Where is the answer?) 점검하고 답을 하게 된다. 답의 위치에 따라 다음과 같이 크게 두 가지, 작게는 네 가지로 질문을 구분하게 된다.

텍스트에서(In the text)	• 바로 거기에(Right there) • 생각하고 찾기(Think and Search)
내 마음 속에서(In the reader)	• 저자와 나 사이에(Author and me) • 나 스스로에게(On my own)

학생이 텍스트에서 답을 찾게 하고, 또한 독자 자신에게서 답을 찾게 하는 것은 독서 과정 모형에서 살펴본 대로 상호작용 과정 모형에 기반을 두고 있음을 알 수 있다. '바로 거기에'에 해당하는 질문은 사실적 이해를 촉진하는 질문, '생각하고 찾기'는 추론적 이해를 촉진하는 질문, '저자와 나 사이에'는 비판적 이해를 촉진하는 질문, '나 스스로에게'는 창의적 이해를 촉진하는 질문에 해당한다.

QAR은 교사의 질문이 지나치게 글 중심으로 접근하는 사실적 질문에 치중한다는 비판을 해소할 수 있다. 교사는 네 가지 유형의 질문을 균형 있게 함으로써 학생의 학습을 촉진하고, 지식의 구성을 돕고, 고등한 사고력을 길러 줄 수 있다.

5) 학습일지

학습일지(Learning Journals)는 교과서를 읽거나 교과 학습 활동을 한 것을 일기처럼 쓰게 하는 것이다. 학습 내용, 읽거나 배운 내용 중에서 중요하다고 생각하는 정보를 쓰게 한다. 뿐만 아니라 학습의 애로점, 자신의 공부 방법, 공부 계획, 교사의 도움이 필요한 점도 쓰게 한다.

학습일지는 학습 독서에 대한 쓰기 반응이라는 점에서는 노트하기, 메모하기, 개요 짜기, 요약하기와 같다. 그러나 이들은 글 중심의 정보의 기억과 재구성에 초점을 맞춘다면, 학습일지 쓰기는 학습 독서에 관하여 자유롭게 글을 쓰게 함으로써 독자인 학생의 초인지적 성찰 능력을 길러주는 학습 전략이다.

교사는 학습일지를 쓰게 할 때, 학습일지 쓰기의 중요성과 필요성을 먼저 설명한다. 그리고 학습일지에는 날짜를 꼭 쓰도록 안내한다. 과거에 제출된 다른 학생의 학습일지 사례를 보여주며 학습일지 쓰는 방법을 안내한다.

교사는 학생이 제출한 학습일지를 살펴보고 피드백을 해준다. 일지를 두 개의 면으로 나누어, 양면 일지(Double-Entry)를 사용해도 좋다. 학생이 한 쪽 면에 일지를 쓰면, 교사가 다른 쪽 면에 피드백을 해 줄 수 있다. 양면 일지를 짝 활동으로 할 수도 있다. 이 때는 짝끼리 서로 학습 일지를 교환하며 피드백하게 된다. 칸을 세 개로 나눈 삼면 일지를 사용할 수도 있다. 학생, 친구, 교사 등이 참여하여 일지를 서로 주고받으면서 피드백을 할 수 있다(Antonnacci 외, 2015 : 292-295). 이러한 방법은 학습일지를 대화 일지(Dialogue Journals)로 활용하는 것이다. 개별 학생들이 쓴 학습일지를 학급에서 전시하고, 열람하게 함으로써 능숙하고 초인지적 조절 능력이 뛰어난 학생들의 학습 방법과 전략을 익힐 수도 있다.

3. 교과 독서의 지도 방향[79]

가. 교과 독서의 연구 동향

교과독서 현상에는 범교과 독서와 교과 특수적 독서 현상이 있다. 최근의 교과

---

79) 이 절의 내용은 천경록(2018)을 토대로 수정 보완하여 집필하였다.

독서 연구는 범교과 독서와 교과 특수적 독서를 구별하는 경향을 보이고 있다. 범교과 독서는 내용교과 문식성(content area literacy) 연구에 기반하며, 주로 초등학교 단계에서 모든 교과 학습에 공통적으로 동원되는 독서 현상을 지칭한다. 그에 비해 교과 특수적 독서는 교과 문식성(disciplinary literacy) 연구에 기반하며, 주로 중등학교 단계에서 개개의 교과별 학습에 강조되는 독서 현상을 지칭한다.[80]

이러한 구분에 기초하여 지금까지의 국내 교과독서 연구를 살펴보면, 범교과 독서가 주로 연구되었음을 알 수 있다. Buehl(2001/2002), 박수자(2005), 김혜정(2006 : 70), 이경화 등(2007), 천경록(2017) 등의 연구에서는 교과의 학습에서 동원되는 범교과적이고 공통적인 독서 능력에 주목하였다.

교과독서에서 새롭게 부각되는 교과 특수적 독서 연구는 종래의 범교과 독서 중심으로 연구되던 내용교과 문식성 연구와 차별화되는 교과 문식성 연구를 촉발시키고 있다. McConachie와 Petrosky(2010 : 6)은 교과 문식성(disciplinary literacy)을 '구체적인 교과에서 복잡한 내용 지식을 적합하게 학습하고 구성하기 위해 독서, 추론, 탐구, 화법, 작문 등을 사용하는 것'으로 정의하고 있다. Shanahan과 Shanahan(2008 : 44)은 다음 [그림 12-4]와 같이 문식성 발달의 전문화 과정으로 교과 문식성을 설명하고 있다.

---

80) 이 장에서는 현재 교육계나 학계에서 형성되어 있는 교과독서 개념에 혼선을 주지 않기 위해, 교과독서를 '넓은 뜻'으로 정의하여 범교과 독서와 교과 특수적 독서를 포함하는 용어로 사용하였다. 그러나 교과독서(disciplinary reading)는 '교과 특수적 독서'만을 지칭하는 '좁은 뜻'으로 사용하는 경우도 있다. 이 경우, 역사 교과(과목)에서 전문적이고 특수하게 수행되는 독서는 '역사 교과독서'가 되고 문학 교과(과목)에서 전문적이고 특수하게 수행되는 독서는 '문학 교과독서'가 된다. 역사나 문학에서 공통적으로 요구되는 독서는 '범(凡)교과 독서'로 설명할 수 있다.

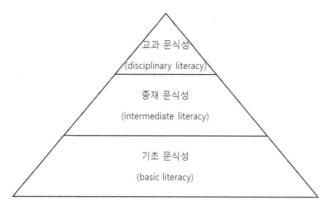

[그림 12-4] 문식성 발달 전문화 과정

　Shanahan과 Shanahan(2008)의 설명에 따르면, 기초 문식성(basic literacy)은 주로 해독 능력과 같은 기초 읽기 능력을 말한다. 초등학교 1-2학년까지 대부분 발달이 완성된다. 그리고 중재 문식성(intermediate literacy)은 추론, 요약과 같은 일반적 독해 능력과 관련된다. 초등학교 시기와 중등학교 초기에서 학습이 되며 기능적 문식성(functional literacy)에 상당한다. 이에 비해 교과 문식성(disciplinary literacy)은 중등학교 단계에서 주로 학습하게 되며, 문학, 역사, 과학, 수학 등과 같은 교과 학습에 동원되는 읽기 능력이라고 설명하고 있다.

　한편, Elish-Piper 등(2016 : 8)은 교사교육과 관련하여 [그림 12-4]의 교과 문식성을 지도하기 위해 교사에게 필요한 지식을 크게 '학생 이해 지식, 교과 내용 지식, 교육적 지식, 문식성 지식의 넷으로 구분하였다. 우리의 교사교육에서는 이 중에 교과 내용 지식은 각 교과교육에서, 학생에 대한 이해 지식과 교육적 지식은 주로 교육학 영역에서 가르쳐 왔다. 그러나 문식성 지식, 특히 교과 특수적 독서 지식의 교육은 체계적으로 이루어지지 못하였다.

　Fang과 Coatoam(2013)은 교과 독서가 교과의 내용 지식을 범교과적 독서 전략과 결합하기만 하면 저절로 수행되는 것은 아니라고 하였다. 따라서 교과에서는 교과 고유의 독서 방법을 적용할 필요가 있다.

교과 고유의 학문 공동체에서 형성된 독서 방법이 있다고 하더라도 이들이 실제로 서로 어떠한지, 관련되는 교사교육은 어떻게 되는지에 대해서는 충분히 탐구되지는 않았다. 따라서 각 교과에서 이루어지는, 즉 다른 교과와 구별되는, 교과독서의 특성이 무엇인지 살펴보고 교사들은 이러한 교과 독서 능력을 어떻게 형성하였는지를 확인할 필요가 있다.

나. 교과별 독서의 특성 : 문학, 역사, 수학, 과학 사례

교과별 독서의 특성이 어떠한지 알아보기 위해 교과를 지도하는 고등학교 교사들에게 다음 [표 12-5]와 같은 질문을 하였다. 응답에 참여한 교사들은 문학 교사 43명, 역사 교사 41명, 과학 교사 42명, 수학 교사 44명으로 모두 170명이었다.

[표 12-5] 교사 대상 질문

> **질문1** : 선생님이 담당하는 과목이나 학문 영역에서 교과 자료(예를 들어 문학 과목의 문학 작품, 역사 과목의 사료(史料), 과학 과목의 관찰 결과, 수학 과목의 지시문 등)를 읽을 때, 다른 교과와 달리 특별히 주의해야 하는 점은 무엇인가요? (자세히 써 주시면 좋습니다.)
>
> **질문2** : 교과전문가로서 선생님께서는 담당하시는 교과나 학문 영역에서 요구되는 독서 능력을 주로 언제 어떻게 습득하였다고 생각하시나요?

질문1은 각 교과나 과목별로 다른 독서 방법이 무엇인가를 파악하려는 질문이다. 즉, 문학 과목이나 역사 과목의 교과독서 방법이 다르다면, 구체적으로 어떤 점에서 다른 과목과 다른지에 대해 각 과목을 가르치는 교사들에게 물어본 것이다. 이 질문의 답은 교과독서 특히, 교과 특수적 독서의 내용이나 본질이 무엇인가에 대한 시사를 얻을 수 있다. 이에 대한 결과는 다음 [표 12-6]과 같았다. 자유롭게 진술하도록 하였기 때문에 한 사람의 응답에서 둘 이상의 특성이 추출되었을 때에는 각각 반영하였다. 2회 이상 언급된 범주 중에서 출현 빈도순으로 제시하면 다음과 같다.

[표 12-6] 과목별 교과 독서의 특성과 방법

과목	교과 독서의 특성과 방법
문학	공감적 읽기(심미적 읽기) 14회, 문학 작품의 장치(플롯, 인물, 갈등, 표현의 도, 이미지, 상징, 주제, 표현 기법, 시점 등)에 대한 이해 10회, 심층적 읽기(함축된 의미 해석) 10회, 맥락(문맥, 창작 상황) 해석 4회, 전문(원본) 읽기 4회, 개성적 해석 3회, 상상적 읽기 3회, 비판적 읽기, 총체적 읽기, 능동적 읽기, 구성적 읽기(이상 각각 2회) 등
역사	자료의 역사적 맥락 읽기(출처 확인, 시대 상황, 권력 관계, 분위기, 글쓴이의 상황, 당대인의 삶 등) 21회, 비판적 읽기(역사적 사실과 글쓴이의 관점 구분, 1차 사료와 2차 사료 구분 등) 12회, 글쓴이의 성향 파악하기(글쓴이의 정치적 성향이나 입장, 사상, 관점, 의도 등) 8회, 용어(특히 한자어) 6회, 객관적 읽기 3회, 과거에 사용된 용어의 의미 2회, 연대기적 읽기 등
과학	지식의 탐구 과정 이해(실험 조건 확인하기, 제시된 정보 분석하기, 변인 간의 인과 관계 파악하기, 데이터의 규칙성 찾기, 논리적 근거 추론하기, 결과와 결론 도출하기, 실생활에 적용하기, 탐구 방법 검증하기 등) 19회, 개념과 용어의 이해(한자 용어 포함) 13회, 분석적 읽기 8회, 그래픽 텍스트 읽기(복합 양식 텍스트 읽기) 7회, 과학 텍스트의 형식적 특징 이해하기 5회 등
수학	꼼꼼히 읽기(조건, 지시문, 가정, 결론, 전제, 정의, 자료 등) 16회, 용어·개념·기호 이해하기 8회, 수학적 언어로 재구성하기(수와 식으로 치환, 정의와 정리로 구분하기) 7회, 수학 용어와 일반 용어 구별하기 3회, 객관적 읽기 3회, 문제 해결적 읽기 2회, 분석적 읽기 2회 등

문학 교사들은 문학 과목 교과독서 능력의 본질을 무엇이라고 생각하고 있을까? [표 12-6]에서 보듯이 가장 많이 언급된 것은 공감적 읽기였다(14회). 문학 작품의 갈래 별로 사용되는 문학적 장치들에 대한 이해와 문학 작품이 제시하는 함축적

의미를 해석할 수 있는 심층적 읽기가 각각 10회로 그 다음으로 많았다. 작품의 내적/외적 맥락을 파악하기 등도 자주 언급되었다. 이로 볼 때 고등학교 문학 교사들이 인식하는 문학 교과독서의 주요 특성을 요약한다면, '문학 작품의 기법과 장치에 대한 이해하기, 작품의 함축적 의미 파악하기를 통한 공감적 읽기'라고 정리할 수 있겠다.

역사 교사들은 [표 12-6]에서 보듯이 자료의 역사적 맥락을 파악하기(21회), 비판적 읽기(12회), 글쓴이의 성향 파악하기(8회), 한자 용어의 이해, 용어의 당대적 의미 등도 중요하게 생각하고 있었다. 그런데 글쓴이의 성향 파악하기는 비판적 읽기의 범주에 포함될 수 있다. 이로 미루어 볼 때, 역사 교과독서의 특성은 '제시된 자료의 출처와 배경이 되는 역사적 맥락을 이해하고, 자료를 글쓴이의 의도나 성향과 관련지어 해석할 수 있는 비판적 읽기'라고 정리할 수 있다.

과학 교사들은 과학 교과독서에서는 과학 지식의 탐구 과정에 대한 이해(19회)를 중시하였다. 여기에는 실험 조건, 연구 범위, 연구 대상 확인하기, 변인과 변인 간의 인과 관계를 파악하기, 데이터 분석하기, 논리적 추론하기, 결과와 결론 구별하기 등과 같은 하위 명제들이 포함되었다. 그 밖에 과학지식을 이루는 용어나 개념에 대한 정확한 이해(13회), 분석적 읽기(8회), 그래픽 텍스트 읽기, 과학 실험을 다루는 과학 교과 자료(과학 텍스트)의 특성을 이해하기 등도 강조되었다. 과학 교과독서에서는 다른 교과에 비해 복합양식 문식성이 더 요구되고 있었다. 요약하면, 고등학교 과학 교사들은 과학 과목의 교과독서에서는 '과학 개념을 기반으로 하여 과학 지식의 탐구 과정과 변인 간의 인과 관계를 파악하기 위한 분석적 읽기'를 강조하고 있었다.

수학 교사들은 [표 12-6]에서 보듯이 수학 지문에서 조건, 전제, 정의, 가정, 결론 등을 꼼꼼히 읽고 구별하는 것을 16회로 가장 많이 언급하였다. 그 뒤를 이어 수학 용어, 개념, 기호의 의미를 정확하게 이해하기(8회), 지시문의 내용을 수학적 언어로 재구성하기(7회), 수학 용어와 일상용어 구별하기도 수학 교과에서 중요한 독서 능력으로 요구된다고 하였다. 이를 종합해 보면, 수학 교과독서의 특성은 '개념과 용어에 대한 정확한 이해를 바탕으로, 지문의 조건이나 전제를 파악하여 지문의 내용을 수학적 언어로 재구성할 수 있는 꼼꼼한 읽기(close reading)'로 나타났다.

역사, 과학, 수학 모두 용어와 개념에 대한 이해가 주요 특성으로 등장하였다. 그리고 용어 중에 한자어에 대한 이해 필요성이 공통적으로 등장하였다. 이는 이들 교과의 배경지식을 이해하기 위해서는 개념적 이해가 필요하고, 학문이나 교과 용어가 주로 한자어로 되어 있기 때문인 것으로 해석된다.

과목별 교과독서의 특성에 대한 인식을 분석한 결과, 문학 교과독서는 문학 작품의 미학적 장치에 대한 이해를 바탕으로 한 '공감적 읽기'로 나타났다. 역사 교과독서는 자료의 출처와 역사적 맥락에 대해 이해하고 글쓴이의 관점을 파악하는 '비판적 읽기'로 나타났다. 과학 교과독서는 변인과 변인 간의 인과관계를 논리적으로 탐구하는 '분석적 읽기'로 나타났다. 수학 교과독서는 지문의 조건이나 전제를 명확히 파악하고 수학적 언어로 재구성할 수 있는 '꼼꼼한 읽기'로 나타났다. 이러한 결과가 주는 시사점은 초중등교육이 끝나가는 시점, 고등학교 심화 선택 과목 단계에서는 교과 특수적 독서가 나타나고 있고, 그 내용은 교과별로 차이가 있었다는 것으로 해석할 수 있다.

[표 12-5]의 질문2는 교사의 교과 독서 전문성 형성 경로에 관한 질문이다. 해당 교과와 관련하여 교사들은 교과독서 능력을 언제 어떤 경로로 습득하였는지 알아보려는 질문이다. 결과는 다음 [표 12-7]과 같았다.

[표 12-7] 교사들의 교과독서 능력의 습득 시기와 과정

과목	습득 시기	습득 과정
문학	유5, 초7, 중15, 고14, 대12, 교3	자발적 독서(자기주도적/능동적/지속적/생활 독서) 10회 전공(교과)과목 강의(/연수) 10회 다독(/남독/탐독/다양한 독서) 9회 기타 2회
역사	유0, 초12, 중9, 고11, 대17, 교5	전공과목 강의(/연수) 13회 한국사이야기(/위인전) 5회 한문강독(/자발적 스터디) 5회 기타 2회
과학	유1, 초10, 중4, 고4, 대12, 교6	전공과목 강의(/연수) 9회 자발적 독서(지속적 독서) 6회 과학 자료 독서(추천도서/과학사/원서 강독 등) 4회 기타 3회
수학	유1, 초13, 중14, 고15, 대8, 교3	문제풀이경험(/교과서 독서) 7회 전공과목 강의(/연수) 6회 자발적 독서 3회 기타 4회

* 유 : 유치원, 초 : 초등학교, 중 : 중학교, 고 : 고등학교, 대 : 대학교, 교 : 교직

문학 교사들의 경우 유치원 시기부터 교사가 된 후까지 지속적으로 문학 교과독서 능력이 습득되는 것으로 나타났다. 그 중에서 가장 높은 빈도를 보인 것은 [표 12-7]에서 보듯이 중학교(15회)와 고등학교(14회) 시기였다. 이 시기는 청소년 독자시기에 해당한다. 이 시기에 많은 문학 작품을 자발적으로 읽는 과정에서 교과독서 능력이 향상되는 것으로 보인다. 습득 방법과 관련하여서는 초중고 학교교육의 교과 수업, 대학교육의 전공 수업, 교사의 직무 연수 등과 같은 제도권 내의 교육 경험은 모두 10회로 나타났는데 비해, 교실 밖의 독서 경험은 19회(자발적 독서가 10회, 다독 9회)로 더 높았다. 문학 교사의 경우, 유치원의 그림책 읽기부터 시작되어 교사 시기까지 교과독서 능력이 지속적으로 형성되고 있었으며, 제도권 교육 내의

전공 강의(교과 수업)보다는 학교(교실) 밖의 자발적 독서 경험이 더 큰 영향을 미치고 있음을 시사한다.

역사 교사의 교과독서 능력 습득은 [표 12-7]에서 보듯 가장 높은 빈도를 보인 것은 대학 시기로 17회였다. 그 다음은 초등학교 때였는데, 초등학교시기에 위인전이나 한국사 이야기 읽기와 같은 경험이 역사 교과독서 능력에 일정부분 영향을 주는 것으로 보인다. 교과독서 방법을 습득하는 경로로는 대학에서 전공교과 수업을 통해 주로 형성하고 있었다. 역사 과목이 한자로 된 많은 사료를 접해야 한다는 점에서 한문 강독이나 한자 교육도 영향을 미치는 것으로 보인다. 역사 교사들의 경우, 문학 교사들에 비해 주로 대학의 전공 수업을 통해 교과독서 능력을 습득한 것으로 해석할 수 있다.

과학 교사들의 교과독서 능력 습득 시기는 대학교(12회)와 초등학교(10회)가 상대적으로 높았다. 습득 방법은 대학의 전공 강의(교직 입문 후의 교사 연수 포함)에서 전문적으로 습득되는 것으로 보인다. 초등학교 시절도 빈도가 높은 것은 초등학교 때에 과학 도서에 흥미를 갖게 된 학생들이 이후 계속 과학 분야로 진로를 설정해서 성장해 나간 것으로 해석할 수 있다. 과학 과목의 경우에도 자발적 독서나 과학 관련 독서의 경험도 중요한 영향을 주는 것으로 해석된다. 전공 강의가 높은 비중을 차지한 점은 역사 과목과 동일한 패턴이었다.

수학 교사들의 교과독서 능력 습득 시기는 대학보다는 초중고 시절에 형성되었다는 응답이 높았다. '고등학교 > 중학교 > 초등학교 > 대학교' 순서로 나타났다. 교과독서 습득 방법으로는 문제풀이 경험과 대학의 전공 수업이 비슷한 응답으로 나타났다. 이는 중등학교 교육 시간에 대학입시를 위해 많은 수학 문제를 집중적으로 풀게 하는 것과 관련이 있어 보인다. 자발적 독서의 비중이 3회로 문학, 역사, 과학에 비해 상대적으로 높지 않은 것도 특징으로 나타났다.

종합하면, 역사와 과학 교사들은 대학 전공 강의에서 교과독서 능력이 주로 신장되었고, 문학 교사들은 유초중고대학으로 성장하는 과정에서 자발적으로 독서 경험이 큰 비중을 차지하고 있었다. 이에 비해 수학 교사들은 초중고 학생 시절에 많은 수학 문제를 풀면서 교과독서 능력을 습득하는 경향을 보이고 있었다. 문학 교사와 수학 교사들의 전문성 향상 과정에서 양성 대학의 높지 않았음을 시사한다. 문학과 수학 과목 교사 양성교육에서는 교과 독서 교육을 재고할 필요가 있다.

더 생각해 보기

⊙ 내용 탐구 활동

1. 읽기 학습과 학습 읽기의 개념을 비교해서 설명해 보세요.

> 예시 답안 : 읽기 학습은 읽기 그 자체를 배우는 것으로 주로 국어과 읽기 영역 지도에서 이루어진다. 이에 비해 학습 읽기는 학습을 위해 읽기를 사용(활용)하는 것으로 사회과나 과학과와 같은 내용교과 수업에서 자주 관찰 할 수 있다.

⊙ 모둠 탐구 활동

1. 내용교과의 수업이나 교과서를 선택하여 사용되고 있는 학습 기능이나 학습 전략을 조사해서 발표해 보자.

2. 학교와 학교 밖에서(예를 들어, 가정, 학원, 지역 사회, 직장, 대학, 동아리 등)에서 '학습을 위한 독서'의 사례를 조사하여 발표해 보자.

⊙ 더 읽을거리

- 박수자(2005). 교과독서의 본질과 과제. 독서연구 14, 35-54.

  이 논문은 교과독서의 개념을 국어과 교육의 독서교육과 여타의 내용교과의 독서교육을 포괄하는 광범위한 범교과적 개념으로 설정하고 있다. 교과독서의 주요 탐구 내용을 학습자의 사고력, 내용적 문식성 계발에 두고 있다. 학습 독서와 교과 독서 연구의 방향을 제시하고 있다.

- 문미라(2005). 교과독서 현장학교 실천사례보고 : 교과와 연계한 독후활동지 개발 적용을 통한 학생들의 독서 흥미 및 독서 능력 신장. 독서연구 14, 105-123.

  이 연구는 교과와 연계한 독서를 실제로 중학교 현장에서 실천하고 그 결과를 보고한 사례연구이다. 교과 연계 독서의 실행을 위한 환경 조성, 활동지 개발, 교과독서를 위한 도서 확보, 독서클럽 활동 등을 실행하고 그 효과를 보고하고 있다. 교과독서 실행과 관련된 많은 현장 경험을 읽어낼 수 있다.

제3부 독서 교사교육론

제13장 독서교사의 전문성과 교사교육

제13장 독서교사의 전문성과 교사교육

학교나 사회교육 기관에서 학습자에게 독서를 가르치는 사람을 역할에 따라 지칭할 때, 모두 독서교사(reading teacher)라 할 수 있다. 그러나 우리나라에서는 아직 독서교사가 교원 자격증이 발급되는 법제화된 용어는 아니다. 이 장에서는 독서교사는 누구이며, 어떤 일을 해야 하는지? 이들의 역할은 국어교사, 사서, 사서교사, 읽기 전문가, 독서치료사 등과 어떤 점에서 같고 어떤 점에서 다른지 구별해 보도록 한다. 독서교사를 포함하여 학교 안과 밖에서 독서교육과 관련된 일을 하는 많은 전문가들이 있다. 이들은 모두 독서교육 전문가(reading professional)라고 할 수 있다. 독서교육 전문가의 전문성 기준은 어떻게 설정해야 하는지, 국내외의 사례는 어떠한지 알아보도록 한다. 아울러 교사의 발달 단계는 어떻게 설정하고 있는지, 독서교사의 전문성 발달을 위해 교사교육 기관이나 독서교사 자신은 어떠한 노력을 해야 하는지 등에 대해 생각해 보도록 한다.

1. 독서교사의 개념과 역할

가. 독서교사와 독서교육 전문가

교육을 구성하는 핵심은 교육하는 사람, 교육 받는 사람, 교육 내용, 교육 방법, 교육 자료 등이다. 이 중에 교육하는 사람을 통칭하여 교사(教師)라고 한다. 따라서 학교, 가정, 도서관, 지역아동센터, 학원, 문화센터 등에서 독서를 교육하는 역할을 하는 사람들은 모두 어떤 의미에서 '독서교사(reading teacher)'라고 할 수 있다. 그러나 교사는 이러한 역할에 따른 정의뿐만 아니라 법률 제도적으로 정의할 수 있다.

예를 들어 학교교육에 종사하는 초등학교 교사, 중등학교 국어 교사, 양호 교사, 사서교사 등은 모두 교육 법률 제도에 기반을 가지고 있고, 체계적인 교육을 받아야 하고, 자격증을 취득해야 하며, 임용시험을 거친 후에, 교사로 임용되어야만 비로소 학교에서 교사 역할을 맡을 수 있다. 이러한 교사들을 법률적 용어로는 '교원(敎員)'이라고 한다.

독서교사는 학생들에게 독서를 가르친다는 뜻이 포함되어 있다. 그러나 우리나라에서는 초중등학교에서 독서를 가르칠 수 있도록 법률적으로 인정되는 독서 과목의 교사 자격증은 아직 발급되지 않고 있다. 대신 초등학교에서 독서교육은 초등교사가 담당하고 있고, 중등학교에서는 국어과 교사들이 주로 담당하고 있다.

독서교육과 관련되는 활동을 하는 전문가들로 독서교사 이외에도 사서, 사서교사, 읽기 전문가, 독서 치료사, 독서 정책 기획자 등 여러 전문가들이 있다. 사서는 국공립도서관이나 학교도서관, 지역도서관에서 도서의 분류나 대출, 독서 안내, 정보 서비스 등을 하는 전문가를 말한다. 사서교사는 학교에 소속된 교원으로 사서 역할과 함께 독서교육도 담당하는 교원을 말한다.

읽기 전문가(reading specialist)는 학교교육에서 정상적인 읽기 발달이나 독서발달이 지연될 경우에 학생들에게 특별한 읽기/독서 지도를 하여 독서 발달을 돕는 전문가를 뜻한다. 외국에서는 보편화되었으나 우리나라에서는 아직 정착되고 있지는 않다.

독서 치료사(reading therapist)는 독서 장애를 겪고 있는 학생/사람들을 치료하거나 일시적으로 정서적, 사회적, 정신적 어려움을 겪고 있는 사람들에게 적절한 책을 추천하여 독서를 통해 심리 치료를 하는 사람을 뜻한다. 문학 치료, 미술 치료, 음악 치료, 모래 치료 등과 같이 독서를 통해 심리를 치료하는 전문가라고 할 수 있다. 독서 정책 기획자는 독서에 관한 캠페인이나 독서 진흥 정책을 입안하고 실행하는 공무원을 말한다.

이 장에서는 학교교육에서 교원자격증을 가지고 독서를 지도하는 독서교사뿐만 아니라 학교 밖에서 독서교육에 관여하는 이들을 모두 포함할 때는 '독서교육 전문가(reading professionals)'라고 명명하도록 한다. 이들은 모두 독서교육에 필요한 전문성(expertise)을 요구 받고 있다.

[그림 13-1] 독서교사와 독서교육 전문가

학교나 학교 밖에서 독서교육과 관련되는 일이 점점 증가하고 있다. 독서교육은 꼭 학교에서 이루어지는 것은 아니다. 학교 밖의 여러 사회교육 기관에서도 독서교육이 일어나고 있다. 가정, 유치원, 어린이집, 지역아동센터, 독서교육센터, 도서관, 직장, 종교 기관, 지방 자치 단체, 교정 기관, 병영 등에서도 독서 관련 계획을 세우고 독서 프로그램을 실행하는 사람들이 있다.

독서교사, 초등교사, 국어교사, 사서, 사서교사, 독서 치료사, 독서 코칭 전문가, 독서 큐레이터, 독서 유투버(북투버), 어린이 책 기획 전문가, 그림책 기획 전문가, 도서관 정책 기획자, 독서교육 정책 기획자 등이 그러하다. 이들은 모두 독서교육 전문가(reading professionals)에 속한다. 우리사회가 복지사회로 진입하게 되면서 독서교육 전문가에 대한 요구는 점점 증가할 것으로 전망된다.

나. 독서교사의 역할

다양한 분야의 독서교육 전문가 중에서 여기서는 유치원과 초중등학교에서 독서교육을 실천하는 독서교사를 중심으로 이들의 주요 역할을 설명해 보면 다음과 같다.

첫째, 독서교사는 학생들이 능숙하고 능동적으로 독서할 수 있도록 지도해야 한다. 유치원, 초등학교, 중등학교, 대학교 등과 같은 교육 기관에서 전통적으로 독서교육이 행해지고 있다. 어떤 교육 기관에서든지 독서교사 역할을 맡은 사람들은 학생들이 능동적으로 독서할 수 있도록 가르칠 수 있어야 한다. 다시 말해, 학생들에게 필요한 독서 방법(다시 말해서 독서 기능과 독서 전략)을 효과적으로 가르칠 수 있어야 한다.

둘째, 독서교사는 학생들에게 올바른 가치관을 심어질 수 있도록 해야 한다. 독서는 책을 읽는 행위이지만 대부분의 책은 가치중립적이지 않다. 독자는 책을 읽음으로써 특정한 가치관이 학습될 수 있다. 그러므로 독서교사는(특히, 미성숙한 학생을 가르치는 교사는) 학생들이 책을 읽음으로써 어떠한 가치관이 학습될 수 있는지에 대해 주의를 기울여야 한다. 판단 능력이 미숙한 학생들에게 편협한 내용의 책이 제공되었을 때에는 독서교사가 적절하게 개입하고 중재하여 학생들이 올바른 가치관을 형성할 수 있도록 도와주어야 한다. 무엇이 올바른 가치관인가도 쟁점이 된다. 교사 자신의 가치관을 지나치게 강요해서는 안 되고, 사회에 보편적으로 성립된 가치관을 형성해 나가도록 유도할 필요가 있다.

끝으로, 독서교사는 학생들을 평생독자로 발전할 수 있도록 독서에 대한 긍정적인 태도를 형성시켜 주어야 한다. 학생들이 능숙하게 책을 읽을 수 있기는 하지만 책에 대한 흥미를 잃고, 책을 읽지 않는 비독자(非讀者 : non reader)가 되는 수가 있다(이순영, 2019b; 김해인, 2020). 책은 인간의 삶을 풍요롭게 하며, 생각을 넓고 깊게 하는 문화적 콘텐츠이다. 학창 시절에 과도한 입시 경쟁이나 강요된 독서교육, 각종 매체의 발달 등이 원인이 되어 학생들이 독서를 멀리하게 되고 비독자로 퇴보할 수 있다. 그러므로 독서교사는 책에 대한 긍정적 태도, 독서에 대한 긍정적 태도를 항상 심어 주어서 학생들이 책을 가까이 하고 평생독자로 성장해 나갈 수 있도록 해야 한다.

2. 독서교사의 전문성 기준

교사의 전문성 연구는 전문직으로 분류되는 교사가 어떤 지식, 능력, 윤리를 갖추어야 하는가를 탐구하는 분야이다. 외국에서는 읽기 전문가의 전문성 기준에 대한 연구가 많이 진행되었다. 초중등학교에서 독서를 가르치는 독서교사의 전문성 기준이 마련된다면, 독서교사의 양성, 선발, 연수 등과 관련하여 정책 방향을 마련할 수 있다. 그러나 아직 독서교사가 법률적으로 제도화한 교원 자격증이 발급되고 있지는 않고 있고, 초등학교에서는 초등교사가 중등학교에서는 국어 교사가 그 일을 하고 있다는 점, 학교교육뿐만 아니라 학교 밖에서도 다양한 독서교육 활동이 이루어지고 있다는 점 등을 고려하여 여기서는 학교교육과 사회교육 전체에서 이루어지는 독서교육 전문가 기준을 살펴보도록 한다.

가. 국외의 사례 : ILA의 독서교육 전문가 기준

독서교육 전문가의 전문성 기준 사례로 미국의 국제문식성학회(ILA : International Literacy Association)의 사례를 간단히 소개하도록 한다(https://www.literacyworldwide. org/get-resources/standards/) ILA는 2010년에 독서교육 전문가(reading professionals)를 위한 기준을 마련한 후에, 2018년에는 문식성 전문가(literacy professionals) 기준으로 수정하여 제공하고 있다. 여기서는 2010에 발표한 독서교육 전문가 기준을 간단히 소개하도록 한다.[81]

---

81) 이 부분의 내용은 ILA 홈페이지(https://www.literacyworldwide.org/) 자료를 토대로 작성하였음. 기준 전체와 좀더 자세한 내용에 대해서는 홈페이지를 참조할 수 있다.

1) 독서교육 전문가 그룹의 구분

ILA는 독서교육 전문가 그룹을 다음과 같이 7개의 군(群)으로 세분화고 있다. 아래 소개되는 독서교육 전문가들은 모두 요구되는 기준을 충족한 후, 자격증을 갖추어야 한다.

• 교육 보조자(education support personnel)

이들은 교사나 읽기 전문가(reading specialist)/독서 코치(reading coaches)를 도와서 그들의 교육을 지원하고, 교사들끼리의 상호작용을 지원하게 된다. 교육 자료 개발에도 참여한다. 교육 보조자들도 요구하는 조건을 충족하여 자격증을 따야 한다.

• 유치원과 초등학교 교사(Pre-K and Elementary Classroom Teacher)

이들은 유치원과 초등학교에서 읽기와 쓰기를 가르치는 교사를 말한다. Pre-K이라고 하였기 때문에 유치원 이전의, 우리나라로 말하면 어린이집에서 읽기와 쓰기를 가르치는 교사도 포함된다. 초등학교 교사들은 사회나 과학과 같은 내용교과도 담당해야 한다. 이들은 읽기 전문가와 협동해야 한다.

• 중등학교 내용교과 교사(Middle and High School Classroom Teacher)

중고등학교에서 자국어(English), 사회, 과학, 수학 등을 가르치는 교과 교사를 말한다. 어느 한 교과를 가르칠 수 있어야 하고, 각 교과에서 요구되는 교과 독서와 교과 작문의 지도 능력을 갖추어야 한다. 읽기 전문가나 다른 전문가들과 협동하여 교수 학습을 개선하고, 교실의 물리적, 사회적 환경을 개선할 수 있어야 한다.

• 중등학교 독서 교사(Middle and High School Reading Teacher)

중등학교에서 독서를 전문으로 가르치는 교사를 말한다. 우리나라 고등학교에서 독서 과목을 가르치는 교사와 가장 가깝다. 미국의 경우, 우리나라와 달리 독서 과목이 교과의 하나로 편성되어 있는 경우가 있다. 이들은 학생들의 독서를 지도하고 평가하며, 다른 읽기 전문가들과 상호 협동하여야 한다.

• 읽기 전문가(reading specialist)/문식성 코치(literacy coach)

이들은 교사와는 다른 독서 전문가들이다. 학생들의 읽기를 향상시키고, 독서 코칭을 하면서 교육보조자, 교사, 교사교육자, 행정가 등과 상호 협동한다. 이들은 개인별로, 혹은 소그룹 별로 독서 지도를 필요로 하는 학생들을 지도한다. 우리식으로 하면 학교에서 독서 부진아 지도를 담당하는 교사의 모습에 가까운 역할을 한다.

• 교사교육자(teacher educator)

교사교육자는 교육대학이나 사범대학, 혹은 교육대학원 등에서 교사교육(teacher education)을 하는 사람들을 말한다. 박사 학위가 있는 교수의 모습에 가장 가깝다. 우리나라 시도교육청의 교원 연수원에서 교원 연수를 기획하는 연구사들도 교사 교육자에 해당된다.

• 행정가(Administrator)

행정가들은 교장, 교감, 교육장, 장학사, 교육감 등과 같이 교육 행정을 담당하는 전문가들을 말한다. 적어도 교육 행정 분야의 석사 학위를 취득하고, 독서와 독서 관련 분야의 경력을 요구받고 있다.

2) 독서교육 전문가 기준

ILA에서는 독서교육 전문가들이 갖추어야 할 기준을 다음과 같이 크게 여섯 가지 기준(standards)으로 제공되고 있다. 기준과 기준에 따른 세부 요소가 매우 자세하게 서술되어 있다. 여기서는 개요만 소개하도록 한다.

- 기준 1. 기본적 지식(Foundational Knowledge)

지원자들은 읽기와 쓰기의 과정과 지도에 관한 이론적 지식, 연구에 기반한 지식을 이해해야 한다.

- 기준 2. 교육과정과 지도(Curriculum and Instruction)

지원자들은 교수 방법, 자료, 통합적이고 균형적인 교육과정을 설계하여 학생들의 읽기와 쓰기를 지도해야 한다.

- 기준 3. 평가와 총평(Assessment and Evaluation)

지원자들은 다양한 평가 도구를 사용하여 읽기와 쓰기 평가를 계획하고 시행해야 한다.

- 기준 4. 다양성(Diversity)

지원자들은 학생들이 문식 활동에서 사회의 다양성을 이해하고, 존중하며, 가치 있게 생각하도록 발전시켜야 한다.

- 기준 5. 문식성 환경(Literate Environment)

지원자들은 기본 지식, 지도 방법, 교육과정 자료, 평가 등을 통합하여 읽기와 쓰기를 확장할 수 있는 문식성 환경을 조성한다.

- 기준 6. 전문성과 지도력 발달(Professional Learning and leadership)

지원자들은 자신의 역량을 더욱 발전시키기 위해 전문적 학습과 지도력을 개발하고 발휘해 나간다.

ILA의 전문가 기준은 기준별로 3개 혹은 4개의 하위 요소(elements)를 상세화하여 제시한 후에 각 전문가 집단별로 기대하는 행동 특성을 제시하고 있다.

여기서는 지면 관계로 모든 것을 소개할 수는 없어서 '기준 2. 교육과정과 지도'와 관련한 세부 요소 중에 하나의 요소를 제시하고, 중등학교 독서교사에게 요구되는 행동 특성만을 소개하면 다음과 같다.

요소 2.1 지원자는 기본적 지식을 활용하여 통합적이고, 명료하며, 균형적인 교육과정을 설계하고 실행할 수 있어야 한다.

• **중등학교 독서교사**
- 읽기와 쓰기가 어떻게 내용교과와 관련되는지, 그리고 지역, 주, 연방 정부의 기준과 관련되는 설명한다.
- 학생의 사전 지식, 세상 경험, 흥미에 기반하여 교육과정을 실행한다.
- 교육과정을 평가하여 교육 목적과 학습 목표를 서로 연결시킨다.
- 동료들과 협동하여 전통적인 책과 디지털 자료를 서로 연결시킨다.

위에서는 중등학교 독서교사가 갖추기를 기대하는 기준을 소개하였지만 이밖에도 교육 보조자, 유치원과 초등학교 교사, 중등학교 교과 교사, 읽기 전문가와 독서 코치, 교사 교육자, 행정가 지원자들에게 이와 관련되는 행동 특성을 명료히 제시하고 있다.

정리하면 ILA의 독서교육 전문가 기준에는 여섯 개의 상위 성취기준이 있고, 성취기준별로 3개와 4개 정도의 하위 요소를 명료화하고 있다. 그리고 각각의 요소와 관련하여 독서교육 전문가 7개 집단에게 각각 요구하는 행동 특성을 서너 개씩 기술하고 있다. 학교교육에 관여하는 독서교육 전문가 집단을 일곱 유형으로 상세화 하여 서로 협력하게 하는 것은 장점이라고 평가할 수 있다.

나. 국내의 사례 : 한국독서학회의 독서교육 전문가 기준

우리나라에서는 사단법인 한국독서학회(http://koreareading.org/)에서 독서교육 전문가 자격증을 발급하고 있다. 학회 홈페이지에 소개된 내용을 중심으로 설명하면 다음과 같다. 독서교육 전문가의 자격은 1급, 2급, 3급으로 그 역할은 다음과 같다.

> 독서교육 1급 전문가는 독서교육 전문가 양성과정의 관리, 감독, 조직과 각종 기관의 교육을 담당할 수 있으며 2급 및 3급 전문가의 역할을 겸하여 수행할 수 있다.
> 독서교육 2급 전문가는 학습 독자를 위한 발달적, 치유적 교정 독서 지도 프로그램 및 독서 역량 개발을 위한 독서교육 프로그램을 조직, 운영할 수 있으며 3급 전문가의 역할을 겸하여 수행할 수 있다.
> 독서교육 3급 전문가는 일반 학습 독자를 위한 체계적인 독서교육 프로그램을 조직, 운영할 수 있다.

세 유형의 독서교육 전문가를 구별해 보면, 1급은 독서 교사교육에 종사하는 사람으로 독서교육 전공의 박사학위 소지자에 준한다. 2급은 독서교육 관련 석사학위 정도의 학력을 소지한 사람으로 독서교육 관련한 다양한 일을 수행할 수 있다. 3급은 학사학위 소지 정도의 학위로 독서 관련하여 필요한 교육을 이수한 사람이 취득할 수 있는 정도로 구분된다. 1~3급의 자격별로 자격 인정 기준은 다음과 같다.

• 독서교육 전문가 1급

① 독서교육전문가 2급 소지자로서 본 학회가 인정하는 대학원 과정에서 독서교육 표준 교육과정의 1급 교과목 4과목 이상(120시간 이상) 이수하고 5년 이상의 실무

경험을 갖추어 본 학회의 자격관리위원회의 자격 심사에 합격한 자

② 독서교육관련 박사학위 소지자로서 독서교육 표준교육과정 교과목에 대응하는 논문 300%, 5년 이상의 실무 경험을 갖추어 본 학회의 자격관리위원회의 자격 심사에 합격한 자

③ 2급 자격을 취득한 후 10년 이상 독서교육 관련된 전문적인 활동을 수행하고 본 학회의 자격관리위원회의 자격 심사에 합격한 자

• 독서교육 전문가 2급

① 독서교육전문가 3급 소지자로서 본 학회가 인정하는 대학원 과정에서 독서교육 표준 교육과정의 2급 교과목 4과목 이상(120시간 이상) 이수하고 2년 이상의 실무 경험을 갖추어 본 학회의 자격관리위원회의 자격 심사에 합격한 자

② 독서교육전문가 3급 자격을 소지하지 않은 자로서 본 학회가 인정하는 대학원 과정에서 독서교육 표준 교육과정의 2급 교과목 4과목 이상(120시간)과 3급 교과목에 해당하는 3과목을 모두 이수하고, 2년 이상의 실무 경험을 갖추어 본 학회의 자격관리위원회의 자격 심사에 합격한 자

③ 독서교육전문가 3급 자격을 소지하지 않은 자로서 본 학회가 인정하는 대학원 과정에서 독서교육 표준 교육과정의 2급 교과목 4과목 이상(120시간 이상)을 이수하고 2년 이상의 실무 경험과 본 학회가 인정한 교육 연수 기관에서의 3급 교과목 3과목의 교육을 이수하여 본 학회 자격관리위원회의 자격 심사에 합격한 자

• 독서교육 전문가 3급

① 학사 학위 소지자로서 본 학회가 인정하는 교육기관에서 독서교육 표준 교육과정의 3급 교과목 중 3과목 이상(120시간 이상)을 이수하고 본 학회 자격관리위원회의 자격 심사에 합격한 자

② 학사 학위 소지자로서 본 학회가 인정하는 복수의 교육기관에서 독서교육

표준 교육과정 3급 교과목 3과목에 대응하는 과목 및 연수 프로그램을 이수하고
본 학회 자격관리위원회의 자격 심사에 합격한 자

한편, 독서학회에서는 독서교육 전문가를 양성하는 프로그램의 표준교육과정을
제시하고 있는데 다음 [표 13-1]과 같다. 이중에 1급은 8과목 중에서 4과목 이상(120
시간), 2급은 9과목 중에서 4과목 이상(120시간), 3급은 7과목 중에서 3과목 이상(120
시간)을 이수해야 한다.[82]

[표 13-1] 독서교육 전문가 표준교육과정 교과목

구분	3급 교과목 (7)	2급 교과목 (9)	1급 교과목 (8)
독서의 이해	독서교육론 교양독서론	독서와 문학 독서와 글쓰기	독서 리더십 독서 심리 연구
독서 교육	독서발달론 독서지도론 독서평가론 독서자료론	학교급별 독서지도론 학습독서론 독서 문제의 진단 독서와 매체 읽기	독서 장학 교정적 독서 지도 독서 치료론
독서문화와 정책	독서 프로그램의 조직과 운영	독서 교육과정 개발 독서 프로그램 평가	독서교사 교육론
독서교육 연구		독서교육 연구	독서교육 연구 독서연구 방법론

예를 들어, 독서교육 전문가 2급 자격증을 취득하려면, 독서학회와 독서교육
전문가 양성 기관 협약을 맺은 대학원에서 3급 과목 7과목 중에서 3과목, 그리고
2급 과목 9과목 중에서 4과목 이상을 이수하여야 한다. 독서학회가 협약을 맺고,

---

82) 시간은 학부에서는 한 과목을 3학점 3시간 강의를 기본으로 한 것으로 보이며, 대학원에서는 2학점
2시간 강의를 기본으로 설정한 것으로 보인다.

독서교육 전문가 양성 프로그램을 인정해 주는 대학의 학과 및 대학원의 전공은 독서학회에 문의하면 알 수 있다.

위의 [표 13-1]에서 구분을 주의 깊게 볼 수 있다. 구분에서 '독서의 이해'는 독서에 대한 기본적 지식을 갖추게 하는 것으로, ILA의 기준 1. 기본적 지식과 대응시켜 볼 수 있다. 그리고 '독서 교육'은 ILA의 기준 2. 교육과정과 지도, 기준 3. 평가와 총평과 대응된다. 끝으로 '독서문화와 정책' 및 '독서교육 연구'는 ILA의 기준 4. 다양성, 기준 5. 문식성 환경, 기준 6. 전문성과 지도력 발달과 대응시켜 볼 수 있겠다.

전항에서 살펴본 ILA의 독서교육 전문가 기준은 전문가 집단을 역할에 따라 7개 유형으로 나누고 각 전문가들이 보여야 할 행동 특성 중심으로 전문성 기준을 제시하였다. 그러나 한국독서학회의 기준은 독서교육 전문가 집단을 능숙 정도나 학력(및 경력)을 중심으로 세 수준의 그룹으로 나누고, 각각의 집단이 어떠한 교과목을 이수해야 하는지를 지정하고 있다. 독서교육 전문가의 행동 특성보다는 양성의 교과과정에 주목하여 전문가 기준을 설정하고 있다.

다. 독서 평가 전문성 기준 : 사례 연구

천경록(2005)에서는 교사의 전문성 영역 중에서 독서 평가 전문성만으로 제한하여 연구를 한 바 있다. 다음 [표 13-2]와 같이 읽기나 독서교육과 관련된 전문성 기준 중에서 평가의 전문성을 지식 기준, 수행 기준, 윤리 기준으로 나누어 11개의 기준을 제시하고 있다.

[표 13-2] 교사의 읽기 평가 전문성 기준

지식 기준	**기준 1 : 읽기 특성에 관한 지식** 교사는 읽기의 개념, 읽기의 요인, 읽기의 과정, 읽기의 방법, 읽기의 역사 등과 같은 읽기의 특성과 관련된 여러 분야에 관한 배경 지식을 충분히 갖추고 있어야 한다. **기준 2 : 읽기 학습자에 관한 지식** 교사는 학습자인 독자의 인지적 정의적 특성, 독자의 읽기 전략과 기능, 읽기 발달 단계 등에 관한 여러 분야의 지식을 갖추고 있어야 한다. **기준 3 : 읽기 평가와 인접 분야의 관련성** 교사는 읽기 평가와 종횡으로 관련을 맺고 있는 교육평가 일반, 국어과 인접 영역 평가, 읽기 교육, 연구와 개발 분야 등에 대한 기본적 지식을 갖추어야 한다.
수행 기준	**기준 4 : 평가계획 수립** 교사는 읽기 평가의 목적, 내용, 방법을 고려하여 절차에 따라 체계적으로 읽기 평가 계획을 수립할 수 있어야 한다. **기준 5 : 평가도구 개발과 선정** 교사는 평가 계획을 달성하기 위하여 읽기 평가의 내용과 방법을 고려하여 적절한 읽기 평가 도구를 개발하거나 선정할 수 있어야 한다. **기준 6 : 평가 시행** 교사는 교실과 학생 상황을 고려하여 읽기 평가를 적절하게 시행하여, 학생의 읽기 능력을 실질적으로 보여주는 다양한 증거를 체계적으로 수집하고, 수집한 자료는 선택하여 정리할 수 있어야 한다. **기준 7 : 결과 분석과 해석** 교사는 읽기 평가 결과를 체계적으로 분석하고 전문적으로 해석하여, 원래 학생의 읽기 상태를 추론할 수 있어야 한다. **기준 8 : 보고와 활용** 교사는 읽기 평가의 과정과 결과에 대하여 교육공동체 구성원에게 체계적으로 의미 있게 보고할 수 있어야 하며, 결과를 의사결정에 활용할 수 있어야 한다.
윤리 기준	**기준 9 : 자기 점검과 윤리** 교사는 자신의 읽기 평가와 읽기 교육의 질을 계속적으로 점검해야 하며, 이 과정에 교육 전문가로서 투철한 윤리성을 지녀야 한다. **기준 10 : 전문성 신장 추구** 교사는 읽기 평가와 관련된 학회, 세미나, 워크숍, 협의회, 발표회, 관련 뉴스 등에 관심을 가지고 계속적으로 참여하면서 자신의 전문성을 신장시켜야 한다. **기준 11 : 교육 공동체 기여** 교사는 학생, 학부모, 보호자, 시민, 정책 결정자, 전문가 집단 등과 함께 교육 공동체의 구성하는 주요한 성원으로서 참여하면서 읽기 평가의 결과를 토대로 학생의 읽기 발달과 교육의 질 향상을 위해 상호작용하면서 기여할 수 있어야 한다.

지식 기준은 읽기 평가와 관련되어 교사가 무엇을 알고 있어야 할 것인가에 관한 것이다. 수행 기준은 읽기 평가와 관련하여 교사가 평가 계획을 수립하고, 도구를 개발하며, 평가를 시행하고, 결과를 보고하는 일과 관련하여 할 수 있어야 하는 것들을 기술하고 있다. 윤리 기준은 교사의 윤리적 소양과 관련된 것으로 학생의 개인 정보를 다룰 때의 주의 할 점, 전문성의 계속적 발달, 교육공동체에 기여와 봉사를 다루고 있다.

능력의 기준에 된 각각의 기준에 대한 자세한 설명은 천경록(2005)을 참고하도록 한다. 이와 같이 독서교사의 교수학습 전문성 등도 개발해 볼 수 있을 것이다.

3. 독서교사의 발달과 교사교육의 방향

이 장에서는 독서교사를 역할에 따라 학교에서 학생들에게 독서를 가르치는 사람으로 범박하게 정의하였다. 독서교사는 아직 법률 제도적으로 성립된 교원(敎員)에는 해당되지는 않으며, 학교교육의 독서교사를 포함하여 학교 안과 밖에서 독서교육에 종사하는 많은 전문가들이 있으며, 이들을 독서교육 전문가로 명명하였다. 국내에서는 사회교육 차원에서 한국독서학회에서 독서교육 전문가에 대한 1~3급의 자격증이 발급되고 있음을 밝혔다.

여기서는 다시 관점을 학교교육 내로 돌려보고자 한다. 초등학교 교사들이 초등학교에서 독서를 가르치고 있고, 중등학교 국어 교사들도 고등학교 선택 과목으로서 독서 과목을 정규 교과 시간에 가르치고 있다. 교사교육(teacher education) 차원에서 이러한 독서교사의 전문성 발달을 생각할 필요가 있다. 여기서는 초등교사의 교사 발달(teacher development) 단계에 대한 설명을 살펴보고, 이를 토대로 독서교사의 전문성 발달을 위한 교사교육에 방향에 대해서 생각해 보도록 한다.

가. 교사 발달 단계와 독서 교사교육

교사 발달과 생애 주기에 대해서 이병진(1996 : 320)은 연령과 교직 경력을 고려하여 초임기(25-30세, 경력 0~5년), 향상기(30~40세, 경력 5~15년), 정착 및 발전기(40~50세, 경력 15~25년), 정체 및 심화기(50~60세, 25~35년), 정리기(60~65세, 경력 35~40년)로 구분한 바 있다. 그러나 이는 교사가 된 후의 시기만을 염두에 두고 있고, 그 사이에 교직의 정년도 단축되었다.

교사 발달은 꼭 교사로 임용된 후부터 시작된다고 볼 수는 없다. 예를 들어, 초등교사가 되기 위해 교육대학에 지원하는 수험생들을 면접하고 생활기록부를 관찰해보면, 대부분의 지원자가 고등학교 시기 내내 초등교사로 진로를 희망하고 있다. 초등교사라는 진로 지향성은 고등학교 이전시기부터 형성되었을 수 있다. 그리고 초등교사 양성 기관인 교육대학은 종합대학과 달리 특수 목적 대학으로 분류되고 있다.

이런 점을 고려할 때, 교육대학의 예비교사 단계와 그 이전도 포함하여 계속 교육적 관점에서 교사 발달 단계를 설정하는 것이 교사 발달의 연속성을 해명하고, 현직 초등교사를 위한 정책 수립에도 더 적절하다고 하겠다. 관련하여 천경록(2020 : 10)에서는 초등교사의 교사 발달 단계를 다음 [표 13-3]과 같이 구분하였다. 초등교사의 역량 중에 하나인 국어교육 역량이나 독서교육 역량 역시 이러한 교사 발달 과정에서 형성될 것으로 본다.

[표 13-3] 초등교사의 교사 발달 단계

단계		주요 특징
준비기	잠재기	• 초중고 시기 : 초등교사 진로 의식 형성 • 진로 탐색 및 교육대학 진학
	형성기 (양성·임용기)	• 교육대학 시기 : 교대 교육과정 이수, 교사 자격증 취득 • 임용고사. 시도교육청의 임용 과정 거침
실현기	수습기	• 초등교사 발령, 수습교사 시기 • 일정 기간 근무 후 1급 정교사 연수
	심화기	• 중견 교사 시기 : 예를 들어, 국어교과 부장교사 • 활발한 교과 활동
정리기	관리기· 전수기	• 관리자 시기 : 수석교사, 교감, 장학사, 교장 등 직무 수행 • 국어교육/독서교육 정책 형성에 적극적으로 관여, 역량 전수

준비기는 교육대학에 입학하여 초등교사 자격을 갖추고 임용고사를 거쳐 교사 임용에까지 이르는 시기로 볼 수 있다. 이는 다시 잠재기와 형성기로 나눌 수 있다. 잠재기는 초중고교를 다니면서 초등교사라는 직업에 관심을 가지고 진로의식을 형성하는 시기라고 할 수 있다. 형성기는 교육대학에 입학하여 공부하면서 초등교사 자격증을 취득하고, 임용 단계를 거치는 시기이다.

실현기는 양성과정에서 익힌 역량을 초등학교 국어교육 및 독서교육 현장에서 실행하는 시기이다. 수습기(修習期)와 심화기(深化期)로 나눌 수 있다. 수습기는 발령을 받은 후 5년 내외의 초임 시기로 수습교사(修習教師)* 시기에 해당하며 심화기는 중견교사로 활동하는 시기이다. 수습기와 심화기 사이에 1급 정교사 자격 연수 과정이 있다.

정리기는 습득한 국어교육 및 독서교육 관련 지식과 경험을 전파하고 전수하며 국어교육 및 독서교육을 관리하고 정책 형성에 적극적으로 영향

* 수습교사가 아직 행정이나 법률적 용어는 아니지만, 향후 교사 교육과 관련하여 수습교사 단계를 체계적으로 검토할 필요가 있다. 예비교사 → 교사(수습교사 → 교사 → 수석 교사)와 같이, 교사 직위와 관련된 용어를 교사의 (국어) 교육 역량의 발달과 관련하여 직급 및 직책을 고려한 단계적 용어로 사용해 볼 수 있다. 다른 전문직에서도 수습기자(修習記者), 수습변호사(修習辯護士), 수련의(修鍊醫)와 같이 '수습'과 관련된 용어들이 이미 사용되고 있다. 그 동안 초임교사나 신규교사라는 용어가 사용되었다. 그러나 여기에는 단순히 교직에 시기적으로 '처음' 임명되거나 취임했다는 뜻이 강하고 교사 발달과 관련된 체계적 의미 부여가 낮아서 정책 수립과 관련된 적절성이 부족하다.

을 미치는 시기이다. 수석교사가 되어 신규 교사들의 국어교육 및 독서교육 역량을 지원할 수 있다. 교감, 교장, 장학사(관)이 되어 국어교육을 장학(獎學)하고 행정과 정책 수립에도 주도권을 가지게 된다.

초등교사의 국어교육 및 독서교육 역량 형성과 관련하여 양성교육(pre-service education)은 특수목적 대학인 10개의 교육대학[83]에서 주로 담당한다. 임용과 연수 교육(in-service education)은 시도교육청이 주로 담당한다. 그 밖에 (교육)대학원 교육, 교사의 자기주도적 학습, 동료 학습, 초등학교 직장 교육도 역량 형성에 기여하고 있다. 초등교사의 교사 발달을 직접적으로 담당하는 교육대학의 양성교육, 임용 단계, 시도교육청의 연수교육, 그리고 교원평가는 교사의 전문성 발달에 직접적으로 영향을 미치고 있다.

중등교사는 사범대학, 교직과정, 교육대학원 등에서 양성되고 있고, 임용과 연수 교육은 시도교육청에서 주관하고 있다. 양성과정을 진단하려면 양성교육 기관의 교육과정을 살펴야 하고, 임용 단계를 진단하려면 임용고사와 면접 및 구술 고사 등을 분석해야 하고, 연수교육을 진단하려면 1정 연수 교육과정 등을 살펴야 할 것이다. 이러한 내용은 매우 광범위한 분석을 필요로 하기 때문에 별도의 연구가 필요하다.

독서교사의 발달 과정도 [표 13-3]을 토대로 생각할 수 있다. 독서교사가 되기 위해 준비하는 시기, 독서교사가 되어 교육을 실천하는 시기, 독서교사로서 얻은 경험으로 전수해 주는 시기로 세분할 수 있다.

우리나라에서는 학교교육에서 독서교사가 되기 위해서는 교육대학, 사범대학,

---

83) 여기에는 교원대, 이화여대 초등교육과와 제주대학교 교육대학도 포함된다. 이후 교육대학이라고 명명하면 이 세 학교가 초등교육과도 포함한 개념으로 사용하고자 한다.

교직과정, 교육대학원 등의 양성교육을 받아야 한다. 초등교사나 중등교사로 학교교육에서 독서를 담당하려면 임용 단계를 통해 교사로 입직해야 하며, 교사가 된 후에는 연수교육을 받아서 전문성을 향상시킬 수 있다. 이러한 교육은 양성기관, 임용기관, 연수기관에서 담당한다. 그러나 독서교사의 전문성은 이러한 제도화된 교사교육 이외에도 교사의 자기주도적 학습(self directed learning)이나 동료 학습을 통해 이루어질 수 있다. 이에 대해서는 다음 절에서 살펴보도록 한다.

나. 교사의 자기주도적 학습과 동료 학습

교사의 전문성 신장은 교사 자신의 자기주도적 학습, 혹은 자율 학습에 의해서도 이루어진다. 미성숙한 초중등 학생들을 대상으로 하는 학교교육(pedagogy)에 비해, 독서 교사교육은 성인 학습자를 대상으로 진행되는 성인교육학(andragogy)에 속한다. 다음은 초등교사를 대상으로 자신의 국어교육 역량 형성에 미친 경로를 조사한 것이다(천경록, 2020b).

[표 13-4] 초등교사의 국어교육 역량 형성 경로 분석(복수 응답)

구분	빈도 (N)	백분율 (%)
교육대학의 양성교육	54	10.6
임용단계(고시, 수업 실연 등)	44	8.7
교육청의 연수교육	57	11.2
대학원 교육	16	3.1
동료 교사의 피드백/협의	176	34.6
자기주도적 학습	161	31.7
전체	508	100.0

표에서 보듯이 양성교육(10.6%), 임용 단계(8.7%), 교육청의 연수교육(11.2%), 대학원 교육(3.1%)로 나타났는데 이들을 모두 합쳐도 33.6%에 불과하다. 그러나 동료 교사와의 협의는 34.6%, 자기주도적 학습은 31.7%에 달한다. 이 둘을 합치면 66.3%애 달한다. 초등교사들은 타율적인 교육보다 자율적인 교육이 자신의 국어교육 역량 향상에 영향을 주는 것으로 평가하고 있었다.

성인교육은 자기의 교육 목적에 따라 교육 목표를 정하고, 교육 내용을 결정하며, 교육의 성과를 점검한다. 이러한 교육은 자기주도적 학습의 성격이 강하다. 따라서 독서교사는 자기 스스로 부족한 부분을 분석하여 이를 보충할 수 있다. 예를 들어, 연수에 참여한다든지, 스스로 관련 독서교육 관련 서적과 정보를 찾아본다든지, 관련 전문가에게 문의하는 것은 모두 자기주도적 학습에 속한다. 학교교육에 참여하는 독서교사가 자기주도적 방법으로 독서교육 역량을 확장할 수 있는 방법으로는 다음과 같은 것들이 있다.

- 멘토링 : 수석교사나 경력 교사와 멘토와 멘티 역할을 수행하면서 독서교육에 관한 경험을 전수 받을 수 있다.
- 동료 교사와 상호작용 : 동학년 교사, 이웃 반 교사 등과 상호작용하면서 공동으로 교육과정을 설계하거나 교육 내용을 협의할 수 있다. 동료 교사의 수업을 참관하고 대화를 나누는 것도 좋은 방법이 된다.
- 소규모 연구 모임 : 몇 명이 연구 모임을 만들어서 독서 관련 연구를 진행하는 것도 가능하다. 교육부나 시도교육청에서는 교사의 소규모 연구 모임을 지원하는 제도도 있다.
- 유튜브 활용하기 : 유튜브를 통해 국내외에서 이루어지는 독서교육 관련 정보와 교육 방법들을 검색하고 활용할 수 있다.
- 학회의 행사 참여 : 한국독서학회나 한국리터러시 학회를 비롯하여 독서관련 학회는 봄과 가을에 정기적으로 학술대회를 개최하고 있다. 한국독서학회에서는 주기적으로 콜로키엄, 독서교육 전문가 연수 등도 기획하여 운영

하고 있다. 자세한 일정은 학회 홈페이지나 학회로 문의하면 된다.

이 밖에도 단위 학교에서 하는 다양한 연수, 직장 교육 등에서도 독서 관련 주제가 다루어지기도 한다. 독서교사들은 이러한 교육에 참여하여 자신의 독서교육 전문성을 향상시켜 나갈 수 있다.

다. 독서 교사교육의 방향 : 이론적 지식과 실천적 지식의 교섭[84)

독서교육을 잘 실천하기 위해서는 독서 능력의 본질을 규명하는 것뿐만 아니라 이를 교육할 수 있도록 교사교육을 통해 독서교사의 전문성을 길러주어야 한다. 여기서는 교사의 실천적 지식을 탐구한 선행 연구를 간단히 살펴보고, 독서교사를 포함하여 국어 교사교육에서 아리스토텔레스의 지식론이* 주는 시사점을 다루도록 하겠다. 아리스토텔레스의 지식관은 『니코마코스 윤리학』에 나타나 있다(이창우·김재홍·강상진, 2006).

* 아리스토텔레스는 지식을 이론적 지식을 뜻하는 에피스테메(episteme), 기술적 지식을 뜻하는 테크네(techne), 실제적 지혜를 뜻하는 프로네시스(phronesis)로 구분하였다. 이 글에서는 테크네와 프로네시스, 곧 기술적 지식과 실제적 지혜를 함께 하여 '실천적 지식'으로 사용하였다(천경록, 2021 : 3).

지향성	진(眞)		선(善)	미(美)
인간 활동	이론적 진리 탐구 theoria		선의 실천 praxis	제작·창작 poiesis
사유의 지적 탁월성	철학적 지혜 sophia		실천적 지혜 phronesis	기예 techne
	직관적 지성 nous	학문적 인식 episteme		
대상들	그 원리가 다르게 있을 수 없는 존재자들		그 원리가 다르게도 있을 수 있는 존재자들	

1) 연구 동향

실천적 지식 개념에 의거하여 교사의 전문성을 설명하려는 연구들이 다수 진행되고 있었다. 교육학 분야에서 이루어진 이론적 연구들은 다음과 같았다. 김자영·김정효(2003)는 실천적 지식을 교사가 이론적 지식을 교수 상황에 맞도록 재구성한 지식이며 교사의 교수 행위의 근거가 되는 지식으로 정의하고 있다. 교사교육에서

---

84) 이 부분은 천경록(2021)을 참고로 하여 집필하였다.

실천적 지식에 관한 초기 저작으로 후속 연구에 많은 영향을 주고 있었다.

김민정(2006)은 실천적 지식에 대한 연구가 교육과정 운영과 수업에서 차지하는 의미를 설명하고 있었다. 손민호(2006)는 최근에 교육계에서 주목받고 있는 '역량 (competence)' 개념을 실천적 지식과 결부지어 해석하고 있었다. 실천적 지식의 '상황 즉각성, 비선형적 문제해결과정, 지식의 내재적 과정으로서 사회성'을 설명하고, 이와 관련지어 역량을 해석하고, 학교교육에 주는 시사점을 제안하고 있었다.

홍윤경(2012)에서는 테크네와 프로네시스의 관계에 주목하여 테크네와 프로네시스를 통합시켜 교육해야 함을 논증하였다. 테크네는 종속적이어서 그 자체만을 별도의 교육 내용으로 분리시키면 그것을 올바르게 활용하는 방법을 학습할 수 없다고 하였다(p.210). 이를 해결하기 위해 프로네시스의 획득을 통해 테크네의 종속성을 극복할 수 있다고 보았다.

유영만(2015)은 수업 설계 전문성에 대한 관점을 기술적 합리성과 실천적 합리성으로 분석하였고, 이 양자의 한계와 문제점을 극복해 줄 대안적 모형으로 '실천적 지혜'에 의거한 관점을 제시하고 있다. 이를 통해 기존의 역량 중심의 '능숙한 수업설계자'를 넘어서 '올바른 수업설계자'를 육성해야 한다고 제안하였다. 실천적 지식의 교수학습모형 개발과 관련된 연구로, 한수민·임병노(2016)는 사전학습활동, 본학습활동, 사후학습활동으로 이어지는 PKC 모형을 제안하고 있었다.

초등학교나 중등학교 교사교육과 관련된 연구로 소경희·김종훈(2010)은 두 명의 초등학교 교사의 수업 사례 연구를 통해 실천적 지식의 작동 과정을 탐구하였다. 정진원(2016)은 초등 음악과 교사의 수업 전문성을 탐구하였다. 8명의 교사(초임 4명, 경력 4명)를 표집하여 면담, 수업지도안 분석, 관찰 등을 통해 자료를 수집하여 근거이론에 의하여 분석한 후에 음악 교사의 수업 전문성으로서 실천적 지식을 분석하고 있었다. 김호현(2019)에서는 Elbaz가 교사의 실천적 지식을 분석해 내기 위해 고안한 툴을 사용하여 유치원 경력 교사를 대상으로 유아 권리에 대한 실천적 지식을 분석해 낸 후에 이를 UN 아동권리협약에 제시된 아동 권리의 관점과 결부하여 해석하고 있었다. 교사의 실천적 지식을 포착하기 위한 절차적 면에서 많은 시사점을 얻을 수 있었다.

국어 교사교육 분야에서는 이경화(2008)의 연구는 국어교육 분야에서 최초로 실천적 지식에 주목한 연구라고 생각된다. 그는 초등 국어 교사교육에서 교사 양성 기관이 이론적 지식과 학교 현장의 실천적 지식의 연계와 통합이 잘 이루어지지 않는다는 점을 제기하면서 2004년부터 2007년까지 4년 동안 초등 예비교사들이 교육실습에서 구성한 포트폴리오를 분석하여 예비교사의 반성적 사고에서 드러나는 실천적 지식을 분석한 후 교사교육을 위한 정책 방향을 제시하였다.

중등 국어교사를 대상으로 한 연구로 박상철(2014)은 고등학교 경력 교사 1명을 대상으로 반구조화된 인터뷰 방식을 사용하여 문학 수업에서 나타나는 실천적 지식의 정향과 실현 향상, 효과 등을 관찰하고 있었다. 김영란(2019a)은 고등학교 국어수업에서 '한 한기 한 권 읽기' 관련하여 수업 전사 자료, 면담 및 질문지를 통해 경력교사의 수업을 관찰하고, 교사의 실천적 지식을 15개의 규칙, 16개의 원리, 9개의 이미지를 분석해 낸 바 있다.

요약하면, 교사의 지식으로서 실천적 지식에 대한 개념 탐구, 교사의 실천적 지식의 특성과 형성 요인, 형성 과정에 대한 연구, 실천적 지식을 길러주기 위한 수업 모형 개발 연구, 실천적 지식에 대한 탐구가 주는 시사점 등으로 연구가 수행되고 있었다.

2) 독서 교사교육의 방향

교사는 구체적인 상황에서 수업을 하게 된다. 예비교사들에게 독서교육에 관한 이론적 지식을 가르쳐 주면, 이들이 수업 현장에서 자기의 구체적인 상황에 맞게 적용하여 좋은 수업을 할 수 있을 것이라는 모델은 성공적이지 못하다. 이론적 지식이 쓸모없다는 뜻은 아니지만 추상적인 지식의 전수만으로 교사들이 실제 수업에서 전문성을 갖추는 데는 한계가 있다. 따라서 교사가 수업 상황에서 대처할 수 있는 실천적 지식이 요구된다. 그렇다면 교사는 언제 어떻게 이를 배우는가?

교사는 양성과정, 실습과정, 임용과정, 연수과정을 거치면서 전문성을 발달시켜 나간다. 양성기관에 해당하는 교육대학이나 사범대학의 교육과정을 살펴보면 국어교육에 관한 이론적 지식의 전수에 맞추어져 있다. 아리스토텔레스의 지식론으로 설명하면, 양성교육은 국어 교사들의 에피스테메를 길러주는데 주력하고 있다. 이에 비해 실습학교들이 담당하는 교육은 예비교사들의 실천적 지식(테크네와 프로네시스)을 형성하는데 주력하고 있다. 이경화(2008)의 연구를 보면, 예비교사들은 교육실습 과정에서 국어과 교수학습에 관한 다양한 실천적 지식을 구성해 나가는 것으로 보고하고 있다.

시도교육청의 연수원에서 이루어지는 국어교사 연수교육 역시 그 내용으로 볼 때 실천적 지식(테크네나 프로네시스)의 형성으로 방향을 전환하는 것으로 보인다. 변숙자(2020)는 중등 국어교사의 1급 자격 연수과정을 분석한 후에 연수교육에서 수업 역량과 관련된 교과목이 교과내용학이나 교과교육학 이론 중심에서 현장 교사의 수업 사례 중심으로 변화되었다는 점을 긍정적인 변화로 평가하고 있었다.

예를 들어, '현대시교육론, 현대시 교수학습방법, 서정갈래지도론' 등과 같이 양성기관의 교육과정 교과목을 연수에 그대로 옮겨 놓던 과목들이, '고전문학 수업 사례, 학생 참여형 소설 수업, 도서관을 활용한 창의성 수업, 구글 지오도구를 활용한 스토리텔링 심화 국어 수업의 실제' 등과 같이 수업 사례와 실천 교과목으로 변화가 있다고 하였다. 또한 학교 현장의 교사를 강사진으로 구성하여 연수 참여자들의 공감대를 형성하는 점, 국어교육의 실제적 요구와 관심에 부응한 재교육을 실시한 것을 긍정적으로 평가하고 있었다(p.51). 이러한 주장은 연수교육이 양성교육 내용을 재탕삼탕식으로 제시하던 것에 대한 반성으로 보인다. 그러나 이러한 방향에도 생각해 볼 점이 있다.

양성기관, 실습기관·연수기관이 각각 역할 분담을 하여 한 쪽에서는 이론적 지식, 한쪽에서는 실천적 지식을 길러주는 것은 어찌 보면 좋은 모습 같기는 하지만 위험성도 내포하고 있다. 어느 한쪽은 이론적 지식을, 다른 쪽은 실천적 지식을 강조하게 되면 서로를 불신하게 되고, 그 결과 교사들은 국어교육 양성 체제에 대해 회의를 품을 수 있다. 이론적 지식을 필요로 하는 교사들은 실습과 연수교육의 무용론을 제기할 것이고, 실천적 지식을 필요로 하는 교사들은 양성교육 무용론을 제기할 것이다.

이론적 지식(곧 에피스테메)과 실천적 지식(테크네와 프로네시스)을 대립적으로만 바라볼 필요는 없다. 이론 없는 실천이 얼마나 위험하며, 실천 없는 이론이 얼마나 무기력하며 공허한가. 반대로 좋은 실천은 이론적으로 매우 흥미롭고, 좋은 이론은 매우 실천적이다. 그러므로 교사교육에 참여하는 주체들(곧, 양성기관, 실습기관, 연수기관 등)은 국어 교사교육이 선순환될 수 있도록 서로 협력해야 한다.

아리스토텔레스가 에피스테메, 테크네, 프로네시스의 세 가지 지식 유형을 제시하였지만 이들이 별도 분야에서 서로 독립적으로 존재하는 것이라고는 볼 수 없다. 어떠한 인간의 행동에서도 이들이 서로 통합적으로 작용되어야 좋은 행동, 사고의 탁월성으로 드러날 것이다. 이론적 지식은 구심성을 지향하고, 실천적 지식은 원심성을 지향한다. 양자가 팽팽하게 긴장을 해야 돌팔매가 잘 돌아가듯이 발전할 수 있다. 서로가 서로에게 반성적으로 조회될 때에만 그 가치를 높여나갈 수 있다. 따라서 양성교육은 교사의 실천적 지식을 향상시킬 수 있는 이론적 지식을 교육해야 하고, 실습기관이나 연수기관은 이론적 지식에 기반을 둔 실천적 지식을 가르쳐야 한다.

이 국면에서 독서 교사교육의 정책적 기획과 관련하여 유영만(2015)의 주장은 음미해볼 필요가 있다. 그는 전통적으로 교사교육은 '능숙한 수업 설계자'를 지향해 왔으나 앞으로는 '올바른 수업 설계자'를 지향해야 한다고 하였다. 올바른 수업 설계자란 이론적 지식과 기술적 지식은 물론 도덕적 판단 능력을 갖춘 사람을 말한다(p.211). 이는 아리스토텔레스의 지식론을 빌어 설명하면, 국어교육의 에피스테메, 테크네, 프로네시스를 골고루 갖춘 사람을 뜻한다.

독서 교사교육과 관련하여 우리가 지금까지 구축해 놓은 체제는 마치 '2인 삼각 달리기'와 같아 보인다. 수업에 임하는 교사는 자신만의 지식 체계를 가지고 있는데, 그것은 에피스테메, 테크네, 프로네시스로 구성되어 있으며 서로 통합적으로 작용한다. 이를 길러주기 위해서는 독서 교사교육에 참여하는 주체들이 각자가 맡은 역할을 존중하되, 상대를 배제하기보다는 서로를 잘 연결하여 결과적으로 독서교사의 전문성 향상에 기여할 수 있어야 한다.

더 생각해 보기

⊙ 내용 탐구 활동

1. 독서교사의 역할을 하나 제시해 보시오. 그리고 그 역할을 위해 어떤 지식이나 능력을 익혀야 할지 설명해 보시오.

> 예시 답안 : 독서교사는 학생의 독서 능력을 향상시켜야 한다. 이를 위해서는 독서에 요구되는 기능과 전략, 지식이 무엇인지 알 수 있어야 한다. 이를 토대로 학습자가 이러한 지식과 기능을 가지고 있는지 진단(평가, 확인)할 수 있어야 하고, 학습자가 부족한 기능과 지식을 갖출 수 있도록 지원할(scaffolding) 수 있어야 한다.

⊙ 모둠 탐구 활동

1. 교사의 독서 교수학습 전문성 기준을 만들어 학급에서 발표해 보자.

2. 교육정책 입안자라고 가정하고, 교사의 독서교육 전문성을 향상시키기 위한 정책을 만들어 발표해 보자.

⊙ 더 읽을거리

- 이삼형·박희찬·정옥년(2001). 독서교육 전문가 역할과 양성. 독서연구 6, 163-189.

  이 연구는 독서교육 전문가의 필요성과 역할, 독서교육 전문가가 갖추어야 할 능력 및 자질을 검토하고 그러한 능력을 갖추기 위한 교육과정안을 제시하고 있다. 미국에서 시작된 독서교육전문가 제도를 한국에 도입하고 정착시키기 위한 방안을 다룬 연구이다. 독서교육 전문가 제도에 대한 이해를 위해 읽을 볼 필요가 있다.

- 정혜승(2008). 교사의 읽기 평가 전문성 실태 : 지필 평가 문항 분석을 중심으로. 독서연구 19, 307-346.

  이 연구는 교사의 전문성 중에서도 평가 전문성에 대해 탐구하고 있다. 초등학교와 중학교에서 평가 자료를 수집하여 분석한 후에 교사들이 읽기 평가와 관련하여 어떠한 문제를 겪고 있는지, 교사교육에서는 이를 어떻게 해결해 나갈 것인지를 제안하고 있다.

참고문헌

강현석·이원희·허영식·이자현·유제순·최윤경 역(2008). 거꾸로 생각하는 교육과정 개발 (Wiggins, G., & McTighe, J.(2005). *Understanding by Design*, ASCD.), 학지사.

곽춘옥(2014). 공감적 읽기를 위한 동화 낭독. 독서연구 31, 287-316.

교육부(2015). 국어과 교육과정. 교육부 고시 제2015-74호 [별책 5], 교육과정정보센터.

교육부(2022). 국어과 교육과정. 교육부 고시 제2022-33호 [별책 5], 교육과정정보센터.

교육과학기술부(2010). 2009 개정 국어과 교육과정 해설서. 교육과학기술부.

교육평가연구회(1995). 교육 측정·평가·연구·통계 용어 사전, 중앙교육진흥연구소.

구인환(2006). Basic 고교생을 위한 국어 용어사전, 신원문화사.

권순희(2008). 내용 분석과 재구성을 통한 초등학교 국어교과서 운용 방안. 한국초등국어교육 36, 5-40.

권태현·이정찬·김승현(2017). 수능 국어 영역 독서 평가 문항의 양호도 조사 연구. 독서연구 45, 131-159.

김명순(1998). 텍스트 구조와 사전 지식이 내용 이해와 중요도 평정에 미치는 영향, 한국교원대학교 석사학위논문.

김명순(2012). 학교 독서운동과 독서교육. 독서연구 27, 62-88.

김명순(2014). 진로독서의 특징과 지도 방향. 독서연구 33, 99-124.

김민정(2006). 교사의 실천적 지식 탐색 : 연구 동향 및 교육과정 연구에의 시사점. 교육연구논총 27(2), 89-108.

김봉순(2014). 진로교육과 독서·작문교육의 관련성과 상호 발전 방안. 독서연구 33, 69-97.

김선·반재천·박정(2017). 수행평가와 채점기준표 개발, AMEC.

김영란(2019a). 고등학교 국어교사의 책읽기 수업에 관한 실천적 지식 탐구. 청람어문교육 71, 279-302.

김영란(2019b). '한 학기 한 권 읽기'의 교육적 함의. 독서연구 51, 251-282.

김영란·송승훈·하고운·김영희·이정요·이동일·류은수·신수경·진현·이유진(2018). 교과 통합적 '한 학기 한 권 읽기'를 위한 제반 여건 탐색. 독서연구 49, 193-227.

김자영·김정효(2003). 교사의 실천적 지식에 대한 이론적 탐색. 한국교원교육연구 20(2), 77-96.

김정우(2009). '국어' 교과서의 영역 통합 양상 분석 : 문학 영역을 중심으로. 독서연구 22, 215-244.

김정우·김은성(2010). 소통, 치유, 공존의 국어교육 : 노인 리터러시를 중심으로. 국어교육학연구 39, 241-279.

김종윤(2017). 다문서 읽기 환경을 고려한 비판적 읽기 개념의 이론적 확장. 국어교육 157, 223-258.

김창원(2018). '읽기'의 메타퍼 : 읽기는 학교교육의 축이 될 수 있는가? : 융합교육의 관점에서 본 2015 교육과정과 '읽기'. 독서연구 46, 9-34.

김창원·가은아·서영진·구본관·김기훈·김유미·김잔디·김정우·김혜정·류수열·민병곤·박기범·박영민·박재현·박정미·송승훈·안부영·양경희·오리사·이선희·이재승·장은주·전은주·한연희·이지은(2015). 국어과 교육과정 : 2015 개정 교과 교육과정 시안 개발 연구 Ⅱ. CRC 2015-25-3, 한국교육과정평가원.

김창호·김대희(2012). 이독성 논의를 통해 본 한자 어휘 수준의 결정 요인에 관하여. 한자한문교육 29, 87-105.

김태옥 역(2002). 텍스트언어학 입문 (Beaugrande, R., & Dressler, W. U.(1981). *Introduction to Text Linguistics*, Longman.), 한신문화사.

김해인(2020). 성인 애독자와 비독자의 독서 가치와 목적 인식 비교. 독서연구 56, 97-138.

김혜정(2002). 텍스트 이해의 과정과 전략에 관한 연구 : '비판적 읽기' 이론 정립을 위한 학제적 접근, 서울대학교 박사학위논문.

김혜정(2003). 해방 직후 국어에 대한 인식 및 교과 형성 과정 연구. 국어교육학연구 18, 129-168.

김혜정(2004). 읽기 연구에서 텍스트 이론의 영향과 그 교육적 전개 : 미국에서의 읽기 연구를 중심으로. 텍스트언어학 17, 95-122.

김혜정(2006). '교과 독서'의 수업 적용 원리. 한말연구 18, 68-94.

김혜정(2009a). 읽기의 맥락과 맥락 읽기. 독서연구 21, 33-79.

김혜정(2009b). 국어 교육용 텍스트 자료 유형에 대한 연구 : 역대 교육과정 국어 교재를 중심으로. 국어교육학연구 36, 319-362.

김혜정(2016). 독서 관련 학문의 동향과 독서교육 : 독서교육 이론의 변화와 쟁점. 독서연구 40, 9-56.

김혜정(2019). 미디어 시대 책맹(비독서) 현상과 독서 교육의 방향. 독서연구 52, 9-49.

김호현(2019). 유아 권리에 대한 유치원 교사 김선생님의 실천적 지식 탐색. 유아교육학논집 23(2), 121-144.

노명완(2012). 독서와 작문 : 그 개념의 변천과 지도 방법에의 시사점. 독서연구 28, 9-51.

노명완·박영목·권경안(2000). 국어과교육론, 갑을출판사.

노명완·정혜승 역(2002). 협동적 학습을 위한 45가지 교실 수업 전략 (Buehl, D.(2001). *Classroom Strategies for Interactive Learning*, IRA.), 박이정.

노명완·이차숙(2002). 문식성 연구, 박이정.

노명완·이형래(2005). 직업 문식성 연구 : 9, 5급 공무원을 중심으로. 독서연구 13, 62-100.

노은희 외(2022). 2022 개정 국어과 교육과정 시안(최종안) 개발 연구. 연구보고 CRC 2022-14. 한국교육과정평가원.

류보라(2010). 국어 교과서의 통합 단원 구성 방식 연구 : 중학교 1학년 검정 교과서 23종의 읽기 영역을 중심으로. 국어교육학연구 39, 313-337.

류보라(2017). 예비 국어 교사의 수업 설계 양상 : 읽기 수업 설계를 중심으로. 새국어교육 112, 37-70.

류보라·김소현(2014). 중학생의 독서와 진로 탐색의 관계. 독서연구 33, 353-385.

문득련·문승한(2015). 중·고등학생들을 위한 독서활동 프로그램 자료 분석. 현대교육연구 27, 197-231.

문미라(2005). 교과와 연계한 독후활동지 개발·적용을 통한 학생들의 독서 흥미 및 독서 능력 신장. 독서연구 14, 105-123.

문화체육관광부(2019). 제3차 독서문화진흥 기본계획[2019~2023].

박권생 역(2006). 인지심리학 : 이론과 적용 (Reed, S. K. (2006). *Cognition : Theory and Applications* 7th Ed., Brooks/Cole.), 시그마프레스.

박상철(2014). 실천적 지식의 '정향'을 통한 문학 수업 재구성에 관한 사례 연구. 국어교육학연구 49(1), 361-396.

박성석·허모아·제민경(2021). 자기결정적 읽기 동기 척도의 개발 및 타당화. 독서연구 58, 227-263.

박수자(1999). 텍스트 유형별 읽기 수업 설계에 관한 연구 : 독해 지도와 독서 지도의 연계를 중심으로. 한국초등국어교육 15, 95-130.

박수자(2005). 교과독서의 본질과 과제. 독서연구 14, 35-54.

박수자(2019). 과제 기반 다문서 읽기활동을 위한 학습독자의 읽기 목적 지도 탐색. 교육연구 76, 35-52.

박영목(1996). 국어이해론 : 독서 교육의 기저 이론, 법인문화사.

박영목·한철우·윤희원(2008). 국어과 교수 학습론, 교학사.

박영민·최숙기(2008). 읽기 동기 신장을 위한 자기 선택적 독서 프로그램 구성 방안. 독서연구 19, 201-228.

박태호(2004). 읽기 수업 분석 요소. 국어교육학연구 19, 319-358.

백순근(1997). 수행평가의 이론적 기초, 한국교육평가회 학술세미나 발표자료집.

변숙자(2020). 중등 1급 국어과 정교사 자격연수를 통해 본 중등 국어교사 재교육의 문제점과 개선 방향. 청람어문교육 76, 37-66.

서영진(2013). 국어과 교육과정 '내용 성취 기준'의 진술 방식에 대한 비판적 고찰. 국어교육학연구 46, 415-450.

서종훈(2012). 문단 위계 인식과 요약의 상관성 연구 : 고1 학습자들의 읽기를 중심으로. 국어교육연구 51, 141-172.

서혁(1996). 담화의 구조와 주제 구성에 관한 연구, 서울대학교 박사학위논문.

서혁(2006). 국어과 수업 설계와 교수·학습 모형 적용의 원리. 국어교육학연구 26, 199-225.

서혁·류수경(2014). 국어 교과서 텍스트의 유형과 복잡도. 국어교육학연구 49(1), 445-470.

서혁·이소라·류수경·오은하·윤희성·변경가·편지윤(2013). 읽기(독서) 교육 체계화를 위한 텍스트 복잡도 상세화 연구 (2). 국어교육학연구 47, 253-290.

서혁·편지윤·변은지·이흠(2021). 문자 텍스트 읽기와 복합양식 텍스트 읽기 능력의 관계에 대한 연구. 국어교육학연구 56(1), 75-109.

소경희·김종훈(2010). 초등교사의 수업관련 실천적 지식의 작동 및 형성 과정에 대한 사례 연구. 교육학연구 48(1), 133-155.

손민호(2006). 실천적 지식의 일상적 속성에 비추어본 역량(competence)의 의미 : 지식기반사회? 사회기반지식!. 교육과정연구 24(4), 1-25.

송승훈·하고운·김진영·임영환·김현민·김영란(2018). 한 학기 한 권 읽기, 서해문집.

신헌재(2011). 국어 교육의 발전을 담보할 국어 교과서관 : '열린 교과서관'의 국어교육학적 의미와 국어 교과서 개발에 주는 시사점. 청람어문교육 44, 7-21.

신헌재·박태호·이주섭·김도남·임천택 역(2004). 구성주의와 읽기·쓰기 (N. N. Spivey(1997). *The Constructivist Metaphor : Reading, Writing, and the Making of Meaning*, Academic Press.), 박이정.

양정호(2008). 텍스트 읽기와 쓰기 교육. 텍스트언어학 24, 101-127.

양태식(2008). 국어 수업 설계의 원리와 방향. 한국초등국어교육 37, 185-221.

오만록(2012). 교육과정론 (제3판), 동문사.

유영만(2015). 실천적 지혜(phronesis)에 비추어 본 수업설계자의 전문성 재고. 기업교육과인재연구 17(2), 187-211.

윤준채(2006). 읽기 : 그 개념에 대한 은유적 이해. 청람어문교육 34, 85-98.

이경화(1995). 읽기능력과 글 난이도에 따른 음독오류 형태와 읽기과정, 한국교원대학교 석사학위논문.

이경화(2000). 읽기 매체 환경의 변화와 <읽기와 보기> 교육과정 설계. 청람어문교육 22, 67-85.

이경화(2008). 초등학교 국어 수업의 반성적 점검과 교실친화적 교육 실습 방안. 교원교육 24(1) 52-70.

이경화·박영민·김승희·김혜선·윤숙현·고진희·김애연(2007). 예비교사와 현장교사를 위한 교과 독서와 세상 읽기, 박이정.

이경화·이수진·김지영·강동훈·최종윤(2018). 한글 교육 길라잡이. 미래엔

이경화·이향근·안부영·최민영 역(2015). 읽기 교육 이론의 새로운 지평 (Tracey, D. H., & Morrow, L. M.(2012). *Lenses on Reading : An Introduction to Theories and Models 2nd Ed.*, Guilford Press.), 아카데미프레스.

이경화·한명숙·김혜선(2017). 초등학교 국어 '독서 단원' 중심 학교교육과정 재구성 방안. 통합교육과정 연구 11(4), 165-193.

이대규(2015). 국어과 수업 목표와 수업 절차. 국어교육 151, 1-34.

이도영(2009). 읽기 평가 틀 구성 방안. 한국초등국어교육 41, 212-236.

이병진(1996). 교직 생애 주기에 따른 교원 연구 체제에 관한 연구. 교육학연구 34(1), 315-345.

이삼형(1994). 설명적 텍스트의 내용 구조 분석 방법과 교육적 적용 연구, 서울대학교 박사학위논문.

이삼형·박희찬·정옥년(2001). 독서교육 전문가 역할과 양성. 독서연구 6, 163-189.

이상수·강정찬·황주연(2006). 효과적인 비계설정을 위한 수업설계모형. 교육정보미디어연구 12(3), 149-175.

이성영(2006). 국어 교과서를 구성하는 텍스트들의 유형. 한국초등국어교육 32, 283-305.

이성영(2008). 읽기 발달 단계에 대한 연구 : 몇 가지 논점을 중심으로. 국어교육 127, 51-80.

이성영(2013). 국어과 제재 텍스트의 요건. 국어교육학연구 48, 65-94.

이성영(2018). 독서공간의 유형과 의미. 독서연구 47, 9-36.

이순영(2006). 독서 동기와 몰입 독서의 영향에 관한 비판적 고찰. 국어교육학연구 26, 403-425.

이순영(2010). 디지털 시대의 청소년 독자와 비판적 읽기. 독서연구 24, 87-109.

이순영(2011). 텍스트 난도와 텍스트 선정에 관한 독자 요인 : 초·중·고등학교 독자들의 반응을 중심을 한 시론. 독서연구 26, 61-96.

이순영(2017). 읽기 이론의 역사적 변천과 함의 : 1910년 이후 백 년 동안의 패러다임과 이론의 변화를 중심으로. 독서연구 43, 213-242.

이순영(2019a). 독자와 비독자 이해하기. 제3회 국어교육학자 대회 자료집, 183-203.

이순영(2019b). 독자와 비독자 이해하기 : 용어, 현황, 특성, 생성·전환을 중심으로. 리터러시연구 10(6), 357-384.

이순영·송정윤(2012). 중등 학교도서관의 독서프로그램 현황 분석 연구. 독서연구 28, 290-318.

이승철(2006). 대학수학능력시험 언어 영역의 개선 방안 : 시험의 성격과 이원목적분류표를 중심으로. 동국어문학 17·18, 117-155.

이영애 역(2000). 인지심리학과 그 응용 제4판 (J. R. Anderson(1995). *Cognitive Psychology and Its Implication* 4th Ed., W. H. Freeman.), 이화여대출판부.

이용준(2014). 직장 독서동아리의 특성 및 활성화 방안 연구. 독서연구 31, 165-193.

이재승(1996). 〈읽기수업〉과 〈읽기평가〉를 위한 질문 유형. 배달말교육 15, 23-37.

이재현(2013). 디지털 시대의 읽기 쓰기, 커뮤니케이션북스.

이정찬·민준홍·이지훈·하성욱(2020). 국어과 객관식 문항 개발의 방법과 실제, 사회평론아카데미.

이지영(2011). 아동독자의 이야기책 읽기 반응 연구, 고려대학교 박사학위논문.

이지영·김경화(2018). 노인 독자의 그림책 독서 실행 연구 : 문식 입문 수준 노인 독자를 중심으로. 독서연구 46, 67-106.

이창우·김재홍·강상진 역(2006). 니코마코스 윤리학, 이제이북스.

이현진(2015). 초등학생 독자의 읽기 흥미 요인에 관한 연구 : 책 선택과 읽은 후 반응을 중심으로. 새국어교육 103, 195-222.

이형래(2006). 직무독자에 대한 탐구. 독서연구 16, 199-249.

이희세(1989). 국어교육 평가도구로서 빈칸메우기 연구, 서울대학교 석사학위논문.

임성관(2012). 독서치료 프로그램의 계획. 디지틀도서관 66, 45-61.

임영규(2003). 독서클럽 이야기, 인간과자연사.

장은미·윤준채(2013). 아침 독서 활동의 성공 요소에 대한 교사와 학생의 인식. 독서연구 30, 397-418.

전병만(1985). 언어능력평가 : 규칙빈칸메우기 절차의 분석, 한신문화사.

정기철(2000). 읽기 교육의 이론과 실제, 역락.

정시호 역(1980). 텍스트학 (van Dijk, T. A.(1980). *Macrostructures : An Interdisciplinary Study of Global Structures in Discourse, Interaction, and Cognition*, Erlbaum.), 민음사.

정옥년(1998). 독서(讀書)와 청소년(靑少年) 지도(指導). 독서연구 3, 183-220.

정옥년(2004). 사회교육기관의 독서 프로그램 운영 실태. 독서연구 12, 197-231.

정옥년(2012). 혁신학교의 독서교육 전문가 역할과 독서 프로그램 실제. 독서연구 27, 89-133.

정옥분(2004). 발달심리학 : 전생애 인간발달, 학지사.

정진원(2016). 실천적 지식으로서의 음악과 수업전문성 형성에 대한 질적 탐구. 음악교수법연구 17(2), 211-242.

정현선(2014). 복합양식 문식성 교육의 의의와 방법. 우리말교육현장연구 8(2), 61-93.

정혜승(2002). 국어과 교육과정이 교과서에 반영되는 방식에 관한 연구 : 중학교 국어과 교육과정 '내용'

을 중심으로. 한국어학 15, 229-258.

정혜승(2006). 읽기 태도의 개념과 성격. 독서연구 16, 383-405.

정혜승(2008). 교사의 읽기 평가 전문성 실태 : 지필 평가 문항 분석을 중심으로. 독서연구 19, 307-346.

정혜승(2010). 글 난도(difficulty) 평가를 위한 질적 방법 연구. 국어교육 131, 523-549.

정혜승·서수현(2011). 초등학생의 읽기 태도에 대한 연구. 국어교육 134, 353-382.

조용구(2016). 글의 수준을 평가하는 국어 이독성 공식. 독서연구 41, 73-92.

조용구·이경남(2013). 읽기 능력 측정을 위한 빈칸 메우기 검사 도구의 개발. 독서연구 30, 465-491.

차은정(2009). 판타지 아동문학과 사회 : 문화적 사유와 창조적 상상력을 위하여. 생각의나무.

책으로 따뜻한 세상 만드는 교사들(2001). 독서 교육 길라잡이. 푸른숲.

천경록(1999a). 독서교육과 독서 평가. 독서연구 4, 7-43.

천경록(1999b). 읽기의 개념과 읽기 능력의 발달 단계. 청람어문교육 21, 263-282.

천경록(2001). 읽기 영역의 포트폴리오 평가 방안. 한국초등국어교육 18, 169-222.

천경록(2004). 사고 구술 활동이 초등학생의 독해에 미치는 효과. 국어교육학연구 19, 513-544.

천경록(2005). 국어과 교사의 읽기 영역 평가 전문성 기준과 모형. 국어교육 117, 327-352.

천경록(2008). 읽기의 의미와 읽기 과정 모형에 대한 고찰. 청람어문교육 38, 239-271.

천경록(2009a). 국어과 평가의 정합성 분석의 기초. 국어교육 129, 113-141.

천경록(2009b). 읽기 교육 내용과 지식의 깊이. 독서연구 21, 319-348.

천경록(2013). 짝 독서의 개념과 효과에 관한 고찰. 독서연구 30, 337-363.

천경록(2014). 사회적 독서와 비판적 문식성에 대한 고찰. 새국어교육 101, 7-35.

천경록(2017). 초등 과학 교과서의 학습읽기 전략 실태와 개선 방안. 청람어문교육 61, 33-58.

천경록(2018). 교과독서에 대한 고등학교 교사들의 인식 : 문학, 역사, 과학, 수학을 중심으로. 독서연구 47, 97-124.

천경록(2019a). 국어과 교육론 : 쟁점과 방향. 교육과학사.

천경록(2019b). 국어교육 철학의 흐름과 미래 전망. 국어교육학연구 54(2), 179-209.

천경록(2019c). 국어교육의 목적 설정에 대한 고찰. 청람어문교육 71, 195-221.

천경록(2020a). 독서 발달과 독자 발달의 단계에 대한 고찰. 국어교육학연구 55(3), 313-340.

천경록(2020b). 초등교사의 국어교육 역량 강화를 위한 인식 조사. 청람어문교육 76, 7-36.

천경록(2021). 국어교육에서 이론적 지식과 실천적 지식 : 아리스토텔레스의 지식론을 중심으로. 국어교육 173, 1-28.

천경록·박진남·백해경·진명숙·양서영·위숙량·고지용(2006). 자기주도적 학습을 위한 독서 전략 지도. 교육과학사.

천경록·백해경·진명숙·양서영·고지용·황기웅(2021). 활동 중심 독서 지도 (제2판). 교육과학사.

천경록·염창권·임성규·김재봉(2005). 초등 국어과 교육론. 교육과학사.

천경록·이경화·서혁 역(2016). 독서교육론 (Irwin, J. W.(2006). *Teaching Reading Comprehension Process* 3rd Ed., Allyn & Bacon.). 박이정.

천경록·조용구 역(2013). 유·초등 독서지도 (Owocki, G.(2003). *Comprehension : Strategic Instruction for K-3 Students*, Heinemann.). 박이정.

최미숙·원진숙·정혜승·김봉순·이경화·전은주·정현선·주세형(2017). 국어교육의 이해, 사회평론.

최숙기(2008). 인문계 고등학생 읽기 효능감 구성 요인 연구. 청람어문교육 38, 273-307.

최숙기(2009). 중학생의 읽기 효능감 구성 요인 연구. 국어교육학연구 35, 507-544.

최숙기(2010). 중학생의 읽기 동기와 읽기 태도에 관한 상관성 연구. 독서연구 23, 346-381.

최숙기(2012a). 텍스트 복잡도 기반의 읽기 교육용 제재의 정합성 평가 모형 개발 연구. 국어교육 139, 451-490.

최숙기(2012b). 텍스트 위계화를 위한 텍스트 질적 평가 방안 연구 : 2007 개정 국어 교과서를 중심으로. 국어교육학연구 43, 487-522.

최숙기(2017). 청소년 읽기 부진 학생들의 읽기 특성 분석 및 읽기 부진의 유형 분류. 독서연구 44, 37-67.

최영환(2008). 국어과 교수·학습 모형과 수업 설계. 한국초등국어교육 36, 419-445.

최지현·서혁·심영택·이도영·최미숙·김정자·김혜정(2007). 국어과 교수·학습 방법, 역락.

최현섭·최명환·노명완·신헌재·박인기·김창원·최영환(1996). 국어교육학개론, 삼지원.

한수민·임병노(2016). 실천적 지식 구성을 위한 교수·학습 모형 개발. 교육공학연구 32(4), 867-896.

한철우(2005). 학교 독서 지도의 방향과 과제. 독서연구 14, 9-33.

한철우·박진용·김명순·박영민(2001). 과정 중심 독서지도, 교학사.

홍윤경(2012). '실천적 지식'의 두 가지 유형에 관한 고찰 : '테크네'와 '프로네시스'를 중심으로. 교육철학 47, 193-215.

홍현정(2017). 고등학생의 독서 태도 형성에 대한 근거이론적 연구 : 독서 갈등과 가치화 과정을 중심으로. 경북대학교 박사학위논문.

황현미(2016). 국어과 교육과정 성취기준 제시 방식에 대한 비판적 고찰 : 2015 개정 국어과 교육과정을 중심으로. 한국초등국어교육 61, 483-512.

Adler, C. (2004). Seven strategies to teach students text comprehension.

Alexander, P. A., & Fox, E. (2013). A historical perspective on reading research and practice. In D. E. Alvermann, N. Unrau & R. B. Ruddell (Eds.), *Theoretical Models and Processes of Reading 6th Ed.* (pp. 3-46), IRA.

Anderson, R. C., Hiebert, E. H., Scott, J. A. & Wilkinson, I. A. G. (1985). *Becoming a Nation of Readers : The Report of the Commission on Reading*, National Institute of Education.

Antonacci, P. A., O'Callaghan, C. M., & Berkowitz, E. (2015). *Developing Content Area Literacy : 40 Strategies for Middle and Secondary Classrooms*, SAGE.

Bandura, A. (1986). *Social Foundations of Thought and Action : A Social Cognitive Theory*, Prentice Hall.

Bandura, A. (1993). Perceived self-efficacy in cognitive development and functioning. *Educational Psychologist* 28(2), 117-148.

Bartlett, F. (1932). *Remembering : A Study in Experimental and Social Psychology*, Cambridge University Press.

Brewer, W. F. (1980). Literary theory, rhetoric, and stylistics : Implications for psychology, In R. Spiro, B. Bruce & W. Brewer (Eds.), *Theoretical Issues in Reading Comprehension (pp. 221-244)*, Erlbaum.

Carrell, P. L. (1984). The effects of rhetorical organization on ESL readers. *TESOL Quarterly 18(3)*, 441-469.

Cazden, C. B. (1988). *Classroom Discourse : The Language of Teaching and Learning*, Heinemann.

Chall, J. S. (1996). *Stages of Reading Development 2nd Ed.*, Harcourt Brace.

Conley, M. W. (1992). *Content Reading Instruction : A Communication Approach*, McGraw- Hill.

Cooling, W. (2003). 아기 성장과 북스타트 효과, 북스타트 서울 국제 심포지엄 강연.

Elish-Piper, L., L'Allier, S. K., Manderino, M., & Domenico, P. D. (2016). *Collaborative Coaching for Disciplinary Literacy : Strategies to Support Teachers in Grade 6-12*, The Guilford Press.

Fang, Z., & Coatoam, S. (2013). Disciplinary literacy : What you want to know about it. *Journal of Adolescent & Adult Literacy 56(8)*, 627-632.

Gaffney, J. S., & Anderson, R. C. (2000). Trends in reading research in the United States : Changing intellectual currents over three decades, In M. L. Kamil, P. B. Mosenthal, P. D. Pearson & R. Barr (Eds.), *Handbook of Reading Research vol. III (pp. 53-75)*, Lawrence Erlbaum Associates.

Gee, J. P. (2000). Discourse and sociocultural studies in reading, In M. Kamil, P. Mosenthal, P. D. Pearson & R. Barr (Eds.), *Handbook of Reading Research vol. III (pp. 195-207)*, Lawrence Erlbaum Associates.

Guthrie, J. T., & Wigfield, A. (2000). Engagement and motivation in reading, In M. Kamil, P. Mosenthal, P. D. Pearson & R. Barr (Eds.), *Handbook of Reading Research vol. III (pp. 403-422)*, Lawrence Erlbaum Associates.

Halliday, M. A. K., & Hasan, R. (1976). *Cohesion in English*, Longman.

Harris, T. L., & Hodges, R. E. (1995). *The Literacy Dictionary : The Vocabulary of Reading and Writing*, IRA.

Harrison, C. (2000). Reading research in the United Kingdom, In M. Kamil, P. Mosenthal, P. D. Pearson & R. Barr (Eds.), *Handbook of Reading Research vol. III (pp. 17-28)*, Lawrence Erlbaum Associates.

Hruby, G. G. (2001). Sociological, postmodern, and new realism perspectives in social constructionism : Implications for literacy research. *Reading Research Quarterly 36(1)*, IRA.

Johnston, P. H. (1983). *Reading Comprehension Assessment : A Cognitive Basis*, IRA.

Kintsch, W., & van Dijk, T. A. (1978). Toward a model of text comprehension and production. *Psychological Review 85(5)*, 363-394.

LaBerge, D., & Samuels, S. J. (1974). Toward a theory of automatic information processing in reading. *Cognitive Psychology* 6(2), 293-323.

Marzano, R. J.(1987). *Reading Diagnosis and Instruction : Theory and Practice,* Prentice-Hall.

Mathewson, G. C.(1994). Model of attitude influence upon reading and learning to read, In R. B. Ruddell, M. R. Ruddell & H. Singer (Eds.), *Theoretical Models and Process of Reading 4th Ed.,* International Reading Association.

McConachie, S. M., & Petrosky, A. R.(2010). *Content Matters : A Disciplinary Literacy Approach to Improving Student Learning,* John Wiley & Sons.

McLaughlin, M., & Vogt, M.(1996). *Portfolios in Teacher Education,* IRA.

Meyer, B. J. F.(1985). Prose analysis : Purpose, procedures and problems I, II, In B. K. Britton & J. B. Black (Eds.), *Understanding Expository Text : A Theoretical and Practical Handbook for Analyzing Expository Text* (pp. 11-62), Lawrence Erlbaum Association.

Meyer, B. J. F. & Freedle, R. O.(1984). Effects of discourse type on recall. *American Educational Research Journal,* 21(1), 121-143.

National Reading Panel(2000). *Teaching Children to Read : An Evidence-Based Assessment of the Scientific Research Literature on Reading and Its Implications for Reading Instruction,* National Inst. of Child Health and Human Development.

Ogle, D. M.(1986). K-W-L : A teaching model that develops active reading of expository text. *The Reading Teacher* 39(6), 564-570.

Pearson, P. D.(2011). *Reading in the twentieth century, In J. B. Cobb & M. K. Kallus (Eds.), Historical, Theoretical, and Sociological Foundations of Reading in the United States (pp. 13-66),* Pearson Education.

Pilgreen, J.(2000). *The SSR Handbook : How to Organize and Manage a Sustained Silent Reading Program,* Boynton/Cook.

Pintrich, P. R.(2004). A conceptual framework for assessing motivation and self-regulated learning in college students. *Educational Psychology Review* 16(4), 385-407.

Pressley, M.(1977). Imagery and children's learning : Putting the picture in developmental perspective. *Review of Educational Research* 47(4), 586-622.

Reutzel, D., & Cooter, R. B.(2004). *Teaching Children to Read : Putting the Pieces Together* 4th Ed., Prentice Hall.

Richardson, J. S., Morgan, R. F., & Fleener, C.(1990). *Reading to Learn in the Content Areas,* Wadsworth.

Rosenblatt, L. M.(2004). The transactional theory of reading and writing, In R. B. Ruddell & N. J. Unrau (Eds.), *Theoretical Models and Processes of Reading* 5th Ed., IRA.

Ruddell, R. B., & Unrau, N. J.(2004). Reading as a meaning-construction process : The reader, the text, and the teacher, In R. B. Ruddell & N. J. Unrau (Eds.), *Theoretical Models and Processes of Reading 5th Ed..* IRA.

Rumelhart, D. E. (1975). Notes on a schema for stories, In D. G. Bobrow & A. Collins (Eds.), *Representation and Understanding : Studies in Cognitive Science,* Academic Press.

Schiefele, U., Schaffner, E., Moller, J., & Wigfield, A. (2012). Dimensions of reading motivation and their relation to reading behavior and competence. *Reading Research Quarterly* 47(4), 427-463.

Shanahan, T., & Shanahan, C. (2008). Teaching disciplinary literacy to adolescents : Rethinking content-area literacy. *Harvard Educational Review* 78(1), 40-59.

Straw, S. B., & Sadowy, P. (1990). Dynamics of communication : Transmission, translation, and interaction in reading comprehension. In A. Bogdan & S. B. Straw (Eds.), *Beyond Communication : Reading Comprehension and Criticism (pp. 21-47),* Boyton/Cook.

Tierney, R. J. (1982). Essential considerations for developing basic reading comprehension skills. *School Psychology Review* 11(3), 299-305.

Tierney, R. J., & Readence, J. E. (2000). *Reading Strategies and Practices* 6th Ed., Allyn and Baccon.

Tracey, D. H., & Morrow, L. M. (2012). *Lenses on Reading : An Introduction to Theories and Models,* Guilford Press.

Vacca, J. A., Vacca, R. T., Gove, M. K., Burkey, L. C., Lenhart, L. A., & McKeon, M. A. (2006). *Reading and Learning to Read 6th Ed.,* Pearson Education Inc.

Vygotsky, L. (1978). *Mind in Society : The Development of Higher Psychological Processes,* Harvard University Press.

Goodman, Y. M., Watson, D. J., & Burke, C. L. (1996). *Reading Strategies : Focus on Comprehension* 2nd Ed., Richard C. Owen Publishers.

Weaver, C. & Kintsch, W. (1991). Expository text, In R. Barr, M. L. Kamil, R. B. Mosenthal & P. D. Pearson (Eds.), *Handbook of reading research II,* Lawrence Erlbaum Associates.

Wood, D., Bruner, J. S., & Ross, G. (1976). The role of tutoring in problem solving. *Journal of Child Psychology and Psychiatry* 17, 89-100.

Wutz, J. A., & Wedwick, L. (2005). BOOKMATCH : Scaffolding book selection for independent reading. *The Reading Teacher* 59(1), 16-32.

〈자료〉

공익 광고 https : //www.kobaco.co.kr/site/main/archive/advertising

북스타트코리아홈페이지 http://www.bookstart.org

조선일보 사설 "김회장이 보여준 '노블레스 오블리주'의 현주소"(2007.5.2.)

헬레나 노르베리 호지(1996). 오래된 미래 : 라다크로부터 배우다. 중앙북스.

찾아보기

ㄱ

저자 소개

천경록 광주교육대학교 국어교육과 교수 angye@gnue.ac.kr
김혜정 경북대학교 국어교육과 교수 hjkim88@knu.ac.kr
류보라 목원대학교 국어교육과 교수 ryubr@mokwon.ac.kr

역락 국어교육학 총서 8

개정판 **독서 교육론**

초 판 1쇄 발행   2022년 1월 10일
초 판 2쇄 발행   2022년 2월 28일
초 판 3쇄 발행   2022년 6월 10일
초 판 4쇄 발행   2022년 9월 30일
개정판 1쇄 발행   2023년 9월 22일
개정판 2쇄 발행   2024년 8월 20일

저   자   천경록 김혜정 류보라
펴 낸 이   이대현

책임편집   권분옥
편   집   이태곤 임애정 강윤경
디 자 인   안혜진 최선주 강보민
마 케 팅   박태훈 한주영

펴 낸 곳   도서출판 역락
주   소   서울시 서초구 동광로 46길 6-6(반포4동 문창빌딩 2F)
전   화   02-3409-2060(편집부), 2058(영업부)
팩   스   02-3409-2059
등   록   1999년 4월 19일 제303-2002-000014호
이 메 일   youkrack@hanmail.net
홈페이지   www.youkrackbooks.com

I S B N   979-11-6742-616-1 94370
          978-89-5556-757-1(세트)